大坂の陣全史

1598-1616

渡邊大門

Daimon Watanabe

草思社

はじめに

慶長五年（一六〇〇）九月十五日に関ヶ原合戦が開戦し、たった一日で東軍の徳川家康が西軍を率いる石田三成に勝利した。戦後処理は、家康が主導した。西軍の石田三成、小西行長、安国寺恵瓊《えけい》は斬首され、毛利輝元、宇喜多秀家、上杉景勝らの西軍諸大名も改易、減封という厳しい処分が科された。その一方、家康は与党となった東軍の諸将に対し加増し、その軍功に報いた。その三年後、家康は征夷大将軍に就任し、江戸幕府を開いた。こうして家康は着々と天下人への道を歩んだのである。

本書が対象とするのは、関ヶ原合戦の戦後処理から大坂の陣の戦後処理までの期間である。関ヶ原合戦に関しては、拙著『関ヶ原合戦全史　1582-1615』（草思社）で詳述したので概略にとどめる。本書の出発点は、豊臣政権が衰退するきっかけとなった、慶長三年（一五九八）八月の豊臣秀吉の死である。以降、豊臣秀頼の誕生から関ヶ原合戦後の政治的な流れを踏まえ、徳川家と豊臣家の関係について論じたものである。

関ヶ原合戦後の政治過程の論証などを抜きにして、大坂の陣の戦いのみを語るだけでは、その本質が理解できないだろう。戦いの本質は徳川公儀の成立と豊臣公儀の没落の過程にあり、前者が後者の権限を吸収することにある。同時に、徳川公儀がより強固な体制に移行するには、豊臣家には一大名になってもらうよりほかなかった。しかし、豊臣家はそれを潔しとせず、大坂の地に固執し続けた。そのせめぎ合いの過程が戦いの本質といえないだろうか。それゆえ、関ヶ原合戦後から大坂冬の陣に至る政治過程について紙幅を割いている。

ところで、一説によると、関ヶ原合戦を終えた家康は、すぐさま豊臣秀頼を滅亡に追い込もうとしたといわれているが、疑問が残る。そもそも秀頼は、西軍に与《くみ》して戦ったわけではない。近年の新説によると、秀頼は関ヶ原に出陣する用意があったが、それは幻に終わったという。しかし、その新説は史料的な根拠がないものであり、関ヶ原にある「玉城」なる城も、関ヶ原合戦とは関係ないと指摘されている。したがって、秀頼は家康に負けたわけではなく、即座にその地位を追われるようなことはなかったのである。

関ヶ原合戦以後の家康について、右のような考え方が広まったのは、江戸期の家譜・記録類をもとにした「松平・徳川中心史観」による影響が大きいと考えられる。「松平・徳川中心史観」とは、家康が慶長八年（一六〇三）に征夷大将軍に就任したことから遡及して、それ以前の松平・徳川両氏の存在を特別視する歴史観である。しかし、現在の研究では「松平・徳川中心史観」が克服され、従来説の誤りがかなり正されている。本書の目的の一つは、そうした旧説の誤謬《ごびゅう》を正すことにある。

同時に問題なのは、関ヶ原合戦に関しては膨大な数の研究が公表され、数多くの一般書が刊行されているにもかかわらず、大坂の陣の研究や一般書は極端に少ないことである。関ヶ原合戦の関係史料は、東京大学史料編纂所編『大日本史料』の当該年の前後が完成していないので、史料収集に際しての苦労が多い。一方、大坂の陣の関係史料は、東京大学史料編纂所編『大日本史料』の当該年の前後が完成しているので、史料収集が比較的容易である。むろん、それは活字化されている史料の話であって、いまだに翻刻されていな史料は数多い。

なぜ、史料的に豊富な大坂の陣の研究は、なかなか進まないのだろうか。それには、もちろん想定し得る理由がある。

関ヶ原合戦には、「直江状」の真偽、小山評定があったか否か、小早川秀秋の土壇場の裏切りなど、豊富な謎が一般の人の関心を誘った。石田三成と大谷吉継《よしつぐ》との友情（実際は正しくない）、細川ガラシャの死など、映画やテレビドラマの素材となりうる逸話も数多い。何よりも、関ヶ原合戦は「天下分け目」と称されるように、東軍と西軍の勝敗の要因が衆目を集めた。

一方、大坂の陣に関しては、一言でいえば、最初から徳川方の勝利は確実だったので、さほど注目されなかったといえよう。おまけに、豊臣方の敗因は、豊臣秀吉の出来の悪い息子の秀頼、息子可愛さに政治に余計な横槍を入れる淀殿、臆病で無能な豊臣方の家臣の大野治長《はるなが》、織田長益《ながます》（有楽《うらく》）などの存在に集約された。豊臣家には一人として大名が味方にならず、集まったのは仕官を求めて各地を放浪する牢人ばかりだった。豊臣家は孤立無援の無能な集団だったので、負けて当然だったということになろう。むろん、本書でも述べるように、そのような逸話は根拠のない妄説が少なくない。

家康が豊臣家を滅亡に追い込んだのは、慶長二十年（一六一五）四、五月の大坂夏の陣だが、勝って当然の戦いだった。結局、世間の人々からすれば、関ヶ原合戦がもっとも関心のある最後の戦いであり、大坂の陣はおまけのようなものにすぎなかった。おまけは言いすぎかもしれないが、大坂の陣は最初から家康が圧倒的に有利であり、豊臣家には勝ち目がなかった。せいぜい真田信繁《のぶしげ》ら豊臣家に与した一部の牢人の活躍が光るだけで、あまり興味が持たれなかったのである。

しかし、右のように考えるのは、必ずしも正しい理解とはいえないだろう。関ヶ原合戦後、家康が一気に豊臣家を叩かなかったのには理由があり、最初から豊臣家を滅亡に追い込もうと意図していたわけではなかった。戦後も豊臣公儀は健在で、家康ですら容易に手を出せなかった。かつて、「二重公儀体制」という学説が提唱されたのは、その証左であろう。

「二重公儀体制」とは、関ヶ原合戦後に豊臣公儀が即座に消滅したのではなく、東国は徳川公儀、西国は豊臣公儀が支配し、それは慶長十九年（一六一四）十月に開戦準備がはじまる大坂冬の陣の直前まで続いたという説である。慶長十九年十月は極端としても、家康が征夷大将軍に就任する慶長八年（一六〇三）までは、二つの公儀が存在していたのは認めてもよい。同年に家康が江戸幕府を開いたことが決定打となり、両者の立場は逆転した。秀忠が二年後の慶長十年（一六〇五）に征夷大将軍職を世襲することにより、徳川家の覇権が確立したと考えるべきである。問題となるのは、いつ徳川家に「打倒豊臣家」のスイッチが入ったのか、である。

本書は、単に大坂冬の陣、夏の陣の戦いの経過を叙述するものではない。関ヶ原合戦後に確立された「関ヶ原体制」（家康が征夷大将軍に就任するまでの徳川・豊臣の公儀が併存した体制）を経て、家康は豊臣政権の持つ権益（京都支配、都市の掌握など）を手にした。やがて、武家の頂点に立った家康は、秀頼を一大名として処遇しようと考えた。その理由は本論で詳述するが、豊臣家の滅亡は必ずしも既定路線ではなかったのである。

以上の点を踏まえて、本書では大坂の陣を詳しく取り上げた。それは単に武将同士の戦いに止まらず、豊臣方に与した牢人衆や一揆勢力、キリシタンの動向、村落の合戦への対応、戦後処理に至るまでを幅広くカバーした。本書を通して、秀吉最晩年の状況から関ヶ原合戦を経て大坂の陣に至るまでの理解を深めていただけると幸いである。

大坂の陣全史　１５９８-１６１６

目次

第二章　関ヶ原合戦後の家康と秀頼

第三章 方広寺鐘銘事件の経緯

第四章 大坂冬の陣、開戦前夜

第五章 豊臣方に集結した牢人たち

第六章　キリシタンや寺社の動向

第七章　着々と進む開戦準備

第八章　大坂冬の陣、開戦

第九章　徳川方と豊臣方の和睦交渉

第十章　大坂夏の陣、開戦

大坂の陣全史　1598-1616

第一章

豊臣秀頼の誕生と関ヶ原合戦

実子に恵まれなかった豊臣秀吉

秀吉がなかなか子に恵まれなかったのはあまりに有名だが、それゆえに後継者となるべき養子として甥の秀次《ひでつぐ》を迎えた。しかし、秀次の人生は、前半生と後半生とで運命が大きく分かれた。まず、秀次とその周辺について触れておきたい。

秀吉には、側室の南殿《みなみどの》との間に一男一女があったという説がある。しかし、以後は実子に恵まれなかった。

秀吉には多くの側室が存在したが、中でももっとも知られているのが浅井長政とお市の間に生まれた茶々（のちの淀殿）である。茶々が秀吉の側室になったのは、天正十六年（一五八八）頃。そして、文禄二年（一五九三）に二人の間に大坂城（大阪市中央区）で生まれたのが、秀頼である。慶長三年（一五九八）八月の秀吉没後、秀頼は豊臣家を継承し、慶長二十年（一六一五）五月、大坂夏の陣で徳川家康に敗れて自害した。

ところが、この秀頼に関しては、古くから秀吉の実子ではなく、淀殿と大野治長の間の子であるといわれてきた。現在でも、秀頼が秀吉の実子であるか否かに関しては、論争が続いている。秀頼が秀吉の実子でないという説を唱える服部英雄氏は、そもそも秀吉には子種がなかったと考えられること、秀頼が誕生する約十ヵ月前に、秀吉と淀殿は同じ場所にいなかったことなどを理由として挙げている。

図1-1 秀吉の系図（概図）

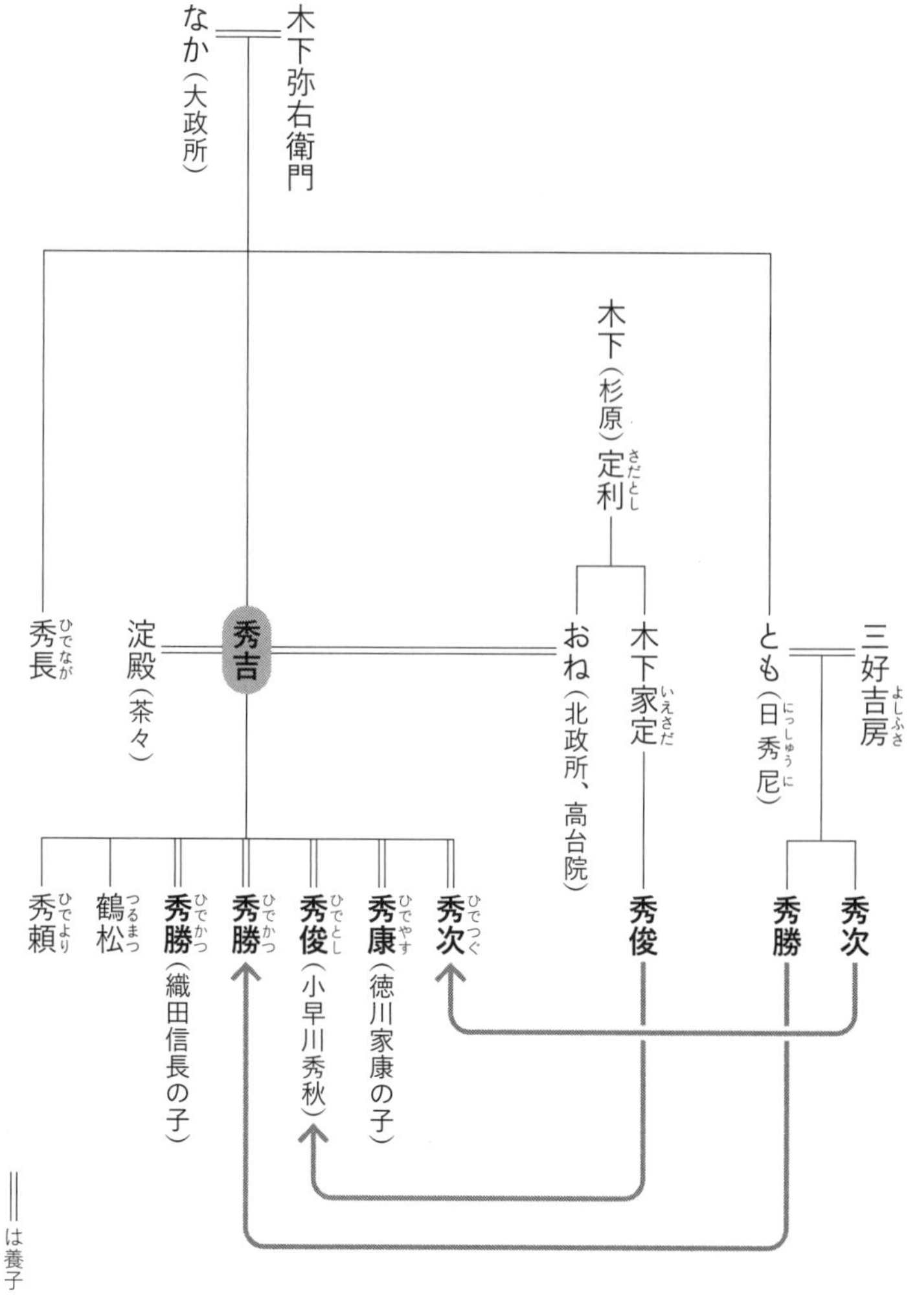
木下弥右衛門
なか（大政所）
木下（杉原）定利《さだとし》
秀長《ひでなが》
淀殿（茶々）
秀吉
おね（北政所、高台院）
木下家定《いえさだ》
とも（日秀尼《にっしゅうに》）
三好吉房《よしふさ》
秀頼《ひでより》
鶴松《つるまつ》
秀勝《ひでかつ》（織田信長の子）
秀勝《ひでかつ》
秀俊《ひでとし》（小早川秀秋）
秀康《ひでやす》（徳川家康の子）
秀次《ひでつぐ》
秀俊
秀勝
秀次
＝は養子

実際に、フロイスの『日本史』にも秀吉に子種がなかったことや、夭折《ようせつ》した長男の鶴松《つるまる》が実子でないと明確に書き残している。こうした点は誠に興味深いところだが、いまだ検討の余地があるといえよう。重要なことは、秀頼が実子であったか否かは別として、秀吉の後継者になったという点である。このことによって豊臣家は存続するのであり、他人の子であるか否かは関係ない。多くの戦国大名は養子を受け入れていたので、あまり問題視する必要はないだろう。

秀頼誕生以前、秀吉と本妻である「おね」は、ついに子宝に恵まれなかった。そこで秀吉は、織田信長の四男・秀勝《ひでかつ》を養子に迎えるなどしている。ちなみに同名の秀勝は、もう一人存在したが(三好吉房《よしふさ》と秀吉の姉・日秀《にっしゅう》の子)、いずれの秀勝も若くして亡くなった。秀吉の後継者問題は、解決すべき喫緊の課題だったのである。

そこで、秀頼が生まれる以前に秀吉の後継者と目され、養子に迎えられたのが、秀次である。秀次は秀吉の姉・日秀と三好吉房の子で、最初は宮部継潤《みやべけいじゅん》の養子となり、のちに三好康長《やすなが》の養子となった(最初は、信吉と名乗る)。さらに秀次は秀吉の養子となり、同じ一族という事情から後継者として迎えられたのである。

豊臣か羽柴か

ここで、少し話題を変えて、秀吉が名字とした羽柴、姓とした豊臣について触れることにしよう。戦国武将の姓と名字は、現代とは違って複雑な事情があった。姓とは、天皇から与えられたものである。源平藤橘《げんぺいとうきつ》（源氏・平氏・藤原氏・橘氏）は、その代表例といえよう。姓を冠する場合は、源頼朝《みなもとのよりとも》のように、姓と諱（実名）の間に「の」を付けるのが習わしである。ところが、当時の人々は子だくさんだったので、子供たちは新たな所領に移り住み、その地名を名字とした。

たとえば、河内源氏の流れを汲む新田氏は上野国《こうずけ》新田荘《にったのしょう》（群馬県太田市ほか）を本拠とし、新田を名字にした。みんなが「源」を冠したままでは、どこの「源」かわからなくなり、混乱が生じるという懸念もあっただろう。通常、人々は位記（辞令書）を授けられる場合などを除き、名字を名乗った。普通は、織田信長を藤原（あるいは平）信長と呼ばないのである。つまり、姓と名字は違うものなのである。

秀吉はもともと百姓だったが、最初は「木下」を名字とした。名字を「羽柴」に改めたのは、天正元年（一五七三）といわれている。天正十三年（一五八五）七月、秀吉は関白に就任すると、翌年九月に正親町《おおぎまち》天皇から「豊臣」の姓を下賜《かし》された。右のルールに従えば、普通は豊臣秀吉（あるいは豊臣秀頼）と呼ぶのは誤りで、一貫して羽柴秀吉（あるいは羽柴秀頼）とするのが正しいという説も提起された。

しかし、近年の研究によると、同時代史料および秀頼没後の後世に成った史料に至っても、「羽柴秀頼」と記された史料は確認できないと指摘された。願文《がんもん》（神仏に祈願する文書）のような史料では、姓のほかに名字を記すのが習わしだが、「羽柴」の名字は書かれていないという。源頼朝は、源氏の嫡流だったので名字はなかった。秀頼も豊臣氏の嫡流なので、名字はなかったのではないかとの考えもある。

秀次の経歴

改めて秀次の略歴を確認しておこう。秀次が誕生したのは、永禄十一年（一五六八）である。父は三好吉房、母は秀吉の姉・日秀。秀次は天正十一年（一五八三）の伊勢攻略（滝川一益《たきがわかずます》との戦い）、賤ヶ《しずが》岳《たけ》の戦い（柴田勝家との戦い）に出陣したが、目立った戦功は挙げていないといわれている。

天正十二年（一五八四）、秀吉は徳川家康、織田信雄《のぶかつ》との関係が悪化し、ついに雌雄を決することになった。その一連の戦いが小牧・長久手の戦いである。秀次は自ら作戦を提案して出陣したが、主力の池田恒興《つねおき》、森長可《ながよし》が討たれるなどし、大惨敗を喫した。この敗北によって、秀次は秀吉から厳しく叱責されたのである。とはいえ、秀次は秀吉から見限られたわけではなかった。

天正十三年（一五八五）、秀次は大将の秀長（秀吉の弟）のもとで副将を務め、紀州雑賀衆《さいかしゅう》の討伐に出陣し、大いに軍功を挙げた。続く四国征伐（長宗我部征伐）においても、秀次は副将（大将は秀長）として出陣し、長宗我部方の城々を落城させるなどの戦功を挙げた。一連の戦いによって、秀次は小牧・長久手の戦いでの失態を挽回し、秀吉の信頼を勝ち取るに至ったのである。

同年七月、秀吉は摂関家の関白相論《そうろん》（二条昭実《あきざね》と近衛信輔《のぶすけ》との間の関白職をめぐる争い）に乗じて、ついに関白の地位を得た。同じ頃、秀次は秀吉の偏諱《へんき》を授けられ、信吉から秀次に改名した。秀吉が名前の一部を秀次に与えて改名させたのだから、将来の後継候補と考えていたのは間違いないだろう。

天正十四年（一五八六）九月、秀吉は正親町天皇から「豊臣」姓を下賜され、同年十二月に太政大臣に任官した。その翌年には、九州征伐に出陣し、島津義久・義弘兄弟を屈服させたのである。

天正十三年の四国征伐後、当時十八歳だった秀次は、近江八幡（滋賀県近江八幡市）に四十三万石を与えられた。うち秀次の領分は二十万石で、残りの二十三万石は配下の中村一氏《かずうじ》、山内一豊、堀尾《ほりお》吉晴《よしはる》の所領となった。そして、八幡山《はちまんやま》城を築城すると、城下町の整備を行ったのである。翌天正十四年十一月、秀次は参議に任じられ、同時に秀吉から「豊臣」姓を授けられたのである。同年一月、秀長が初めて豊臣姓を与えられていた。秀次は二番目だったのだから、秀吉の期待の大きさをあらわしているといえよう。

秀次の関白就任

その後も秀次の栄達が続いた。天正十五年（一五八七）十一月、秀次はさらに昇進し、従三位・権中納言に叙位任官された。翌年四月、秀吉は新築成った聚楽第《じゅらくてい》に後陽成《ごようぜい》天皇の行幸を願った（『聚楽第行幸記』）。その際、秀吉は諸大名に対して、忠誠を誓わせるべく起請文の提出を命じた。起請文は織田信雄、徳川家康、豊臣秀長、豊臣秀次、宇喜多秀家、前田利家の順番で連署し、秀吉に提出された。この序列からいえば、秀次は豊臣政権におけるナンバー4に位置付けられたと考えられる。

天正十八年（一五九〇）、秀次は秀吉の命により、小田原（神奈川県小田原市）に本拠を置く北条氏征伐に出陣した。七月に小田原城が落城すると、秀次はそのまま奥州仕置へと向かい、会津軍の検地に従事した。こうして秀吉は北条氏のみならず、奥州の諸大名も従えたが、直後に葛西大崎一揆《かさいおおさきいっき》（改易された葛西氏・大崎氏らの旧臣の反乱）が勃発し、翌年二月には九戸《くのへ》政実《まさざね》の乱も起こった。これを総大将として鎮圧したのが秀次である。ここで、秀次に大きな転機が訪れた。

小田原征伐の論功行賞の際、秀吉は織田信雄に対して、家康の関東移封後の駿河など東海五ヵ国を与えようとした。しかし、信雄はこれを拒否したので、改易されることになった。そこで、秀次には恩賞として、信雄の旧領だった尾張、伊勢北部の五郡が与えられ、計約百万石の大名になったのである。同時に秀次は、居城を清須城（愛知県清須市）に移した。一連の秀次の処遇は、まさしく秀吉の後継者としての布石になった。

ここまで秀吉は順風満帆だったが、以後は悲劇に見舞われた。天正十九年（一五九一）一月に信頼する弟の秀長が病死し、同年八月には嫡子の鶴松が幼くして亡くなった。実は秀次が秀吉の養子になった正確な時期は明らかではないが、相次ぐ身内の死によって、秀吉は秀次を養子に迎えようと決心したと思われる。その証左として、秀次は同年十一月に権大納言に任じられ、翌十二月には内大臣にまで上り詰めた。この昇進ぶりは、異例のことといえよう。

同年十二月二十八日、秀次は秀吉から関白の位を譲られ、聚楽第を本拠として政務を行った。とはいいながらも、秀吉は引退したわけではなく、まだまだ現役だった。秀吉は生前に関白を譲り、自らは後見として秀次をサポートする気だったのかもしれない。しかし、実質的には二元政治のような様相となり、意思の疎通が十分ではなかったといわれている。

秀次が秀吉の後継者として認められたのは、豊臣氏の氏長者《うじのちょうじゃ》（氏の代表者）になったことからも明らかである。天正二十年（一五九二）二月、秀次は聚楽第に再び正親町天皇を迎えた。こうして秀次は、自らが秀吉の後継者であることを内外に強くアピールしたのである。この頃から、秀吉は唐入り（のちの文禄の役）に専念し、国内の支配は秀次が徐々に担うようになった。

秀次の最期

同年十二月、年号が天正から文禄に改められた。この頃には兵乱が収まっており、地震などの天変地異もなかった。したがって、改元を実施する理由は、特段に認められない。現在、改元の理由については、後陽成天皇が即位した天正十四年（一五八六）十一月に代始めの改元が行われなかったこと、秀次にとっては関白に就任したという節目であり、公武の考えが改元の時期にふさわしいと一致したために行われたのではないかと指摘されている。

秀次は関白となり、衆目が一致する秀吉の後継者となったが、やがて青天《せいてん》の霹靂《へきれき》のような事態が発生した。

文禄二年（一五九三）八月に秀頼（幼名：拾《ひろい》）が誕生したのである。当時、秀吉は文禄の役で名護屋城（佐賀県唐津市）に滞在中だったが、秀頼誕生の一報を受けると、ただちに大坂城へと戻った。待望の男子が誕生したのだから当然のことである。とはいえ、秀頼の誕生により、すぐさま秀次の立場が危うくなったと考えるのは早計なのかもしれない。

文禄三年（一五九四）十二月、秀吉は甥で養子の秀俊《ひでとし》（木下家定《いえさだ》の子。のちの小早川秀秋）との縁組を解消し、小早川隆景に秀俊を養子としてもらいうけるよう送り込んだ。この養子縁組は毛利一門との結束を強めるためのものだが、秀頼の誕生と関係しているのか不明である。秀俊は隆景の養子になったあとも、多少の紆余曲折（後述する秀次切腹事件への連座など）があったものの、豊臣一門として厚遇された。

一説によると、秀吉は秀頼が誕生すると、我が子可愛さで家督を譲りたくなったという。心穏やかではないのが秀次である。後述するとおり、後世に成った二次史料などによると、秀次が謀反を画策したことなどが書かれている。そして、文禄四年（一五九五）七月十五日、秀次は秀吉から切腹を命じられ、高野山（和歌山県高野町）で自害して果てたのである。次に、事件の経過をたどることにしよう。

秀次切腹事件の経過

秀次が秀吉から切腹を命じられた真相は、いまだ闇の中といえよう。まず、秀次切腹の経緯をたどってみよう。

文禄四年（一五九五）七月三日、秀吉の命を受けた石田三成らは、秀次を謀反の疑いにより事情聴取を行った。同月八日、伏見城（京都市伏見区）に呼び出された秀次は、秀吉との面会どころか入城すら叶わず捕縛された。その後、木下吉隆《よしたか》邸で剃髪し、高野山への追放という処分を受け、同時に関白・左大臣の位も剥奪された。かつての栄光ある立場は完全に失われたのだ。

同月十五日、福島正則らによって、「秀次に切腹を命じる」との秀吉の意向が伝えられた。すぐさま秀吉の命令は実行され、秀次は高野山青巌寺《せいがんじ》で腹を切った。介錯をしたのは、雀部重政《ささべしげまさ》である。享年二十八。小姓三人も自害して、秀次のあとを追ったという。秀吉は秀次の首実検をすると、ただちに京都・三条河原に晒すように命じたのである。

悲劇はこれだけで終わらなかった。秀次には、愛する正室・側室そして子供たちがいた。彼女たちも秀吉の命によって殺害が指示されたのである。その数は三十余名。同年八月二日に三条河原で処刑が決行された。まず、彼女らには秀次の首を見せるなど、残酷な措置が取られた。直後に彼女らが殺されると、殺害後の鴨川の水は血で真っ赤に染まったと伝わる。それだけでなく、秀次が暮らした聚楽第は散々に打ち壊され、あとかたもなくなった。周囲の邸宅もことごとく破壊され、広大な空き地だけが残ったという。

悲劇は秀次や妻子だけでなく、その関係者にも及んだ。秀次の正室・一の台の父である菊亭《きくてい》（今出川《でがわ》）晴季《はるすえ》は、越後に流罪となった。また、秀次の後見だった前野長康《まえのながやす》や家臣は切腹を命じられた。そのほか最上義光《よしあき》、浅野幸長《よしなが》、細川忠興《ただおき》、伊達政宗らの諸大名にも疑念が掛けられ、秀次の家臣や親しくしていた人物の中には、幽閉、流罪、死罪などを科せられた者もいた。もちろん嫌疑が晴れた者もあったが、厳しい処分である。

こうして秀吉は、秀次を切腹に追い込むだけでなく、親類・縁者や親しい関係者を次々と処断し、まさしく根絶やしにしようとした。かなり秀次を憎んでいた様子がうかがえる。秀次らを処刑したあと、その場所には「畜生塚」あるいは「悪逆塚《あくぎゃくづか》」という塔が建てられたという話があるほどだ。

石田三成が関与したのか

秀次が切腹を命じられた理由は、これまでも議論されてきた。以下、石田三成が関与したという説を中心にして考えてみよう。

『石田軍記』などの二次史料は、三成の関与を克明に記している。同書によると、三成は秀吉没後に天下を狙っていたという。その際、障害となるのが秀次と家康の存在だった。三成は二人を亡きものにするための方策を考え、ついに秀次謀反の噂を流したというのである。そのときに三成が抱え込んだのは、秀次の配下にあった田中吉政だったという。

似たような話は、『甫庵《ほあん》太閤記』にも記されている。三成は秀次配下の木村重玆《しげこれ》のもとに間者《かんじゃ》（スパイ）を送り込み、知り得た秀次の行動を曲解したうえで、秀吉に報告したと同書に書かれている。重玆は秀次が切腹した際に、運命をともにしている。大変興味深い話だが、にわかに信が置けない。

ここまでに掲出した『石田軍記』や『甫庵太閤記』は、史料としての信頼性が低く、一顧だにされない代物《しろもの》である。ほかに右の説を補うような信頼性の高い史料がない以上、にわかに信じることはできない。

秀吉自身は、秀次の一件を諸大名に書状で伝えているが、切腹を命じた理由を明快に記していない。同様に、ほかの信頼できる史料においても、真相を記したものはないといえる。それゆえ、秀次に関する怪しげな情報が独り歩きした感がある。

その一つに「殺生関白」なる秀次の評価がある。十七世紀初頭に成立した『大かうさまくんきのうち』(太田牛一著。秀吉の一代記)には「せつせう(殺生)関白」とあり、その頃から秀次は殺生を好んでいたとの風聞が流れていたようである。

『甫庵太閤記』は、盛んに秀次の悪逆非道を書き立て、それゆえに没落したと結論付けた。この見解は、近世や近代に成立した諸書にも引き継がれた。噂は、海外にも伝わったようである。海外で当時の日本の事情を記した『日本西教史』(ジャン・クラッセ著。一六八九年成立)や『モンタヌス日本誌』(アルノルドゥス・モンタヌス著。一六六九年)には、秀次が殺生を好んでいたことを詳細に書き留めており、その異常性格者ぶりを喧伝している。

しかし、それらの諸書は秀次死後の十七世紀以降に成立したものばかりで、同時代の史料において、秀次が殺生を好んでいたことを示すものはない。したがって、「殺生関白」との評価は、秀次を貶めるための単なる噂と考えざるを得ない。

秀頼誕生が原因だったのか

切腹の理由として比較的わかりやすいものは、文禄二年(一五九三)に秀頼が誕生したことを挙げることができる。秀吉は実子が誕生したことにより、秀次に跡を譲ることを渋り、秀次が危機感を抱いたというものである。秀吉が子供に恵まれなかったのは有名な話だが、秀頼の父が三成だったという説がある。ただし、三成は秀頼が出生した十ヵ月前あたりは朝鮮に出兵中で、日本にはいなかったのが確実なので、成り立たない話である。

ところが、秀吉の養子である二人の秀勝（於次、小吉）は早逝し、同じく養子だった秀康（徳川家康の実子）、秀俊（木下家定の実子）は、再び他家に養子に出されていた。秀頼が順調に成長する保証はなかったのだから、秀次が有力な後継者候補であることには変わりがない。

秀頼誕生の一件については、三成にまつわる噂が流れている。伊達成実《しげざね》の手になる『伊達成実記』には、秀頼の誕生により、秀吉が秀次に聚楽第を譲り渡したことを後悔していたと記されている。こうした秀吉の胸中を察した三成は、秀次の行動を讒言《ざんげん》して切腹に追い込み、その期待に応えたということになろう。史料が比較的早い段階で成立したので、信憑性があるとされている。しかし、この情報のニュースソースが明らかではないので、信用するに値しない。

その他の諸説

上杉氏の正史である『上杉家御年譜』には、天正十八年（一五九〇）に秀次が鹿狩りをする際に秀吉を聚楽第に招き、数万の兵で殺害を企てていたと書かれている。この計画を知った三成は、すぐさま秀吉の耳に入れ、秀次の招きに応じないよう進言したという。ただ、普通に考えると、秀次の謀反を知った時点で何らかの処分を科したであろうから、いささか疑問が残る説だ。

いろいろ冷静に考えてみると、三成の直接的な関与というのは認めがたいように思えてならない。『石田軍記』のように三成が天下を狙ったというのは論外としても、三成が秀次を葬り去ったところで、さほどメリットは感じられない。むしろ、讒言によるデメリット（秀吉から逆に疑われる）のほうが大きいのではないだろうか。では、真相をどう考えるべきなのか。

秀次が秀吉のあとを受けて関白となったのは、天正十九年（一五九一）十二月のことである。むろん秀吉は健在であり、決して秀次が自由に自分の意志により施政を行っていたわけではなかった。秀吉は太閤（摂政または関白の職を子弟に譲った人）として、秀次を凌ぐ力を持っていたのはいうまでもない。

一方で、秀次が関白になることにより、権力が二元化した感は否めない。その象徴的な出来事が、文禄四年（一五九五）二月の蒲生氏郷死去後の相続問題である。当初、秀吉は蒲生氏と年寄衆から提出された「会津知行目録」に不審な点があることから、所領を没収すると決定した。しかし、秀次の判断により決定が覆されたという。この点に関しては種々議論があるものの、関白権力と太閤権力が併存することは、政権の意思決定において大いに問題があったようだ。

秀次による独自の権力行使や京都支配をめぐる確執が伏流し、突然事件が起こったというのが真相ではなかろうか。むろん、その間に三成が秀吉に秀次の情報提供をしたことがあっても、それは讒言の類ではなかったように思えてならない。

なお、近年になって、秀次が切腹したのは、秀吉の命令によってではなく、自らの潔白を訴えるためだったとの指摘がなされた。秀次が自害した青巌寺は、秀吉が生母の大政所の追善のために寄進した寺だった。秀吉は神聖な場所を汚されたと考え激昂し、秀次の妻子を皆殺ししたとされる。ところがこの説は必ずしも史料的な根拠が明確ではなく、否定的な見解が示されている。

幼い秀頼の周辺

秀次が切腹する前年の文禄三年（一五九四）一月、秀吉はかねて隠居所として築城していた伏見城（京都市伏見区）の完成を急がせた。秀頼を住まわせるためだった。伏見城は伏見指月《しげつ》（伏見区桃山町）に築かれたので、指月伏見城と称される。

文禄五年（一五九六）九月、慶長伏見地震によって、指月伏見城は大きな損害を被った。翌年、指月から北東に約一キロメートル離れた木幡山《こはたやま》に新たな城が築かれた。こちらは、木幡山伏見城と呼ばれている。以下、煩雑になるので、伏見城に統一する。

秀吉には、過去に苦い経験があった。天正十八年（一五九〇）二月、嫡子の鶴松を二歳で上洛させ、聚楽第に住まわせた。その翌年閏一月、鶴松は病に罹《かか》り、同年八月に病没したのである。文禄三年の時点で、秀頼は鶴松と同じ二歳だったので、側室の淀殿は同じことになってしまわないか心配したという。当時の人々は、過去にあった不吉な出来事を非常に気にしたのである。

秀吉は淀殿の気持ちを尊重し、秀頼を伏見城に移す時期を翌文禄四年（一五九五）に延期しようと考えた。一方で、伏見城の工事は順調に進み、文禄三年（一五九四）の秋頃には完成した。結局、淀殿が強い懸念を示したものの、秀頼は同年十二月に大坂城から伏見城に移り住んだのである。翌年三月、摂関家、門跡《もんぜき》（公家などが出家して入室した寺院）、堂上公家、寺社衆は、秀吉と秀頼に年始の挨拶をするため伏見城を訪問し、たくさんの祝儀（白銀、太刀など）を贈った。こうして秀頼の存在は、広く認知されたのである。

秀頼は、いつ頃拾から改名したのだろうか。従来説では、慶長元年（一五九六）十二月十七日とされてきた。しかし、その後の史料の発見などもあり、現在では慶長元年閏七月十五日から十九日の間にまで絞られた。慶長二年（一五九七）九月二十八日、秀頼は元服して従四位下・左近衛中将に叙位任官し、翌日には近衛権中将に昇進したのである。早い段階における叙位任官は、かつて関白だった秀吉に配慮したものだった。

秀頼を気遣う秀吉

秀吉は秀次を切腹させると、秀頼を後継者に定めた。以降、まだ幼かった秀頼の将来のことを考えて、補佐する万全の政治体制を築き上げようとした。文禄四年（一五九五）七月、秀吉はのちに五大老となる諸大名（徳川家康、前田利家、毛利輝元、小早川隆景、宇喜多秀家）らに対して、起請文を提出させた。その内容とは、次のようなものである（「防府毛利報公会所蔵文書」）。

一　秀頼に対して、裏切りの気持ちを持たず、守り立てて行くこと。
一　秀吉の定めた法度を守ること。もし背く者がいたら、縁者・親類などに関わりなく、糾明の上成敗を行うこと。
一　関東の法度や裁判は正しい道理・作法によって家康に申し付ける。関西については、輝元と隆景に申し付ける。

一　家康と輝元は、在京して秀頼に奉公すること。どうしても下国するならば、交代で休暇を取ること。

一条目、二条目は当然のこととして、三条目は関東を家康が統治し、関西を輝元・隆景が統治するように定められている。しかも、四条目は必ずどちらかが交代で在京するように義務付けている。長期間の在国を許さなかったのは、二人が領国に戻って謀反を企むことを牽制したからだろう。秀吉は諸大名に秀頼への忠誠を誓わせるだけでなく、家康と輝元に豊臣政権下における東西の地域支配を担わせようと考えていた。その理由は、家康と輝元が実力者とみなされたからである。

秀吉が秀頼のことを五大老に繰り返し託したのは、秀頼が実子でなかったからだとの説がある。しかし、秀頼が実子か否かは何ら関係のないことで、ほかの大名の場合でも後継者に養子を迎えた例は事欠かない。秀吉は絶対的な権力者だったが、秀頼はまだ幼かったうえに、父の秀吉以外に何らかの後ろ盾があったわけではない。豊臣家の存続を願う秀吉にすれば、秀頼が実子であろうとなかろうと、自分以外に信を置ける縁者もいなかったので、将来的に政権の中枢を担う五大老を頼るのが自然な行為だった。

次々と起請文を提出させる

利家・秀家に対しても、先の第三条と第四条の一部を除き、ほぼ同様の起請文を提出させた(「大阪城天守閣所蔵文書」)。利家と秀家は私事により下国してはならず、家康らと同様に在京義務が課せられ、政権内部での重要な役割を託された。家康や輝元・隆景が豊臣政権の地方支配を託されたのに対し、利家・秀家は政権内部の秩序維持を任された。秀吉は五大老間の協力により、秀頼を補佐させようとしたのだ。とはいえ、利家と秀家の役割を明示していないので、具体性に欠けている点は否めない。

五大老だけでなく、織田信雄ら二十八名の諸大名も血判の起請文を提出した(「大阪城天守閣所蔵文書」)。ところが、彼らには何らかの政権内部での役割が与えられたわけではなく、単に秀頼への忠誠心を求められただけだった。二十八人の諸大名は、与えられたそれぞれの国の支配を遂行することが責務だったのである。五大老とそのほかの諸大名の立場は、明確になったといえよう。

文禄四年(一五九五)八月、秀吉は諸大名の動きを規制すべく掟を定めた(「周南市美術博物館寄託文書」など)。内容は諸大名が縁組みをする際には事前に許可を得ること、大名間で盟約を結ぶことの禁止である。諸大名が婚姻や人質の交換によって盟約を交わすことは、豊臣政権に反旗を翻す可能性が予想された。秀吉は婚姻を事前の届け出制にすることで、諸大名の不穏な動きを封じようとしたのである。

さらに、秀家を除く五人（家康、利家、輝元、隆景、景勝）や古公家などには乗物駕籠の使用を許可し、たとえ大名であっても若い者については騎馬を原則とした。秀家は二十代と若かったので、乗物駕籠の使用を許可されなかった。秀吉がこうした原則を提示したのは、のちの五大老のメンバーとほかの大名との身分差によって、政権内における秩序を構築しようとしたと考えられる。政権内における大名の序列化である。秀吉は最後の最後まで諸大名を統制しつつ、秀頼の行く末を託したのだった。

秀吉の最期

慶長三年（一五九八）頃から、秀吉は病に伏せるようになった。病名は労咳《ろうがい》（結核）や喘息《ぜんそく》などの可能性が指摘されているが、いかんせん史料上だけでは病名の特定は不可能である。秀吉はかつて戦場を駆け巡り身体が壮健だったかもしれないが、この頃はすっかり高齢だったので、気力・体力の衰えは隠せなかったに違いない。病気になった理由は、複数の原因が想定される。人は必ず老いるが、それは秀吉も例外ではなかった。そこで、秀吉があらかじめ死後の対策（秀頼の補佐体制の構築）を考えたのは当然のことだった。

早い段階で、秀吉は秀頼の補佐体制を構想していたが、死後の不安は増す一方だった。死期が迫るにつれて、秀吉は諸大名に念を押すべく対策を講じた。

秀吉は、五大老の面々に秀頼を支えるよう遺言状を残した（「毛利家文書」）。秀吉が秀頼のためにできる唯一のことだった。内容は五大老に対し、秀頼が一人前に成長するまで支えてほしいと懇願したものである。秀吉は「これ以外に思い残すことはない」と言っているのだから、最後の願いだった。追伸の部分では、配下の五奉行（浅野長政、石田三成、長束《なつか》正家、前田玄以《げんい》、増田《ました》長盛）たちにも、同じことを申し付けたと述べている。五奉行は、政権の屋台骨を支える重要な存在だった。

死が迫った秀吉は、所有していた茶器、名画、名刀そして黄金を諸大名に与えた（『甫庵太閤記』）。とりわけ有力者の家康や利家には厚かったが、下々の者にまで品々が贈られたという。これは一種の形見分けかもしれないが、「自分が死んだあとは、秀頼を頼む」という、秀吉の強い気持ちのあらわれだろう。

秀吉の臨終の模様は、フランシスコ・パシオ師が詳しく書き記している。記録によると、秀吉は臨終間際になっても息を吹き返し、狂乱状態になって愚かしいことをしゃべったという。秀吉が最後まで気がかりだったのは、秀頼の将来だった。秀吉は家康をもっとも恐れていたが、逆に一番頼りにしていたのも家康だった。秀吉は死の瞬間まで家康を頼りにし、秀頼を守り立ててほしいと懇願したのである。

慶長三年（一五九八）八月十八日に秀吉は亡くなった。それから二年後に関ヶ原合戦が勃発し、豊臣家の勢力は大きく殺《そ》がれた。そして、慶長二十年（一六一五）の大坂の陣で滅亡したのは周知のことである。秀吉の願いは、結局通じなかったのだ。

秀吉死後の政局

秀吉が病没すると、政局は大きく変わった。慶長四年（一五九九）閏三月三日、五大老の前田利家が亡くなると、政権に危機が訪れたのである。利家は五大老の中で長老格でもあり、徳川家康とともに大きな発言権を有していた。その利家が病没したので、政権はまるでたがが外れたかのようになった。石田三成訴訟事件もその一つである。なお、利家の代わりに五大老に就任したのは、子の利長である。

利家の死の直後、黒田長政ら七将は三成の訴訟に及んだ。七将は文禄・慶長の役において、三成から讒言されたなどというが、彼らすべてがそのような扱いを受けたわけではない。事件に加担した動機はさまざまだった。従来説では七将が三成を襲撃したといわれてきたが、それは誤りである。実際は、三成の非道を訴えたのが正しいとされている。裁定の結果、三成は居城の近江佐和山《さわやま》城（滋賀県彦根市）に隠退することで決着した。この事件により、五奉行制の一角が崩れた。

事件の解決に動いたのは、家康だった。事件後、家康は大坂城西の丸に入り、豊臣政権の中枢部に食い込んだ。処分された三成には毛利輝元が加担していたが、家康は互いに起請文を交わすことでこれを許した（「毛利博物館所蔵文書」）。家康は別に天下に志があったのではなく、あくまで本旨は秀頼を守り立てることだった。一方、家康は起請文の中で輝元と兄弟の交わりを強調したが、兄は家康で、弟は輝元だった。家康は同じ五大老とはいえ、輝元より上の立場になったのである。

慶長四年（一五九九）九月には、豊臣政権を震撼させる大事件が勃発した。前田利長、浅野長政、大野治長、土方雄久《ひじかたかつひさ》は、家康が大坂城に登城した際に暗殺しようと企てたのである。利長は五大老、長政は五奉行だったので、計り知れない衝撃だった。この事実を密告したのは、五奉行の長束正家と増田長盛である。家康は暗殺計画を知ったものの、警備体制に万全を期したうえで、あえて大坂城に登城した。

暗殺の実行犯である治長、雄久が凶行に及んだ様子は、『関原軍記備考』に記されている。治長、雄久は物陰から家康を斬りつけようとしたが、本多忠勝によって取り押さえられ、計画は見事に失敗した。ただし、同史料の記述は荒唐無稽であり、暗殺の方法も右に示したとおり極めて稚拙で信が置けない。本当に二人が暗殺を実行したなら、その場で捕えられて殺害されたはずだ。実際は、凶行に及ぶ前に治長らの動きが封じられたのではないだろうか。

事件後、長政は家督を子の幸長に譲り、武蔵府中（東京都府中市）に引退した。利長は家康に討たれそうになったが、家臣の横山長知《ながちか》を江戸に派遣し、弁明することで許しを得た。しかし、「まつ」（利家の妻）を江戸に人質として遣わすという、屈辱的な条件を飲まざるを得なかった。治長は下総《しもうさ》結城《ゆうき》氏、雄久は常陸佐竹氏に預けるということで、一件落着となったのである。

秀吉の没後、石田三成訴訟事件、徳川家康暗殺未遂事件と物騒なことが続いたが、それはまだまだ序章にすぎなかった。

秀頼を支える体制

秀頼を主に支えたのは五大老と五奉行であり、諸大名も忠誠を誓っていた。そして、秀頼にいつでも面会できる者を十六名と定め、交代で大坂城に詰める詰番は二番に編制されていた。詰番は一番が杉原長房《ながふさ》以下十五名、二番が大野治長以下十六名だった。大坂城に常時詰めていた定番は、暮《くれ》松《まつ》越後守、徳原八蔵《はちぞう》、菊阿弥《きくあみ》の三名である。

彼ら以外に秀頼に面会できたのは、増田盛次《もりつぐ》（長盛の子）、長束長吉《ながよし》（正家の子）、石田重成《しげなり》（三成の子）、前田茂勝《しげかつ》（玄以の子）の四人である、この四人は、五奉行の子たちだった。浅野長政の子・幸長が含まれていない理由は不明である。五奉行の関係者が秀頼の配下に加わっているので、彼らの政権内における強い影響力を感じざるを得ない。

いつでも秀頼に面会できる十六名は、慶長四年（一五九九）一月の段階において、以下のとおりである（「古案」）。

〈五大老〉
徳川家康、前田利家、宇喜多秀家、毛利輝元、上杉景勝
〈五奉行〉
前田玄以、浅野長政、石田三成、長束正家、増田長盛

〔その他〕
徳川秀忠（家康の子）、前田利長（利家の子）、石川光吉《みつよし》（のちの貞清《さだきよ》）、石田正澄《まさずみ》（三成の兄）、石川一《かず》宗《むね》（のちの頼明《よりあき》）、片桐且元《かつもと》

五大老、五奉行がいつでも秀頼に面会できるというのは、当然のことだろう。秀忠が加わっていたのは、五大老の筆頭格の家康の影響があったのかもしれない。利長が加わった理由は、この頃から利家の病状が思わしくなかったからだろう。三成は五奉行の筆頭格だったので、その関係で兄の正澄が加わったと考えられる。このうち石川光吉、石田正澄、石川一宗、片桐且元は、「秀頼四人衆」と称された。

石川光吉は光重の次男で、その妻は三成の娘だった。石川一宗は光重の四男で、妻は宇多頼忠《うだよりただ》の娘である。三成の妻も頼忠の娘だったので、光吉も一宗も三成と関係を有していた。「秀頼四人衆」のうち、三人が三成の関係者だったのだから、政権における三成の影響力は無視しえなかったといえよう。

上杉景勝の不穏な動き

秀頼を支える体制が築き上げられたものの、関ヶ原の戦いは迫っていた。その引き金になったのは、上杉景勝の不穏な動きだった。

慶長三年（一五九八）一月、秀吉は上杉景勝に越後から会津へ国替えを命じた。その二年後、会津に帰国した景勝は、領国内の整備を急ピッチで行った。慶長五年（一六〇〇）二月十日、景勝が神指《こうざし》城（会津若松市神指町）の築城を直江兼続に命じると、兼続は弟の大国実頼《おおくにさねより》を作事奉行に任命した（『会津旧事雑考』）。会津（福島県会津若松市）・仙道（山形県鶴岡市）・佐渡（新潟県佐渡市）・庄内（山形県北西部）・長井（同長井市）などの広範な地域から人夫が動員され、その数は約十二万人といわれている。工事が開始されたのは、同年三月のことである。

整備計画は神指村など十三ヵ所の村々を移転させ、新たに城下町を作るものであって（「塔寺八幡宮長帳」）、あくまで領内整備の一環だった。ところが、領内整備は不穏な動きと捉えられ、家康は強い疑念を抱いた。同じ頃、直江兼続と並ぶ上杉家の重臣である藤田信吉《のぶよし》が家康のもとに出奔した。この事件は、さらに景勝の立場を悪くした。

慶長五年（一六〇〇）一月、信吉は家康に年賀の祝詞を申し述べるため、上杉家を代表して上洛した。上洛後、家康は徳川家へ祝詞を述べた信吉に対して、褒美として刀や銀を与えた。しかし、信吉が会津に帰国すると、家康から刀などを与えられたことに疑念を持たれ、危うく討たれそうになったのである。

同年三月十五日、意を決した信吉は上杉家から出奔した。信吉は景勝の重臣ではあるものの、譜代の家臣ではなかった。景勝の会津移封後、信吉は津川（新潟県阿賀町）という辺境の地に追いやられ、兼続の執政体制が強化されたので、すっかり居場所を失っていた。信吉は徳川家に仕え、自身の将来に活路を見出そうとしたのである。三月二十三日、逃亡した信吉は江戸に到着した。江戸に着いた信吉は、徳川秀忠と会うことになっていた。

江戸で徳川秀忠と面会した信吉は、景勝に謀反の意があると報告したのである。信吉の報告は、家康が会津征伐を決意するきっかけの一つになった。

堀氏の讒言

景勝謀反の情報に関しては、景勝のあとに越後に入部した堀秀治《ひではる》からも寄せられていた。景勝が移封になった会津には、前任者の蒲生秀行が立ち去ったあと、越後などの旧領から年貢を運び込まれたという。慶長三年（一五九八）六月、秀治が越後に入部すると、すでに米などは持ち去られたあとだった。同年秋には年貢の徴収が行われたが、その間を凌ぐために、秀治は上杉家から米を借用するなど事態は深刻だった。

ただ、堀氏も手をこまねいているわけにはいかなかった。これまで以上に百姓一人当たりの年貢の負担を大きくし、何とか財政を好転させようとしたと推測される。窮余の策だった。そのことが原因で勃発したのが、のちに触れる越後一揆と称されるものである。ますます事態は悪化していたといえよう。

苦境に陥った秀治が景勝に悪い感情を抱くのは、自然なことだった。慶長五年（一六〇〇）二月、秀治の家老・堀直政《なおまさ》は、徳川家康に上杉家の不穏な動きを報告した。その内容とは、①全国から名のある牢人を召し抱えたこと、②人夫約八万人を動員して、神指城を築城したこと、③道や橋の整備を行ったこと、④おびただしい量の馬、弓矢、鉄砲の武具を準備したこと、になろう(『会津陣物語』)。

①〜④により、上杉氏が合戦の準備を進めているというのは明白である。そして、もっとも重要なことは、『会津陣物語』の「殊に越後は上杉氏の旧領なので、国中の民・百姓が景勝を父母のように慕っている。彼ら越後の民・百姓が一揆を起こすことを考えると、枕を傾けて眠ることができず、もし公儀がなおざりに考えて措置が遅れたならば、天下の大事になるということを直政が注進を行った」ということである。堀氏は軍備拡張に加え、越後国内の一揆勃発という危険性を切々と家康に訴えたのである。

上杉氏の動向についての報告は、慶長五年二月のこととされているが、この点については水野伍貴氏の指摘がある(水野:二〇一〇)。水野氏は、①『看羊録《かんようろく》』(姜沆《きょうこう》・著)の記述によると、慶長四年九月に家康が加賀の前田利長を征伐しようとした際、堀氏は景勝の不穏な動きを家康に何度か報告していること、②慶長五年一月に藤田信吉が上洛して家康に年頭礼を述べた際、家康は景勝の上洛を促していること、の二点を指摘し、これより以前に報告がなされたと考えている。

つまり、堀氏が景勝の動向を家康に報告したのは、慶長五年二月が初めてではなく、それ以前に遡ることができるということになる。堀氏が越後に入部した直後には、景勝が領内の年貢を新天地である会津に持ち去ったことが発覚した。以後、堀氏は財政難に悩まされていたのであるから、折に触れて家康に窮状を訴えていた可能性は高いといえよう。こうして景勝は窮地に立たされたのである。

結局、景勝は家康の上洛命令に従わず、ついに討伐されることになった。これが、関ヶ原合戦の引き金になったのである。

会津征討に向かった家康

家康が景勝を討とうしたのは、上杉方から「直江状」を送り付けられたからだった。直江状とは慶長五年（一六〇〇）四月十四日、直江兼続が相国寺の西笑承兌《さいしょうしょうたい》（家康の政僧）に宛てた書状である。兼続は景勝、西笑承兌は家康の交渉窓口だったので、実質的には景勝から家康に送った書状といえよう。「直江状」は長文であり、内容も多岐にわたる。兼続は、痛快きわまる文言で家康に挑戦状を叩き付けたといわれている。「直江状」を一読した家康は激怒し、ただちに会津征討を決意したのはよく知られた話である。

「直江状」は原本が存在せず、写ししか残存していない。その写しにも文言の相違点があるなど、今も真偽をめぐって論争がある。

同年七月、徳川家康は上杉景勝を討伐するため会津に出陣した。そのような状況下において、同年七月十七日、三成を中心とする反徳川勢力は、十三ヵ条にわたる「内府《だいふ》ちかひの条々」を全国の諸大名に発し、家康に宣戦布告した（「真田家文書」）。「ちかひ」とは「違い」のことで、家康の誤った行動を意味する。三成らが挙兵した理由は、家康が誓紙や秀吉の置目《おきめ》（法令、規定）を破ったということである。また、家康によって五奉行の石田三成、浅野長政が蟄居に追い込まれたこと、五大老の前田利家の後継者・利長が窮地に追い込まれたことも大きな理由だった。

家康が自身の与党に対して加増を行ったことや、無断で有力な大名と誓紙を交わしたことも糾弾された。家康の不穏な動きに対して、三成たちは強い警戒心を抱いていた。三成に同調する毛利輝元や宇喜多秀家も、強い危機感を抱いたに違いない。彼らは家康の豊臣政権内における身勝手な振る舞いを糾弾し、その討伐を諸大名に呼びかけたのである。その際に重要だったのは、家康への挙兵は単なる私怨ではなく、あくまで秀頼そして豊臣政権を守るという大義名分があったことだ。

家康は三成らの反逆を放置することはできず、ただちに対応しなくてはならなかった。同年七月二十五日、三成らの挙兵を知った家康は、下野小山（栃木県小山市）に諸大名を集め評定を催したのである（「小山評定」）。小山評定の内容については、兵学者・宮川尚古『関原軍記大成』（正徳三年〈一七一三〉成立）によって流布した。次に、通説的な流れを提示することにしよう。

同年七月二十四日、小山に到着した家康は、三成の挙兵を知った。家康は翌二十五日に小山で評定を行うこととし、先に下野《しもつけ》宇都宮（栃木県宇都宮市）に着陣していた秀忠を呼び戻した。家康は小山評定の席上で、三成らが挙兵した事実を知らせたうえで、家康に与するか三成らに与するかは、各自の判断に任せると述べた。そのとき福島正則は、率先して家康に与することを宣言した。諸将は正則の言葉に次々と賛意を示すと、「三成らを討つべし」という結論に至った。

家康は三成らの討伐を決意すると、先鋒として正則と池田輝政を清須城（愛知県清須市）に向かわせることにした。その際、東軍の軍勢は東海道を通過することになるが、駿河掛川（静岡県掛川市）の山内一豊は、掛川城を提供すると申し出た。すると、東海道沿いに居城を持つ武将たちも、同様の申し出をした。こうして家康は宇都宮に次男の結城秀康と諸大名らを残し、二十六日から西上したのである。

右の経過が通説として知られているが、近年では小山評定の開催に有無をめぐって論争となっている。右に示した通説はいささか小説じみており、とても首肯できるものではないが、今のところ小山評定そのものは「あった」と考える意見が優勢である。

関ヶ原の戦いまでの経緯

家康は小山で諸将の賛同を得たので、ただちに三成らを討伐すべく出陣した。家康は東海道から西上し、子の秀忠は信濃上田（長野県上田市）の真田昌幸・信繁父子を討ってから、中山道を通って家康の軍勢に合流する計画だった（結局、秀忠は本戦に間に合わなかった）。以下、戦いの経過に触れておこう。

七月十九日、西軍は家康配下の鳥居元忠《もとただ》が籠る伏見城を攻撃し、八月一日に落とした。七月二十六日に小山を発った家康は、八月五日に江戸に到着した。八月五日、吉川広家ら伊勢に向かった西軍の諸将は、東軍方の諸城を次々と落とし、そのまま尾張方面へと向かった。清須に着陣していた福島正則らが岐阜に向かったのは、八月二十一日のことである。八月二十三日、正則らは岐阜城を攻撃し、城主の織田秀信を降参に追い込んだ。

九月一日、満を持して家康は江戸を出発し、西上の途についた。清須に到着したのは、九月十一

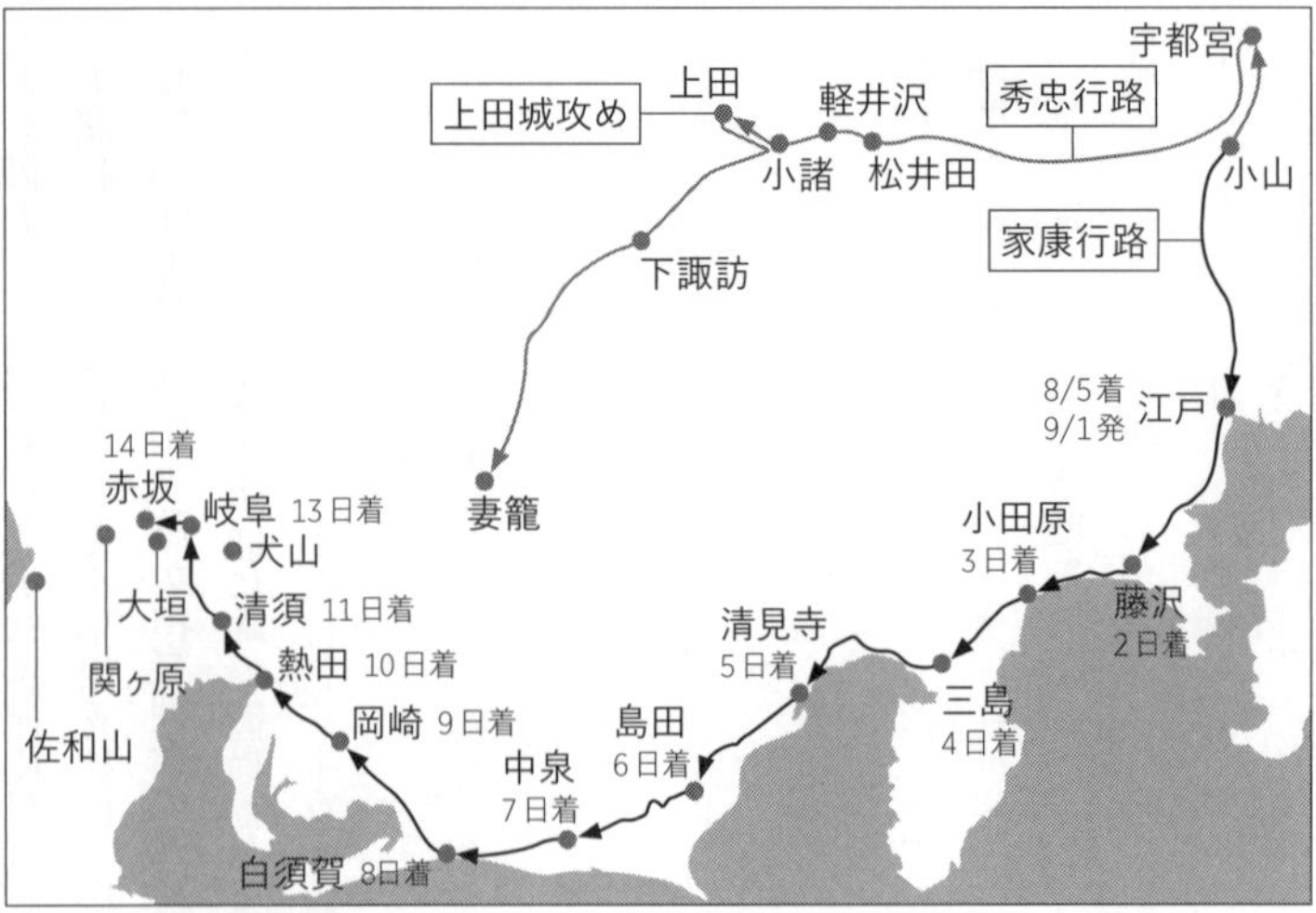

図1-2 家康と秀忠の進軍

日のことだった。九月十三日、東軍に与して田辺城（京都府舞鶴市）に籠城していた細川玄《げん》旨《し》（藤孝、幽斎）は、西軍の降伏勧告に応じて開城した。翌日、家康は美濃赤坂（岐阜県大垣市）に到着すると、海抜五十三メートルの丘陵にある岡山に本陣を構えた。同じ日、西軍から東軍に転じ、大津城（滋賀県大津市）に籠城した京極高次《たかつぐ》は西軍を相手に奮戦したが、虚しく降参した。こうして翌十五日、東西両軍は関ヶ原（岐阜県関ヶ原町）に結集し、雌雄を決することになったのである。

その前に重要なことに触れておくと、西軍の毛利輝元と小早川秀秋は、決戦の前日の九月十四日に家康と和睦を結んでいた。二人が東軍に身を投じたことにより、この時点で東軍の勝利はほぼ確定したといえるのである。

西軍の布陣は、吉川広家、安国寺恵瓊が南《なん》宮《ぐう》神社付近に陣を取り、その後方には毛利秀元が着陣していた。石田三成は笹尾山付近に陣を敷いており、島津義弘、宇喜多秀家、小西行長ら有力諸将が近くに着陣した小早川秀秋は、松尾山に布陣していた。

東軍の布陣は、池田輝政が南宮神社の麓に陣を構えていた。その後方（北）には、浅野幸長が布陣していた。石田三成の正面に陣を置いたのは、黒田長政、細川忠興らであった。その後方（東）には、徳川家康の陣があった。小西行長、宇喜多秀家の陣の前には、福島正則が陣取っており、脇に藤堂高虎が配置されていた。

一般的には、このような布陣で臨んだとされているが、必ずしも良質な史料に基づいているとは言い難く、こちらも論争が続いている。

東軍の勝利

九月十五日早朝、ついに戦いの火蓋が切られた。東軍の井伊直政は先鋒の福島正則を差し置いて、抜け駆けをしたといわれている。直政は抜け駆けが軍法違反であることは承知していたはずなので、徳川方に勝利をもたらすべく、正則にあらかじめ断りを入れていたというのが真相だろう。直政が宇喜多秀家の軍に攻め込むと、正則の軍勢もただちに従った。

黒田長政らの軍勢は、石田三成の陣を攻撃した。長政が率いる精鋭部隊は、三成の陣に銃撃を加え、大損害を与えた。多勢の東軍は次々と三成の陣に攻め込んだが、三成は大砲で応戦し何とか踏み止まった。しかし、重臣の島清興《きよおき》（左近）が銃で撃たれ怪我をすると士気が下がり、戦況は厳しい

図1-3 関ヶ原合戦開戦時の陣形図

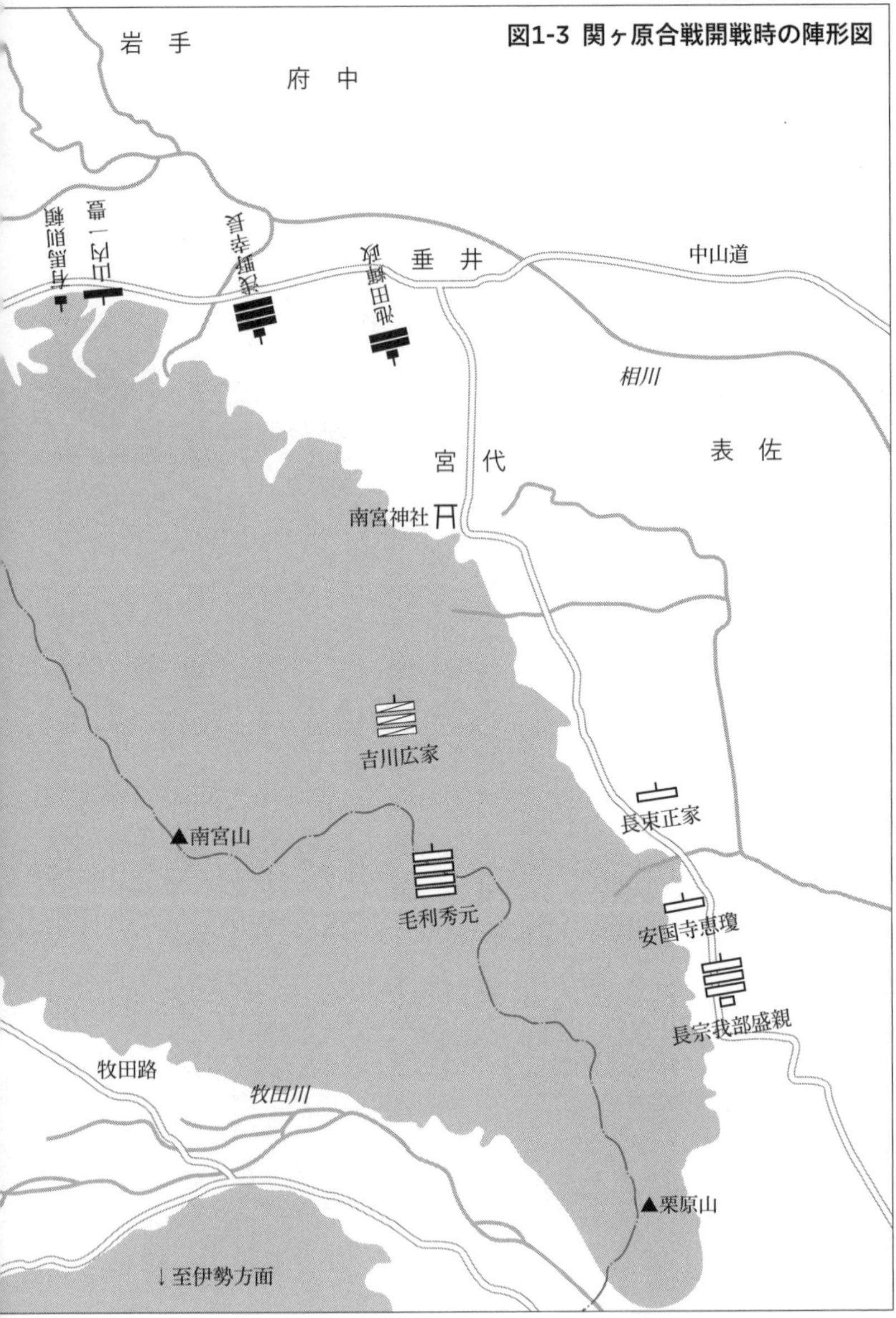

出所：『国史大辞典』（吉川弘文館）収載の図などをもとに作成

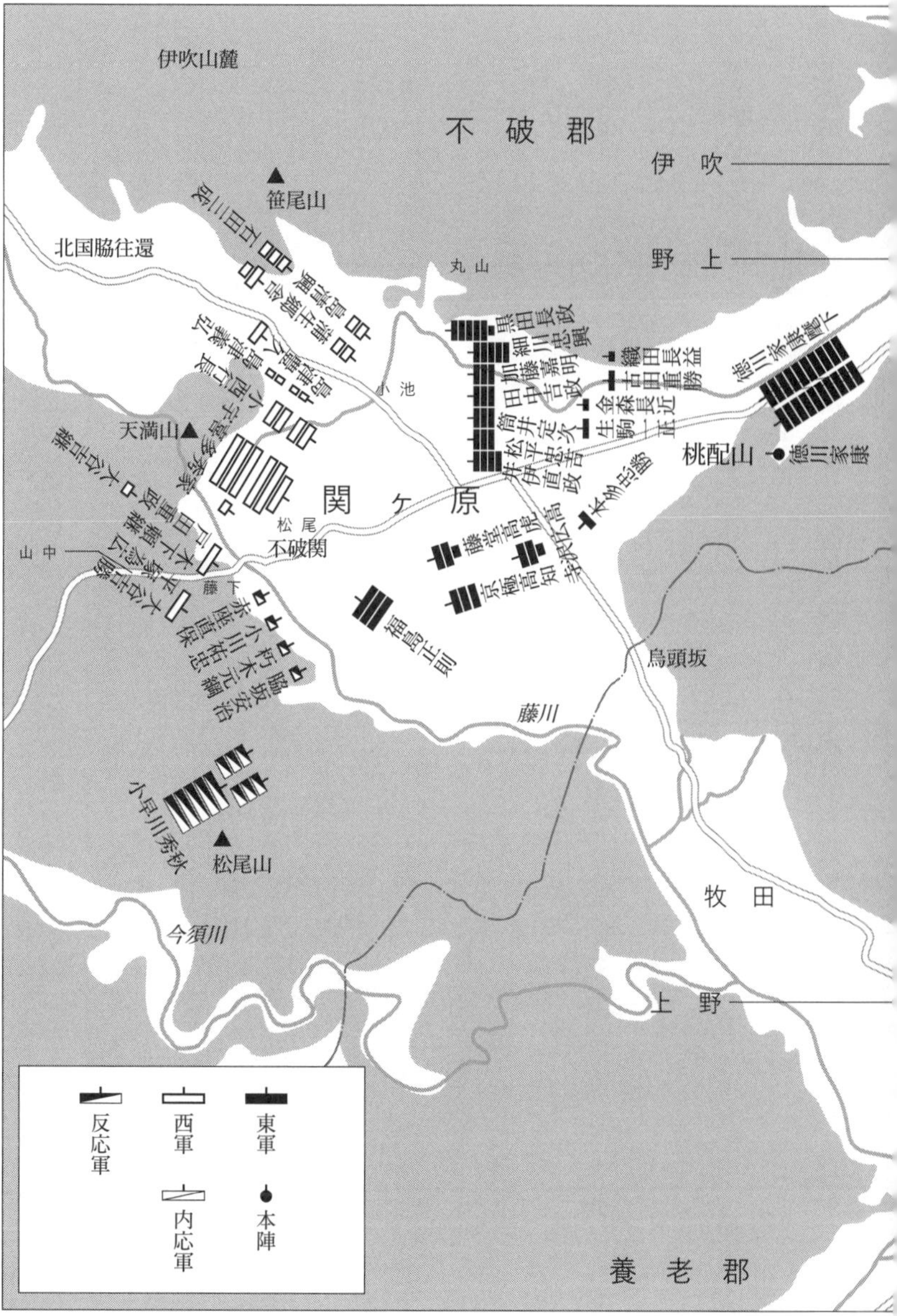
伊吹山麓
不破郡
伊吹
笹尾山
北国脇往還
丸山
野上
石田三成
島左近
蒲生郷舎
島津豊久
島津義弘
小西行長
宇喜多秀家
黒田長政
細川忠興
加藤嘉明
田中吉政
筒井定次
松平忠吉
井伊直政
織田長益
古田重勝
金森長近
生駒一正
徳川家康麾下
桃配山
徳川家康
本多忠勝
小池
天満山
関ヶ原
松尾
不破関
山中
藤下
大谷吉継
戸田重政
平塚為広
木下頼継
大谷吉勝
藤堂高虎
京極高知
寺沢広高
福島正則
赤座直保
小川祐忠
朽木元綱
脇坂安治
烏頭坂
藤川
小早川秀秋
松尾山
今須川
牧田
上野
養老郡
反応軍
西軍
東軍
内応軍
本陣

状況に追い込まれた。

福島軍と宇喜多軍は、互いに相譲らず攻防を繰り広げていた。三成は狼煙《のろし》を上げて、南宮山の毛利軍と松尾山の小早川軍に参戦を促したが、ともに動くことがなかった。特に、松尾山の小早川軍は八千余の軍勢を誇っており、勝敗の帰趨《きすう》を握っていた。先述したとおり、毛利軍も小早川軍も前日に家康と和睦していたので、三成に加勢しなかったのである。

通説によると、家康は秀秋が密かに応じることを承知していたので、使者を遣わして西軍に攻め込むよう命じたという。黒田長政も使者を送り参戦を促したが、秀秋の家臣・平岡頼勝《よりかつ》は、家康らの要請に応じなかった。焦った家康は長政に使者を送り、秀秋の内応が確実なのか問い詰めた。秀秋の参戦が勝敗の鍵を握っていたので、家康は心理的に追い詰められたのである。そこで、家康は松尾山に鉄砲を放ち、秀秋に参戦を促した。驚いた秀秋は、家臣らのいうことも聞かず、ただちに大谷吉継の陣に突撃したという。

秀秋の東軍への内応によって、かねて東軍に誼《よしみ》を通じていた脇坂安治《わきざかやすはる》らも一斉に西軍から寝返り、大谷吉継の陣へと突撃した。兵力の乏しい大谷軍は潰滅し、ついに吉継は切腹して果てた。秀秋の参戦を合図とするかのごとく、家康本隊も西軍へと襲いかかった。しかし、最近の研究によると、秀秋は前日に家康と結んだ和睦に従って、合戦当日の朝から東軍の一員として西軍に攻め込んだと指摘され、右の通説は否定された。

やがて、西軍の主力部隊の宇喜多、小西の両部隊は敗北した。長政から攻められた三成軍は、よく攻撃を耐え凌いだが、午後に至って敗色が濃くなると瓦解し、三成は伊吹山を目指して逃亡した。

一方、南宮山に陣を敷いた吉川、毛利、安国寺、長宗我部の諸将は、広家が動かなかったため、誰も戦いに加わることがなかった。広家の主導のもと、毛利輝元は家康と和睦を結んでいたからである。ただ、広家以外は、誰もその事実を知らなかった。ここで東軍の勝利は、確定したといえよう。

島津惟新《いしん》（義弘）は、西軍でありながらも積極的に動くことはなかった。敵であれ味方であれ、自陣に近づくものは討ち取るという不可解な態度を示していた。小西や宇喜多の敗残兵が助けを求めてきたが、それさえも討ち払ったという。そして、西軍の敗北が確定するや否や、島津軍は敵中を突破して伊勢へ向かい、そこから本国の薩摩へ帰還したのである。島津軍は西軍の主力として期待されていたが、思ったように軍勢が集まらず、ろくに戦うことなく戦場をあとにしたのである。

こうして関ヶ原合戦は、東軍の勝利に終わった。合戦後の戦後処理によって、秀頼と豊臣政権はどうなったのか、次章で取り上げることにしよう。

第二章

関ヶ原合戦後の家康と秀頼

戦後処理の実態

関ヶ原合戦後、豊臣政権の主宰者たる秀頼が諸将の領知配分を行ったのではない。東軍を率いて西軍に勝利した家康が担当した。諸将の領知配分は、家康の侍医・板坂卜斎《いたさかぼくさい》の手になる『慶長年中卜斎記』に書かれている。領知配分の原案を作成したのは、家康の重臣の井伊直政、本多忠勝らである。領知配分の基準は軍功の高さであり、戦いで活躍した諸将は手厚く処遇されることになった。

慶長五年(一六〇〇)九月十八日、家康は小早川秀秋に備前国を与えることにした(『譜牒余録』)。やがて秀秋は、美作《みまさか》も与えられることになった。秀秋が西軍を裏切って東軍に味方したことは大きな勝因だった。それゆえ秀秋は、軍功の高さを評価され、家康から厚遇されたのである。

東軍に与した大名で大幅に加増(三十万石以上)された者を列挙すると、次のようになろう。

①結城秀康――一〇・一万石(下総結城)↓七五万石(越前福井)
②松平忠吉――一〇万石(武蔵忍《おし》)↓五二万石(尾張清須)
③蒲生秀行――一八万石(下野宇都宮)↓六〇万石(陸奥会津)
④池田輝政――一五・二万石(三河吉田)↓五二万石(播磨姫路)
⑤前田利長――八三・五万石(加賀金沢)↓一一九・五万石(同上)
⑥加藤清正――一九・五万石(肥後熊本)↓五一・五万石(同上)

⑦黒田長政――一八万石（豊前中津）→五二・三万石（筑前福岡）

逆に、家康に敵対した西軍の諸将の処遇は厳しかった。首謀者である石田三成、小西行長、安国寺恵瓊は、捕らえられて斬首された。毛利輝元と上杉景勝は改易こそ逃れたが、大幅に領知を減らされた。屈辱的な扱いだった。宇喜多秀家は戦場から離脱し、薩摩、大隅を領する島津氏を頼ったが、のちに捕らえられて、八丈島に流罪になった。そのほかの西軍諸将の多くは、改易、減封という厳しい処分を科されたのである。

領知配分の難しさ

家康は領知配分を担当したものの、そう簡単に進まなかった。慶長五年（一六〇〇）九月、黒田如水（孝高《よしたか》）は藤堂高虎に書状を送り、子の長政を別家として上方に領知を与えること、そして家康の身辺で仕えさせることを要望した（『高山公実録』）。その一方、如水は家康を介して、秀頼から領知を宛《あて》がわれることを望んだという。このような要望したのは、決して如水だけではなかっただろう。

黒田家の領知配分については、別の説がある。元和九年（一六二三）八月、長政は遺言状に関ヶ原合戦後の領知について書き残した（「黒田家文書」）。当初、家康は長政に筑前か、四国に二ヵ国を与えようとしていた。かつて筑前は探題が置かれた格別な国なので、長政は筑前を希望していた。家康は本多忠勝を長政のもとに派遣し、意向を尋ねたという。

長政は四国の二ヵ国の領知を評価しながらも、①天下が治まって家康に歯向かう者がいないので奉公する機会がないこと、②筑前は中国に近いので、長政を将来の中国攻めの先手と考えてほしいという理由を挙げ、筑前を希望した。家康は独断で領知配分を決定したのではなく、わざわざ重臣の本多忠勝を派遣し、長政の考えを尊重したのである。ただ、これはあくまで遺言なので、黒田家の威光を強調した可能性もある。

福島正則も二十万石（尾張清須）から四十九万八千石へと、二十九万八千石も加増されたが、あらかじめ家康から領知について打診があった。

家康は本多忠勝と井伊直政の二人を正則に派遣し、安芸・備後の領国を与えることを伝えたが、正則が不満を抱いていないか不安だったという（『慶長年中卜斎記』）。家康は心配していたが、この話はまとまった。正則は家康の打診を快く承諾し、慶長五年十月十五日に備後・安芸の両国と広島城を拝領したのである（『義演准后日記《ぎえんじゅごう》』）。

黒田家の場合と同じく、家康は正則の考えに配慮し、二人の重臣を使者としたのである。決して家康の考えだけで領知を決めなかったのだ。

以上の例から明らかなように、①家康が各大名の意向を尊重したこと、②伝達に際しては重臣を派遣したことは、ほぼ疑いないだろう。ほかの諸大名についても、似たような事情があったと推察される。

領知宛行状が発給されなかった理由

家康による領知配分は、領知宛行《あてがい》の判物（自署と花押を記した文書）もしくは朱印状（黒印状）の類が一切発給されなかった。これは、普通ありえないことだった。

諸大名は領知を宛がわれた際、その証拠として領知宛行状を与えられた。各大名家に残っている文書で重要なのは、領知宛行状などの権利付与に関わるものだった。口約束だけでは心もとないのは、今も昔も同じである。以下、諸大名がいかにして領知を与えられたのか、具体例を見ることにしよう。

慶長十九年（一六一四）三月二日、土佐山内氏は徳川秀忠の年寄・本多正信に書状を送った（「土佐山内家文書」）。そこには関ヶ原合戦後、山内氏が土佐を拝領した事情が書かれていた。山内一豊が土佐を拝領した際、榊原康政《さかきばらやすまさ》が取次を担当したものの、朱印状などが発給されていなかった。家康の重臣が遣わされただけで、土佐を与えられた証明となる領知宛行状の判物などは発給されていなかったのである。山内氏は口約束だけで土佐を与えられたのだ。

寛永九年（一六三二）、細川忠利が肥後熊本藩に移封になったとき、父の忠興に「豊前拝領の際、領知宛行状が発給されたのか否か」を質問した（『細川家史料』）。忠興は「家康様から豊前一国、豊後のうちを拝領した際、御書（領知宛行状）は出なかった。私だけに限らず、いずれも同じ措置だった」と回答した。忠興は家康の口頭での指示によって、豊前一国、豊後のうちを拝領しており、それは細川家だけではなかったという。

では、なぜ家康は、諸大名に領知宛行状を発給しなかったのだろうか。この点をもう少し考えてみることにしよう。

家康は自らの手で領知配分を進めたが、豊臣公儀は健在であり、主宰者の秀頼を無視するわけにいかなかった。関ヶ原合戦で家康は西軍に勝利したものの、秀頼を支える重臣にすぎず、政務の代行者、秀頼の補佐という立場に止まっていた。諸大名の家康に対する認識も同じだった。そのような地位の家康は、秀頼を差し置いて、領知宛行状を発給することができなかったのだ。それは、秀頼に対する遠慮もあったに違いない。

困難だった領知配分

家康が諸大名の領知配分を決定するのには、多大な時間を要した。西軍の諸大名の改易、減封により没収した領知の総石高は、約六百二十三万石に上った。豊臣家の蔵入地（直轄領）は約二百二十二万石あったが、約百五十七万石を取り上げたので、秀頼に残ったのは摂津・河内・和泉の三ヵ国の約六十五万石に止まった。家康は総計約七百八十万石の領知を諸大名に配分することになったのだから、いかに大変なことだったのか理解できよう。諸大名というのは、外様大名と徳川家の一族や譜代である。

同年十月晦日、榊原康政の家臣・久代《くしろ》景備が下野黒羽《くろばね》城（栃木県大田原市）主の大関資増《すけます》に送った書状によると、十月末日の段階に至っても国割は半ばであり、全体の領知配分は決定していなかった事情がうかがえる（『譜牒余録』）。同じく久代景備の書状によると、この時点でも決まっていないことが数多くあったことが判明する。

①毛利輝元が領国をすべて返上し、改めて周防・長門の二ヵ国を拝領したこと。
②安芸・備後は、福島正則が拝領したこと。
③細川忠興には三十万石のつもりで豊前を与え、不足分は豊後国内で賄うこと。
④山内一豊には、伊予を居城にするよう命じたこと。
⑤島津氏が詫びを入れてきたので、間もなく解決するであろうこと。
⑥東国方面については、直江兼続に使者が派遣されたようなので、これも決着するだろうこと。
⑦前田利長には加賀二郡が与えられるので、これで加賀一国が領知となること。

その後の領知配分と一致するものもあれば、異なるものもあった。諸大名の要望に配慮すると、玉突き的に次々と変更箇所が生じるので、一筋縄ではいかなかった。家康ら徳川家の首脳は、多大な時間をかけて領知配分を行ったのだ。

軍功によって領知を宛がわれた豊臣系武将は、多くが西国方面に配置されたことが指摘されている。細川忠興、浅野幸長、山内一豊、池田輝政、加藤清正、黒田長政の例を見れば明らかである。詳しくは省略するが、豊臣系武将の多くが畿内周辺、中国、四国、九州方面に配置されたことを確認できる。そのあたりの戦略的な配置については、後述することにしよう。

徳川一門・譜代への処遇

徳川一門と譜代の家臣も大幅な加増により大名に処遇され、譜代の家臣は東国を中心に配置された。一方、徳川一門は重要な場所に配置された。

家康の次男・結城秀康は、下総結城（茨城県結城市）十万一千石から越前北庄《きたのしょう》（福井市）七十五万石へと大幅に加増された。家康の四男・松平忠吉は、武蔵忍（埼玉県行田市）十万石から尾張清須（愛知県清須市）五十二万石へと大幅な加増となった。二人が大幅に加増された理由は、家康の子であることや、一門にふさわしい処遇が必要だったことに求められよう。重要なのは、その絶妙な配置である。

秀康が越前北庄に移封されたのは、加賀前田家を牽制するためだったといわれている。当時、前田家は外様大名として最大の領知を誇っていたので、決して侮ることができなかった。忠吉が移された尾張清須は、東国と西国の境に位置する要衝の地だった。豊臣公儀が健在だったので、徳川家は豊臣家や外様大名への監視を怠らなかったのである。

徳川家の譜代は数百石から数千石程度の知行しか持たない者が多かったが、その大半が加増により一万石以上の国持大名に取り立てられた。しかし、豊臣系大名が西国方面に配置されたのに対して、彼らは関東（特に江戸周辺）に新たな領知を与えられた。関東に譜代が配置されたのは、江戸を防備するためであろう。江戸の周辺には、一万石から数万石の譜代が網の目を縫うように配置されたのである。

一方、すでに一万石を超えていた譜代は、西国方面に多くが配置された。井伊直政は近江佐和山（滋賀県彦根市）、本多忠勝は伊勢桑名（三重県桑名市）、奥平信昌《のぶまさ》は美濃加納《かのう》（岐阜市）に移封となった。特に、佐和山と加納は、東国と西国の境目に位置していたので重要な場所だった。彼らは西国に新たに入封した大名を牽制すると同時に、大坂の秀頼を監視する役割を担っていた。

譜代の家臣が国持大名に取り立てられたのは、単に軍功に応じた加増で徳川家臣団を発展させるだけでなく、軍事上の大きな意味があったといえよう。

秀頼に仕えた人々

豊臣政権は健在だったが、実質的には家康の権勢が上回っていた。慶長五年（一六〇〇）十二月、立花宗茂は書状の中で興味深いことを書いている（「隈部文書」）。政治の主導権を握ったのは、家康と配下の井伊直政、本多忠勝であり、秀頼の権力は一気に下降した。秀頼の側近で家康と面会できるのは、小出秀政《こいでひでまさ》、片桐且元、寺沢《てらざわ》正成の三人だけだったという。それ以外の秀頼の側近は、ときどき家康に会えるくらいで、発言権を失ったのである。この三人は、いかなる人物なのだろうか。

小出秀政は秀吉と同郷の尾張中村（名古屋市中村区）の出身で、妻（母という説もある）は秀吉の母の妹だった。秀政という名前も、秀吉の「秀」の一字を与えられたものだった。秀頼にとって、秀政は親族だったので、重用されたのは当然といえよう。秀政は和泉岸和田（大阪府岸和田市）に三万石を領していたが、慶長九年（一六〇四）三月に亡くなった。秀政には子の吉政がいたが、豊臣家ではなく徳川家に仕えた。家康が豊臣権力を凌駕したのは明白なので、当然のことかもしれない。

寺沢正成は肥前唐津（佐賀県唐津市）に六万石を領し、長崎奉行を務めていた。のちに、肥前天草（長崎県天草市）に四万石を加増された。父の広政は小出秀政との確執が原因で失脚したといわれている。そうなると、正成は秀政と関係が良くなかった可能性があるが、その行政手腕が家康に買われて登用されたといわれている。正成は朝鮮出兵後の明との和睦、庄内の乱（伊集院忠真《ただざね》の島津家への反乱）で取次を担当した。ところが、正成は豊臣政権の運営にあまり関与しないまま、フェードアウトしたという。

その中で片桐且元は、大坂冬の陣が開戦するまで秀頼に仕え、豊臣政権に止まった。且元は早くから秀吉に仕え、天正十一年（一五八三）の賤ヶ岳の戦いでは、「賤ヶ岳の七本槍」の一人として名を馳せた。文禄四年（一五九五）、且元は賤ヶ岳の戦いの恩賞を追加で五千八百石与えられ、計一万石の大名になった。慶長六年（一六〇一）、且元は家康から一万八千石を加増され、大和竜田《たつた》（奈良県斑鳩《いかるが》町）に二万八千石を領した。

且元は秀頼、淀殿から全幅の信頼を寄せられ、豊臣政権の政務、財務を担当した。一方、家康は且元に豊臣家の直轄領の摂津国等を管理させるなど、国奉行のような形で登用していた。家康が命じた国絵図などの作成でも、且元は主導的な役割を果たした。且元は秀頼だけでなく、家康にも仕える両属的な家臣だった。家康は且元を重用し、秀頼の付家老としていたのである。

このほか、秀頼には大野治長、織田長益（有楽）といった家臣がいたが、ともに関ヶ原合戦では家康に与しており、戦後には再び秀頼に仕えた。

秀頼の残された所領

関ヶ原合戦の開戦まで、秀頼の所領高は全国各地に散在する蔵入地（領主の直轄地）など約二百二十万石あったという。一方の家康は関東に約二百五十万石を領していたので、互いに拮抗する勢力だった。ただし、豊臣家は全国の主要都市や鉱山を掌握していたので、実質的には秀頼のほうが上だったかもしれない。関ヶ原合戦後、秀頼は摂津、河内、和泉の三ヵ国で六十五万石がかろうじて認められ、所領高は約三分の一までに激減した。むろん、所領高が減ったことは、豊臣家にとって大打撃だった。

家康はしたたかだった。伏見城には、各地の豊臣家の蔵入地から徴収された金、銀、米、銭が蓄えられていた。慶長十二年（一六〇七）、家康は伏見城の金、銀、米、銭を居城のある駿府に運び込んだ（『当代記』）。これにより、幕府の財政が賄われたのである。慶長十五年（一六一〇）から翌年にかけて、家康は豊臣家の蔵入地を江戸と駿府の財政基盤として吸収し、江戸幕府の直轄領のような形にした。家康が豊臣家の弱体化を目論んだのは明らかである。

秀頼に残された六十五万石の所領高は、大身の大名クラスの地位にあったが、往時の威勢は影を潜めた。仮に、家康を除外したとしても、秀頼よりも所領高の大きい大名はほかにも存在した。加賀の前田利長らである。一連の措置により、秀頼は「摂河泉（摂津、河内、和泉）の一大名」に転落したと指摘されてきた。しかし、この点は疑問視されており、次のように指摘されている。

秀吉が支配した摂河泉の三ヵ国においては、幕府領、幕臣領およびその他の大名の所領が確認されている。その石高は不明だが、一人当たり数百石から一万石程度まで相当広範に点在したことが明らかにされている。つまり、摂河泉の三ヵ国は、豊臣家がすべてを支配していたわけではなかった。

一方で、讃岐に秀頼の蔵入地があったことが指摘されるなど、必ずしも摂河泉の三ヵ国にしか蔵入地がなかったわけではない。山城、河内、摂津、備中、近江に豊臣家家臣領が存在し、信濃、美濃、大和、丹波、伊予にも蔵入地が存在した。摂河泉以外のそれらの所領高は、二十万石程度だったと指摘されている。豊臣領は各地に散在していたので、幕府権力が浸透しやすく、豊臣権力が分散的だったといわれている。したがって、各地に豊臣家の蔵入地があるとはいえ、その財政力は家康に対抗し得るだけのものではなかった。

秀頼は莫大な蔵入地の大半を家康に奪われ、三ヵ国（摂河泉）六十五万石の一大名になってしまった。しかし、関ヶ原合戦後も豊臣公儀は健在で、家康が秀頼を凌駕するには征夷大将軍に就任するのを待たなくてはならなかった。

征夷大将軍に就任した家康

関ヶ原合戦後、豊臣家は政権を維持していたが、徐々に家康の威勢は伸長していた。慶長六年（一六〇一）五月頃、早くも家康が征夷大将軍になる噂が流れていた。すでに朝廷内部においても、家康を武家の棟梁、天下人とみなす雰囲気が醸成されていたのだろう。しかし、いまだ関ヶ原合戦後の混乱もあり、家康は時期尚早と考えていた。

翌年二月、家康は朝廷から源氏長者補任を打診されたが、「当年は慎みたい」との理由で辞退した（『言経《ときつね》卿記』）。源氏長者とは、庶流さまざまある源氏一族の氏長者のことである。一方で、慶長六年十二月から家康が住む二条邸（二条城）の工事がはじまり、二年後の三月に完成したので、家康が征夷大将軍に就任する環境が整った。慶長八年（一六〇三）二月、家康は満を持して征夷大将軍に就任したのである。

朝廷は、伏見城に勅使を遣わした。勅使が持ってきた宣旨には、家康を従一位右大臣、源氏長者、淳和《じゅんな》・奨学《しょうがく》両院別当に任じることに加え、牛車、兵仗《ひょうじょう》の許可もされていた。淳和院は清和天皇（八五〇〜八八〇）の離宮であり、奨学院は大学別曹《だいがくべっそう》（貴族がその氏族出身の子弟のため設置した学問所）の一つだった。源氏長者は、淳和・奨学両院の別当（長官）を兼務するのが習わしだったので、以後の徳川歴代将軍が征夷大将軍に就任する際、源氏長者なども兼ねることになった。

慶長八年二月以降、新将軍になる家康への歓迎ぶりがうかがえる。同年三月二十一日、家康は二条城に入ると、二十五日には後陽成天皇に対して将軍拝賀の礼を執り行った。家康の二条城滞在中、征夷大将軍任官を祝うため、諸大名に加えて親王、諸公家、諸門跡が次々と訪問した。門跡とは、皇族・貴族などが出家して居住した特定の寺院やその住職のことを意味する。

征夷大将軍は武家社会の頂点に立つ天下人を意味したので、その意義は計り知れないほど大きかった。その第一義は、諸大名を配下に収める根拠になったことで、朝廷をも規制しえた。家康は征夷大将軍に任官することにより、単なる五大老の一人から抜け出し、武家の棟梁としての確固たる地位を獲得した。秀頼が主宰する豊臣公儀に代わり、徳川公儀すなわち江戸幕府が誕生した瞬間だったのだ。

警戒された秀頼の関白就任

家康は征夷大将軍に就任したものの、関ヶ原合戦の直後から秀頼は警戒されていた。慶長六年(一六〇一)四月、伊達政宗は家康の側近で茶人の今井宗薫《そうくん》に書状を送った(「観心寺文書」)。当時の有力大名だった伊達政宗が、秀頼の扱いを献言した点で非常に興味深い内容が書き記されている。政宗は、今後も幼い秀頼を擁立して挙兵する者が出てくる可能性が大いにあり、そのことが豊臣家にとって不幸なことであると指摘したうえで、家康が秀頼を引き取り養育すべきであると説いた。さらに、秀頼が日本を統治する能力に欠けると判断された場合、家康は秀頼に二、三ヵ国程度(あるいはそれ以下)を与え、末永く豊臣家を存続させるとよい、と述べている。

この書状から、いかに豊臣公儀の威勢が落ちたとはいえ、秀頼を擁立する諸大名の存在が想定されたので、侮れなかった状況がうかがえる。政宗は、潜在的に秀頼に心を寄せる大名の存在がいることを疑ったのだ。関ヶ原合戦後、豊臣公儀がいまだ健在だったのは疑いなく、家康は早急な対処を迫られた。政宗は親家康派の立場だったが、彼でさえも秀頼への早急な対処が必要であると認識していたのだ。

秀頼は関白・秀吉の子だったので、昇進スピードは摂関家と同様であり、慶長二年（一五九七）に五歳で従三位・左近衛権中将に叙位任官された。以後もすさまじいスピードで昇進し、家康が征夷大将軍に就任した慶長八年（一六〇三）の時点で、秀頼は武家で家康に次ぐ正二位・内大臣に叙位任官されていた。こうした昇進スピードも相まって、秀頼は関白職に就く可能性があった。仮に秀頼が関白に就任すれば、家康との関係も拮抗したものになったとの指摘がある。

慶長十年（一六〇五）四月、秀忠が第二代の征夷大将軍に就任したが、同時に秀頼は秀忠の内大臣より上の右大臣に任じられた。秀頼の官職が秀次より上だった背景には、家康が関ヶ原合戦で勝利したとはいえ、まだ豊臣公儀が健在だったことを示している。武家官位そのものは権力としての実態を持たなかったかもしれないが、朝廷秩序の上で権威には意味があった。その点で、秀頼はかろうじて豊臣公儀の権威を保ったといえよう。

一方、家康が征夷大将軍に任官される前、秀頼が関白に任じられるとの噂が流れていた。慶長七年（一六〇二）十二月、醍醐寺三宝院《さんぼういん》（京都市伏見区）で座主を務めた義演《ぎえん》は、近く秀頼が関白に任官するという風聞を記している（『義演准后日記』）。相国寺（京都市上京区）の住持を務めた西笑承兌も、勅使が大坂城の秀頼に派遣されたことを耳にして、関白任官の件であろうと考えていた（『鹿苑日録《ろくおんにちろく》』）。

それだけではない。翌慶長八年一月、毛利輝元は国元に宛てた書状の中で、秀頼が近々に関白になるであろうことを記しているのだ（『萩藩閥閲録』）。秀頼が関白に就任するという噂は、武家社会にも広まった可能性がある。いずれも風聞にすぎないが、秀頼が関白に任官するとの噂があったのは事実である。それは根も葉もないことではなく、信憑性が高かったようである。

文禄四年（一五九五）七月に豊臣秀次が高野山（和歌山県高野町）で切腹して以降、関白は長らく空席とされた。ようやく九条家当主の兼孝《かねたか》が関白に任じられたのは、慶長五年（一六〇〇）十二月のことで、関ヶ原合戦後から三ヵ月を経ていた。摂政・関白の職は、もとの摂関家に戻ったのである。以後、兼孝は慶長九年十一月まで関白の職にあり、辞任後は関白が空席となった。約八ヵ月後の慶長十年七月、近衛信尹《のぶただ》が任じられ、秀頼が就くことはなかったのである。

家康による秀頼の関白就任阻止

秀頼が関白に任じられなかった点について、どう考えるべきだろうか。徳川家康が征夷大将軍任官の内勅を得たのは、慶長八年（一六〇三）一月のことだが（『御湯殿上日記《おゆどののうえのにっき》』など）、それ以前から打診があった。家康が征夷大将軍になるという情報は、豊臣家の耳に入ったと推測される。秀頼は、何らかの対策を行ったのだろうか。

家康が征夷大将軍に就任するという風聞は、内勅以前から流れていたので、秀頼の耳にも入ったと考えられる。史料には明確に書かれていないものの、秀頼が関白に就任するための運動を行った可能性はあるかもしれない。秀頼が征夷大将軍に任じられることがない以上、豊臣公儀として生き残るための道は関白任官のみだった。

慶長五年（一六〇〇）十二月に九条兼孝が関白に任じられた際、後陽成天皇と家康から強い就任の要請があったという。その結果、兼孝は家康らに受諾の意向を伝えた。兼孝への関白宣下は、武家（＝豊臣家）から公家へ関白へ返上するものであり、当時、内大臣だった家康の申し入れだった。つまり、家康の意図は測りかねるところがあるが、これは秀頼への妨害だったといえるかもしれない。

結局、秀頼は関白に任じられることがなかった。これまで豊臣公儀が健在だったので、家康は秀頼への配慮を欠かすことができなかった。しかし、家康は征夷大将軍に就任することで、豊臣公儀を凌駕する存在となった。仮に、秀頼が関白に就任することがあれば、その地位を上昇させることになり、家康にとって極めて都合が悪かった。家康が秀頼の関白任官を妨害したという史料的な裏付けはないものの、のちに家康が武家官位の推挙権を掌握した事実をあわせて考えると、妨害した蓋然《がいぜん》性は高い。

慶長十年（一六〇五）四月、家康は征夷大将軍の職を秀忠に譲るが、秀忠の官職は内大臣に止まった。右大臣だった家康は辞任し、その地位は秀頼に与えられた。家康は秀頼の官職を秀忠より高くすることで、豊臣方への配慮も怠らなかった。家康は絶妙なバランスで官職を与えることによって、豊臣家との関係を保とうとしたのだろう。

関白の職は信尹が辞任して以降、摂関家が代々引き継ぐことになったので、秀頼が関白に就任する可能性は完全に断たれたと考えてよいであろう。慶長十二年（一六〇七）一月になると、秀頼は右大臣職を辞した。翌年、朝廷は秀頼を左大臣に任官しようとしたが、結局この話は流れた。以後、秀頼は新たな官位に就くことがなかったので、徳川家の下位に甘んじることになったのである。

立場が逆転した家康と秀頼

慶長八年（一六〇三）、家康は征夷大将軍に任じられ、武家の棟梁として君臨した。同時に、江戸幕府が成立し、各地の大名は家康に従った。一連の事実は、豊臣方に大きな衝撃を与えたに違いない。やがて、家康優位の立場は徐々に鮮明となり、それは家康に対する諸大名の姿勢から理解される。

家康の征夷大将軍任官以前、諸大名は歳首（年頭）を祝うため、まず大坂城（大阪市中央区）の秀頼のもとに伺候《しこう》し、次に伏見城（京都市伏見区）の家康を訪問した。訪問する順番は幼少の秀頼が先で、家康が後だったので、諸大名は家康よりも豊臣公儀を尊重していた事実を読み取ることができる。

諸大名だけでなく、家康も歳首を祝うため、真っ先に秀頼のもとへ伺候するという現実があった。家康が秀頼のもとを最初に訪れたのは、臣下の礼を取っていたことを意味する。家康は関ヶ原合戦で勝利したが、形式的には秀頼の下に位置していたので、豊臣公儀の存在意義は大きかったといえる。慶長八年二月に家康が征夷大将軍に就任して以降も、諸大名は歳首を祝うため、相変わらず秀頼のもとへ真っ先に駆け付けた。

家康が征夷大将軍職に就任した時点では、諸大名が優先して家康のもとへ伺候することは意識されていなかった。むろん、急に対応が変わるとは考えられず、諸大名はごく自然な形で、まず秀頼のもとへ訪問したのだろう。むしろ重要なことは、家康自身が征夷大将軍に任官されて以降、秀頼のもとに伺候することがなくなった事実である。

家康は征夷大将軍に就任したことで、徳川公儀を確立し、豊臣公儀に対抗しうる新たな権威を獲得した。家康はもはや豊臣公儀の主宰者たる秀頼への伺候は不要と考えたのである。やがて、諸大名も雰囲気を察したのか、秀頼への伺候を徐々に取りやめることになった。家康への遠慮である。家康の威光は徐々に諸大名へ浸透し、家康の子・秀忠が二年後に征夷大将軍に任官し、将軍職が徳川家で世襲されたことによって決定的になった。

征夷大将軍を世襲した秀忠

慶長十年（一六〇五）四月、家康はわずか二年余で三男の秀忠に征夷大将軍職を譲ると、秀忠は同時に正二位・内大臣に叙位任官した。秀忠が将軍職を世襲したことは、徳川公儀の永続性を意味したので、秀頼にとってはとどめを刺されたようなものだった。官職の上では、右大臣の秀頼が内大臣の秀忠より上だったが、もはや現実には秀忠が秀頼を圧倒していた。その事実は、秀忠が将軍に任官するため、江戸から京都に向かう軍勢の姿にあらわれていた。

同年二月、秀忠は十万（また十六万）の軍勢を率いて上洛した。軍勢の陣容は、親家康派の伊達政宗を筆頭に東北・関東方面の有力な外様大名のほか、松平忠輝ら徳川一門、榊原康政といった譜代大名が従った。徳川一門や譜代大名が従うのは当然として、多くの有力な外様大名が従ったのは、もはや徳川の全盛期を迎えたからだった。軍勢の規模も破格だった。こうして編制された軍勢は、同年三月に入洛すると、そのまま伏見城に入城した。

都の人々は入京した秀忠の軍勢の威容に驚き、大坂からもわざわざ見物に訪れた者があったという。京都や大坂の人々よりも、もっとも驚愕したのは、秀頼だったと考えられる。秀忠が率いた大軍勢は、徳川方の軍事パレードに等しく、秀頼を威圧するのに大きな効果を発揮したことであろう。

秀忠が上洛した際、家康は北政所（秀吉の妻）を通して、秀頼に上洛するように促した。秀忠の将軍職就任を祝ってもらうためである。家康の要請を知った淀殿（秀頼の母）は、怒り狂ったといわれている。淀殿は家康からの上洛の命令を拒否し、無理に上洛させることがあれば、自らの手で秀頼を殺害し、自身も自害する覚悟を示した。淀殿は、秀頼を上洛させるなど許しがたい屈辱だったに違いない。秀頼がマザコンだったとか、過保護にされていたといわれる理由である。

この話が事実であるか否かは、たしかな史料によるものではなく、疑わしい点が多いと思う。後世の悪意に満ちた創作だろう。結局、家康は、名代として六男・忠輝を大坂城に遣わすことで事態を収拾したという。秀頼は忠輝を歓待したことによって、互いのメンツを保ったのである。一方の家康は、秀頼に配慮を示したのだ。

秀忠が征夷大将軍に就任してから、諸大名は徐々に秀頼に伺候しなくなった。諸大名が秀頼への訪問を控え出したのは、家康が止めるよう命令したわけではなかった。諸大名は徳川公儀が確立したので、秀頼のもとにわざわざ伺候する必要がなくなったのだ。諸大名の認識では、明らかに将軍家たる家康が上位にあったのだ。

しかし、家康は秀頼あるいは豊臣政権を一気に打倒することなく、その存続を許した。許したというよりも、歯牙《しが》にもかけなかったといえるかもしれない。以後、家康は着々と政権の基盤づくりを進めたのである。

幕府による鉱山の掌握

家康は征夷大将軍に就任して幕府を開くと、数々の政策を実行に移した。政策は豊臣政権の時代のものを引き継いだものもあり、独自にはじめた政策もあった。家康が実行した諸政策は、その後の政治的な基盤、財政的な基盤を築くうえで、非常に重要なものばかりである。ここでは、鉱山支配を取り上げておこう。

家康の政策で特筆すべきは、重要な鉱山の直轄化である。家康のもとで金山・銀山の経営を担当したのは、大久保長安《ながやす》である。長安が管轄したのは、佐渡金山（新潟県佐渡市）以下、石見《いわみ》の大森銀山（島根県大田市）、但馬《たじま》の生野《いくの》銀山（兵庫県朝来《あさご》市）、甲斐の黒川金山（山梨県甲州市）などの金山・銀山だった。

長安はもともと武田氏の家臣だったが、天正十年（一五八二）三月に武田氏が滅亡すると家康に仕えた。もとは猿楽師だったが、家康の家臣・大久保忠隣《ただちか》から大久保姓を与えられ、大久保十兵衛と改名した。天正十八年（一五九〇）に家康が江戸に入部すると、長安は武蔵国八王子（東京都八王子市）に陣屋を構え、代官頭（関東郡代の前身）を務めていた伊奈忠次《ただつぐ》とともに直轄地支配、知行割、検地などで頭角をあらわし、財政、交通、産業などの方面でも能力を発揮した。

長安は配下の有能な山師（鉱山業者）を起用し、甲州流の優れた採鉱技術を用いて、各地の鉱山の経営・開発を行った。さらに鉱石の産出量を増産すべく、積極的に中国やメキシコから新しい技術を導入した。慶長八年（一六〇三）には石見銀山兼佐渡金山奉行、同十一年（一六〇六）には伊豆銀山奉行に就任し、長安は全国の鉱山の管轄を一手に引き受けた。長安の大活躍により、鉱山からの金銀が大増産されるようになり、江戸幕府の財政基盤は安定したのである。

佐渡金山は慶長期以降、日本最大の金山として知られていた（銀の産出量も多かった）。慶長八年に長安が佐渡金山の奉行になると、金の産出量の増産に伴い、町も整備された。その後、佐渡金山は繁栄し続け、町の推定人口は約三万人、銀に至っては世界の約二〇パーセントを産出するほどになっていた。

石見銀山も戦国期に毛利氏と尼子氏が激しい争奪戦を繰り広げたほどで、銀の産出量は世界有数のものであった。長安が石見銀山の奉行を務めると、大規模な銀山町が形成された。最盛期の人口は約十万人だったという。かつては、一年間で数百貫（一貫は約三・七五キログラム）の銀を算出する規模だったが、長安が奉行を務めて以降、銀の運上は三千六百貫に及んだという。

家康は人材の登用に長けていた。長安は譜代の家臣ではなく、もとは武士身分でもなかった。しかし、その優れた才覚を見抜き、大抜擢したのである。

重要都市の支配

さらに家康は、重要都市（京都、伏見、堺、奈良、伊勢山田、長崎など）の掌握にも腐心し、それぞれの都市に奉行を置いた。都市と経済とは、非常に密接な関係にあるので当然のことだった。

大坂は片桐且元と小出秀政、尼崎郡代は建部《たけべ》高光など豊臣方との関係が深い者を残した。大坂は秀頼のお膝元であり、商都として栄えていた。堺も同様で、戦国時代から会合衆《えごうしゅう》（都市自治組織の代表者）が自治を行っており、豪商が拠点を設けていた。伏見はもともと淀川水運で大いに栄えていたが、秀吉が伏見城を築くと城下を発展させた。いずれも、豊臣政権の影響力の大きな場所だったが、家康は積極的に支配を展開したのである。

長崎では、奉行を豊臣政権下の時代の寺沢広高から小笠原一庵《いちあん》に交代させるなど、徐々に家康の息のかかった人物を登用していった。いうまでもなく、長崎は南蛮貿易で栄えていた。のちに、江戸幕府は海禁の政策を採用するが、長崎は海外の物資だけでなく、情報が入る窓口として重要視されたのである。

京都所司代の設置と畿内の支配

家康が特に重視したのは、朝廷が存在する京都支配だった。歴代の天下人である織田信長、豊臣秀吉も京都所司代を設置し、支配に腐心したので、家康もその例にならった。

慶長五年（一六〇〇）九月の関ヶ原合戦後、家康が京都所司代に任命したのは、姻戚関係にある奥平信昌だった。信昌は京都所司代に就任すると、関ヶ原合戦における西軍の首謀者の一人、安国寺恵瓊を捕縛する功績を挙げた。その際、信昌は恵瓊から庖丁正宗（短刀）を取り上げて家康に献上したが、その後、家康から信昌に与えられたという。信昌の在任期間は、わずか数ヵ月間に止まったので、一時的な起用にすぎなかった。

翌慶長六年（一六〇一）九月、信昌に代わって、板倉勝重が京都所司代に任じられた。板倉氏は、深溝《ふこうず》松平家（松平家の庶流）に仕えていた。勝重はもともと僧侶だったが、父と兄が続けて戦死したので、家康の命により還俗したという。天正十四年（一五八六）、勝重は駿府（静岡市駿河区）の町奉行に任じられると、以後は小田原の地奉行（行政・裁判を担当）、江戸の町奉行を歴任するなど、行政の専門家としての経験を積み重ねた。勝重が京都所司代という重要な職務を任された理由は、豊富な経験と優れた行政手腕が評価されたからだろう。

当初、勝重は一万石にも満たないわずかな所領しか与えられなかったが、慶長十四年（一六〇九）には一万六千石余の大名に出世した。勝重は長らく京都所司代の地位にあり、その期間は約二十年に及んだ。

京都には朝廷や公家が居住しており、古来、政治・経済・文化の中心地だった。隣国には秀頼が本拠を構える大坂城もあり、関ヶ原合戦が終わった時点で、まだ豊臣公儀は健在だった。京都は家康も無視しえない政治経済上の重要な地域だったので、勝重のような経験豊富で実務に通じた人物が起用されたのだろう。

京都所司代の役割は、①京都支配に関すること（警護など）、②朝廷・公家に関する政務の管掌、③西国大名の監視の三つを挙げることができる。三つの職務から明らかなように、京都所司代は西国支配の要であった。③には、大坂城の豊臣秀頼の監視という役割も含まれていた。豊臣系の諸大名は、西国方面に数多く配置されていたので、不審な動きがないかを絶えず監視する必要もあった。京都所司代の設置は徳川公儀を確立するために、非常に重要な役割を担っていたのだ。

関ヶ原合戦の直後、諸大名は豊臣公儀の主宰者たる秀頼のもとに伺候していたので、家康は秀頼の動向に関する情報を的確に把握する必要に迫られていた。同時に、家康は慶長八年（一六〇三）に朝廷から征夷大将軍に任じられたので、朝廷との関係を強固にしなければならなかった。その結果、京都所司代は、職務内容の重要さから老中に次ぐ重職になったのである。

家康は早い段階から政権獲得への強い意欲を持っていたと考えられ、京都所司代の設置は大坂の陣への布石でもあった可能性が高い。

家康と朝廷との関係

慶長十年（一六〇五）四月、秀忠が征夷大将軍に就任すると、家康は幕府権力の土台を強固にすることに腐心した。その中心的な政策は、諸国の大名の対策・統制なのは疑いないが、朝廷・公家の対策・統制を進めることも決して疎かにしていなかった。朝廷・公家の対策・統制は、織田信長、豊臣秀吉も重視していた。家康はどのようにして、対策・統制を行ったのであろうか。

慶長十一年（一六〇六）四月、家康は上洛して年賀の礼を執り行い、武家伝奏《てんそう》（武家からの奏上を朝廷に取り次ぐ役職）と武家官位に関して相談を行った。その結果、家康は自身の推挙に基づき諸大名に官位を与えることについて朝廷に奏請し、勅許を得たのである（『慶長日件録』）。後述するとおり、秀吉は存命のときに武家官位の推挙権を掌握していたのだから、家康はその権利を継承したことになる。

家康は武家官位の推挙権を獲得する勅許を得ると、満足した面持ちで伏見城へ戻った。家康が武家官位の推挙権を獲得したことは、幕府権力を確立するうえで大きな意味を持ったのである。かつて、秀吉が独自の武家官位制を創出し、同時に「羽柴」「豊臣」姓を与えることで、大名統制を図ったことは周知の事実である。口宣案《くぜんあん》（辞令書）には、「羽柴」または「豊臣」姓が記された。秀吉は律令的な官位体系の中に大名を位置付け、武家の官位執奏権を掌握することで、大名の統制を行ったのである。家康が秀吉の手法を手本にしたことは明らかといえるだろう。

家康が武家官位の推挙権を獲得したので、武家が官位を得たいと考えたときは、家康に推挙を依頼することになった。これは秀頼であっても例外ではなく、家康の推挙が必要だった。秀頼は官位授与に際して、家康の推挙が必要になったのだから、豊臣政権にとっては大きな打撃になったといわざるを得ない。

家康が武家官位の推挙権を得る前は、どのような状況だったのだろうか。慶長八年（一六〇三）八月、山内一豊が家康の推挙により、従四位下・土佐守に任官された（『山内家史料』）。推挙されたとはいえ、家康が武家官位執奏権を掌握する前の話である。この口宣案には、いまだに一豊が秀吉から授与された豊臣姓が記載されていた。慶長七、八年段階において、一豊以外の大名でも、浅野幸長や福島正則の例を確認してみると、豊臣姓が用いられたことを確認できる。この事実は朝廷が豊臣家を憚り、あえて豊臣姓を記載したと推測される。

秀忠の将軍就任以降

慶長十年（一六〇五）四月、秀忠が家康から征夷大将軍の座を引き継ぐと、官位授与の状況は大きく変化を遂げた。

同年七月、一豊のあとを継いだ康豊《やすとよ》は、従五位下・対馬守に叙位任官された（『山内家史料』）。しかし、康豊の口宣案を確認すると、かつて秀吉から授けられた豊臣姓ではなく、もとの山内氏の本姓である藤原姓が記載されている。官位授与に際して、豊臣政権の影響が排除されたと考えてよいだろう。

その五年後、康豊は秀忠から「忠」の字を与えられて「忠義」と改名したうえ、さらに「松平」姓を授与された。慶長十年以降は、ごく一部の例外を除き、大名に与えられた口宣案には豊臣姓が記載されなくなる。つまり、大名の官位統制は、少し遡って慶長十年を一つの画期と捉えることが可能といえよう。秀忠が征夷大将軍に就任した時点で、官位政策の転換があったのだ。

かつて、秀吉は、武家官位を従来の公家の官位体系の中で措置しようとした。秀吉以前も、公家の官位は不足していたが、秀吉の官位政策によって事態はさらに深刻化した。公家は官位を与えられても、肝心の職（たとえば中納言など）には武家が就くので、官位に見合った職を与えられなかったのである。しかし、家康は武家官位の画期的な政策を実施することで、公家がふさわしい職に就けないという問題を解消したのである。

慶長十六年（一六一一）、家康は武家官位を公家の員外にすることを朝廷に奏請し、勅許を得た（『続史愚抄』）。その内容を簡単にいえば、武家の官位は公家の官位と別の体系にしたのである。武家と公家の官位を別にすることによって、公家の官位が不足するという問題を解消したのである。慶長二十年（一六一五）七月に制定された「禁中並公家諸法度」には、武家官位を公家の員外にする措置が継承された。公家にとってメリットもあったが、いずれにしても家康は、朝廷の統制に成功したといえよう。

家康の官位授与権の掌握は、本来官位を授与する朝廷の権限を大きく制約するだけでなく、豊臣政権の弱体化を進めたので、一石二鳥ともいえる政策だった。

御前帳・国絵図の提出

慶長九年（一六〇四）八月、家康は伏見城で、諸大名に御前帳《ごぜんちょう》・国絵図《くにえず》を提出するよう求めた。家康が提出期限としたのは、慶長十年九月までの約一年だった。御前帳は郷村別に石高を列記した国家的な土地の帳簿であり、軍役の賦課基準にもなっていた。御前帳と称されたのは貴人に上納され、その座右に備えられたという意味からである。御前帳は戦国大名の専売特許ではなく、公家も保持していた。

御前帳は戦国大名の後北条氏の例でいうならば、永禄二年（一五五九）に北条氏康が作成させた『小田原衆所領役帳』が該当する。『小田原衆所領役帳』は、家臣の軍役および諸役賦課基準を貫高で郷村別に列記したもので、諸役賦課の基準となる役高を記した帳簿として知られている。国絵図とは、諸大名らにより作成・提出された、一国ごとの絵図のことである。

天正十九年（一五九一）十月、秀吉は諸大名に御前帳・国絵図の提出を求め、大坂城に保管していたという。ただ残念ながら、秀吉が徴収した御前帳・国絵図は現存していない。御前帳・国絵図の徴集および管理は豊臣政権の専権事項でもあり、国家規模で土地を把握できる権力の源泉でもあった。そのような意味で、家康が諸大名に御前帳・国絵図の提出を求めたのは、当然のことだったといえよう。

御前帳・国絵図の提出を求められた地域は、越中・飛騨から伊勢・紀伊の間を一つの境として、それ以西が対象だった。対象が西国だったのは、家康がまだ十分に当該地域を把握し切れていなかったからだろう。家康は御前帳・国絵図を徴集することで、西国諸大名の石高を把握した。それは、将来の江戸城などの天下普請（後述）における役の負担の基準としてだけでなく、戦争が勃発した際の軍役賦課の基準となった。家康による御前帳・国絵図の徴集は、豊臣政権の権限の吸収と考えてよいだろう。

二条城、江戸城などの天下普請

家康の威勢が豊臣政権を凌いだ政策としては、天下普請を挙げることができよう（御手伝い普請とも）。天下普請とは、築城などの際に諸大名の協力を得ることである。家康は諸大名に対して築城への協力を要請し、江戸城などの城の普請を行った。その最初は、のちに世界文化遺産となる二条城（京都市中京区）の普請だった。

家康は大宮押小路《おおみやおしこうじ》に二条城の築城を決定すると、町屋の立ち退きを進めて普請の準備を開始した。慶長六年（一六〇一）十二月、西国の諸大名に造営費用や労務の負担の協力を要請し、工事に動員した。造営総奉行を担当したのは京都所司代の板倉勝重で、大工頭の中井正清《まさきよ》が作事（建築）の大工棟梁を担当した。二条城の築城は、家康による初めての天下普請として諸大名を動員しうることを示したので、大きな意味があった。

慶長七年（一六〇二）六月、家康は伏見城を修築すべく、諸大名に工事への協力を要請した（『当代記』など)。関ヶ原合戦の際、伏見城は西軍から攻撃を受けたので、傷みが激しかったといわれている。家康は諸大名を伏見城の工事に動員することで、修築を無事に終えたのである。工事により城下や大名屋敷も整備され、同年末に家康は伏見城に入城した。伏見城の修築は、家康による畿内支配の布石だったと推測される。

慶長八年(一六〇三)、江戸に本拠を定めていた家康は、江戸城の普請を行うため、各地の大名に工事への参加を要請した。

江戸城の天下普請は江戸幕府の権威を高めるうえで、重要な意味を持った。慶長八年、家康は征夷大将軍に任官すると、ただちに江戸市街地の大規模な整備を開始した。家康は外様大名だけでなく、徳川家の家門・譜代に要請して千石夫(知行高千石につき、一人一ヵ年の割合で徴用される役夫)を徴発した。そして、神田山(現在の千代田区神田駿河台付近)の台地を崩すと、そこから運んだ土で豊島《とし　ま》の洲崎《す　さき》(現在の中央区日本橋浜町から港区新橋にかけての地域)を埋め立てた。

一連の工事によって、瞬《また》く間に日本橋から新橋に至る、広大な土地が造成された。新市街地は算盤目状の区画整理が行われ、新たに町人地が誕生した。それだけでなく、東海道も付け替えられ、新しい町地を通過するようになり、日本橋が街道の起点となった。世界的な大都市・江戸の誕生は、徳川家、江戸幕府の権威を象徴したのである。

その後、江戸城の大手やその近辺は、諸大名の邸宅が立ち並ぶようになった。のちに江戸幕府が参勤交代制度や大名妻子の人質制度を行うと、江戸はさらに賑わいを増して大いに繁栄した。家康以降も江戸城下の整備は継続され、おおむね寛永十年(一六三三)にいったん終わった。寛永期における江戸の人口は約十五万人だったといわれ、当時の江戸は世界的な大都市だった。

江戸の整備が継続して実施される中で、江戸城の大改築も計画された。家康は江戸城を単なる一大名の居城としてではなく、政治・経済の中心地にふさわしい天下人の城にしようと考えたのだろう。そのためには家康単独の事業ではなく、各地の諸大名の協力が必要だった。江戸の整備がはじまった翌年の慶長九年（一六〇四）以降、計画が実際に着手されたのである。

江戸城と城下の整備

江戸城の改修工事はかなり大規模なもので、全国の諸大名を動員して進められた。西国方面における大身大名の加藤清正や福島正則も、江戸城の改修工事に動員された。家康は石材運搬用の石鋼船を建造するため、彼らに工事資金を給与した。完成した石鋼船は三千艘に及んだといわれ、切り出された石材が連日のように伊豆から江戸へ運搬された。こうして慶長十一年（一六〇六）三月以降、すべての準備が整ったので、本格的に江戸城普請がはじまったのである。

江戸城の改修では築城の名手として名高い藤堂高虎が基本設計を担当し、全国から動員された大名が工事を分担した（『御手伝覚書』）。その大半は西国に本拠を置く外様大名だったが、動員された大名の中に豊臣秀頼の名前を確認することはできない。江戸城の普請奉行は八名が任命され、うち二名が家康付の幕臣であり、同じく四名が秀忠系の幕臣だった。そして、残りの二名（水原吉勝《みずはらよしかつ》、伏見貞元《さだもと》）が秀頼の家臣だったことが指摘されている。

秀頼の二人の家臣が普請奉行を務めていたことについては、大きな意味があったと評価されている。その理由について考えてみよう。江戸城普請は、全国の諸大名が工事に動員されており、豊臣系の諸大名も例外なく工事に従事した。秀頼は動員こそ逃れたものの、家臣を派遣することによって、普請を差配する立場にあった。江戸城の普請は徳川家の力だけではなく、秀頼の同意と協力を得て実行されたという。秀頼は家康の命により江戸城普請に従事したのではなく、対等な関係で協力したと評価された。この指摘は、どう考えるべきだろうか。

家康が秀頼の存在に注意していたのは、間違いないと考えられる。秀頼は衰えたとはいえ、かつて豊臣政権を主宰しており、ほかの大名とは扱いが異なっていた。秀頼に江戸城普請の従事が要請されなかったのは、孫娘・千姫の夫であったことも影響し、家康の特別な配慮があったと考えられる。江戸城普請に従事した水原吉勝、伏見貞元は、摂津・和泉両国の慶長絵図の作成に関わっていたので、家康から測量の専門家として、豊臣方に派遣の要請があったと推測される。

仮に水原吉勝、伏見貞元が派遣されなかった場合、江戸城の普請はできなかったのだろうか。決してそんなことはないだろう。秀頼は工事への動員こそなされなかったものの、二人の派遣要請には応じた。家康からの依頼なので、断るのも困難だったに違いない。この時点で、すでに実力的には家康のほうが上であり、秀頼に配慮を示したにすぎなかったので、両者が対等であるかという議論に意味を感じられない。家康からすれば、秀頼の協力を取り付けた点に意義があったのだ。

秀頼の二人の家臣が江戸城普請に奉行として関わったことをもって、豊臣家が徳川方として工事に参加したと評価するのは、過大評価ではないだろうか。

駿府城普請と大御所政治

江戸城普請の翌年三月には、天下普請により駿府城の大改築工事が行われることになった。駿府城（静岡市駿河区）では、征夷大将軍を退いた家康が大御所政治を行うべく、準備を進めていたのである。江戸城の改修工事は天下普請で実施されたが、駿府城の改修工事は五百石夫で行われた。五百石夫とは、知行高五百石につき一人の人夫が課せられるシステムで、国役として幕領・私領（公家領、寺社領、大名領、旗本領）の区別も一切関係なく、広く平等に賦課されるものだった。

駿府城の改修工事は、丹波、備中、近江、伊勢、美濃の五ヵ国に加え、畿内五ヵ国（山城、摂津、河内、和泉、大和）も五百石夫の賦課対象となった（『当代記』）。このうち摂津、河内、和泉の三ヵ国は秀頼が領有していたのであるが、秀頼の所領に五百石夫が賦課された点は、どう評価をされているのだろうか。

通常の普請役（天下普請など）は、軍役と同様に大名に課役が命じられた。命を受けた大名は、家臣団と人足を率いて当該普請に従事する。つまり、普請役は将軍―大名間の主従関係を前提とし、大名が普請役の賦課とその履行に応じることは、徳川将軍・幕府への服従を意味するものと指摘されている。

一方、国役として賦課される五百石夫は、将軍と大名間の主従関係に関わりない国家行政的な租税であり、幕領も私領も関係なく一律に賦課された。それゆえ、公家や寺社の所領に国役が賦課されても、彼らが徳川将軍家の従臣でないのは明白である。そのことと同じく、豊臣家の所領へ国役（五百石夫）を賦課することは、秀頼が徳川家の家臣であることを意味しないと指摘されている。五百石夫は、家康と秀頼との主従関係に基づき賦課されたのではないということだ。

普請役は徳川将軍家との主従関係が濃厚であるが、国役の五百石夫は主従関係が希薄であるという指摘である。家康は主従関係を意味する普請役を回避し、豊臣家に五百石夫を課すことで、秀頼に臣従の強制を差し控えたという。一連の事実から、豊臣家は諸大名と違い別格な存在であり、徳川将軍と幕府の支配体制に包摂されない存在だったというのが結論になろう。秀頼に臣従の強制を差し控えたという点は首肯し得るが、現実には役を課されたことは同じであり、その点に意味があったのではないだろうか。

家康があえて普請役を回避して、主従関係の希薄な五百石夫を課すことには大きな意味があった。『当代記』にはわざわざ「この五百石夫は、大坂城の秀頼公の所領へも同様に賦課された」と記されている。つまり、例外なく、家康が秀頼に役を課したことが重要だった。江戸幕府の成立過程において、豊臣家にも駿府城の普請を負担させる必要があった。家康は五百石夫という主従関係が希薄な方法を用い、秀頼の臣従化を徐々に進めようとしたのは疑いない。

慶長十二年（一六〇七）、駿府城が完成すると、家康は大御所政治を開始した。家康が駿府城に移った際、子の秀忠をはじめ諸大名は祝儀を献じて祝い、秀頼も祝儀を献上したのである（『慶長見聞録案紙』）。なお、大御所政治は二元政治であり、江戸の秀忠と駿府の秀忠が並び立って政治を行ったものである。一般的にいうと、家康は朝廷、寺社、西国支配、外交を担当し、秀忠は幕府の制度整備や東国支配を担当した。二人は両輪となって、幕府政治を進めたのである。

家康の諸大名との婚姻戦略

家康は、諸大名と互いの子の婚姻を通じて良好な関係を築き上げた。慶長三年（一五九八）八月の秀吉の死後、家康は秀吉の遺命に背いて諸大名と婚儀を交わした。このとき家康は諸家から養女を迎えて実子とし、蜂須賀至鎮《よししげ》らと婚儀を執り行った。たとえば、六男・忠輝には伊達政宗の娘・五《い》郎《ろ》八《は》姫《ひめ》を妻として迎えた。結論を先にいうと、家康は石田三成らから秀吉の遺命に背くと問責され、謝罪に追い込まれた。家康は有力な大名たちと姻戚関係を結ぶためには、養女を迎えることも厭わなかったのである。

秀吉の死後、家康の実子・養女であるかを問わず、姻戚関係を結んだ主な大名は次のとおりである。

①池田輝政――督姫《とくひめ》（家康の次女）。
②真田信之――小松姫《こまつひめ》（家康の養女・本多忠勝娘）。
③加藤清正――清浄院《しょうせんいん》（家康の養女・水野忠重娘）。
④福島正則――昌泉院（家康の養女・牧野康成娘）。

とりわけ注目されるのは、池田輝政、加藤清正、福島正則といった有力大名である。清正と正則は尾張国出身で、幼い頃から秀吉に目をかけられていた。輝政は天正十年（一五八二）六月の信長の死後、秀吉から取り立てられ、文禄三年（一五九四）には督姫と結婚した。のちに、輝政は家康との関係もあり、「西国の将軍」と称されたほど威勢を持った。

しかし、秀吉が亡くなると状況が変わった。慶長五年（一六〇〇）の関ヶ原合戦において、輝政、清正、正則は石田三成を嫌い、家康に味方した。家康が勝利したのは、三人の貢献度が非常に大きかったからである。戦後、輝政は姫路、正則は広島に配置され、山陽道筋を押さえる重要な存在として取り立てられた。

ここでは取り上げなかったが、家康は中小クラスの大名や配下の有力な家臣とも姻戚関係を結んだ。家康は「血の結束」を活用し、体制を強固にしたのだ。秀頼と千姫（秀忠の娘）との結婚もその一つであり、家康は少なくとも豊臣家と友好関係を維持しようと考えていたのである。

慶長八年（一六〇三）七月、徳川秀忠の娘・千姫は母・江に伴われ、豊臣秀頼と結婚するため伏見から大坂城に入輿した。当時、千姫は七歳だった。

伏見から大坂への路次は厳重に警護され、黒田長政が三百の兵を率いて警護した（『家忠日記増補』）。千姫が大坂城に到着すると、豊臣家は畳を白綾《しらあや》（白地の綾織物）で覆って準備していたが、家康が美麗を好まないとの理由で取り止めになった（『家忠日記増補』）。豊臣家が千姫を厚くもてなすことは当初から決まっていたので、意外な申し出だったに違いない。

家康は秀吉の遺命を受けたこともあり、豊臣家に手厚く接したといわれている（『イエズス会日本報告集』)。家康は秀頼の毒殺を恐れ、大坂の町奉行に対して、大坂の薬師《くすし》・医師に毒薬を売買しないよう命じた(『訂正増補日本西教史』)。単なる逸話かもしれないが、最初から豊臣家を滅亡に追い込む気がなかったのは事実である。

豊臣包囲網の形成

江戸幕府が着実に権力基盤を固める状況下で、大名の配置転換(移封)も積極的に行った。家康は有力大名との婚姻を進めると同時に、息のかかった大名を西国に重点的に配置したのである。慶長五年九月の関ヶ原合戦後、徳川家の家門・譜代は東国方面に配置され、豊臣系と称される大名は西国方面に領国を与えられた。

こうした方針は豊臣系と称される大名を改易し、家門・譜代を新たに西国に配置することで変化を遂げた。家康を支持する大名や譜代クラスを西国方面に移封することで、豊臣家の監視、牽制の強化を行ったのである。家康が行った移封は、豊臣家にとって脅威になった。代表的な大名を挙げると、次のようになろう。

①慶長五年(一六〇〇)九月――池田輝政を播磨姫路(兵庫家姫路市)五十二万石に移封。
②慶長六年(一六〇一)一月――井伊直政を近江彦根(滋賀県彦根市)・十八万石に移封。
③慶長六年二月――戸田一西《かずあき》を近江膳所《ぜぜ》(滋賀県大津市)・三万石に移封。

④慶長十一年（一六〇六）四月――内藤信成《のぶなり》を近江長浜（滋賀県長浜市）・四万石に移封。

関ヶ原合戦後、池田輝政は急速に家康に接近した。慶長八年（一六〇三）に家康が征夷大将軍に就任すると、輝政は少将に昇進した。慶長十四年（一六〇九）、西国で大型船の使用が禁じられたが、輝政は対象から外されるなど、家康から優遇された。慶長十七年（一六一二）、輝政は松平姓を授与されたのだから、家康与党の有力大名だったのは明らかである。

井伊直政は当初から徳川家の譜代の家臣ではなかったが、天正三年（一五七五）頃から家康の配下に加わった。直政は幾多の戦いで軍功を挙げ、「徳川四天王」（ほかは酒井忠次、本多忠勝、榊原康政）の一人として重用された。天正十年（一五八二）三月に武田氏が滅亡すると、武田氏の遺臣を配下とし、「井伊の赤備え」を編制したのである。

戸田一西は三河の出身で、父祖以来の家康の譜代だった。一西は、家康の配下で数多くの軍功を挙げた。そもそも一西は、武蔵国鯨井《くじらい》（埼玉県川越市）に五千石を与えられたにすぎなかったので、大抜擢されたといえよう。内藤信成は家康の異母弟といわれ、永禄元年（一五五八）の三河広瀬《ひろせ》城攻め以来、家康に従って各地を転戦した。まさしく、家康に早くから従った譜代の重臣である。

右に挙げたのは代表例にすぎないが、家康は有力な外様大名や譜代の家臣を西国に配置して豊臣家を監視・牽制したのである。こうして着々と豊臣家の包囲網が形成されたが、それは家康による絶妙な大名配置にあったといえよう。

諸大名の改易と移封

次に、諸大名の改易や移封の例を見ておこう。慶長十三年（一六〇八）七月、伊賀上野《うえの》城（三重県伊賀市）主の筒井定次《さだつぐ》は、家臣の中坊秀祐《ひですけ》に不行状を訴えられたことにより、改易という厳しい処分を科された（『当代記』など）。御家騒動の一つである。

定次は従兄の順慶《じゅんけい》の養子となり、順慶の没後に家督を継承した。天正十三年（一五八五）、定次は秀吉から伊賀上野への移封を命じられた。定次は上野台地に上野城を築城し、同時に城下町の整備を進めた。さらに、伊賀の経済発展を進めるべく、河川を活用した流通網を整備し、京都、大坂などの主要都市との交通網を整えた。

定次の失脚後、伊賀上野に移封したのは、伊予国半国の大名の藤堂高虎だった。高虎は豊臣秀吉に登用されたが、秀吉の死後は家康に仕えることで、側近大名として重用された。高虎は築城の名手として知られ、江戸城普請を担当するなどし、改修工事で中心的な役割を果たした。江戸城以外の築城にも関与し、諸大名の改易に伴う天下普請に関しては、積極的に協力したことが知られている。

伊賀上野は京都・大坂にも近く、東国と西国の結節点だったので、地政学的に重要な地として認識されていた。家康が伊賀上野を高虎に与えたことは、大坂城の豊臣家への牽制であると考えられる。慶長十六年（一六一一）以降、高虎は上野城の改修と城下町の移転を行い、家康の期待に応えた。

上野城の改修や城下町の移転は、これから起こるかもしれない合戦に備えたものだろう。したがって、筒井定次の改易と藤堂高虎の伊賀上野への入封は、将来的に起こるであろう豊臣方との戦争を念頭に置いたものだったに違いない。家康は大坂城の豊臣家を牽制すべく、あえて腹心の高虎を伊賀上野に移したと推測される。

筒井氏の改易と藤堂氏の移封は、ほんの一例にすぎない。家康は積極的に諸大名の配置転換を行い、豊臣家の牽制を行った。

家康は改易や移封を繰り返し、少しずつ側近大名を西国方面に配置し、大坂城の豊臣家の牽制に力を注いだ。家康は譜代や外様に関係なく、近しい大名を西国方面に移封させることで、大坂城の秀頼の監視などを怠らなかった。重要なものについて、その一覧を掲出すると、次のようになる。

①慶長十二年（一六〇七）閏二月――松平定勝を京都伏見城代・五万石に移封。
②慶長十四年（一六〇九）八月――岡部長盛《ながもり》を丹波亀山（京都府亀岡市）・二万石に移封。
③慶長十五年（一六一〇）七月――松平忠明を伊勢亀山（三重県亀山市）・五万石に移封。

岡部長盛は外様大名だったが、天正十二年（一五八四）の小牧・長久手の戦い以来、家康に従って信頼の厚い人物だった。松平定勝は家康の異父弟で、譜代の家臣だった。定勝が城代を務めた伏見城は、関ヶ原合戦後に家康の天下普請により、大規模な改修工事が行われていた。松平忠明は奥平信昌の四男として生まれ、のちに家康の養子となり、秀忠から「忠」の字を与えられて忠明と名乗った。定勝も忠明も、松平姓を授けられた徳川家の有力な家臣である。

家康は息のかかった大名を畿内や西国と東国の境目に配置し、豊臣家への監視を強化した。丹波亀山城はかつて明智光秀の居城として築かれたが、築城の名手である藤堂高虎が工事に関与し、天下普請で改築が行われた。慶長十五年（一六一〇）に名古屋城の新築が開始されると、かつてない最大規模の天下普請によって、西国・中部方面の大名が動員された。新築なった名古屋城には、翌年に家康の九男・義直が入った。これが、のちの徳川御三家の一つ尾張藩の誕生となった（残りは紀州藩、水戸藩）。

家康が西国方面で城郭の新築や改築を行い、新たに近しい大名を配置したことは、逆に豊臣方に警戒感を抱かせたと考えられる。

家康の上洛

慶長十六年（一六一一）、家康は二条城で秀頼と面会することになった。この面会は、徳川公儀が豊臣公儀に優越することを天下に知らしめる決定的な出来事となった。家康による豊臣包囲網が功を奏したといえよう。

同年三月六日、家康は約四年ぶりに上洛することとし、駿府（静岡市駿河区）を出発すると、同月十七日に京都に入った。京都の入り口の山科《やましな》（京都市山科区）から、西国の諸大名や公家らが出迎える歓待ぶりだった。家康は歓待を受けながら二条城に入城すると、その後も多くの人々が家康のもとを訪問したという。家康が天下人として秀頼の地位を凌駕していたことは、厳然たる事実だったといえよう。

家康は朝廷に対して、新田の祖・新田義重を鎮守府将軍に、また父・松平広忠を大納言にそれぞれ贈位を行ってほしい旨を奏請した。贈位とは、故人の生前の功労を称えて、その没後に位階を贈ることである。家康による贈位の奏請は認められた。贈位を承認されたことは、徳川家の権威をいっそう高めたに違いない。

家康の上洛の目的は、後陽成天皇から後水尾天皇への譲位が行われたので、後水尾の即位の礼に参列することだった。慶長三年(一五九八)八月の秀吉の死の直後、翌々年の関ヶ原合戦の二度にわたり、後陽成は譲位の意向を示したが、その希望は実現しなかった。戦乱や即位式の費用の問題が最大のネックだった。慶長十五年(一六一〇)二月、後陽成は譲位の旨を再び家康に伝えたところ、家康は了承した。譲位の予定日は同年三月二十日頃とされ、家康は政仁《ことひと》親王(のちの後水尾天皇)の元服を要請したのである。

その直後、家康の五女の市姫《いちひめ》が三歳で早逝してしまった。家康は後水尾の即位式を延期すべく、改めて日程を調整するよう、武家伝奏を通じて朝廷に要請した。即位式を挙行するには、自身か秀忠が上洛しなければならないと考えていたからだった。朝廷がどうしても年内に即位式を挙行したいという意向ならば、少なくとも家康は参列できないので、朝廷だけで行うことになってしまう。

家康の参列を望んだ朝廷は、延期という要望を受け入れざるを得なかった。もはや朝廷は、家康の存在を無視できなかったのである。こうして翌慶長十六年(一六一一)三月二十七日、後水尾の即位式が行われた。朝廷が即位式を挙行するには、家康の意向に配慮せざるを得なかったのである。家康は後水尾の即位式に参列が叶い、先祖への贈位が行われたことで、その威光を天下に示し得ることになった。即位式に至っては、娘の死があったとはいえ、日程の変更を朝廷に受け入れさせた。こうして同年四月十二日、後水尾天皇は正式に即位し、後陽成は上皇として院政を執り行うことになった。なお、当時の院政は普通のことで、天皇は早い段階で親王に天皇位を譲り、自らは上皇になったのである。

後水尾の即位式は無事に終えることができたが、家康には上洛の真の目的というものがあった。それは、大坂城の秀頼と二条城で面会することだった。これ以前、家康は豊臣方の家臣・織田有楽斎を通して、秀頼への上洛要請を行っていた。通常、下位者が上位者のもとに出向くので、秀頼にとっては屈辱的だったかもしれないが、家康からの要請なので断る術《すべ》はなかったと考えられる。秀頼の説得は、福島正則、加藤清正、浅野幸長が行ったが、家康与党となった彼らは、ことの重大さを十分に認識していたと考えられる。

二条城での家康と秀頼の面会

慶長十六年（一六一一）三月二十七日、家康からの上洛要請を受け入れた秀頼は、淀（京都市伏見区）に宿泊すると、翌日の二条城での面会に備えた。翌三月二十八日、秀頼は家康の待つ二条城を訪問した。徳川義直（家康の九男）と同頼宣《よりのぶ》（家康の十男）は、鳥羽（京都市南区・伏見区）まで秀頼を迎えに行った。浅野幸長と加藤清正は、二人のお供をした。かつて、秀吉の恩顧を受けた池田輝政や藤堂高虎も秀頼を出迎えた。有力大名はすっかり家康与党になったので、秀頼の複雑な心中を察するところである。

秀頼が二条城に着くと、家康は自ら庭中に出て丁重に出迎えた。家康は対等の立場で礼儀を行うよう秀頼に促したが、秀頼は家康の申し出を固辞した（『当代記』）。家康が御成りの間に上がったとき、秀頼は先に礼を行った。この事実は、家康が秀頼を二条城に呼び出したうえで、臣従させるために挨拶を強要したのだと指摘されている。家康の周到な計画の一つと考えられたのだ。

ところが、すでに指摘があるように、家康の丁寧な対応を考慮すると、秀頼に先に挨拶するよう強要したとは思えない。秀頼は、自発的に先んじて家康に挨拶したと考えられる。一方で、秀頼が行った挨拶は、舅で官位が上だった家康に対する謙譲の礼であって、臣従の礼ではないという意見には少なからず違和感を感じざるを得ない。

二人の会見については、本多正純の「二条の御所にて、大御所様へ御礼仰せ上げられ候事」という言葉を参考にして、次のような説が提起されている。二人の会見の本質は、家康が秀頼を二条城に迎えて挨拶を行わせたことで、天下に徳川公儀が豊臣公儀に優越することを知らしめる儀式だったということだ。家康は決してお人好しではなく、後水尾天皇の即位という慶事に絡めて、自己の権力を誇示するため、秀頼との会見を巧妙に仕組んだのである。

家康は秀頼に配慮したように思えるが、秀頼は家康の「対等の立場での礼」という提案を受け入れることができなかった。官職などの地位は、秀頼よりも家康のほうが上なので、家康は秀頼が先に挨拶をすると考えていた。家康は秀頼に挨拶を強制的に命じるのではなく、自発的に行うよう仕向けたのだ。形はどうであれ、秀頼がわざわざ上洛して二条城に出向き、先に家康に挨拶させたことに大きな意味があったのである。

起請文を提出しなかった秀頼

慶長十六年（一六一一）四月十二日に後水尾天皇が即位すると、家康は在京する諸大名に三ヵ条からなる法令を示した。家康が定めた三ヵ条の法令は、まず源頼朝以来の将軍の法式に触れ、以後は江戸幕府が発布する法令の遵守を説いた。次に、将軍の命令に背いた者を隠匿しないこと、謀反人・殺害人を隠匿しないことを諸大名に遵守させた。

この法令は、諸大名に誓詞を提出させて誓約させ、幕府ひいては徳川家への忠誠を誓わせた。幕府の存在意義を諸大名に認めさせ、その優位性を天下に知らしめたのである。三ヵ条の法令に制約した者は、次に示すとおり、北陸・西国方面の有力な諸大名二十二名にのぼった。

細川忠興、松平忠直、池田輝政、福島正則、島津家久、森忠政、前田利光、毛利秀就《ひでなり》、京極高《たか》知《とも》、京極忠高、池田輝直、加藤清正、浅野幸長、黒田長政、藤堂高虎、蜂須賀至鎮、山内忠義、田中忠政、生駒正俊、堀尾忠晴、鍋島勝茂、金森可重《かなもりよししげ》

この中に奥羽・関東の有力な諸大名たちが含まれていない理由は、江戸城の天下普請に従事しており、上洛していなかったからである。翌慶長十七年（一六一二）一月になって、奥羽・関東の諸大名の十一名（上杉景勝、丹羽長重、伊達政宗、立花宗茂、佐竹義宣、蒲生秀行、最上義光、里見忠義、南部利直、津軽信枚《のぶひら》、松平忠直）は三ヵ条の法令に誓約した。その他の中小クラスの譜代・外様の大名ら五十名も三ヵ条の法令に誓約したので、家康は目論みどおり、全国の大名を臣従させることに成功したのである。

ところが、豊臣秀頼だけが三ヵ条の法令に誓約しなかった。その理由について、秀頼が徳川将軍に臣従を求められる存在ではないこと、徳川公儀の限界性があったこと、などが指摘されている。いまだ豊臣公儀は健在であり、秀頼は諸大名と違って別格の存在だったということになろう。この段階に至っても、豊臣公儀は徳川公儀に包摂されておらず、秀頼には自立性があったという指摘である。こうした見解については、どのように考えればよいのだろうか。

関ヶ原合戦後、家康は孫娘の婿である秀頼に対して、豊臣公儀の主宰者という立場から配慮してきた。秀頼は別格な存在であり、諸大名と立場が異なるという見解に対して異論はない。とはいえ、三ヵ条の法令を誓約させる目的は、全国の諸大名を臣従させるためであり、そもそも秀頼は対象外だったのではないだろうか。秀頼が対象外になると、徳川公儀に包摂されないので、孤立するのは明らかだった。家康はあえて秀頼に三ヵ条の法令を誓約させないことで、孤立化を図ったと推測される。

この時点で、家康が力によって、秀頼をねじ伏せるのは簡単だったかもしれない。家康がそうしなかったのは、戦争にかける労力、費用負担を考えてのことだった。家康は秀頼を孤立させることにより、自主的に臣従することを目論んだのではないだろうか。秀頼は先述のとおり、天下普請にも従事していなかった。家康は狡猾かつ巧みな方法によって、心理的にも秀頼を追い詰めたことになろう。豊臣公儀は存在したものの、その威勢を徐々に削ごうとしたのである。

秀頼は三ヵ条の法令に誓約をしなかったが、それは家康が豊臣公儀の威勢を恐れたからではなかった。すでに二条城の会見において、事実上、家康は秀頼を臣従させていた。さらに、諸大名が次々と誓約するなか、秀頼を対象外として孤立させることで、秀頼を精神的に追い詰めようとしたのだろう。

徳川公儀と豊臣公儀の併存

関ヶ原合戦後、秀頼は摂津、和泉、河内の三ヵ国の一大名に転落したのに対し、一方の家康は征夷大将軍に就任し、江戸幕府を開幕したので、これにより両者の立場は逆転したとの認識から、以後の政治過程が論じられてきた。

笠谷和比古氏は、この通説的な言説を疑問視し、関ヶ原合戦後に二重公儀体制という政治体制が確立したと主張した。二重公儀体制とは、「関ヶ原合戦後の政治体制は、将軍職を基軸として天下を掌握しようとする徳川公儀と、将来における関白任官を視野に入れ、関白職を基軸として将軍と対等な立場で政治的支配を行おうとする潜在的可能性を持った豊臣公儀とが併存した。こうした両体制の併存」したことと定義されている。

関ヶ原合戦後、豊臣公儀は急速に衰退することなく、徳川公儀と併存し続けた。家康は征夷大将軍に就任したが、秀頼は関白に任じられる可能性があった。それゆえ、大坂城の秀頼が西国を支配して豊臣公儀を主宰し、江戸城の家康が東国を支配するという東西拮抗する形で、両体制が併存したということになる。二重公儀体制は、従来説に修正を迫る重要な学説として認知されており、少なくとも一定の期間は豊臣公儀が健在だったことは承認されなくてはならないだろう。

笠谷氏は二重公儀体制の有効性を補強するため、①豊臣秀頼に対する諸大名伺候の礼、②勅使・公家衆の大坂参向、③慶長期の伊勢国絵図の記載、④大坂方給人《きゅうにん》（主家から所領を与えられた者）知行地の西国広域分布、⑤秀頼への普請役賦課の回避、⑥慶長十一年の江戸城普請における豊臣奉行人の介在、⑦二条城の会見における冷遇、⑧慶長十六年の三ヵ条誓詞という、八点の問題を指摘した。この八項目のうち、①と⑤〜⑧の問題は取り上げたので、次に②〜④の問題を再検討することにしよう。

二重公儀体制の再検討

まず②であるが、慶長八年（一六〇三）に家康が征夷大将軍に就任して以降も、朝廷は秀頼のもとに引き続き勅使を派遣し、親王、公家、門跡衆は秀頼のもとに参向した。慶長十六年（一六一一）に後水尾天皇が即位して以降も、勅使・公家衆の大坂参向は継続され、慶長十九年（一六一四）まで行われた。朝廷の秀頼に対する態度は、家康が征夷大将軍に就任したにもかかわらず変わらなかったのである。この一件は、豊臣公儀が健在だった証左とされている。

秀頼は右大臣に就任したが、噂された関白に任じられることはなかった。その後、家康は官位授与の推挙権を掌中に収めたので、秀頼が関白に就く可能性はゼロになった。家康は天皇家の譲位の日程を変更させるだけの力があったのだから、勅使・公家衆の大坂参向に大きな意味があったのか疑問が残る。勅使・公家衆の大坂参向は単なる慣例にすぎず、豊臣公儀の優越性を物語る証拠とはいえない。したがって、②はあくまで形式的な問題にすぎず、さほど大きな問題とはいえないだろう。

次に、③である。③は慶長十年代に作成された慶長期の絵図（「桑名御領分村絵図」）には、本多忠勝や伊勢亀山（三重県亀山市）の大名・関一政《かずまさ》の名前とともに、秀頼の家臣の名前が散見されるという事実である。この事実から、秀頼は家康と対等かそれ以上の権威があったと指摘されている。

④の指摘は、秀頼家臣の知行地が摂津、和泉、河内の三ヵ国だけでなく、西国諸国に広範に分布していた可能性である。秀頼の知行地は、国奉行が設置された伊勢と備中で確認されている。この事実を考慮するならば、残りの国奉行設置国である五畿内、但馬、丹波、近江、美濃にも秀頼の家臣の知行地があったのではないかと推測されている。秀頼の支配権は摂津、和泉、河内の三ヵ国だけでなく、西国方面に広範に及んでいたと考えられ、秀頼の支配権は意外にも広範だった可能性があるということになろう。

二重公儀体制の有効性

こうして二重公儀体制の補強が行われたものの、それらを裏付ける史料も乏しく、十分な確証が得られていない。知行地が広範に存在したと想定されるといわれているが、その実態が立証されない現状では、秀頼の支配権を強調するのは困難だろう。現段階においては、摂津、和泉、河内は秀頼の純粋な直轄領でなく、国内に大名領・寺社領が点在していたにすぎなかったこと、豊臣氏の給人の知行地は関東周辺の旗本領ほどの広域性や密度はなかったことが指摘されている。仮に、豊臣家の知行地が西国の広範な地域に点在していたとしても、江戸幕府を凌駕するほどでなく、規模は極めて小さかったといえよう。

さまざまな観点から二重公儀体制の補強が試みられたが、論拠とするには不足が多いといわざるを得ない。

慶長八年（一六〇三）に家康が征夷大将軍に就任したことが画期となり、二年後に秀忠が将軍職を世襲したことは決定的だった。以後、秀頼の権威は徐々に衰えていき、やがて両者の立場は逆転した。家康はあからさまに豊臣家を打倒しようとしなかったが、真綿で首を絞めるごとく、じわじわと追い詰めて屈服させようとした。仮に二重公儀体制の存在を認めるにしても、せいぜい慶長八年が一つのピークであり、長くても慶長十年頃までと考えるのが妥当だろう。

以降、大坂冬の陣が勃発するまで、豊臣家は徐々に衰退する傾向にあった。大坂冬の陣の直前、家康は秀頼に他国へ移封するよう要請したが、それは拒否された。家康は、豊臣家を滅亡に追い込むことを目的としていなかった。豊臣家は特別な存在だったので、移封させるなどして諸大名と同じ扱いにしたかったのだろう。ところが、豊臣家はそれを良しとしなかったので、大坂冬の陣がはじまったのである。

権限を吸収されゆく豊臣公儀

関ヶ原合戦後、家康がすぐに秀頼を打倒し、自身が天下人になろうとしなかったことは、ここまで取り上げた事実により明らかである。この事実は家康だけでなく、すでに前例があったことに注意すべきだろう。

天正十年(一五八二)六月、織田信長が本能寺の変で横死すると、豊臣秀吉はすぐに信長の代わりに天下人になったのではなかった。秀吉は三法師(秀信)に織田家の家督を継がせ、「織田体制」を維持したのである。一方で、秀吉は柴田勝家、徳川家康、織田信雄らを屈服させ、着々と勢力の伸長を図った。秀吉が天下人になるまでは周到な準備が必要だったのである。

慶長五年(一六〇〇)九月の関ヶ原合戦後から慶長十九年(一六一四)十一月の大坂冬の陣に至る間、家康は少しずつ豊臣公儀の権限を幕府に吸収していった。家康は即座に豊臣公儀を打倒することはなく、段階に応じて周到に計画したのである。その大きな画期は、慶長八年(一六〇三)二月に家康が征夷大将軍に就任したことであり、江戸幕府の開幕と征夷大将軍の職が徳川家に世襲されたことは、豊臣家にとって大打撃だった。秀頼を支えるということは、あくまで名目にすぎなかったのである。

家康が実行した政策や権限のうち、京都など主要都市の支配、鉱山の直轄化、天下普請などは、従来おおむね豊臣政権が行っていた政策か、保持していた権限である。天下普請は諸大名を動員したのだから、江戸幕府の威光は全国に浸透していた。家康は豊臣公儀の権限を吸収し、江戸幕府の基盤を築いたのである。関ヶ原合戦以前、家康は関東を支配する一大名にすぎなかったが、西国をも含めた全国支配を展開したのである。

このように、関ヶ原合戦以降、家康が江戸幕府を成立し、征夷大将軍職を子の秀忠に譲った過程は関ヶ原体制と称していいだろう。関ヶ原体制とは、家康が豊臣公儀を温存しつつ、徐々にその権限を吸収する過程だった。同時に数々の政策を実行し、江戸幕府の土台を築く期間でもあった。

ところが、豊臣公儀の権限は縮小したとはいえ、秀頼の存在は決して侮れないものだった。ここまで触れたとおり、秀頼はほかの大名とは違い、特別な存在だったのは事実である。それは、単に家康の孫娘の婿というだけでなかった。たとえば、家康が秀頼に対して、大坂以外の国に転封を命じるなどは、なかなか困難だったに違いない。家康の最終目標は、豊臣家を滅亡に追い込むというよりも、一大名へと転落させることにあった。

そのきっかけとなったのが、方広寺《ほうこうじ》鐘銘《しょうめい》事件だったが、豊臣家は和睦に際して家康からの転封の打診を拒否した。その結果、勃発したのが大坂冬の陣なのである。次章では、方広寺鐘銘事件を取り上げることにしよう。

第二章
方広寺鐘銘事件の経緯

方広寺大仏殿とは

慶長五年（一六〇〇）九月の関ヶ原合戦以降、家康は征夷大将軍となり江戸幕府を開幕し、その後は秀忠にその座を譲った。一方で、家康は次々と諸政策を実行に移し、豊臣公儀の諸権限を吸収していった。畿内周辺に息のかかった大名の城を天下普請により築くなどし、大坂城の秀頼を徐々に追い詰めていった。そして、慶長十九年（一六一四）に勃発したのが有名な方広寺鐘銘事件である。この事件が大坂冬の陣のきっかけとなったのだが、以下、事件について触れることにしよう。

方広寺は通称として大仏殿、京都大仏などと称され、京都市東山区茶屋町に所在する天台宗寺院である。天正十四年（一五八六）、豊臣秀吉の発願によって創建された。三年後の天正十七年（一五八九）に完成し、開山は真言宗の僧侶・木食応其《もくじきおうご》が務めた。こうして同寺は、豊臣家ゆかりの寺院となった。文禄四年（一五九五）には、大仏殿に東大寺を模して漆と金箔で彩色が施された、六丈三尺（約十九メートル）の木造毘盧舎那仏《びるしゃなぶつ》（大仏）を安置した。

しかし、慶長元年（一五九六）九月、慶長大地震が畿内一帯を襲ったことにより、大仏殿は倒壊。大仏も焼失したのである。

慶長三年（一五九八）八月、秀吉が亡くなった。慶長七年（一六〇二）十二月、秀頼は亡父・秀吉の追善供養をするため、大仏殿の再建を開始したが、作業中に失火したため焼失した。それでも、秀頼は豊臣家の威信をかけて大仏殿の再建に取り組んだ。その際、家康の勧めもあったという。慶長十四年（一六〇九）になると、秀頼は銅製大仏および大仏殿の再建の準備にとりかかり、片桐且元を奉行に任命した。翌年六月から、工事は本格的にはじまったのである。

通説によると、家康が大仏殿などの再建を秀頼に勧めたのは、豊臣家の財力を削ぐためだったといわれている。家康は豊臣家を滅亡させる計画だったので、秀頼に浪費させようと目論んだというのだ。しかし、家康は大仏殿などの再建に協力的であり、大工の中井正清を派遣するほか、米や金の大仏に張る板金を供出したという。通説は家康が大坂冬の陣で豊臣家を滅ぼした結果から導き出したものにすぎず、実際は徳川家と豊臣家の共同作業によって大仏殿の再建がなされた。家康の謀略というのは疑問が残る。

慶長十七年（一六一二）、ようやく大仏が完成した。この大仏は銅造であるとされるが、完全な銅造なのか、木と銅が用いられたのかという議論がある。現時点では諸記録により、大仏は木と銅が用いられたと推測されている。なお、大仏は寛文二年（一六六二）の地震で倒壊し、大仏の胴が寛永通宝の材料とされた。大仏完成の二年後の慶長十九年（一六一四）には大仏殿の再建が成り、その平面規模は東大寺を凌ぐ、南北四十五間（約八十二メートル）、東西二十七間（約五十メートル）に及んだという。

大仏および大仏殿の再建工事は、豊臣家の威信をかけた大事業であり、その費用は亡き秀吉の蓄えていた金・銀がふんだんに用いられた。慶長十九年（一六一四）四月十九日、家康のもとに方広寺大仏および大仏殿の完成が報告された。同年八月三日、後水尾天皇の勅定を得て、開眼供養会が行われる運びになった（以上『駿府記』など）。開眼供養とは、新しい仏像に眼を描き、仏に魂を迎え入れる儀式である。秀頼の重臣で奉行を務めた片桐且元は、家康に開眼供養会の日程を伝えた。この時点で、大仏などの再建が大事件に発展しようとは、誰も思わなかったに違いない。

通説による方広寺鐘銘事件

最初に、通説として知られている方広寺鐘銘事件の経過を示すことにしたい。その後、事件の真相を詳しく検討する。

大仏殿の再建後、家康がもっとも問題としたのは、方広寺の梵鐘に刻まれた「国家安康《こっかあんこう》」「君臣豊楽《くんしんほうらく》」という二つの文言だった。この二つの文言を撰《せん》したのは、南禅寺などの住持を務めた文英清韓《ぶんえいせいかん》である。「国家安康」の意味は、国の政治が安定していることであり、「君臣豊楽」の意味は領主から民に至るまで豊かな楽しい生活を送るというものだった。ともに、非常にめでたい文言である。

ところが、家康は鐘銘の「国家安康」という文言を知ると、諱の「家康」の二文字を分断して配置する不吉なものであると捉え、強い不快感を示した。逆に、「君臣豊楽」は「豊臣」を主君として楽しむ意であると疑い、激昂したのである。むろん、それは家康が直感したものではなく、「黒衣の宰相」と称された政僧で腹心の金地院崇伝《こんちいんすうでん》が入れ知恵したといわれている。この一事により、家康は態度を硬化させたので、開眼供養会の開催が危ぶまれた。

慶長十九年（一六一四）八月以降、家康は豊臣方に「国家安康」「君臣豊楽」の釈明を求め、同時に開眼供養会の日程などについて難癖をつけた。徳川方と豊臣方の仲介を担当し、交渉を行ったのが片桐且元である。且元は両者の言い分を聞き、なんとか家康の怒りを鎮め、開眼供養会の開催を実現すべく奔走した。しかし、且元の奔走も虚しく、結局、大仏の開眼供養は開催されなかった。

意外な形で大仏の開眼供養は行われなくなったが、家康の怒りはまったく収まらず、駿府城へ且元を呼び付ける事態になった。とはいえ、家康は且元を翻弄するだけで、和解するための条件を明確に示さなかった。そこで、且元は大坂までの帰路で考え抜き、大坂方の首脳に三つの和睦の条件を提示するに至った。

それは、且元自身で考え抜いた解決策であり、①秀頼が大坂を離れ、江戸に参勤すること、②秀頼の母・淀殿が大坂を離れ、人質として江戸に詰めること、③以上のいずれかの条件が承諾できない場合は、秀頼が大坂城を退去し国替えをすること、という三つの条件である（『駿府記』）。

豊臣方にとって、いずれの条件とも受け入れ難いもので、且元の提案は拒否された。それどころか、且元は徳川方にとって有利な条件を示したので、大いに批判されたのである。実は、淀殿らは家康から別ルートで、あらかじめ「心配するに及ばない」と聞かされていた。その落差があったので、豊臣方の人々は且元に対する心証を余計に悪くしたのである。結局、淀君らから多くの批判を浴びせられた且元は、殺害されるとの噂が流れたので、大坂城を退去せざるを得なくなり、最終的に家康のもとに走ったのである。

家康は豊臣方との交渉が決裂したので、秀頼を討伐する強い決意を固めた。家康は最初から豊臣家と和解する気持ちなど微塵もなく、方広寺鐘銘事件から豊臣家討伐の一連の流れは、すでに仕組んでいたことで、シナリオどおりになった。加えて、大坂方が家康との交渉がこじれる状況下において、合戦に備えて水面下で兵糧米を備蓄していたこと、多くの牢人衆が大坂城に入城したことも、豊臣家を討伐する理由になった。従来、右の経緯を踏まえ、大坂冬の陣が勃発したと理解されてきた。

右の通説的な見解は、おおむね編纂物を根拠としたもので、首肯できるものではない。近年、方広寺鐘銘事件の実態については確かな史料に基づき、新しい理解が示されている。以下、それらの研究を参照しつつ、改めて事件について考えてみよう。

大仏開眼供養会への難癖

大仏の開眼供養会は慶長十九年（一六一四）八月三日に行われると決まったが、天台宗の僧侶で家康の懐刀の南光坊天海《なんこうぼうてんかい》は、席次について難癖をつけた。これが、大仏の開眼供養会をめぐるケチのつけはじめとなった。

天海が豊臣方へ申し入れたのは、供養会の際に天台宗の僧侶が上座の左班（左側に着席すること）にすることだった。もちろん理由があり、前回の供養会では高野山の木食応其の要望を受け入れ、真言宗を左班にしたからだった。今回は供養導師が天台宗の妙法院《みょうほういん》なので、天台宗の僧侶を左班にするよう要請したのである。天海自身が天台宗の僧侶だったので、席次に関する要望を申し出たのかもしれないが、この時点から事態は厄介なことになっていった。

加えて天海は、仁和寺門跡が供養会に出席することを強く非難した。仁和寺は、真言宗御室《おむろ》派の総本山だったので牽制したのであろうか。天海は天台宗の僧侶が左班の席次でなければ、出仕を拒否するという強硬な態度を示した。これだけならまだしも、家康も大仏の開眼供養と堂供養（寺堂を建てて供養すること）を同時に行うのか否かを質問した。大仏の開眼供養会は、計画された段階で数多くの難癖がつけられたので、すっかり雲行きが怪しくなった。

この問題に対応したのは片桐且元だったが、苦慮したのは疑いない。これらの問題をクリアしなければ、大仏の開眼供養会が開催できないからである。慶長十九年（一六一四）七月十八日、且元は駿府城に赴くと、「八月三日の早朝、仁和寺御門跡が開眼供養を終えて退出の後、日中に堂供養を行います。座配（座席の割り当て）につきましては、天台宗を左班にいたします」と家康に回答した（『駿府記』）。

且元は、大仏の開眼供養会の日程を午前と午後に分けることで、すべての要望を叶えようと考えたのである。仁和寺門跡を排除するという天海の要望は退けたものの、行事を二日に分けるように指示した家康に配慮し、折衷案を示すことで苦境を乗り切ろうとしたのだ。且元が考えに考え抜いた提案だった。

供養の日程をめぐる崇伝の主張

且元の奔走にもかかわらず、提案した折衷案で事態は収拾しなかった。臨済宗の僧侶で家康の信頼が厚い金地院崇伝は、改めて家康が提案したとおり、開眼供養と堂供養を二日に分けて開催すべきであると申し入れた。それは決して根拠のないことではなく、「幸いにして八月十八日は秀吉の十七回忌にあたります。ですから三日に本尊の開眼供養を行い、十八日に堂供養を行うとよろしいと家康様がおっしゃっています」という理由があった（『本光国師《ほんこうこくし》日記』）。

十八日が秀吉の十七回忌になるので、そのとき一緒に堂供養を実施すればよいとの提案である。この見解は崇伝の考えではなく、文章の末尾に記載されているように、実質的には家康の意向を踏まえたものだった。このあと、且元は一日で開眼供養と堂供養を行うことを再度申し入れたが、この点は鐘銘問題の件とあわせて後述することにしよう。

大仏の開眼供養と堂供養を実施する主体は、本来は豊臣方にあったが、家康は天海・崇伝を用いて次々と要望を申し出て翻弄した。大仏の開眼供養の実施に際しては、家康の同意が必要だった事情がうかがえる。いかに豊臣家の主催とはいえ、天下人である家康の意向を無視して、開催を強行できなかったのである。

家康は、決して供養そのものを「中止せよ」とまで言わなかったが、意向に沿って開催するよう強く求めた。一連の事情を考慮すれば、家康は方広寺の大仏の開眼供養をチャンスと考え、豊臣家を潰そうと考えたのは明白だったといえる。問題は大仏の開眼供養だけに止まらず、方広寺の鐘銘の文言へと移っていった。

棟札と鐘銘に不快感を抱いた家康

家康は供養の方法から日程に至るまで、数多くのクレームをつけたが、ついに問題の本質が方広寺の鐘銘の文言へと展開することになった。

慶長十九年（一六一四）七月二十一日、家康は大仏の鐘銘に「関東に不吉の語」があり、しかも「上棟《じょうとう》の日が吉日でない」と立腹の意を豊臣方に伝えた（『駿府記』）。ところが、この時点で鐘銘の文言の不吉な理由が示されておらず、片桐且元は八月三日に開眼供養と堂供養を行いたいと申し入れた。その理由は、八月十八日に豊国神社で豊国臨時祭が催され（『駿府記』）、豊国臨時祭では秀吉の十七回忌が執り行われるからだった。つまり、且元は秀吉の十七回忌より前に、開眼供養と堂供養を実施したいと考えたのである。

それでも家康の申し入れは変わらず、大仏供養の件で棟札と鐘銘に問題があると不快の意を示すと、再び大仏の開眼供養と堂供養を別の日に催すよう強く要望した（『駿府記』）。棟札とは、建物などの棟上げに際して、工事の由緒・年月・建築者・工匠などを記して、棟木に打ち付けた札のことである。棟札の問題とは後述するとおり、棟梁の名前が記されていないことだった。

崇伝は家康の意向を受けると、且元に書状を送り、上棟、大仏の開眼供養、堂供養を延期したうえで、改めて吉日を選んで催すよう申し入れた（『本光国師日記』）。あまりの家康のしつこさに、豊臣方も大いに困惑したことだろう。逆にいえば、家康は振り上げた手を容易に下ろすことができなかったのである。

その後、大工頭・中井正清から鐘銘の写しが家康に送られ、鐘銘に東福寺の長老・文英清韓が撰した「国家安康」の四文字があることが判明した。この文言が問題の本質だった。家康は強い不快を示し、ほかの文言にも問題があると述べた。数日後、家康は棟札にも問題があると指摘し、棟札の記載は奈良東大寺の例に従うよう申し入れた（以上『駿府記』）。上棟と棟札の問題は、中井正清が家康に入れ知恵したといわれている。

豊臣方は、家康のたび重なる問題点の指摘に振り回され、すっかり困り果ててしまった。次に、家康が不快と感じた鐘銘問題を取り上げることにしよう。

鐘銘を撰した文英清韓

鐘銘を撰した文英清韓について簡単に紹介しておこう。清韓は伊勢国安芸郡の出身で、同国の無量寿寺《むりょうじゅじ》に住し、織豊期から江戸初期に活躍した臨済宗の僧侶である。不放子とも称し、慈雲大忍《じうんたいにん》（一説に文叔清彦）の法を嗣いだ。その後、帰依を受けた加藤清正の右筆《ゆうひつ》となって九州に下向し、文禄・慶長の役の際には朝鮮へと渡海した。

慶長五年（一六〇〇）、清韓は東福寺の第二二七世となり、四年後の慶長九年（一六〇四）には南禅寺に昇住している。漢詩文に優れており、京都五山（南禅寺を別格とし、その下に天龍寺、相国寺、建仁寺、東福寺、万寿寺）の碩学《せきがく》としても名を馳せた。華麗なる経歴であり、鐘銘を撰するのにふさわしい人物だった。豊臣家が清韓に鐘銘の文言の作成依頼した理由も素直に首肯できよう。

家康は鐘銘の不備を徹底追及すべく、京都五山の名立たる僧侶に対して、鐘銘の問題点の有無について検証を依頼した。同年八月六日になって、ようやく彼らから回答が寄せられたのである。


この間、家康の側近・本多正純と崇伝は、且元に抗議の書状を送っていた。それは「何も知らないような田舎者（清韓）に鐘銘の撰を命じ、内容は不要なことを長々と書き入れたうえ、棟札には棟梁の名前も書き記していない」と厳しく非難したものだった（『本光国師日記』）。改めて、奈良興福寺南大門などの棟札を確認すると、棟梁の姓名が書いてあったので、大工頭・中井正清のミスだったと考えられる。家康は事実関係を確認すると、棟梁の名前を棟札に書くよう命じた。

棟札の件に加えて、五山僧から鐘銘について非常に厳しい批判が清韓に寄せられた。彼ら五山僧は、家康の命を受けて鐘銘の調査をしたのである。清韓は漢詩文に優れていたが、手痛い批判を浴びることになったのだ。特に、鐘銘が長文だったことは、「こんなに長い文は見たことがない」と指摘したうえで、「縁起あるいは勧進帳の類である」と清韓を嘲笑ったのである。清韓にとっては耐えがたい屈辱だったに違いないが、批判した五山僧も学識に優れた面々だった。

問題となった「国家安康」

問題の焦点となったのは、「国家安康」の四文字に対する五山僧の鋭い指摘であり、家康にとって見過ごすことができない重要な問題が含まれていた。四人の五山僧の意見を挙げると、次のようになろう（『東福寺誌』）。

①東福寺・月渓聖澄《げっけいしょうちょう》——「家康」の名前の二字の間に、「安」の字を入れたことは、もっともよくないことである。

②東福寺・集雲守藤《しゅううんしゅとう》——日本・中国とも天子の諱を避けることは、古い決まりである。天下名物の鐘銘に思慮が足りず書いたことは、ものごとを知らないからである。

③南禅寺・悦叔宗最——家康の名前の二字を書き分けるようなことは、古今なかったことである。

④東福寺・英岳景洪——家康の諱の二字を「国家安康」の四字に書き分けることは前代未聞である。

清韓の撰した「国家安康」の鐘銘は、家康の諱を書き分けるというルール違反から、いずれも批判的な見解が寄せられた。諱を避けること（あるいは、二字に分けて書かない）が当然のことならば、清韓の初歩的なミスだったといえよう（清韓の弁明は後述）。このとき、五山僧以上に清韓を非難したのが、儒学中興の祖である藤原惺窩《ふじわらせいか》の弟子で儒学者の林羅山《はやしらざん》である。羅山は家康に召し抱えられると、以後は秀忠、家光、家綱の四代の将軍に仕え、幕府のブレーンとして活躍した人物である。

羅山は家康の諱を用いた「国家安康」の四文字について、五山僧の意見に同意した。つまり、「『国家安康』とは諱を犯したうえに、礼法に背く無礼・不法の至りである。諱を切り裂いたことは許し難い」ということである。「君臣豊楽」については、「豊臣家が子孫繁栄を願う本心があった」と結論付けた。あえて、この言葉を選んだのは、家康への呪詛《じゅそ》（相手に災いが及ぶよう呪うこと）・調伏《ちょうぶく》（まじないなどで人を呪い殺すこと）の心が隠されているとしたのである。

加えて羅山は、鐘銘の文中の「右僕射《うぼくや》源朝臣」という文言に難癖をつけた。右僕射とは右大臣の唐名のことで、この場合は家康のことを意味している。しかし、羅山は「右僕射源朝臣」の意味を「家康を射る」と曲解し、激しく非難したのである。もはや言いがかりのレベルであるが、いかに羅山の発言に影響力があったかを示す逸話である。しかし、近年の羅山研究によると、当時の羅山には大きな発言権がなかったといわれており、「国家安康」の文言がいかに非難されたかを強調するため、後世に偽作した可能性が高いと指摘されている。

従来、豊臣家を陥れるため、鐘銘事件を持ち出したのは、家康の懐刀の崇伝とされてきた。しかし、現在ではそれが誤りであることが明らかにされた。ある人が家康に鐘銘（「国家安康」など）の文言に問題があると指摘したので、家康が崇伝に意見を求めたところ、崇伝は「知らない」と答えたといわれている（『本光国師日記』）。従来説のエピソードも羅山の逸話と同じく、後世に捏造されたものと考えられる。

清韓へ手を差し伸べた僧侶

清韓は五山僧の徹底した論難を受けて、たちまち大ピンチに陥った。清韓は家康に対して批判がましいことを考えていなかったと思われるので、まさかこのような事態になるとは思わなかったに違いない。

ところが、すべての五山僧が清韓に批判的な意見を述べたのではなく、「大仏鐘銘の中に、国家安康という句があった。これを見て、日頃から清韓を妬んでいた悪知恵の邪僧たちは、清韓に家康公を調伏する本心があって、この句を作ったと考えた。そして、今度の供養は関東調伏（家康調伏）のためであると家康に伝わったので、ご立腹になられたのである」という見解も示されていた（『東福寺誌』）。

繰り返しになるが、清韓は漢詩文にも優れており、学問に通じていたので、ほかの五山僧は清韓を妬んで、この機会に家康に讒言したということになろう。五山僧の中には、清韓を厳しく非難することにより、家康からの歓心を得ようとした者もいた可能性がある。

清韓に家康を調伏する意図がなかった指摘は、元文五年（一七四〇）に成立した『武徳編年集成』にも書かれている。同書には、妙心寺の海山が述べた「清韓が凶詞と知っていて書いたのではない」という言葉を載せている。『武徳編年集成』は後世に成ったとはいえ、徳川方の者に手になる書物である。わざわざ徳川方が不利になる海山の言葉を載せているのだから、この記述は信用していいだろう。

右の意見を見る限り、清韓が家康の呪うために鐘銘を考えたとは、とうてい考えることができない。清韓自身が家康を呪祖するために鐘銘を作成しても、いったいどんなメリットがあったのだろうか。どう考えても、家康サイドの言いがかりとしか思えないのである。

見るに見かねた東福寺住持の集雲守藤は、清韓に救いの手を差し伸べるため、崇伝に家康への執り成しを依頼した。ところが、崇伝は忙しいことを理由として、集雲守藤の依頼を断ったうえで、届けられた進物も返却した。崇伝からすれば、せっかく追い詰めた清韓を救うことには手を貸せなかったのだ。

幕府の厳しい取り調べ

手厳しく批判された清韓は驚きを隠せないまま、豊臣方の交渉役・片桐且元とともに、幕府の取り調べに応じることになった。八月十七日のことなので、問題が発覚してから約十日が経過した時点のことである。清韓の心中を推し量ると、とても納得できず不安だったに違いない。

清韓は家康に陳謝したうえで、あらかじめ用意した弁明書に基づき、「国家安康」「君臣豊楽」という文言について、「国家安康というのは、御名乗の字（家康）を隠し題として入れ、縁語としたものなのです。申し上げておきたいのは、昔も今も縁語にすることは多いことなのです。（中略）この意が届かなかったようでしたら、私の不才であるがゆえです。万事放免くだされば、生前死後の大幸になることでしょう」と釈明を行ったのである（『摂戦実録』）。

隠し題とは和歌、連歌、俳諧の技法のひとつで、題とされた事物の名を直接示すことなく詠み込むことである。清韓が撰した鐘銘のケースでいえば、「家康」の諱をそのまま表示することなく、「国家安康」の四文字の中に「家」と「康」に分けて織り込んだ。文芸上では、よく用いられた高度な技法なのである。

もう一つの縁語とは、主想となる語と意味上密接に関連し合うような言葉を他の箇所に使用することによって、表現の面白味を付ける技法の一つである。そもそも「国家安康」とは、国家の安泰を願う言葉である。そこに「家康」の諱を織り込むことで、めでたさを強調したのである。国家安康という言葉には悪い意味がなく、家康が激怒する筋合いがないのはたしかなことである。

清韓は徳川家・豊臣家の繁栄と四海の平和を願っていたのであって、家康を呪うなどの悪意をもって鐘銘を作成したのではない。隠し題、縁語という詩文作成上の修辞を用いることで、喜んでもらえるように努力したのが事実だった。ところが、清韓の優れた漢詩文の能力は大きな仇となってしまった。清韓の意図は別として、家康の諱を分割して鐘銘を撰したのは大きなミスだったのである。清韓は決死の思いで弁明したが、すでに家康には許そうという気持ちは微塵もなかった。

その直後、家康は清韓の経歴に疑念を抱き、本当に清韓が南禅寺で紫衣《しえ》を得たのか、調査を命令したのである（『本光国師日記』）。紫衣とは勅許により、高僧にのみ着用が許された袈裟・法衣のことだ。家康は清韓の経歴に嘘や偽りがあれば、それを口実にして失脚に追い込み、豊臣方を窮地に陥れる算段だったのだろう。老獪な家康は清韓の不備を徹底して追及し、決して手を緩めなかった。

ところが、板倉重昌が調べてみると、清韓が紫衣の位階を得たのは事実だったことがわかった。

煩悶する片桐且元

鐘銘問題が発覚したので、豊臣家は大仏の開眼供養の実施どころではなかった。慶長十九年（一六一四）七月二十六日、家康は板倉重昌・片桐且元に対して、上棟、大仏の開眼供養、堂供養のすべてを延期するよう求め、最終的に延期することになった（『本光国師日記』）。豊臣家ではなく、家康の意向が尊重されたのだ。八月二日には供養の準備も万端整っていたが、中止することになったので、見物人たちはがっかりして家路についた。娯楽も少ない時代だったので、普通の人々も楽しみにしていたのである。当時、大仏の開眼供養が中止になったことは、「天下の騒ぎ」になったと伝わっている。

ここから豊臣家は、家康と今後のことについて交渉せざるを得なくなった。供養のことはさておき、鐘銘問題の誤解を解く必要があったからである。この問題を解決しなければ、家康との関係が悪化し、交戦に至る可能性もあったので、それだけは避けねばならなかった。片桐且元は交渉を担当したものの、老獪な家康を相手にして苦悩することになった。

豊臣方は供養が中止になったので、家康に鐘銘問題の弁明をするため、駿府に且元を派遣した。側近の本多正純と崇伝の二人が且元に対応したが、家康は且元と決して会おうとはしなかった。家康は且元のあとに訪ねてきた大蔵卿（大野治長の母）には面会したので、且元を動揺させる心理作戦だったのかもしれない。且元は家康の巧妙な心理戦に翻弄されたので、落ち着いて交渉の席に臨めなかったのではないだろうか。家康が且元との面会を拒否した理由は、のちに明らかになる。

この時点で、秀頼は大仏開眼供養が中止に追い込まれたこともあり、もはや家康の意向に左右される状況にあったのは明らかだった。すでに、豊臣家の威光はすっかり失われ、家康の許しを乞う立場になっていたのである。

交渉のテーブルでは、且元が徳川方の正純と崇伝に対し、秀頼が家康・秀忠に謀反の意がないことを示す起請文を提出すると申し出た。家康は正純と崇伝からその話を聞くと、拒否する旨を申し伝えた。もはや、立場は完全に逆転したものの、家康サイドから最後まで明確な解決策を示すことはなかった。解決の答えは、且元自身が考えねばならず、それは誠に非情だったといえる。

且元が出した答え

約一ヵ月もの間、且元は鐘銘問題の解決のため駿府に滞在したが、交渉は難航したので駿府から引き上げることになった。且元は大坂へ戻る道中で、ひたすら解決策を考えねばならなかった。それは、苦悩に満ちたものだったに違いない。

九月十八日、大坂城に登城した且元は、三つの案を提示して事態を打開しようと考えた。且元の提案とは、先述したとおり①秀頼が大坂を離れ、江戸に参勤すること、②秀頼の母・淀殿が大坂を離れ、人質として江戸に詰めること、③以上のいずれかの条件が承諾できない場合は、秀頼が大坂城を退去し国替えをすること、という選択肢である。

且元が考え抜いて提案した三つの方策は、豊臣家中から猛反発を食らった。反発した面々は、大野治長、青木一重《かずしげ》、石川貞政《さだまさ》、薄田兼相《すすきだかねすけ》、渡辺糺《ただす》、木村重成《しげなり》、織田頼長《よりなが》ら豊臣家の主だった家臣である。右の条件を見ればわかるとおり、明らかに豊臣家に不利だったので、反発されるのは当然だったといえよう。

ほかにも問題があった。家康は駿府で大蔵卿と面会した際、「豊臣家には異心がないので、淀殿に安心するようお伝え願いたい」と述べていたので、淀殿らはすっかり安心していた。豊臣家中では、事前に家康から問題がないことを伝え聞いていたので、且元の三つの提案を耳にして激昂したのである。

淀殿らは、且元の三つの提案を聞いて、豊臣家への裏切り行為であると激怒した。事情を知らなかった且元は、家康の巧妙な作戦に踊らされたのである。とはいえ、且元は家康の家臣でもあり、その後は家康のもとに走ったのだから、あらかじめ練られた作戦だった可能性も捨てきれない。豊臣家中の徳川強硬派の家臣は怒りを抑えることができず、ついに且元を討伐すると息巻くことになった。殺害計画を知った且元は、病気であると称して城内の屋敷に引き籠もったのである。

十月一日、且元は豊臣方から討たれることを恐れ、大坂城から一族とともに退去し、居城の摂津茨木城に籠城し、攻め込んでくる豊臣家の軍勢に備えて防備を固めた。この時点で、且元は豊臣家を離れ、完全に徳川方に与したのである。且元は豊臣家のために懸命に尽くしたが、図らずも疑いをかけられてしまったのである。

且元は豊臣家の家臣だったが、関ヶ原合戦以降は家康のために尽くしたことから、大和竜田《たつた》二万八千石の城主となり、摂津、和泉、河内の国奉行を務めていた。同時に秀頼の家老を務めるという、非常に複雑な立場にあった。いうなれば、家康から送り込まれた付家老のような存在だった。

豊臣家が且元を討伐することは、家康の家臣を討つことを意味した。家臣が討たれそうになっているのだから、家康が秀頼を討つための格好の口実となった。こうして、大坂冬の陣がはじまったのである。

且元・貞隆兄弟による人質の供出

次に、片桐且元・貞隆《さだたか》兄弟が板倉勝重に人質を送った件を取り上げよう。慶長十九年（一六一四）十月二十日、片桐且元の使者・梅戸忠助、片桐貞隆の使者・阿保平左衛門の二人は、書状を携えて家康のもとにやって来た（『本光国師日記』）。崇伝はその概要を本多正純に書状で報告した。崇伝は、二人の書状について御意を得たと記している。書状の内容は正純に執り成しを依頼するものであり、具体的には且元・貞隆兄弟が家康に人質を差し出すことであった。

且元・貞隆兄弟は、それぞれが二人の子を徳川方に差し出した。且元は孝利《たかとし》、吉助《よしすけ》の二人、貞隆は松千代、女子の二人である。二人を預かったのは、勝重だった。崇伝はその様子について、勝重から正純に詳しく報告があるだろうとしている。二人が徳川方に人質を差し出したことは、無二の忠節を誓うことを意味した。崇伝は且元に対して、正純と勝重の指示に従うようにと書状で伝えたのである。

慶長十九年十月二十一日、本多正純は片桐且元・貞隆に起請文を送った(『譜牒余録』)。内容を確認しておくと、片桐且元・貞隆が大坂を退き、世間では何かと疑わしいとの噂が流れた。しかし、家康は疑いを毛頭も抱いていないので、誓紙を差し入れるというものである。これにより、且元・貞隆は晴れて徳川方として認められたということになろう。そもそも且元らは徳川家と豊臣家に両属する存在だった。二人が徳川家と起請文を交わしたのは、徳川家に属することを明確にするためだろう。

このように勝重は、豊臣方の挙兵に際して初期対応を行うべく、軍事動員権を持っていた。また、片桐且元・貞隆と徳川方との和睦締結にも関与したのである。勝重が大坂の陣に際して大きな権限を有していたことは、京都所司代の役割も相まって、注目すべき点であろう。

第四章

大坂冬の陣、開戦前夜

徳川方の周到な開戦準備

家康は方広寺の鐘銘を問題とすることで豊臣方を翻弄し、ついに大坂冬の陣の開戦の端緒を開くことになった。家康は来るべき豊臣方との戦いに備えて、開戦準備を周到に進めていたのである。そこで、家康は長崎奉行の長谷川藤広《ふじひろ》に対して、早い段階でオランダやイギリスの商人から武器を購入するよう命じていた。

慶長十九年（一六一四）五月、イギリス商人は平戸で鉛を売却しようとしたが失敗し、ウイリアム・アダムスの仲介によって、幕府がすべてを買い取ることになった（『慶元イギリス書翰』）。価格は、百斤（一斤＝六百グラム）につき十匁だったという。オランダ商人も平戸で鉛を売ろうとしていたので、同じ価格で幕府が買い上げたという。

同年六月、家康はイギリス商人から大量の大砲、火薬、弾丸を購入した（『慶元イギリス書翰』）。仲介したのはアダムスで、砲は十四貫（一貫＝三・七五キログラム）、火薬は一斤二匁三分、一斤二匁三分、弾丸は一斤六分という価格だった。特に使用目的は書かれていないが、合戦を意識していたのは確実だろう。合戦相手といえば、豊臣家以外には考えられず、この段階から対策を考えていたと思われる。こうした銃器類、大砲は、一連の大坂の陣で大きな威力を発揮することになった。

同年九月七日、家康は毛利秀就、島津家久、鍋島勝茂ら西国の諸大名に起請文を提出させていた。その内容は、①家康・秀忠の二人に対して、別心・表裏がないこと、②上意（＝将軍）に背く輩とは通じないこと、③幕府の定めた法度に背かないこと、という三ヵ条になろう（「毛利家文書」）。非常に短いものであるが、大きなポイントは幕府・将軍に絶対的な忠誠を誓わせることにあった。この時点で、家康は徳川家と決裂していなかったので、早々に合戦準備を進めていた可能性があろう。

毛利秀就の妻は秀忠の養女だったので、この要請に応じざるを得なかった。家康は婚姻戦略により、有力大名との関係を深めていたので、その効果が発揮されたのである。残る諸大名にも同様の起請文の提出が求められ、約五十家が応じた。この時点で、豊臣方に馳せ参じた大名は皆無に等しかった。すでに豊臣家の威光は失われつつあったので、当然のことといえるだろう。のちに取り上げるとおり、豊臣方の主力軍を構成したのは、諸国から集まった牢人衆だった。

家康が豊臣方に戦いを挑んだのは、十月一日に大坂城を退去した且元が、討伐される危険性があったからだ（『本光国師日記』）。且元は両家を結び付けるため豊臣家に仕えていたのであるが、命が危険に晒されたので、皮肉なことに、戦いのきっかけを作ってしまったのである。豊臣家の討伐を決定した家康は、討伐の計画を秀忠に知らせるとともに、近江、伊勢、美濃、尾張等の諸大名に出陣を命じたのである。

豊臣方による大名への誘引工作

豊臣方は味方する大名がいないと予想していたに違いないが、諦めずに何人かの大名に工作を行っていた。

徳川家と豊臣家が決裂した際、阿波蜂須賀家の当主だった至鎮は江戸に赴いていたが、父の蓬庵《ほうあん》（家政）は阿波に在国していた。関ヶ原合戦後、家政は出家して蓬庵と名乗り、家督を至鎮に譲っていた。そこで、秀頼は木俣半之丞《きまたはんのじょう》に秀頼の内書（秀頼の意向を示した書状）と大野治長の副状を持たせ、使者として遣わした。ところが、蓬庵は決して豊臣家に与することはなかった（『森氏古伝記』）。一説によると、蓬庵は豊臣家の味方になろうとしたが、至鎮が諫止《かんし》したと伝わっている（『山本日記』）。徳川方に与した至鎮にとっては、当然のことだった。

秀頼は薩摩島津氏を頼ることとし、豊臣家に味方するよう要請した（『薩藩旧記雑録後編』）。当時、島津家の当主だった家久は、秀頼の家臣・大野治長に返書を送った。その内容は、「豊臣家への奉公はすでに終えており、家康に歯向かうことは思いもよらない」というものである。そして、家久は返書に添えて、かつて豊臣方から贈られた刀も返却した。関ヶ原合戦で島津家は豊臣方に味方し、改易こそ免れたものの敗北したという苦い経験があったので、二度と同じ轍を踏みたくなかったのである。

大坂冬の陣の開戦後ではあるが、慶長十九年（一六一四）十一月、大野治長は淡路の池田忠長（忠雄）に書状を送っていた（『駿府記』）。忠長は輝政の子で、淡路洲本に六万石を与えられていた。大坂冬の陣のときは、まだ十三歳の子供だった。治長は忠長に味方になるように迫り、淡路の百姓も豊臣方に通じていると説得した。しかし、この作戦は失敗し、遣わした六人の使者も池田方に捕らえられた。「廣田文書」には、関連すると思しき史料があるので、事実とみなしてよいだろう。

豊臣方が味方を募るべく、諸大名に使者を送り込んだのは疑いないと考えられるが、その後のことを考えて書状は処分されたものが多かったに違いない。右の例は、ほんのごく一部であるが、呼びかけられた諸大名にすれば、もはや豊臣家は死に体と認識しており、味方になる気はなかったのである。

豊臣方の武器・防備等の準備

豊臣方は懸命な努力をしたにもかかわらず、有力な大名は味方にならなかった。誘引工作は、功を奏せず断られるばかりだった。豊臣家の威光はかろうじてあったかもしれないが、もはや見捨てられていたのである。それでも、秀頼は家康との合戦に備え、戦闘準備をしなければならなかった。豊臣方は家康と決裂以降、兵糧米の備蓄、大坂城の整備、兵器の準備、軍勢の微集を進めていった。

まず必要なのは武器である。豊臣方は、戦争に必要な銃砲類の火薬や鉛をイギリス商人から購入していた（『慶元イギリス書翰』）。イギリス商人は徳川方にも武器を売っていたのだから、実にしたたかで商売熱心だった。イギリス商人は徳川・豊臣両家の合戦が本格化すれば、武器類の需要が増大することを見込んでいたので、武器類の売り惜しみをすることで、値段を高騰させようと考えていた。イギリス商人にとって、大坂の陣は大きな商機だったのである。

むろん、日本の商人たちも大坂の陣を最大の商機と見込み、武器類だけでなく、後述する兵糧米の売買に精を出したのである。

武器を豊臣方に持ち込むのは、商人だけに限らなかった。慶長十九年（一六一四）十月八日、板倉勝重は奈良奉行の中坊秀政《なかのぼうひでまさ》に書状を送り、家康が大坂に出陣するに際して、豊臣方が武器や弾薬を買い求めているが、それを諸代官と協力して阻止するよう命じた（『中坊氏系図』）。二次史料の記述ではあるが、あながち嘘とはいえないだろう。

同日、秀政は十津川の年寄中に書状を送り、鉄砲三十丁、弓十五人を急いで準備するように命じ、出陣の命令を下している（「十津川郷文書」）。裏を返せば、十津川村に対して徳川方に与するよう求めているので、豊臣方に武器の売買を禁じるのは当然のことと考えて差し支えないだろう。村々には武器の売買を禁じるだけでなく、家康方への出陣要請まで行っていた。

武器以外にも防備を行う必要があり、大坂城の惣構が着々と構築されていった。惣構とは、城下町全体を堀と塁で防備することである。現在の大坂城はかなり規模が小さくなってしまったがかつての惣構は周囲が三里半もあり、塀が分厚い木材で拵《こしら》えられていた。その合間には、弓、鉄砲、大筒・小筒などが配備され、敵を迎撃できる態勢を取っていた。また、石垣も堅牢なもので、大坂城は容易に敵を寄せつけない、難攻不落の名城だった。

大坂城の本丸に加えて、二の丸の改修も入念に行われ、太郎筒・次郎筒という日本一の銃砲が整備された。さらに、大坂城の惣構の改修だけに止まらず、整備は福島・下福島《しもふくしま》・新家《しんけ》など周辺の地域に及んでいたという（『見聞記』）。一方で、大坂城内には武士だけでなく、商工業者も生活していた。豊臣方は城下の職人や商人に場外への退去を要請しなかったので、そのまま営業を続けるという誠に不思議な光景になっていたと伝わっている（『大坂御陣山口休庵咄《ばなし》』）。

とはいえ、当時の大坂城は西北に淀川、東は平野川・河内川《こうちがわ》・巨麻川《こまがわ》が落ち合うなど、天然の要害によって守られていた。天守からは、大坂市街を一望できるのもメリットだった。強いて難があるとすれば、南方は台地続きだったこともあり、弱点であると認識されていた。そこで、構築されたのが真田丸であるが、この点はのちほど述べることにしよう。

兵糧米の大坂城への備蓄

徳川方・豊臣方にとって、武器類以上に重要だったのは兵糧だった。戦いは短期決戦なのか、あるいは長期に及ぶのか、誰にもわからなかった。徳川方については、基本的に諸大名が兵糧を負担したが、合戦が長期に及んだため、兵糧を貸し付けたり、あるいは支給したりすることになった。豊臣方は商人に依頼して、大坂城へ備蓄用の兵糧米を買い取り搬入した(『大坂陣日記』)。商人にとっては武器だけでなく、兵糧の売買も大きな商機となった。京都所司代の板倉勝重は、豊臣方が兵糧を城内に搬入しているとの報告を耳にし、諸国からの兵糧米の輸送を禁止させたほどである。勝重の重要な役目として、豊臣家の監視があったので、すぐに対応したのである。また、大坂城の蔵には一時的に預かっているだけで、本来は関東に搬入されるべき米が二万石余あったが、そのまま兵糧として蓄えようとした。しかし、勝重は大野治長に命じて、伏見城に返還させたのである。合戦前夜の段階で、豊臣方は各地から兵糧を搬入していたのだ。

『太平雑話』慶長十九年十月七日条によると、大坂城への搬入を禁止された兵糧は、豊臣方からの求めに応じて、商人が納入したものだった。豊臣方は米などを城内に備蓄するため、ありとあらゆる手段を使った。したがって、勝重は豊臣方の籠城を確認するや否や、武具や兵糧米を大坂に搬入することを禁止する措置を取ったのである。

とはいいながらも、この動きを止めるのは困難だった。慶長十九年十月十六日、勝重は池田氏の家臣・国府内蔵丞《こうくらのじょう》に書状を送り、すぐに大坂へ出陣するよう求めた。その書状中には、「粮米船《ろうまいせん》自由ニ大坂ニ入候由申候」と書かれているので、兵糧を積んだ船が続々と大坂に入っていたことが明らかである（『続因幡民談』）。勝重が対策を取ったにもかかわらず、商人は商売でもあったので、容易に止めなかったのである。

秀頼は家康との合戦に備えて、すでに八月頃から兵糧の備蓄を着々と行っていたという（『当代記』）。購入の資金源になったのは、父・秀吉の代から蓄えられていた莫大な金銀である。方広寺大仏の再建でもかなり消費したが、いまだに尽きていなかった。豊臣方は計八万石の米を大坂城に搬入し、そのうち商人から買い上げた分については、銀によって支払いを済ませたという。

兵糧の調達先は、商人だけに限らなかった。当時、豊臣恩顧の大名といわれた福島正則は江戸に滞在していた。その正則のもとに秀頼からの飛脚が到来し、正則が大坂に蓄えていた八万石の米の借用を要請してきたのである。正則は、「秀頼の御意に任せる」と返答した。正則は平野長泰《ながやす》、加藤嘉明《よしあき》らとともに、秀吉配下の「賤ヶ岳の七本鎗」と称されていた。正則と秀吉は、同郷でもあった。

大坂には、そのほか家康の蔵米が三万石、諸国大名の米が三万石、町方から購入した米が二万石あった。町人から買った米の代金は、速やかに銀で支払った。豊臣方は慶長五年九月の関ヶ原合戦で牢人となっていた者を招き入れ、その米を扶持したという。豊臣方には諸大名が誰一人として味方しなかったので、牢人を招き入れる必要があった。結局、大坂城内の金銀や兵糧米は、牢人を雇う費用にもなった。

大坂城内には、家康をはじめ諸国の大名の米が預けられていた。先述した関東の御納米の二万石余というのは、家康の蔵米三万石と石高が相違するものの、家康が大坂に預けた蔵米を意味している可能性がある。いずれにしても、家康や諸大名の蔵米は流通して換金することが目的だったので、無断で兵糧に流用することはできなかったに違いない。そえゆえ、豊臣方は徳川方から蔵米の返還を求められた際、それに応じたのだろう。

正則、長泰、嘉明は徳川方に与していたが、豊臣恩顧の大名だったこともあり、いつ寝返るのか警戒されていた様子がうかがえる（「浅野家文書」）。この時点で正則が豊臣方に寝返れば、諸大名に及ぼす影響が懸念されたのは疑いない。大坂冬の陣開戦後、正則、長泰、嘉明が出陣せず、江戸に留守居を申し付けられたのは、徳川方から警戒心を抱かれたからだろう。とはいえ、正則は一線を引いていた。正則は豊臣方から何度も面会を求められたが、ついに応じることはなかった。正則が八万石もの兵糧米を貸し付けたのは、ささやかながら豊臣家の恩義に報いるためだったと考えられる。

このようにして、豊臣方は兵糧米の備蓄、大坂城の整備、兵器の準備を行い、来るべき大坂冬の陣に備えた。では、肝心の兵力はどのようにして集めたのか、次に考えることにしよう。

徳川方による徹底した人改め

徳川方にとって、多数の牢人が大坂城に入城したことは無視できないことだったので、勝重はこの動きを阻止する行動に出た。

『当代記』慶長十九年十月十日条には、樫原なる人物（後述する柏原源左衛門）が大坂から京都に入り、人（牢人と思われる）を召し抱えようとしていたことが書かれている。しかし、それは淀（京都市伏見区）で見つかってしまい、樫原（柏原源左衛門）は討たれてしまった。勝重は淀で通行人のチェックをしており（人改め）、源左衛門はそこで摘発され、殺害されたことになろう。勝重は京都所司代の職務として、不審な人物を摘発していたのである。この話は、『木村宗右衛門先祖書』にも詳しく書かれている。

勝重が木村宗右衛門に語ったところでは、徳川方が淀小橋に木戸柵を作って番人を置き、往来する侍をチェックしていたという。そこへ十余人の人がやって来たので、番人が咎めたところ、その人物こそが柏原源左衛門だった。源左衛門が言うには、板倉勝重から内用（内々の用事）を申し付けられたので、通るところだと回答した。番人は責任者の木村宗右衛門に確認したうえで通すと伝えたところ、源左衛門は急いでいると言い、無理に通ろうとしたのである。

番人は勝重の命によって人改めをしているのに、そのように源左衛門が言うのは疑わしいと考えた。すると、宗右衛門とその子の勝清が軍勢を引き連れ、馬で源左衛門を追いかけ、八幡堤（京都府八幡市）で追いついた。宗右衛門はどのような用事で通ったのかと源左衛門に尋ねると、源左衛門は何も言わず、引き返して討ちかかってきた。こうして、両者は交戦に及んだのである。

結局、先述のとおり源左衛門は討たれ、その首は駿府の家康のもとに送られた。その後、家康が二条城に到着すると、宗右衛門と勝清は召し出され、上意を被ったという。のちに触れるとおり、淀と楠葉《くずは》（大阪府枚方市《ひらかたし》）に関所が置かれたのは事実と考えられ、右の話も首肯できる。豊臣方は味方になる牢人を集めていたが、勝重は交通の要衝で人改めを実施し、そうした動きを封じ込めていたのである。

板倉勝重は、本多忠政に対しても人改めを依頼していた（『譜牒余録』）。そのポイントを列挙すると、次のようになろう。

①人改奉行を勝重の家臣から忠政の家臣に交代させること。
②夜中に大坂へ船が上下したときは、船を止めて改めること。
③扶持方を給与するので人数を報告し、伏見に到着したときに渡すこと。

①により、もともとは勝重が淀川を往来する船のチェックを担当していたが、忠政の手の者と交代したことがわかる。②により、淀川を京都から大坂に往来する船があった場合、中を改めるよう依頼しており、これは牢人衆が豊臣方に与することを防ぐためであると考えられる。③は、この仕事に対する報酬である。追而書《おってがき》（追伸）では放火する者がいるので、夜中に出入りする者の取り締ま

りを強化するよう書かれている。

まったくの同日に、勝重は忠政に対して手紙を送った（『譜牒余録』）。以下、その内容を確認しておこう。

大坂へ牢人が行こうとしたところ、忠政の配下の者がその牢人を捕らえて勝重のもとに差し出した。勝重は牢人が所持していた書状などを見て、そのまま獄舎につないだ。牢人にいろいろと詳しく尋ねてみると、淀までは歩いてきて、橋本（京都府八幡市）からは船に乗ったという。そこで、勝重は忠政に船が到着したときには、油断なく改めるよう求めたのである。追而書の部分では、水陸ともに警戒するよう念を押している。

淀などが警戒の対象になったことは、『三河記』でも確認できる。京都伏見には諸国の牢人が隠れ住んでいたが、大坂に牢人が集まっていることを知り、我も我もと群集していた。それを知った勝重は、牢人衆が大坂に行くことを阻止するため、淀と楠葉に関所を置いたのである。そして、連日のように夜回りをして、牢人が京都から抜け出ていないかを確認すべく町中へ触れ、牢人がいた場合は請人《うけにん》（保証人）を立て、その町に預けたという。『寛政重修諸家譜』にも、淀と楠葉に関所が置かれたことが記されており、現地で人改めを担当したのは、先述した木村宗右衛門と河村与三右衛門だったことが判明する。

預物を調査する徳川方

京都・大坂間の通行だけにとどまらず、洛中における取り締まりも強化された。慶長十九年（一六一四）十月八日の時点で、この二、三日で洛中の預物《あずけもの》が数えきれないほどあったという。預物とは自身の財産などを寺社、商家などに預け、財産の保全を図る行為である。このケースでは、禁中（宮中）の者に預物を託していた。勝重の配下の者は、預物を禁中に託することを禁止することにした。預物を禁中の者に託したのは、豊臣方に与した牢人であると考えられる。

それだけではない。洛中の町々を夜間に通行することは禁止したが、勝重の配下の者であることを申し出れば、通行は許可された。また、悪人（牢人の意か）が洛中に入ることも禁止した（『言緒《ときお》卿記』）。勝重は洛中における預物の禁止、夜間の交通の禁止、悪人の入京の禁止を通して、治安維持などに努めたのである。これにより、牢人が厳しい状況に追い込まれたのは、想像に難くない。

預物の詮索は、各地の寺社でも行われた。大和の春日社では、大坂の預物について調査が行われ、一人として預物がないよう連判状で申し入れた（『中臣祐範記《なかとみすけのりき》』）。高野山においても、預物が存在した事実が確認できる（「高野山文書」）。つまり、預物は洛中のみに止まらず、畿内およびその周辺地域にまで及んでいたことが判明する。

勝重により、女人の通行も制限された（「離宮八幡宮文書」）。内容を確認しておこう。洛中から牢人衆が移る際、女性も同様に移動することがあったので、それについては老年・年少などの年齢の上下を問わず、山崎（京都府大山崎町《おおやまざきちょう》）の地で止めるよう勝重が要請したものである。通行を許可してよいのは、勝重が発行した手形を所持している者に限った。追而書では近日中に将軍（＝秀忠）が出陣するので、女人を固く留めておくようにと念押しをしている。この場合の女とは、牢人の妻子であろうか。牢人の妻子を大坂へ行かせないことによって、豊臣方へ与する動きを封じようとしたものなのかもしれない。

このように、洛中をはじめその周辺地域では、通行の制限が徹底された。『時慶記《ときよし》』の記述によると、紅梅なる人物の弟が大坂に奉公しようとしたところ搦め捕られたので、紅梅はその処分について勝重に助命を嘆願すべく、請状（身元保証書）を作成したという。しかし、その判断はよく事情を糾明してからというものだった（『時慶記』）。勝重は人の移動を制限することで、洛中の安全を図るとともに、牢人の炙り出しに注力した。牢人対策は、そのまま豊臣方の勢力を削ぐことになったと考えられる。

牢人に頼った豊臣方

豊臣方は有力な諸大名が味方になってくれなかったので、必然的にほかの方法を考えなくてはならなかった。当時、武士でありながらも、主君を失っていた牢人に助力を得るのが唯一の方法だった。

応仁元年（一四六七）にはじまった応仁・文明の乱以降、日本国内は未曽有の戦乱の世に突入した。

諸大名間の戦いが繰り広げられ、負けた大名家からは、主家を失った多数の牢人が出た。しかし、戦いに次ぐ戦いの時代だったので、牢人たちの中には、即座に新しい主君に仕えることができた者もいた。関ヶ原合戦を最後として、大きな戦争がなくなったので、もはや兵を必要とする時代は終わった。こうした事情から、各地で牢人が逼塞していたのである。

十月一日に片桐且元が大坂城を退去すると、豊臣方の準備が周到だったのか、続々と牢人衆が大坂城に入城した。なかには、真田信繁ら名立たる武将も含まれていた。牢人が入城した状況は、京都所司代の板倉勝重が家康に報告していたが、奈良春日社の中臣祐範の日記『春日社司祐範記』、あるいは『東大寺雑記』にも記録されている。入城した牢人衆は、相当な数になっていたのである。なお、主要な牢人たちについては、のちほど改めて触れることにしよう。

豊臣方に集まった牢人衆は、どのような状況にあったのだろうか。崇伝は自身の日記の中で、「大坂城に集まった牢人衆は『日用《にちよう》』だった」と記している（『本光国師日記』）。「日用」とは、日雇いのことである。豊臣方の牢人衆は、すでに主人を失っていたので、日銭を稼ぐため戦闘に参加したのである。豊臣方には譜代の家臣がいたものの、それでは数が不足するので、軍勢の大半を日雇いの兵（＝牢人）で賄っていたのである。こうして豊臣方に集まった軍勢は、十万人にのぼったという（一説には十九万人など）。

吉川広家は自身の書状の中で、「大坂城中のことは、頭分《かしらぶん》（指導的な地位にある者）の牢人衆が配下にまた牢人を抱えている。そのほかに、百姓なども来年のいつ頃までと約束をして、山を越えてきて城に籠もっている」と記している（「吉川家文書」）。豊臣方へ集まった面々は、日雇いの牢人、牢人を従えた頭分の牢人、近在する百姓がメインだったことがわかる。百姓は戦闘員としてではなく、兵站や土木工事を担当するなど、非戦闘員としてであろう。

彼らがあえて豊臣家に味方したのには、もちろん大きな理由があった。豊臣方には、日本国中から大身・小身を問わず牢人が集まった。そこで、豊臣方ではかつて秀吉が蓄えた金・銀を丁銀（なまこの形をした銀貨）に加工して、身分に応じて与えたといわれている（『見聞書』）。おそらく彼らは日頃の生活に困窮していたので、手っ取り早く日銭を稼ぐのが目的だった。豊臣家の財政は豊かだったので、前払いで金銀が支給されるのが魅力だった。それだけでなく、彼らはあわよくば将来仕官されることを願って集まったと考えてよい。

将来の仕官を願った牢人衆

慶長十九年（一六一四）十月六、七日の両日にわたって、名もなき牢人千人余りのほか、京都牢人のうち長宗我部盛親《もりちか》、後藤基次《もとつぐ》、仙石秀範《ひでのり》、明石掃部《かもん》、松浦重政《しげまさ》らが大坂城に入城し、豊臣方から彼らに金・銀が与えられた（『駿府記』）。徳川方に報告したのは、京都所司代の板倉勝重である。牢人衆のうち名もなき牢人衆を除くと、盛親らは元大名（あるいは大名の有力家臣）だったが、徳川方は脅威に感じていたのだろうか。

盛親ら名のある元大名や有力な家臣たちは、もはや知行を失っており、厳しい生活を送っていた。おそらく徳川方は、没落した彼らに出陣を要請しなかっただろう。そうなると、彼らの選択肢は、豊臣方に味方するより道がなかった。そう考えるならば、彼らにどれだけ豊臣家への忠誠心があったのか極めて疑問である。ましてや、名もなき牢人はなおさらのことだろう。

崇伝は盛親ら牢人衆が大坂城へ入城したという報告を受けると、「心々にて、むさとしたる体《てい》と相聞え申候」と日記に記した。問題となるのは、「むさと」という言葉の意味である。「むさと」とは、「正当な理由もなく、または、いいかげんに事を行うさま」や「取るに足りないさま、らちもない、いいかげんなさま」といったことを意味する。崇伝から見れば、牢人衆は「金に釣られて集まった烏合の衆」と考えたに違いない。徳川方にとって、牢人衆などはまったく取るに足りない存在だったのである。

こうして豊臣方には、十万を超える牢人衆が続々と集まってきた。彼らの多くは、豊臣家のために命を投げ出す覚悟があったのか疑問であり、お金や将来の仕官を期待していたと推測される。崇伝は豊臣家に集まった牢人衆をシニカルな眼差しで見ていたが、現実はそうだったのであろう。牢人衆はボランティアではないので、当座の生活費を賄うことができ、あわよくば仕官のチャンスがある豊臣家を選んだにすぎなかった。次に、牢人たちの事情を考えることにしよう。

牢人たちの置かれた事情

徳川方には各地の大名が味方し、豊臣方に与する者はなかった。代わりに豊臣方に集まったのは、主君を失った各地の牢人たちである。牢人衆が置かれた事情について、少し時間を遡って考えることにしよう。

戦国時代において、戦場で活躍したのは、大名やその配下の有名な家臣だけではなかった。戦いで主力となったのは、名もなき雑兵つまり奉公人（武家奉公人）と呼ばれる人々だった。奉公人は指揮官の指示のもと、戦場で敵軍と戦ったのである。奉公人とは大名あるいはその家臣に仕える者を意味し、その地位などによって、①名字を持ち武士に寄子《よりこ》・被官として奉公する侍（若党）・足軽、②名字を持たない中間《ちゅうげん》・小者、③隷属した労働力の下人、といった具合に分類できる。

実際に下級の武士身分として奉公人と認められるのは、恩給―奉公関係にある若党・足軽、中間・小者までだった。奉公人は合戦に際して、貴重な戦力として個々に雇用されたのである。その出自を見ると実にさまざまで、地侍、土豪をはじめとして百姓なども含まれていたと考えられる。本来、百姓が武士身分になることは禁止されていたが、そうした機会があったのだろう。

実際に戦闘が開始すると、彼らは武具を準備して主人に近侍し、部隊に組織・編制された。ときに戦力が不足した場合、奉公人は臨時に雇用されることがあった。その中には特定の主人に仕官することなく、戦場ごとに次々と主人を替えて、戦いに出陣する者も存在した。彼らは「渡り奉公人」と称され、まさしく武芸の腕一本だけで生計を成していたのである。

奉公人は戦場で駆け回り、自らの才覚で世を渡っていったが、彼らを脅かす状況は少しずつ近づいていた。彼らは戦乱の世であったので、その存在が貴重とされてきた。ところが、戦乱の世が終結して平和が訪れると、その存在価値は失われた。画期となったのは、天正十八年（一五九〇）七月、小田原城の北条氏政・氏直父子が豊臣秀吉に降伏したことである。

天正十年（一五八二）六月の本能寺の変以降、秀吉は天下統一に向けた戦いを各地で繰り広げていたが、北条氏の滅亡をもって本懐を成し遂げたのである（その後、奥州仕置が行われた）。それは、国内の大戦争の時代に終止符を打つもので、奉公人たちは活躍の場を失った。やがて、奉公人たちの運命は、秀吉による牢人対策によって、大きく変わることになる（後述）。

戦乱の時代を終えた奉公人の中には、商工業に従事したり、農業に従事したりする者もいたが、容易に武士身分を捨て去ることができない者がいたのも事実である。彼らは牢人として各地を徘徊するようになり、主人がおらず牢籠《ろうろう》（苦境に立つこと）としていたことから、やがて牢人と称されるようになった。彼らはあてのない戦争を待っていたが、思いがけない運命が待ち構えていた。

秀吉の牢人停止令

天正十八年（一五九〇）十二月、秀吉は牢人そのものの存在を否定し、村から追放することなどを取り決めた（『平野荘郷記』下）。これが牢人停止《ちょうじ》令といわれる法令のことで、北条氏が滅亡してから約五ヵ月後に発布された。この法令は秀吉配下の長束正家・増田長盛ら六名の奉行人が連署したもので、北近江の蔵入地に発せられた。ただし、六人の奉行人が連署していることから、秀吉蔵入地だけの局地的な措置ではなく、全国的な基本政策であると指摘されている。

この法令の主要部分は、次の三点になる。

①主人を持たず、田畠を耕さないような侍は村から追放せよ。

②もともと職人・商人の経験がある侍なら、田畠を耕さずとも追放としない。しかし、この法令発布後、主人を持たず田畠を耕さないような侍が、急に職人・商人であるといっても認めない（村から追放する）。

③主人のいる奉公人は別として、百姓は武具類の所持を調査し、これを没収することとする（牢人も武具を没収される）。

①により、主人を持たず田畠を耕さない侍（＝牢人）は、基本的に村から追放されることが原則となった。ところが、②は主人を持たない侍（＝牢人）が商人・職人としての経験があれば（その職に従事するのが前提）、追放の対象とならないとした（ただし、実績がなければ不可）。同時に、主人を持たない侍（＝牢人）と百姓は、武器を没収されることになった。このように、主人がいる奉公人（侍）身分でもなく、百姓、商人、職人にでもない侍（＝牢人）は、村に住めなくなったのである。

牢人は主人持ちの奉公人になって武士身分を維持するか、あるいは百姓、商人、職人となるか二者択一を迫られた。その理由は、身分の固定化というよりも、生産性のない牢人が村や町を徘徊することを嫌がったからだろう。大戦争の時代が終結したので、もはや必要以上の数の武士は不要だったのである。

牢人停止という施策は、すでに天正十一年（一五八三）にも京都で秀吉自身によって行われていたことが指摘されている。秀吉が牢人を停止した理由は、牢人が町人に「非分・狼藉」を行うからだった。村落においても同様で、牢人が数々の乱暴狼藉を働いた可能性は大いにあろう。そうした意味で、牢人は歓迎されない存在だったのである。

秀吉の牢人取締令

天正十九年(一五九一)八月、秀吉によって牢人取締令が発布された(「小早川家文書」など)。この法令は牢人たちにとって誠にショッキングなもので、牢人停止令をいっそう徹底した内容だった。次に、その内容を確認しておこう

①奉公人、侍・中間・小者・あらしこ(武家で主に力仕事を受け持つ身分の低い男子)に至るまで、去る七月の奥州出勢以後、新たに町人、百姓になる者があれば、町中の地下人《じげにん》(庶民)が調査して、奉公人らの存在を一切認めてはならない。(後略)

②(前略)奉公することもなく、田畠を耕作しない者は、代官・給人が調査して、一切認めてはならない。(後略)

③侍・小者にかかわらず、主人に断りもなく奉公先を変える者については、一切雇ってはならない。(後略)

いずれも隠した者(奉公人らを匿った者)、逃がした者については、厳しい処罰が科せられると規定

された。①については、奥州仕置（秀吉による奥州諸大名への措置）の完了が一つの目安になっている。それ以降に関しては、新たに町人、百姓になることを認めないという厳しいものである。②は省略した前段の部分で、百姓が田畠を打ち捨てて商売や賃仕事をしている場合は、処罰せよと厳命している。

③に関しても省略した後段の部分で、違反した者（無断で主人を変えた者）を逃がした場合は、逃がした者の代わりに誰でもいいので三人の首を切って、元の主人に届けよという厳しいことが書かれている。この法令が定められる以前から、元の主人に断りなく、新しい主人に仕えることは法度とされていた。そのことによって、新主と旧主との間に揉め事が頻発していたので、③の原則を徹底したものと考えられる。

その後の牢人たち

秀吉の発布した牢人取締令には、どのような評価が与えられているのだろうか。非常に困難な問題ではあるが、いくつかの説が示されている。

文禄元年（一五九二）、秀吉は朝鮮半島に侵攻をはじめた。文禄の役である。秀吉は確実に年貢・兵糧を徴収するため、百姓を土地に縛り付け、同時に牢人を朝鮮半島に動員しようとしたという。諸大名は朝鮮への渡海に際して軍役の負担が課せられたが、それだけでは兵力が足りなかったので、牢人で不足分を補おうとしたのである。この説は、牢人取締令を朝鮮出兵を企図した時限立法説として捉えている。

当時、戦乱の時代が終わりを告げたことで牢人が増加し、都市へ流入するようになったので、大きな社会問題となった。秀吉は都市から牢人を追放し、都市へ百姓が流入することを禁止した。加えて、奉公人と主人との揉め事を阻止することを重要な課題とした。つまり、牢人取締令は治安維持・社会秩序の安定を目指した法令と位置付けられたのである。

牢人取締令を牢人対策と百姓対策のどちらか一つの理由に限定するよりも、当時のさまざまな問題を解決するため、発布されたと考えるのが妥当だろう。百姓の都市流入は年貢の確保を困難にし、牢人の都市への居住は治安に懸念があった。また、牢人の武士身分の維持を禁止した場合、その不満をそらす必要があったに違いない。朝鮮出兵は、牢人を徴用することで兵を補充することが可能になり、同時に百姓を耕作に専念させることで、年貢や兵糧を確実に徴収することができた。秀吉には、こうした意図があったのだろう。

文禄元年、牢人は新たな戦いの場を求めて、諸大名の指示のもと朝鮮半島へ渡海した。翌年、戦いはいったん休戦したが、日本と朝鮮の講和は決裂し、慶長二年（一五九七）に戦いが再開された。日本軍は厳しい戦いを強いられたが、秀吉は決して撤退を許さなかった。結局、秀吉が亡くなった翌慶長三年（一五九八）八月以降、戦いは終わり講和が結ばれた。この時点において、牢人の役割は終わったのである。

慶長五年（一六〇〇）の関ヶ原合戦において、牢人は再び戦場に姿をあらわした。西軍の将の宇喜多秀家は、前年の「宇喜多騒動」（宇喜多秀家の家臣の反乱）によって、主だった重臣たちが家中を去っていた。そのため十分な兵力を確保できなかった。そこで、宇喜多氏は各地から集まった牢人を軍勢に加えることで、兵力を補ったのである。ところが、宇喜多方の牢人は吉川氏から「区々（ばらばらでまとまっていないこと）」と評価されたとおり、軍勢としての統率力を欠いていたという（「吉川家文書」）。このことも西軍が敗北した原因の一つで、しょせん牢人は金で雇われた傭兵にすぎなかったのである。

関ヶ原合戦終了後、仕官を求めて各地を徘徊した牢人は数多く存在した。その牢人が再仕官の望みを抱いた戦いこそが、大坂の陣だったのである。

第五章 豊臣方に集結した牢人たち

さまざまな経歴の牢人たち

豊臣方には、華麗な経歴を持った牢人が味方に馳せ参じた。その経歴は興味深いので、以下、牢人の面々の経歴や豊臣方に味方した理由などについて考えることにしよう。

豊臣家は太閤蔵入地を失い、その石高は摂津・河内・和泉の約六十五万石といわれていたが、秀吉が大坂城内に残した金銀は莫大だった。大坂に集まった牢人たちは、当座の資金を得るため、あえて豊臣方に身を投じたともいわれている。中には豊臣方に忠誠心があった者がいたかもしれないが、大半は金が目当てだった。

豊臣方は、京都から金座（金貨の鋳造発行所）の後藤家（江戸幕府の金座主宰者）の者を招き、大坂城内で千枚分銅（大判千枚に相当する量目を備えた分銅形の大金塊）を溶かしたうえで、竹流し（竹を二つに縦割りした形状の鋳型に金銀を流し込み、海鼠状にした秤量貨幣《ひょうりょう》）という大判一枚に相当する小さな金の塊を拵え、刻印を押して牢人に配付した。通常、恩賞は戦後になってから与えられるが、豊臣家は牢人をできるだけ招き寄せるため、事前に金を配っていたのだ。

九度山に幽閉された真田昌幸・信繁父子

豊臣方に与した牢人で、もっとも有名なのは真田信繁である。通常、一般書などでは「幸村」と称されるが、以前から信繁が正しいと指摘されてきた。「信繁」が定着しなかったのは、映画やテレビなどで「幸村」の名が浸透したからだった。一般には「幸村」が馴染み深いかもしれないが、本書では信繁で統一する。

慶長五年（一六〇〇）に関ヶ原合戦が勃発すると、西軍に属した信繁は父・昌幸と上田城（長野県上田市）に籠り、中山道から西に向かう徳川秀忠の軍勢を食い止めることに成功した。西軍の敗北後、家康は昌幸を死罪にしようとしたが、子の信之（信繁の兄）の助命嘆願によって昌幸は死を免れた。結局、昌幸・信繁父子は、高野山（和歌山県高野町）の麓の九度山《くどやま》（同九度山町）に送り込まれ、幽閉生活を余儀なくされたのである。

九度山に幽閉された昌幸・信繁父子は、「打倒家康」を悲願とし、連日のように合戦のシミュレーションを行ったといわれているが、それは史実なのだろうか。史料を読んでみると、まったく逆の姿が浮かび上がってくる。

慶長八年（一六〇三）三月十五日、昌幸は信綱寺《しんこうじ》（長野県上田市）に書状を送った（「信綱寺文書」）。その内容は、本多正信を介して家康に赦免を願うという趣旨のものである。昌幸は、「打倒家康」を悲願としたといわれてきたので驚かざるを得ない。昌幸は「打倒家康」を微塵も考えることなく、許してもらおうとしたようだ。

慣れない土地での生活は大変厳しく、昌幸は一刻も早く故郷の上田へ帰りたかったのだろう。この書状からは、昌幸が家康に赦免を乞う哀れな姿が思い浮かぶだけで、「打倒家康」という闘志を感じることはできない。また、昌幸は経済的にも困っていたらしく、この書状の追伸部分には信綱寺から二匁の送金があったことが書かれており、感謝した旨が記されている。

昌幸が経済的に苦しんだのは、事実である。一大名から転落した昌幸の経済的事情は、どうなっていたのであろうか。

昌幸は、国許の信之から経済的支援を受けており、信之の妻から鮭を送られることもあった。『先公実録』などの史料によると、蓮華定院《れんげじょういん》（和歌山県高野町）などからも経済的な支援があり、紀州藩主の浅野長晟《ながあきら》からは毎年五十石の米を支給されていた。昌幸は元大名だったので、それなりに処遇されていたのだろう

先述した信綱寺からの銀子二匁は、臨時収入だったと考えられる。年次不詳一月五日付の昌幸の書状（宛名欠）には、昌親（昌幸の子）から臨時の扶助金四十両のうち二十両が送金されたことが記されている（「真田神社文書」）。とりあえず送金されたのは半分の二十両だけで、残りの二十両は後日送金されることになっていた。四十両は現在の貨幣価値で、約四百万円である（一両は約十万円）。

慶長八年一月九日、昌幸は人を介して願主《がんしゅ》となり、豊国神社（京都市東山区）に銀子七枚を奉納した（『梵舜《ぼんしゅん》日記』）。昌幸の依頼を受けたのは、関ヶ原牢人と懇意にしていたといわれている、秀吉の正室・北政所だった。昌幸は家康と交流があった北政所を介して、許しを得ようとしたのだろうか。

昌幸は上田へ帰るため、なりふり構わず家康や北政所にすがりついたが、その努力は最後まで実ることがなかった。

借金と病に苦しんだ昌幸

昌幸には多額の借金があり、返済に困っていた。先述した残りの二十両は借金の返済に充てるもので、「とにかく準備ができ次第送金してほしい」と訴えているので、昌幸が経済的に困窮していたのはたしかだろう。昌幸は家康と戦うための軍資金どころか、生活の資金も事欠いていたので、「打倒家康」を考える余裕はなかった。逆に、許し乞うていたのは、すでに触れたとおりである。

昌幸の晩年は困窮だけでなく、病気との闘いでもあった。年未詳(慶長十五年頃)三月二十五日付の昌幸書状(信之宛)には、昌幸が病に苦しんでいた様子が克明に書かれているので、詳しく触れることにしよう(「真田家文書」)。

昌幸は国許の状況を知るため、配下の青木半左衛門を上田に派遣した。昌幸は信之が病気と知っていたので、心配をかけないように「こちらは変わりなので心配しないように」と言いながらも、「加齢により気力・体力ともに衰えた」と述べている。かつて名将として知られた昌幸も、寄る年波には勝てなかったのである。

さらに、「自身の状況(貧困、病気)を悟ってほしい」と述べ、追伸の部分で「田舎のことなので、何かと不自由なことを推察してほしい」とし、「とにかく大変疲れた」と偽りのない心情を吐露している。昌幸は信之に心配をかけないように配慮する一方、自身の厳しい状況を聞いてほしかったようだ。

別の年未詳の昌幸の書状（信之宛）には、自身の病気が長引いていること、信之に会いたいと思っているが、それが叶いそうにないことを書き送っている（「真田家文書」）。そして、「もし、病気が治った場合は、信之に会いたい」と書いている。

慶長十六年（一六一一）六月四日、昌幸は六十五歳で、真田庵で病没した。九度山での幽閉生活は十一年にも及んだが、通説の「打倒家康に執念を燃やした」というのは大きな誤りで、晩年は病と貧困に苦しんでいた。昌幸の法名は、龍花院殿一翁殿干雪大居士といい、真田庵の宝塔（仏塔）は昌幸の墓所とされている。昌幸の火葬後の慶長十七年（一六一二）八月、河野清右衛門幸壽（昌幸の家臣）は昌幸の分骨を持ち出し、長谷寺（上田市）に納骨したといわれている（『先公実録』）。同寺に昌幸の墓があるのは、そうした事情による。

信繁の苦しい生活

九度山に蟄居していた昌幸は経済的な苦境に喘いでおり、とても「打倒家康」を考える余裕がなかった。それは以下に述べるとおり、信繁も同じだった。

信繁は、妻子とともに屋敷に住んでいた。信繁の妻は大谷吉継の娘であり、二人が結婚したのはおおむね文禄年間頃と考えられている。ほかに妾が一人いた。信繁と妻・妾との間には二男六女がおり、そのうち男二人と女三人が九度山で生まれた。これだけの家族を養うのは大変だったに違いない。信繁の窮状は、父・昌幸とさほど変わりがなかったようだ。

年未詳九月二十日付の信繁の書状（宛名欠）によると、「高野山での苦しい生活を推察いただきたい」と述べている（「長井彦介氏所蔵文書」）。追伸では信繁が九度山で連歌を嗜んでいたことが記されており、機会があれば興行したいと記している。信繁が連歌を学んでいたことは、ほかの書状にも散見する。

慶長十八年（一六一三）頃に推定される十二月晦日付の信繁の書状（真田家の重臣・木村綱茂宛）には、「変わることなく過ごしているので安心するように」と述べる一方で、冬の生活に不自由していると書いている（「宮沢常男氏所蔵文書」）。書状を送った目的は、歳暮として鮭を贈られたことへの返礼であるが、「窮乏した生活を察してほしい」と述べ、「綱茂にお目にかかりたい」と結ばれている。率直に苦境を訴えているのだ。

信繁は経済的に厳しかったので、金銭に細かかったようである。慶長十六年（一六一一）に推定される十二月二十九日付の信繁の書状（池田長門守宛）には、お金に関することが細かく書かれている（『先公実録』）。一条目には信繁の借金四十両一分のうち、小判十両をたしかに受け取ったとある。三条目には池田長門守の代官所の慶長十五年（一六一〇）の算用状（年貢などの収支決算書）を受け取って拝見した旨を記し、「残りの金子二分、銀子十四匁が届いた」と書かれている。信繁の交渉窓口は、かつて昌幸とともに九度山に向かった池田長門守が担当だった。

六条目には、池田長門守から銀子二十匁をいただいたことはうれしいが（個人的な寄附）、「気遣い無用である」と書かれている。池田長門守が寄附をしたのは、信繁の厳しい経済的状況を知っていたからだろう。七条目は寒い季節で普請が困難であるが、家が完成したので移ったとある一方で、

「苦しい生活を推察してほしい」と書かれている。書状の冒頭に信繁の屋敷が火事になったので、家を新築したとある。新築にはかなりの費用がかかったはずで、急な出費は信繁の経済事情をますます窮状に追い込んだに違いない。

素顔の信繁

信繁といえば、真田丸の攻防での活躍ぶりが有名であるが、九度山での幽閉時代は意外な姿を見せていた。

信繁は、酒好きだったことが知られている。六月二十三日付の信繁の書状（信之の家臣・河原左京宛）によると、信繁は左京に自身で用意した壺に焼酎を詰めてほしいと依頼し、もし手元に焼酎がないようだったら、次の機会にぜひお願いしたいと書いている（「河原文書」）。それだけではなく、焼酎を壺に詰めた際は壺の口をよく閉め、その上に紙を貼ってほしいとした。信繁は、焼酎がこぼれることを心配したのだ。そして、連絡があり次第取りに行かせるとある。書状の追伸で、信繁は重ねて焼酎のことを依頼しているのだから、かなりの酒好きだったようだ。

信繁の風体は、どのような感じだったのか。大坂冬の陣の直前、大坂城に入城した信繁は、出家して「伝心月叟《でんしんげっそう》」と名乗り、山伏のような姿をしていたという（『武林雑話』）。信繁が山伏の姿になったのは、道中で怪しまれないためである。山伏ならば、途中で尋問されても「修行中」と言えば、その場から逃れることができた。

書状には「真好白《こうはく》信繁（「真」は真田の略）」と署名が書かれているものもあり、「好白」という法名は出家をうかがわせる。また、別の書状には「左衛門入（「入」は入道の略）」と書かれていることから、おおむね父の死の前後に剃髪した様子がうかがえる。通説によると、信繁が出家した時期は、昌幸が病没した翌年の慶長十七年（一六一二）のことと指摘されているが、実名の「信繁」を同時に用いているのは疑問が残る。

慶長十七、八年頃に推定される二月八日付の信繁書状（姉婿・小山田茂誠宛）の追伸には、年を取ったことが悔しくてならないこと、昨年から突然老け込んで思いがけず病人になってしまったこと、すっかり歯が抜けてしまったこと、髭なども黒いところが少なくなり白髪が増えたことなどが記されている（「岡本文書」）。信繁は、すっかり老化してしまったようである。

このように信繁の日常生活を見ると、生活は貧しく容貌も衰え、酒で日々の憂さを晴らす姿しか浮かんでこない。父の昌幸と同じく、「打倒家康」を考える余裕はなかったのではないだろうか。

昌幸が信繁に与えた打倒家康の秘策

九度山に逼塞した昌幸は生活が苦しかったので、「打倒家康」を考える余裕がまったくなく、逆に許しを懇願するありさまだった。それは、信繁も同じだった。昌幸は臨終に際して、信繁に「打倒家康」の秘策を与えたといわれている。

常日頃から昌幸は、豊臣方と徳川方が合戦に及べば、豊臣方に味方して家康を攻め滅ぼそうと考えていたという（『武将感状記』）。昌幸は囲碁好きだったので、囲碁を合戦の備えや人員配置に置き換え、合戦の準備に余念がなかった。ところが、昌幸に死が迫ったので実現せず、子の信繁に作戦を授けたというのだ。

昌幸は死に臨んで、自身の秘策を実行できないことを悔しがっていた。信繁はぜひ秘策を教えてほしいと懇願するも、昌幸は「できるはずがない」と拒絶した。しかし、信繁のたび重なる懇請により、ついに昌幸も根負けした。その作戦とは、以下のとおりである。

昌幸は三年も経たないうちに、徳川方と豊臣方は合戦になり、豊臣方は必ず自分を招くと予想した。昌幸は「約二万兵を率いて青野ヶ原（岐阜県大垣市）に出陣し、関東の軍勢を防ぐ」と信繁に説明すると、その意図を質問した。信繁はしばらく考えたものの、昌幸の意図が理解できなかった。そこで、信繁は「豊臣方の二万の兵は牢人ばかりで、大軍である徳川方の精鋭部隊を防ぐことは考えられない」と述べた。青野ヶ原は平坦な地で、守備には適していなかった。

昌幸は信繁の答えを聞くと、「自分のような名将が出陣すれば、家康は慌てて関東から奥州まで兵を募るので、その間に兵を引いて瀬田（滋賀県大津市）・宇治（京都府宇治市）で防御態勢を築き、二条城（京都市）を焼き払い、堅城の大坂城に籠城する」と述べた。それから、「夜討ち朝駆けで徳川方の軍勢を悩ませれば、徳川方に味方した武将も豊臣方に戻るに違いなく、最後は徳川方を百里（約四百キロメートル）の外に押し返すことが可能ではないか」というのである。

一方で昌幸は、「仮に信繁が大坂城に籠もり、自分と同じ作戦を提案しても、豊臣方の重臣・大野治長と治房《はるふさ》の兄弟は兵法を知らないので拒否するだろう」と述べた。また、「二人（治長・治房兄弟）

は軍勢を分散させ、無謀な戦いを挑んで自滅するだろう」と予言し、信繁に「以後の情勢をよく見ておくように」と述べた。昌幸の言葉は見事に的中し、その言葉に間違いはなかったと結んでいる（『武将感状記』）。

昌幸をめぐる荒唐無稽な逸話

ここまで取り上げた逸話は、事実なのだろうか。『武将感状記』（『砕玉話』とも）は、戦国時代から江戸時代初期の武将のエピソード集である。ユニークな話が多数収録されていることで知られており、歴史小説のネタ本にもなっている。同書は、正徳六年（一七一六）に肥前国平戸藩士の熊沢猪太郎（熊沢淡庵《たんあん》）が執筆したものである。猪太郎は備前国岡山藩士で陽明学者の熊沢蕃山《ばんざん》の弟子といわれているが、その経歴を裏付ける史料はなく疑問視されている。

同書は昌幸以外の武将についても、大変おもしろいエピソードを紹介しているが、裏付け史料がないことが多いので、史料的な価値は劣るとされている。

実は、似たような作戦は、『真田記』にも書かれている。同書によると、昌幸は「私の命が今からあと三年あれば、たやすく天下を取って秀頼公に進上できたのに」と悔しさを滲ました発言をしたという。しかし、昌幸は信繁が同じ作戦を提案すれば、豊臣家の重臣が拒否するとまでは言っていない。昌幸の作戦は、出陣する場所が桑名（三重県桑名市）になっており、兵力は二万ではなく三千と少ない。ほかのストーリーはほぼ同じなので、内容には大差がない。

昌幸は作戦を信繁に伝えると、途端に胸が苦しくなり、水を飲んだ直後に絶命するという劇的な最期で結ばれている。その後、信繁は大坂城に入城し、昌幸の遺言である作戦を進言したが、結局は豊臣家の重臣に受け入れられず、最終的に結果は同じことになったという。『真田記』も同じである。話のポイントは同じことで、昌幸の提案ならば採用されたかもしれないが、信繁は実績がないので拒否されたということである。

ここまで述べた話は、よく知られたエピソードであるが、事実として信じてよいのであろうか。そもそも『武将感状記』は、史料的な価値が劣るので信用できない。話は昌幸に死が迫っているという緊迫した状況を設定し、大変ドラマチックで刺激的なものになっている。ただし、すでに取り上げたとおり、昌幸の晩年は病気と生活苦に喘いでおり、とても「打倒家康」を考えたとは思えない。したがって、昌幸が子の信繁に「打倒家康」の秘策を授けたエピソードは、史実とはみなし難いと考えられる。

信繁の九度山脱出

秀頼の招きに応じて、大坂城に馳せ参じた信繁だが、いかにして九度山を脱出したのだろうか。以下、三つの逸話を挙げておこう。

まずは一つ目。紀州藩主・浅野長晟は徳川家と豊臣家が合戦になると、信繁が九度山を脱出して大坂城に向かうと考え、橋本村（和歌山県橋本市）と九度山の住人や高野山に対し、信繁の動向に注意するよう伝達した（『武林雑話』）。一方の信繁は、村々の者を呼び集め、酒宴を催している最中に脱出しようと考えていた。

酒宴の場所は九度山の宿所に加えて仮屋を設け、酒を飲める者も飲めない者も含め数百人の村人を招いたという。案の上、大量に飲酒した村人は酔いつぶれたので、誰も信繁を監視できなくなった。この様子を見た信繁は、馬に荷物を括りつけ、弓・鉄砲を持った百人ばかりの人々を引き連れ、紀ノ川を渡り橋本峠へ脱出した。翌朝、百姓が起床すると、信繁は脱出したあとだった。百姓らは信繁を探したが見つからず、やがて大坂城に着いたことを知ると、大変悔しがったと伝わる。

次は、二つ目の逸話。十月の玄猪《げんちょ》の日（八日）、信繁はイノコ餅（万病を防ぐ効果がある餅）を配り歩き、夜は蓮華定院で碁を楽しんでいた（『仰応貴録』）。そこへ高野聖《こうやひじり》（諸国を勧進して回る聖）が戻って来て、徳川方と豊臣方との関係が破綻し事態が急変したため、帰路の関所が数ヵ所も築かれそうになり、命からがら帰ってきたと報告したのである。

話を聞いた信繁は、「自分も牢人でなければ大坂城に籠城するのに」と言うと、「今は餅を食べ碁を打って何と楽しいことか」と、関係ない態度を見せた。これは、周囲を油断させる信繁の周到な作戦だった。信繁は小用に立ち外に出ると、家来に大坂への出陣を準備するよう命じた。その後、信繁は回りの者を引き連れ、未明には大坂城に着いたという。高野聖の情報を聞いた信繁は、すぐに脱出したのだ。

最後に、三つ目の逸話。信繁が九度山を脱出するとき、以前から山中の抜け道、脇道に目印を付けておいたので、それを頼りにして早々に立ち退いたという（『幸村君伝記』）。その後、徳川方の討手が大勢押しかけ、信繁の屋敷を隙間なく囲んだが、そこに信繁の姿はなく、人気のない部屋に木枯しの音だけが吹いていたという。こうして信繁は、見事に九度山を脱出したが、この話にはおもしろい後日談が残っている。

徳川方は信繁を探すため、村の者を呼び集め、「どこに行ったのか」と尋ねた。すると村の者は、「信繁は三日より以前にここを去った」と嘘を言ったといわれている。信繁は日頃から村の者たちと親しくしていたので、つい先ほど出発したにもかかわらず、村人は正直に申告しなかったというのである。

脱出法は荒唐無稽な逸話

以上の逸話については、根拠とした二次史料の質が良くなく、あまりに荒唐無稽なことから信用することができない。信繁の脱出方法は同じようなものばかりで、おおむね次のように整理ができる。

①日頃から村人と親しく接し、懐柔策を取っていたこと。
②①に関連して、村人が信繁をかばってくれたこと。
③徳川方と豊臣方との争いには、一切関心がないとの態度をとったこと。

一つ目の作戦は、村人を集めて酒を飲ませるというものである。信繁は経済的に困窮していたといわれていたので、それだけの大金を準備できたとは思えず、非常に疑わしい。

二つ目の作戦も信繁が紀州藩の監視下にあったのだから、決して村人だけの問題とは思えず、いささか違和感を感じる。三つ目の作戦は、いかにも白々しく、とても信を置けない。

信繁が九度山を脱出した方法は、非常に劇的なものである。普通の方法では、とても信繁が脱出できなかったと人々は考えた。そこで、人々は信繁ならば、先に取り上げたような秘策でもって大坂城に向かったと考えたのかもしれない。

このような信繁の「超人伝説」というべきものは、広く人々に伝わり受け入れられたのである。

秀頼が信繁を迎え入れた際の条件

信繁は、豊臣方から熱烈な歓迎を受けて大坂城に入城した。むろん、秀頼は大いに期待したことであろう。秀頼は信繁を「三顧の礼」で迎えたといわれている。「三顧の礼」とは、蜀《しょく》（中国）の劉《りゅう》備《び》が諸葛孔明《しょかつこうめい》の庵を三度訪れ、遂に軍師として迎えた故事に基づいている。転じて目上の人が、ある人に礼を尽くして仕事を頼むことや、ある人を特別に優遇または信任することを意味するようになった。

信繁は秀頼から五十万石を与えられるという約束で、軍勢を約六千率いて大坂に入城したという（『大坂御陣山口休庵咄』）。入城に際しては、幟《のぼり》・指物《さしもの》・具足・兜・母衣《ほろ》以下、上下ともに赤で仕立てられ、馬印は金の「うくゑ」であったと記している。「真田の赤備え」と称される所以である。豊臣方の約束が事実なのか不明だが、徳川方に勝てば、ほぼ日本国中の大名の所領が手に入るので不可能なことではない。ただ、約六千という軍勢は、牢人だった信繁にとって多すぎるので疑わしい。おそらく誇張された数字と考えられる。

五十万石の根拠は不明だが、基本的に日本国中の諸大名が徳川方についたのだから、豊臣家が勝利すれば敵の大半の所領を没収することになる。そう考えると、かなりの石高ではあるが、五十万石を与えるくらいは簡単なことである。事実かどうかは別としても、それくらいの恩賞は十分に可能だった。

信繁の率いた軍勢は『真田家譜』では百五十人、『高野春秋』では三百人、『真武内伝』では百三十人とそれぞれ記されており、約六千とは誤差がありすぎる。約六千の大軍勢で九度山から移動すれば目立つのは明らかなので、信繁は秘密裏に大坂城に入城したと考えられる。実際に信繁が途中で合流しつつ率いた軍勢は、百五十人から三百人程度の人数が妥当ではないだろうか。

ところで、『駿府記』慶長十九年十月十四日条によると、信繁は秀頼から当座の音物（好意をあらわす贈り物）として黄金二百枚、銀三十貫目を授けられるという条件で、大坂城に入城したと記されている。秀頼が信繁を誘ったのには、大きな理由があった。関ヶ原合戦の際、信繁は父・昌幸とともに寡兵を率い、上田城で秀忠の大軍勢を食い止め遅参させる功績があった。名門の真田家の出身でもあり、戦いの実績も申し分なく、大いに期待されたのは間違いない。

いずれにしても、黄金二百枚、銀三十貫目という金額は大金であり、当座とあるので徳川方に勝てばさらに成功報酬があったのかもしれない。信繁が好待遇で豊臣方に招かれたことは、ほかの史料にも書かれている。秀頼が信繁を迎えた際、高野山に蟄居していた信繁に対し、聘礼《へいれい》（人を招聘するときの礼物）を厚くしてしきりに招いたという（『真武内伝』）。そして、秀頼は当座の音信（賄賂に類する進物）として、黄金二百枚、銀三十貫目を贈ったと記されている。『駿府記』とまったく同じ条件である。

このように信繁を迎えた際の条件は、史料によってさまざまだが、厚遇されたのは間違いないようだ。『大坂御陣山口休庵咄』には、「このほか軍勢を率いた諸牢人には、五十万石、三十万石を与えるとの約束をした」との記述が見える。牢人たちの士気を上げるには、現実問題としてそれなりの恩賞が必要だった。秀頼は当座の金、銀を与えるだけでなく、さらに「ポスト徳川」を視野に入れて勝利後の成功報酬を用意し、軍勢を募ったのである。

土佐の大名だった長宗我部盛親

大坂の陣における豊臣方の主要な牢人の一人としては、長宗我部盛親が有名だろう。盛親は土佐の戦国大名・長宗我部元親《もとちか》の四男として誕生したが、長男の信親《のぶちか》が九州征伐で戦死したため、天正十四年（一五八六）に跡継ぎに定められた。

慶長五年（一六〇〇）に関ヶ原合戦がはじまると、盛親は石田三成が率いる西軍に与した。しかし、西軍の敗北が決定的になると、盛親は戦うことなく領国の土佐に逃亡した。その直前、盛親は家臣・久武親直《ひさたけちかなお》にそそのかされ、土佐国を支配しようと謀反の動きを見せた兄の津野親忠《ちかただ》(元親の三男)を殺していた。親忠を殺害したことに対して、徳川家康は激怒した。

盛親は井伊直政を仲介して家康に弁解する一方、浦戸《うらど》城(高知市)の防備を固め、兵糧の運搬や普請を命じた。ところが、家康は親忠を殺したことを許さず、盛親は土佐一国を召し上げられたのである。その後、盛親は大岩祐夢と名前を変え、京都の小川通りで子供たちを集め、手習いの私塾を開いた。また、私塾を開くまでの盛親は、京都伏見で仕官活動をしていたという。

盛親は、かつて父の元親と親密な関係にあった蜷川親長《にながわちかなが》(道標《どうひょう》)を通して、長宗我部家の再興を目論んでいた(「蜷川家文書」)。関ヶ原合戦後、親長は土佐の浦戸一揆(長宗我部氏の下級家臣の反乱)を制圧したので、家康はその高い能力を評価した。名門である蜷川家の流れを汲む親長は、やがて家康から旗本に抜擢され、慶長七年(一六〇二)に山城国綴喜《つづき》郡内に五百石を与えられたのである。

盛親が京都に住んだ理由は、家康が伏見城にいることが多く、親長が京都に滞在中だったからである。盛親は親長に書状を送り、その口添えによって家康から許しを得て、何とか復権の道を探ろうとしたのである。すべては仕官活動のためであった。しかし、書状を受け取った親長にとって、家康の処分を受けた盛親の申し出は非常に迷惑であったのは想像に難くない。親長はいろいろと理由をつけて、盛親との面談を避けていたという。

一方、盛親はかつての家臣に対して書状を送り、とりあえず他家に仕官することを勧めていた。もし万が一、長宗我部家が晴れて再興したときには、馳せ参じるよう申し添えることを忘れなかった。盛親は長宗我部家の再興について、楽観的に考えていたようであるが、親長を通した仲介は失敗し、長宗我部家再興の夢は潰《つい》えたのである。

慶長十九年（一六一四）に大坂冬の陣が近づくと、盛親は豊臣秀頼の招きに応じ、土佐一国を与えるとの条件で大坂城に入城した。豊臣方では数少ない旧大名クラスの入城だけに、大いに期待をされた。盛親はかつて土佐一国の国主であったこともあり、五千人余の軍勢を率いていたといわれている。しかも入城後は数が膨らみ、二、三千人もの軍勢がさらに加わったという。とはいえ、盛親は牢人生活を送っていたのだから、この数はあまりに誇張があると思える。

寺子屋を経営した仙石秀範

大坂の陣に参陣した仙石秀久の次男・秀範は、牢人生活を送っているときに寺子屋（私塾）を開き、密かに復権を狙っていた。秀範は、仙石豊前という名前のほうが知られている（『大坂御陣山口休庵咄』など）。秀範とは、いかなる人物なのだろうか。

秀範は多くの史料で仙石豊前と表記され、宗也（宗弥とも）とも書かれることがある。父の秀久は美濃国の出身で、最初は織田信長に仕えた。信長の没後は豊臣秀吉に仕官したが、天正十四年（一五八六）の九州征伐で島津氏に敗北を喫し、一時は高野山（和歌山県高野町）に蟄居を命じられた。その後、家康を頼って復活し、小諸城（長野県小諸市）の城主となった。慶長五年（一六〇〇）に関ヶ原合戦が勃発すると、秀久は家康の率いる東軍に属した。そして、徳川秀忠の軍勢に加わり、中山道から関ヶ原を目指したのである。

ところが、秀忠は真田昌幸・信繁が籠もる上田城で食い止められ、関ヶ原合戦の本戦に間に合わなかった。秀忠は大失態を犯したので、父の家康から厳しく叱責されたという。秀忠の窮地に際して、秀久は家康に弁明して救うことに成功した。その功績によって、秀久は秀忠から重用され、但馬国出石（兵庫県豊岡市）に五万八千石を与えられたのである。

秀久には次男の秀範、三男の忠政のほかに、嫡男の久忠という跡継ぎがいた。しかし、久忠は運悪く幼少時に失明したため廃嫡となった。そうした事情から、家督は代わりに秀範が継承することになっていた。ところが、秀範は関ヶ原合戦で西軍に与したため、戦後は牢人となる。これが秀範の不運のはじまりであった。秀範は仙石家から追放されたため、三男の忠政が仙石家の家督を継ぐことになったのである。

『土屋知貞私記』によると、秀範は父から勘当され牢人となったが、長年にわたり秀頼の扶持を受けていたという。少なくとも豊臣家は、秀範を見放さなかったようだ。このことが豊臣方に与する理由だったのであろう。牢人生活を送っていた秀範の様子は、『大坂御陣山口休庵咄』に「京新町通り二条より上の場所で、宗弥と名乗って、手習いの子供を取っていた」と記されている。

秀範は現在の京都市中京区付近で私塾を開き、何とか生活を凌いでいた。この間、秀範は仕官活動をしていなかった。それはなぜか。関ヶ原合戦で西軍に与した者は、徳川家への反逆者だったので、そういう人物を召し抱えることはあり得ないことだった。それゆえ、各地の大名家を訪ねることとは、ほとんど意味がなかったのだ。

秀範が京都に住んだのは、まず家康の許しを得たうえで、仕官運動を行おうとしたからであろう。

当時、伏見城には徳川家康が在城することも多く、その周辺には大名屋敷があった。秀範は生活のために私塾で子供を教える傍ら、まず家康の許しを得ようとした。許しが得られれば、大名への仕官活動を行おうとしたのだろう。残念なことに、秀範の仕官活動は成功しなかった。秀範だけでなく、多くの牢人が同じ結果に終わったのである。

慶長十九年(一六一四)に大坂冬の陣が勃発すると、秀範は秀頼の求めに応じて大坂城に入城した。有象無象の牢人衆の中にあって、家柄・実績とも申し分ない秀範は、大いに期待されたはずである。

黒田家旧臣の後藤又兵衛

大坂の陣で豊臣方に与した武将としては、後藤又兵衛基次が有名である。もともと又兵衛は黒田家の家臣であり、「黒田八虎《はっこ》」の一人であった。しかし、関係史料が少なく、その生涯には不明な点が多い。又兵衛の伝記については、貝原益軒『黒田家臣伝』と黒田長政条書写(「吉田家文書」)が詳しい。以下、右の史料をもとに、又兵衛の生涯を探ろう。

後藤家は鎌倉時代以来、播磨に本拠を置く名門であり、又兵衛が後藤家の流れを汲んでいるのは疑いない。又兵衛の父は新左衛門尉というが、実名や生年は不明であり、又兵衛の生年もわからない。最初、新左衛門尉は三木《みき》城(兵庫県三木市)主の別所氏に仕え、のちに御着《ごちゃく》城(同姫路市)主の小寺政職《まさもと》に仕官した。政職が小寺家の家督を継承したのは、永禄初年の段階なので、それ以降のことになろう。しかし、新左衛門尉は政職に仕官して間もなく、病死してしまったようである。

幼少の又兵衛は路頭に迷い、哀れんだ黒田孝高（如水）が又兵衛を引き取り養育した。ところが、又兵衛の伯父・藤岡九兵衛なる者が、官兵衛に謀反を起こしたのである。官兵衛は、九兵衛を追放処分とした。縁者だった又兵衛も、連座して追放されたのである。その後、又兵衛は仙石秀之のもとで過ごしたという。

その後、官兵衛は又兵衛を呼び戻し、近侍することは許可しなかったが、家臣の栗山利安《としやす》に預けて百石の知行を支給した。官兵衛は又兵衛の才覚を評価し、活躍の芽を摘むのを惜しんだのだろう。以後、又兵衛は類稀なる才覚を発揮し、黒田家中で重きを置かれた。関ヶ原合戦後、又兵衛は筑前国大隈《おおくま》城（福岡県嘉麻《かま》市）に一万六千石を与えられ、順風満帆な生活を送ったのである。

又兵衛の黒田家出奔

その後の又兵衛の生涯には、暗雲が立ち込めることになった。又兵衛は他家と書状の遣り取りをしており、主君の黒田長政は又兵衛と豊前小倉の細川氏との交際を問題視した。長政は交際を止めるよう注意し、又兵衛と誓紙も交わしたが、その後も又兵衛は細川氏と交際を続けるだけでなく、播磨姫路の池田輝政との関係も明らかになった。このことが原因で、又兵衛は黒田家を去り、牢人になったのである。

黒田家を去った又兵衛は、居所もなく一両年にわたって放浪生活を送ったが、やがて池田輝政から声がかかり、客分として経済的な援助を受けたという。こうして又兵衛は、播磨に居を定めた。

この噂を聞いた長政は、徳川家康の家臣・村越茂助《もすけ》らを通して、輝政に又兵衛を追放するように申し入れたが、それは無視された。このように、家中を去った者が再仕官できないよう申し入れることを奉公構《ほうこうかまい》という。

いったん申し出を断られた長政は、その後も繰り返し、池田家に又兵衛を追放するよう要請した。慶長十六年（一六一一）に徳川家康が上洛すると、再び村越茂助らを通して、輝政に又兵衛を放逐するように申し入れた。いったん輝政は承諾したが、以後も引き続き又兵衛は播磨に住んだ。長政は再び池田利隆《としたか》（輝政の嫡男）を通し、又兵衛の追放を要請したこともあり、ようやく又兵衛は池田家から追放された。利隆が池田家の家督を継いだのは、慶長十八年（一六一三）一月に輝政が亡くなったあとなので、又兵衛が追放されたのはそれ以降のことであろう。

追放された又兵衛は、滝川忠征《ただゆき》と三好房一《ふさかず》を通して、黒田家に仕官したいと申し出た。長政は仕官を許すことにしたが、又兵衛の言動に不審な点があったため、この話は実現しなかった。その後、長政は、堺（大阪府堺市）に住む又兵衛の子の左門と肥後国の加藤氏のもとにいた彦六（又兵衛の弟）を黒田家に連れ戻した。播磨にいた又兵衛の母や親類縁者も連れ戻し、豊前小倉に住まわせた。

長政が又兵衛の親類縁者を強制的に連れ戻したのは、又兵衛が大坂城に籠城したからだった。ここまで長政がこだわったのは、又兵衛を厚遇したにもかかわらず、命令に従うことなく出奔したことにあった。又兵衛が黒田家を去って、他家に無断で再仕官することは自身のメンツがあり、決して許せなかったのだ。

土佐に逼塞していた毛利勝永

豊臣方の牢人衆の大名クラスの者としては、毛利勝永《かつなが》の名を挙げることができる。勝永は、いかなる来歴を持つ人物なのであろうか。

勝永の父は勝信《かつのぶ》（吉成《よしなり》とも）といい、もともとは秀吉の配下にあって黄母衣《きほろ》衆を務めていた。黄母衣衆とは、親衛隊のような存在だった。本姓は森だったが、中国地方の大名・毛利氏にならって毛利に改姓したという。天正五年（一五七七）、勝永は勝信の子として誕生した（生年は諸説あり）。勝信は秀吉に従って九州征伐で軍功を挙げ、天正十五年（一五八七）に豊前小倉に六万石を与えられた。文禄元年（一五九二）の朝鮮出兵にも出陣し軍功を挙げた。ここまでは順調だったといえよう。

慶長五年（一六〇〇）の関ヶ原合戦において、勝信は西軍に属して敗北を喫し、改易処分を受けた。最初、肥後の加藤清正のもとにいたが、その後、土佐の山内一豊に預けられた。改易された大名は、他家に預けられる例が多い。勝永も父とともに山内家のもとに向かい、意外なことに厚遇された。そもそも勝信と一豊は、仲が良かったという。慶長十六年（一六一一）、勝信は大名に復帰することなく土佐国で亡くなった。

土佐国に在国した勝永は、二男一女に恵まれ、平凡ながらも平穏無事な生活を送っていた。そうした状況下の慶長十九年（一六一四）、思いがけず秀頼からの出陣命令が届いたのである。命令を受け取った勝永は大いに悩んだに違いない。山内家の恩義を考えると、安易に秀頼のもとに馳せ参じるわけにはいかなかったが、このまま山内家に居候しても将来の展望が開けなかったのも事実である。

勝永は考えに考えた末、本来、山内家に従うべきところを断り、子の勝家《かついえ》とともに豊臣方へ身を投じたのである（『土屋知貞私記』）。勝永は四千五百人の軍勢を率いて、秀頼方に馳せ参じた。ところで、勝永が豊臣方に身を投じた理由は、豊臣家の恩顧を受けたので、秀頼のために一命を捧げたいと望んだとされている（『常山紀談《じょうざんきだん》』）。それは、勝永が妻子に対して述べた言葉だった。

勝永は豊臣家に与することで、妻子に累が及ぶことを恐れたが、妻は「家の名誉でもあり、いざというときは命を断つ」と覚悟を示したのである。武士の妻であれば、これくらいの心意気は当たり前だったのかもしれない。こうして勝永は何の憂いもなく、子の勝家と大坂城に入城したといわれている。多くの場合、牢人が豊臣家に身を投じた理由は、「豊臣家のため」「秀頼のため」となっているが、事実とみなしてよいのだろうか。

勝永が豊臣方に身を投じた右の理由は、近世の儒教的な影響が大きく、とうてい信を置けない。それは、「忠臣は二君に仕えず」という思想に基づいた逸話であると考えられる。近世にあって、忠誠心は非常に重要な意味を持った。いまだ戦国時代の気風が残る慶長末年にあって、勝永が示したような考えが浸透したとは思えない。むしろ、平気で主君を裏切ることも決して珍しくなかった戦国時代の遺風が残っていたので、勝永は打算的な考えで豊臣方に与したと考えられる。

先述のとおり、勝永が山内家に留まっても再起する芽はなかった。それなら「座して死を待つ」より、思い切って旧主である秀頼のもとに馳せ参じ、再度大名に復帰する可能性を模索する以外に道はなかった。おそらく勝永には、そのような打算があったに違いない。勝永は秀頼への忠誠心によって出陣を決意したのではなく、自分自身と子の将来をも含めて、豊臣家に与する決断をしたと考えられる。

家康は勝永の妻の話を聞いて感銘を受け、絶対に妻子を殺してはならぬと厳命し、のちに保護したという。しかし、勝永の子の太郎兵衛は、大坂の陣後に殺害されたのだから、家康の話も怪しいといわざるを得ない。

諸国を放浪した塙直之

主家を捨てて出奔し、新たな仕官先を求めて豊臣家に参上した者として、塙直之《ばんなおゆき》を取り上げておこう。塙直之と呼ぶよりも、塙団右衛門と呼ぶほうが知られているに違いない。直之の初名は長八といい、のちに団右衛門と称したという。ただ、直之の出自や生年などについては、不明な点が多い。

直之の生没年について考えてみよう。直之が亡くなったのは、慶長二十年（一六一五）四月の大坂夏の陣である。『土屋知貞私記』には六十歳くらいの年齢だったと記しているので、逆算すれば誕生は弘治元年（一五五五）頃ということになろう。ただし、一般的に直之の生年は永禄十年（一五六七）とされているので、十余年の隔たりがある。

直之は尾張葉栗《はぐり》（愛知県一宮市）の出身といわれているが、出自には異説がある。直之は上総国養老（千葉県夷隅《いすみ》郡大多喜《おおたき》町）の出身で、上総・下総の名門・千葉氏の流れを汲むという説がある（『土屋知貞私記』）。また、織田信長の家臣に塙直政《なおまさ》がおり、その一族であると推測される。当初、直之は信長に仕えたというが、以降の経歴については不明な点が多い。

その後、直之は玉縄《たまなわ》城主の北条綱成《つなしげ》に仕え、天正十八年（一五九〇）に小田原征伐で後北条氏が滅亡すると、加藤嘉明の家臣になったといわれている。最終的に、嘉明に仕えたのはたしかである。以後、直之は嘉明のもとで頭角をあらわすと、やがて鉄砲大将に抜擢され、知行として千石を与えられた。朝鮮出兵でも、水軍を率いて敵軍をたびたび撃破し活躍した。その兜には「天然」という象嵌《ぞうがん》が施されたという。

朝鮮出兵において、嘉明は青地の絹に日の丸を描いた旗を作成した。直之はこの旗を背中に立てて、大いに武功を挙げ、恩賞として三百五十石を与えられたという。ただ、この話は『武功雑記』という質の劣る二次史料に書かれたものなので、そのまま史実とはみなし難い。

塙直之の加藤家出奔

直之は順調な日々を送っていたが、問題が起こったのは、慶長五年（一六〇〇）の関ヶ原合戦のときだった。直之は功を焦ったのか、一人で鎗を持って敵陣に突撃し、抜け駆けという軍法違反を犯した。当時、抜け駆けはもっとも重いルール違反であり、軍法には禁止する規定が必ずあったほどだ。抜け駆けの軍法違反をめぐって、直之と嘉明は激しく言い争い、それが原因で直之は加藤家を出奔したという。むろん理由はそれだけでなく、処遇に関する不満があったといわれるので、直之と嘉明はウマが合わなかったようだ。

直之は加藤家を去るに際して、「遂不留江南野水　高飛天地一閑鴎」という漢詩を残したという。意味は「小さな水に留まることなく、鴎は高く飛ぶ」というものであり、直之が将来に大きな飛躍を期したことをうかがわせる。ところが、その後の直之の仕官活動は失敗の連続だった。

直之は牢人になって以後、小早川秀秋、松平忠吉に仕官したが、ともに中途で召し放たれた。その後、福島正則に仕官したが、旧主である嘉明の奉公構によって職を失った。後藤又兵衛のケースと同じである。小早川秀秋、松平忠吉から召し放たれたことも、嘉明による奉公構による可能性が極めて高い。

直之は将来を悲観したのか、のちに妙心寺（京都市右京区）に入り出家して、「鉄牛」という法名を名乗ったという。この間の直之の動向は不明だが、ほかの牢人たちと同様に、仕官するために京都で過ごしたのではないだろうか。妙心寺にいたというのは、カムフラージュだったかもしれない。そして、大坂の陣が勃発すると、直之は秀頼から招かれ大坂城に入城したのである。

直之は旧友と思しき人物に宛てた書状の中で、次のように正直な心情を綴っている（「喜多久博氏所蔵文書」）。

①定めなき世の習いでもあるので、二度と会うことができないかもしれない。
②定めなき世であるからこそ、再会できるかもしれない。

全体の内容は、意味が取りづらい書状である。年次が不詳で、日付は「晩秋廿九日」とあるのみである。晩秋といえば、陰暦の九月を指すので、残念ながら少なくとも慶長十九年（一六一四）九月以前のものになりそうだ。しかし、いずれにしても、当時の牢人の心境を語るうえで、重要な史料であるのはたしかである。「一寸先は闇」というが、牢人にとっては明日をも知れぬ日が続いたのである。

豪傑、薄田兼相

豊臣方の主要な牢人衆としては、薄田兼相がいる。兼相というよりも、隼人正《はやとのしょう》と称したので、薄田隼人といったほうがわかりやすいだろう。彼は、ユニークな経歴を持つ人物として知られている。

兼相は、小早川隆景に仕えた薄田重左衛門の子であるといわれている。生年はわかっておらず、出身地も山城国または筑後国とされている。出自には不明な点が多く、まさしく謎の人物である。兼相は鞍馬八流《くらまはちりゅう》（剣道の流派の一つ。平安末期、鬼一法眼《きいちほうげん》が開き、鞍馬の僧八人に伝えたことからの称）をマスターし、剣術や気合の術に優れていたと指摘されている。武芸の達人だった。

兼相は諸国を修行し、そのすべての技をマスターしたという。旅の間、狒々《ひひ》（老いた猿の妖怪）退治や仇討ちをするなど、多くのエピソードを残している。しかし、それは伝説の人物の岩見重太郎《じゅうたろう》の話であって、史実ではないと考えられている。そうした影響もあったのか、兼相は大きな刀を自由に操り、それだけのたくましい肉体を誇っていたと伝わっている。

慶長二年（一五九七）に仕えていた小早川隆景が亡くなると、兼相は牢人生活を送ったといわれている。主人の死により、小早川家を追放されたのだろうか。しかし、それは誤りと指摘されている。慶長三年（一五九八）一月、兼相は伏見の様子を知らせるため、朝鮮蔚山《ウルサン》に出兵中の浅野幸長に書状を送っている（「浅野家文書」）。つまり、兼相は豊臣秀吉に仕官していた可能性が高く、牢人ではなかったのかもしれない。

その事実を裏付けるかのように、『慶長十六年禁裏御普請帳』という史料には、兼相が秀頼の家臣（大坂衆）として、三千石を知行していたと記されている。つまり、慶長三年に秀吉が亡くなったあとも、引き続き豊臣家に仕官したことになる。そうなると、従来の兼相が牢人であったという説は、訂正する必要があろう。

もともと豊臣家との縁があったのか、慶長十九年（一六一四）に豊臣家と徳川家の間に確執が生じると、兼相は大坂城に馳せ参じたのである。

キリシタンだった明石掃部

大坂の陣において、多くのキリシタンが大坂城に入城した。キリシタン武将として有名な、宇喜多秀家の重臣・明石掃部もその一人である。明石掃部は、「全登《ぜんとう》」などと記される人物だが、その経歴は不明な点が多い。

明石氏は播磨国明石郡に本拠を置いた領主であり、赤松氏に仕えて明石郡代などを務めていた。その庶流がのちに備前国へ移り、浦上氏の配下になったという。明石氏の先祖に関しては諸説あるが、その出自は不明である。何処《いずこ》から来た土豪が明石郡に土着し、「明石」を姓にしたという説が有力視されている。

備前に移った明石氏は、やがて浦上宗景《むねかげ》に仕えた。天正三年（一五八五）に宗景が宇喜多直家との戦いに敗れ、天神山城《てんじんやま》（岡山県和気町《わけちょう》）から放逐されると、明石氏は直家に仕官するようになった。天正十年（一五八二）に直家が病没後も、引き続き子の秀家に仕えた（直家の没年は天正九年説もあり）。『宇喜多氏分限帳』によると、掃部は戸川達安《みちやす》などの重臣と並び、かなり大身の家臣であったことがわかる。

『十六・七世紀イエズス会日本報告集』によると、明石掃部が慶長五年（一六〇〇）の関ヶ原合戦以前に、キリスト教に改宗していたことがわかる。明石掃部と同じく、秀家の従兄弟である浮田左《うきたさ》京亮《きょうのすけ》もキリシタンであった。彼らの配下の者には、キリシタンが多かったと考えられる。フロイスの『日本史』によると、備前国内には相当な数のキリシタンが存在したと記されている。一方、備前は法華宗の勢力が強かったので、宗教的な対立があったといわれている。

慶長三年（一五九八）八月に豊臣秀吉が没すると、徳川家康が台頭することになり、秀家の立場は揺らぎはじめる。とりわけ、家康と石田三成が激しく対立したことは、三成と近しい秀家を大いに悩ませることになった。慶長四年（一五九九）末頃、宇喜多騒動が勃発すると、秀家に不満を持った宇喜多氏家臣（戸川達安など）は次々と家中を去った。騒動の要因については諸説（過酷な検地など）が挙げられているが、複数の原因が複雑に絡み合っていたのであろう。

関ヶ原合戦以降の掃部

明石掃部は、宇喜多騒動後も宇喜多家に留まった。関ヶ原合戦が勃発すると、秀家とともに西軍に属して戦った。掃部は東軍に与した戸川達安を翻意させるべく、調略をしたことが知られている（「水原岩太郎氏所蔵文書」）。結果は周知のとおり西軍は敗北し、主君の秀家は没落した。

戦後、掃部は三千人のキリシタンとともに、黒田長政の領する筑前国に移ったという。実は長政もキリシタンであり、明石掃部以外にも多くのキリシタン牢人を招いていたという。しかし、筑前における掃部の動向は不明である。江戸幕府が禁教を徹底した状況下で、厳しい生活を送っていたと考えられる。

似たような状況は、ほかの宇喜多氏のキリシタン関係者にも及んでいた。慶長十九年（一六一四）三月、加賀藩前田家からキリシタン武士が追放され、その中には宇喜多休閑《きゅうかん》の名前があった（『越《えっ》登《と》賀《が》三州志』）。休閑は、おそらく宇喜多氏の縁者であろう。秀家の妻・豪姫が前田利家の娘だったので、その縁を頼って前田家に仕官したと考えられる。同じ頃、秀家に仕えたグュザ（Guiuzza）なる人物と三人の子が前田家を追放され、津軽に送られた事実を確認できる。休閑とグュザは、同一人物である可能性が高い。前田家のキリシタン武士への厳しい対応は、禁教令を受けたものであった。

宇喜多氏配下の掃部らは関ヶ原合戦での敗北後、キリスト教関係者や姻戚関係を頼りにして、有力者に庇護を求めた。関ヶ原合戦直後は、まだキリスト教に寛容なところがあり、彼らを受け入れるキリシタン大名も存在した。ところが、慶長十四年（一六〇九）の岡本大八《おかもとだいはち》事件が起こると、禁教がさらに徹底され状況は一変した。岡本大八事件とは、本多正純の与力の岡本大八が、肥前の有馬晴信《はるのぶ》に恩賞を斡旋すると騙して収賄したものである。結果、大八は火刑となり、晴信も死罪に処された。二人はキリシタンだったので、江戸幕府の禁教政策を進めるきっかけとなった。こうして迫害を受けたキリシタン牢人は、大坂の陣で豊臣方に与することになる。

大坂冬の陣の開戦直前、明石掃部は約四千五百の兵を率いて大坂城に入城した。それらの兵については、「出所を知らず」とあるので、多くは入城に際して急遽集められたのだろう（『大坂御陣山口休庵咄』）。『土屋知貞私記』によると、掃部は「播磨者」とされており、秀吉の直参で十万石を知行していたと記す。しかし、そうした事実はないので誤りである。『大坂御陣山口休庵咄』『土屋知貞私記』はよく使われる史料だが、牢人の経歴には不確かな情報が書かれていることがある。

掃部は、秀頼から要請を受け籠城したので、豊臣方から大きな期待をもって迎えられた。年齢は六十歳ぐらいであったと伝わっている。

その他の牢人衆

豊臣家に馳せ参じた大名クラスの牢人としては、氏家行広《うじいえゆきひろ》がいる。行広は、美濃斎藤氏の配下にあった西美濃三人衆のひとり氏家卜全《ぼくぜん》の子として誕生した。斎藤氏滅亡後は織田氏に仕え、のちに豊臣秀吉の配下となった。天正十八年(一五九〇)の小田原北条氏との戦いで軍功を挙げ、伊勢桑名(三重県桑名市)に二万二千石を与えられた。しかし、関ヶ原合戦で西軍に与して敗北すると、以後、氏家は牢人となって西国を放浪したという。大坂の陣に際しては、家康から「十万石で迎える」との誘いを受けたが、それを断って豊臣方に味方したという話がある。

氏家は徳川方からの誘いに応じればよかったのである。あえて、氏家が豊臣方に加わった理由は、豊臣方が徳川方に勝利をすれば、徳川方の大名から没収した所領を与えられ、より良い処遇になると考えたからであろう。豊臣家に恩顧があったというよりも、打算的な考えもあったに違いない。

関ヶ原合戦にかかわりなく、万石以上の大名でありながらも改易され、豊臣方へ身を投じた者もあった。石川康勝《やすかつ》は、その代表格といえるであろう。康勝は、数正《かずまさ》の次男として誕生した。生年は不詳である。父の数正は家康の片腕というべき家臣だったが、のちに秀吉に仕えるようになった。父の死後、遺領は長男の康長《やすなが》と次男の康勝が継承し、康勝が与えられたのは、信濃奥仁科《おくにしな》一万五千石だった。しかし、慶長十八年(一六一三)の大久保長安事件によって、運命は一転する。

大久保長安は大和や美濃の国奉行を務め、金山・銀山の開発に貢献するなど、経済官僚として手腕を発揮した。慶長十八年四月に長安が病死すると、生前の不正が暴かれた(大久保長安事件)。生前の長安は、自らの有利な立場を利用して、不正な方法で金銀を蓄えていた。その事実が発覚したのだ。結果、長安の七人の子は捕らえられ、のちに切腹を命じられた。不正に関与した長安配下の下代《げだい》(下級の役人)も激しい取り調べを受け、不正に横領した金銀を返還するなど、幕府を震撼させる大事件だった。

大久保長安事件に際しては、藤十郎（長安の嫡男）の舅である石川康長が長安と語らって知行を隠した罪で改易処分となり、康長の弟の康勝も連座して改易の対象になった。その後の康勝の動向は不明だが、牢人生活を送っていたのであろう。一方で、慶長十八年の豊国祭礼の際、康勝は秀頼の名代として参詣しており、秀頼の側近だった可能性が指摘されている。

大坂の陣に際して、豊臣方は康勝に出陣の要請をすると、康勝は五千の兵を率いて大坂城に入城した。同時に康勝の弟・石川肥後も、五千の雑兵を率いて大坂城に入城し、後日さらに千人の兵が加わったという。なお、康長は大久保長安事件後、豊後佐伯の毛利高政《たかまさ》に預けられ、寛永十九年（一六四二）十二月に亡くなった。

織田有楽の子・頼長

変わり種としては、秀頼の家臣織田有楽の子・頼長《よりなが》がいる。有楽は豊臣方の有力な家臣の一人で、大坂冬の陣において重要な役割を果たした。もともと頼長は、父の有楽とともに秀頼に仕える家臣だったが、その頼長に不幸が襲った。いわゆる猪熊《いのくま》事件である。その概要を次に説明しておこう。

慶長十二年（一六〇七）二月、左少将猪熊教利《のりとし》が官女と密通し、勅勘（勅命による勘当）を蒙って出奔した。これが、いわゆる猪熊事件の発端である。二年後の慶長十四年七月、今度は参議の烏丸光《からすまみつ》広《ひろ》ら若公家衆七人が、典侍《てんじ》広橋氏ら女官五人と密通していたことが発覚した。芋づる式に事件が露見したのである。

この事実を知った後陽成天皇は激怒し、幕府に彼らを極刑に処すべき意向を伝えた。後陽成が怒るのは当然で、とても彼らの破廉恥行為を許せなかったのだ。しかし、徳川家康は捕らえた教利らを斬罪に処したが、女官を伊豆新島に、公家衆五人を蝦夷などに配流するなど、ある意味で寛大な措置を講じた。この事件は、家康が朝廷の政治的な介入を行う契機になったといわれている。

猪熊事件には、頼長も関与していた。事件の発覚後、猪熊教利が九州に逃亡した際、頼長が手助けをしたというのである。手助けした理由は不明であるが、教利からの依頼に応じざるを得なかったのだろう。そのため頼長は秀頼の勘気を蒙り、豊臣家を追放されて牢人になったといわれている。『大坂御陣山口休庵咄』によると、牢人になった頼長は、京都五条あたりに住んでいたという。長宗我部盛親らと同じく、虎視眈々と仕官の機会をうかがっていたと推測される。大坂城に入城した頼長は、雑兵三万人を率いていたと記されている。頼長の場合は、豊臣方への出戻りといえるだろう。

ところで、豊臣方に参集した牢人が率いた兵は、多くの文献に「雑兵」と記されている。それなりの身分だった牢人(長宗我部盛親など)については、かつての家臣らも家の再興を信じて牢人生活を送っていたのだろう。しかし、中には牢人生活を断念して他家に仕官したり、帰農したりと進路はさまざまだったと考えられる。したがって、彼ら牢人が率いた「雑兵」は、秀頼からの提供資金で牢人を雇用した可能性がある。後世の編纂物には、牢人が数千、数万の兵を率いたように書いているが、それは疑わしく、誇張があるといわざるを得ない。

ちなみに、豊臣家譜代の家臣についても、雑兵が加わっていたという記述があるので、同じだったのではないだろうか。豊臣家の家臣が率いた将兵は、もともとの兵と雇用した牢人との混成部隊だったと考えられる。いずれにしても、豊臣方には徳川方のように正規の将兵が少なかったので、牢人を雇用して賄う必要があったのである。

第八章

キリシタンや寺社の動向

キリシタン牢人たちの動向

大坂の陣で重要だったのは、キリシタンたちの動向である。大坂の陣に際しては、数多くのキリシタン武将が豊臣方に与し、宣教師や一般のキリスト教信者も大坂城に入城した。キリシタンは豊臣方が徳川方に勝利した場合、キリスト教の布教が認められるとの言質《げんち》を得たので、豊臣方を応援したことがわかっている。そのような事情から、彼らは大坂の陣の記録を少なからず残している。牢人の中にはキリシタンも存在し、家康が定めた禁教令の影響もあって、彼らの再仕官は極めて難しくなっていた。本章では、キリシタンの動向を取り上げることにしよう。

キリシタン牢人の代表としては、小西行長の家臣が有名だろう。行長は堺の豪商・小西隆佐《りゅうさ》の次男として誕生し、若い頃にキリスト教の洗礼を受けた。洗礼名は、アグスチノ（アゴスチノ）という、イエズス会から絶大な信頼を寄せられたことで知られる。豊臣秀吉に仕えた行長は、その才覚を認められて台頭した。行長は文禄・慶長の役でも活躍するなどし、秀吉から重んじられるようになったのである。

行長が台頭するきっかけになったが、天正十五年（一五八七）における肥後国人一揆の鎮圧である。行長は一揆鎮圧の功績を認められると、肥後国南半分を与えられ宇土《うと》城（熊本県宇土市）を築いた。のちに、天草国人一揆を平定すると、同地も与えられることになった。天草では三十余りの教会が建てられ、約六十人の神父が属していたという。さらに、イエズス会からイタリア人修道士のジョバンニ・ニコラオが派遣され、神学校が設置されたほどである。天草は、いうなれば「キリスト教天国」であった。

イエズス会の活動に対し、行長は積極的に援助を行ったといわれている。そして、行長配下の武将たちの多くが、キリスト教に改宗した。

しかし、行長が関ヶ原合戦で処刑されると、状況は一変した。慶長八年（一六〇三）のイタリア人でイエズス会宣教師のヴァリニャーニの本国への報告書には、行長に代わって入封した加藤清正は、キリシタン宗徒に迫害を加えていたと記されている。肥後国内に八万人いたキリスト教信者は、二万にまで激減した。なかでもキリシタン武将は知行地を剥奪され、国外追放処分の憂き目にあった。その正確な数はわからないが、清正のキリシタン弾圧によって、大量のキリシタン牢人が生み出されたことは想像に難くない。これらの措置は、家康のキリスト教禁止という方針に対応したものだった。

肥後のキリシタン牢人を積極的に受け入れたのが、近隣の肥前高来《たかき》（肥前国の南部）のキリシタン大名の有馬晴信である。晴信が肥後国内のキリシタン牢人を受け入れると、やがて諸国からキリシタン牢人が集まるようになったという。皮肉にもキリシタン牢人を受け入れたのは、キリシタン大名だったのである。

やがて、家康の代にキリスト教の禁止が加速すると、キリシタン牢人の居場所は徐々になくなりつつあった。そして、追い詰められた彼らキリシタンは活路を求めて、大坂の陣で豊臣方に加わることになる。

家康のしたたかなキリスト教対策

以下、家康が征夷大将軍に任官した慶長八年（一六〇三）以降に絞って、キリスト教の歴史を簡単に振り返ることにしよう。

家康は征夷大将軍に就任すると、長崎を直轄領にし、長崎奉行に小笠原一庵《いちあん》を起用した。当時、家康はキリスト教にも寛容な態度を示し、宣教師が京都、大坂、長崎に居住することを許可していた。実は慶長六年（一六〇一）の時点において、すでに家康はキリシタン大名である有馬氏、大村氏に対して、キリスト教の信仰を保障していたのである。

家康がキリスト教に寛容だったのは、端的にいえば、諸外国との貿易を重視したからであり、そのためにイエズス会を懐柔する必要があったからである。その点は、秀吉と同じだった。マカオを出航した黒船（ポルトガル船）がオランダ船に拿捕《だほ》された際は、イエズス会に対して五千両の援助を行った。それは、極めて政治的な判断だったのである。この頃には、オランダが台頭し、ポルトガルと貿易の覇権を争うという事情があった。

ところが、家康はしたたかだった。家康は貿易を推し進める一方で、やがて宣教師による布教活動を制約しはじめた。宣教師の新たな入国を禁じるようになり、対外的にはキリスト教を禁止する態度を見せるようになったのである。加えて、すでに国内に居住していた宣教師については、布教活動を徐々に規制するようになっていった。つまり、家康は貿易の利益を追求しながらも、キリスト教の布教は別問題であるという姿勢を明確にし出したのだ。

こうして、家康はキリスト教をある意味で利用していた。しかし、慶長十七年（一六一二）になると、家康にキリスト教布教の禁止を決断させることになった大事件が勃発する。これが岡本大八事件である。次に、この事件の概要を確認しておこう。

岡本大八事件の衝撃

慶長六年（一六〇一）以降、家康は安南（ベトナム）、スペイン領マニラ、カンボジア、シャム（タイ）、パタニ（タイ南部）などの東南アジア諸国に使者を派遣して外交関係を樹立し、慶長九年（一六〇四）に朱印船（近世初期に朱印状を受けて外国との貿易に従事した船）制度を実施した。

慶長十三年（一六〇八）、有馬氏は朱印船を占城《せんじょう》（現在のベトナム中部に存在したチャム族の国家）に派遣し、帰航の途中でマカオに立ち寄った。有馬氏の乗組員がマカオで取引を行ったところ、ポルトガル人と乱闘事件となり、多数の死者を出す事態となった。この事件に関与したのがナウ船（大航海時代を代表する大型船）の司令官のアンドレ・ペッソアだった。翌年、ペッソアは日本航海司令官として長崎を訪れたのである。

慶長十四年（一六〇九）、有馬晴信は長崎奉行の長谷川藤広と結託してペッソアに報復を行うべく、家康にペッソアの捕縛と商船捕獲の許可を求めた。家康は有馬氏らが報復することにより、ポルトガル貿易が断絶することを恐れた。ところが、スペインやオランダとの交易によって十分に補えると考え、有馬氏の要請を許可したのである。その結果、晴信は報復として長崎湾内でベッソアのデウス号を撃沈した。晴信は熱心なキリスト教信者であったため、この事件はイエズス会の関係者に大きな衝撃を与えた。

本多正純の与力である岡本大八は、岡本大八事件の首謀者である。大八は晴信と同じく、キリシタンだったので、やがて二人は誼《よしみ》を通じるようになった。大八は晴信にデウス号を撃沈した恩賞を斡旋すると偽り、晴信から多額の金品を騙し取ると、偽の領知宛行状を晴信に送った。晴信は、恩賞として鍋島領になっていた旧領（肥前藤津《ふじつ》など）が返還されると信じていたのだ。問題が発覚したのは、晴信が領知宛行状のとおりに旧領が回復されなかったことを正純に問い合わせたからである。

詐欺を行った大八が捕らえられると、彼の口から晴信が長崎奉行・長谷川藤広の暗殺を計画したことが暴露された。晴信が藤広を暗殺しようとしたのは、伽羅《きゃら》（香木の一種）の買付をめぐって揉めていたからである。その結果、金品を騙し取った大八は火刑に処され、晴信は甲斐国に配流されたのち、同地で斬首された。事件の首謀者だった大八と晴信の二人はキリシタンだったので、家康はキリスト教を危険視するようになったのである。この事件がキリスト教禁止にもたらした影響は極めて大きかった。

岡本大八事件をきっかけにして、家康はキリスト教の禁止に大きく舵を切ったのである。当時、国内には約三十七万人ものキリスト教徒がいたといわれ、いつ幕府に反旗を翻すかもしれず、とても無視できない状況になっていた。慶長十七年（一六一二）三月以降、家康はキリスト教禁止を明確に宣言し、まず駿府における摘発に乗り出した。その結果、家康の旗本にキリスト教の信者がいたことが次々と発覚したので、旗本に棄教を迫ったが、拒否されたので改易したのである。

やがて、禁教の波は各地に広がり、ついには諸国に通達されるようになった。この間、キリスト教の教会は破却され、諸大名にキリシタン武士を抱え置くことを禁止した。しかし、京都所司代・板倉勝重らの慎重論によって、一時は沈静する方向で事態が進んだ。理由は、ポルトガルとの貿易という現実的な問題であった。

「伴天連追放之文」発布

慶長十八年（一六一三）になると、キリシタンへの弾圧が厳しさを増していった。同年六月と七月には、十二名ものキリシタンが江戸鳥越《とりごえ》（東京都台東区）において処刑された。同年秋頃には、長崎出身のキリシタンが刻印がない銀を売った罪で捕らえられ、京都で処刑された。京都では、キリシタンの名簿が作られたほどだった。有馬領内ではキリシタンの弾圧が行われたが、逆にキリシタンの信仰心が厚くなり、団結を招くという皮肉な結果をもたらした。

慶長十八年十二月、ついに家康は宣教師に対して国内からの退去を宣言した。それは「伴天連追放之文」と称されるもので、崇伝が作成したものである。そこには将軍の秀忠の承認を意味する朱印が捺され、全国各地に交付されたのである。むろん、宣教師たちもその事実を知っていたことだろう。その内容は、次に示す三つから成っている。

それは、①日本は神国、仏国、儒教の国である、②キリスト教は日本の国法や神道、正法を損なう邪法である、③宣教師は速やかに国内から排除する、というものである。キリスト教は邪法であり、日本の政治社会に混乱をもたらす宗教と位置付けられた。この法を受けて、京都では次々に教会が破壊された。信者は改宗を迫られ、応じない者には激しい拷問を加えられた。高山右近らの一族は、船でマカオ、マニラへと追放された。こうしてキリスト教は、国内から一掃されようとしたのである。

幕府からキリシタン追放の命を受け、上洛したのが大久保忠隣である。翌年一月、忠隣はただちにキリシタンに改宗を強要し、拒否した者を追放した。また、キリシタンの拠点となった伴天連寺院を破却した。これにより、キリシタンは窮地に追い込まれたのである。

しかし、すでに触れたように、キリシタン牢人は各地に残っており、何とか摘発を逃れているありさまだった。同様に国外退去を命じられた宣教師も、潜伏生活を各地で送っていた。彼ら宣教師は、最後まで信者を見捨てることができなかったのである。豊臣方と徳川方の対立が深刻化すると、キリシタン牢人が続々と大坂城に入城したので、宣教師も大坂城に入り籠城を決心した。

その代表としては、アウグスチノ会のエルナンド・デ・サン・ヨゼフ師、フランシスコ会のペドロ・バプチスタ師やアポリナリオ・フランコ師の名前が伝わっている。

大久保忠隣と本多父子の対立

岡本大八事件の勃発から禁教令の発布への流れは、幕府内における主導権争いと絡めて考える必要がある。

当時、将軍だった秀忠が江戸に本拠を置き、家康は駿府で大御所政治を展開していた。秀忠には、本多正信が側近として支えていた。正信は家康からの全幅の信頼を得ており、秀忠付となっていた。子の正純も家康のブレーンとして、内政や外交に辣腕を振るい、駿府政権を支えていた。正信・正純父子は、連携して幕府を守り立てていたのである。

一方で、家康の重臣としては、創業以来の功臣である大久保忠隣がいた。文禄二年（一五九三）、忠隣は秀忠に付けられた。慶長十年（一六〇五）に秀忠が二代将軍になると、忠隣は老中となったのである。忠隣が登用されたのは、本多父子と同じく、その手腕が評価されていたからだろう。やがて、忠隣と本多父子は、互いに主導権争いを演じ、反目し合うのである。

ことの発端は、先述した岡本大八事件である。首謀者の岡本大八は正純の与力だったので、正信の立場は非常にまずくなった。そんな正信を救ったのが、慶長十八年（一六一三）四月以降に問題となった大久保長安事件である。忠隣の家人でもあった長安は、幕府の功臣として、主に鉱山支配で実績を上げていた。ところが、同年四月に長安が没すると、生前の不正が白日の下に晒されたのである。この事件により、長安の子らは捕らえられ、切腹を命じられるなどした。この事件の摘発に力を尽くしたのが正純・正信父子だったという。

こうしてイニシアチブを取った正純・正信父子は、忠隣を陥れようと画策した。その際、問題となったのが大久保長安事件である。一説によると、牢人だった馬場八左衛門なる者が大久保長安事件と関連して、忠隣が謀反を企んでいると密告したので、これを聞いた正信が家康をそそのかしたといわれる（『当代記』）。あるいは、忠隣の無断での私婚（養女を山口重信に嫁がせた）が問題視されたという説もある（『駿府記』）。以上の説は二次史料に基づくものだが、いずれにしても、正信・正純父子と忠隣は暗闘を繰り広げていたと考えられる。

先に取り上げたとおり、忠隣はキリシタン追放という命を帯びて上洛した。これも偶然のことではなく、江戸における政治的な混乱を避けるため、あえて忠隣を遠ざけたという説もある。忠隣はひと通りキリシタンの弾圧を終えると、突如として改易処分となった。結果、居城だった小田原城は破却され、忠隣は近江彦根の井伊直孝に預けられる身となった。正信・正純父子は、忠隣の排除に成功したことで、いっそう威勢を増したという。その事実は、細川忠興の書状にも書かれている（『綿考輯録《めんこうしゅうろく》』所収文書）。

忠隣の失脚については、正信・正純父子が計画したシナリオどおりのもので、豊臣方との決戦を控えての必要なプロセスだったという説がある。つまり、幕府は正信・正純父子と忠隣との権力抗争に終止符を打ち、やがて障壁となろうキリシタンを弾圧することで、安心して豊臣方との戦いに臨むことができたというのである。とはいえ、それが仕組まれたものなのか否かは、さらに検討を要する課題でもある。

米価高騰の大打撃

いよいよ豊臣方と徳川方の決戦が迫る中で、庶民生活は大きな打撃を受けることとなった。それは、両陣営が兵糧米を徴収したので、米価が高騰したのである。この点について、諸史料から状況を確認することにしよう。

大坂の陣が近づくと、諸国から大坂へ運ばれた米は、豊臣方が籠城する際の兵糧米として買い占められたという(『山本日記』)。米の値段の世間的な相場は、米一石(約一八〇リットル)で十七、八匁だったが、すっかり高騰して百三十匁に上昇したという(『長沢聞書』)。平時の約七～八倍という、とても信じがたいような値上がり幅だった。戦争が近づくという事態にあって、両軍ともに米を買い占めようとしたので、一気に米価が高騰したのである。

米価の高騰は、庶民の生活に大きな打撃を与えた。この頃、京都だけでなく各地で大雨や洪水が発生し、飢饉になっていた。そのような事情もあり、米の収穫と流通は十分ではなく、米価は二升(約三・六リットル)で二匁という高値になっていた。そこで、庶民は腹を満たすため、米糠の糕《こながき》を口にしていたという(『土御門泰重《やすしげ》卿記』)。糕とは米の粉をお湯で煮た、お粥のような食べものだった。しかし、この場合の糕は米の粉でなく、捨てる部分の米糠を煮て食べていたのである。背に腹は代えられなかった。

度重なる物価の高騰は、東北各地でも大問題になっていた。戦闘に用いられる馬は東北の名産だったが、価格が著しく上昇した。砂金や米の価格も高騰したといわれている(『祐清《ゆうせい》私記』)。馬はランクが高いものよりも低いほうが人気があったが、それは数を確保する必要があったからだろう。両軍とも十万以上の将兵が全国から大坂に集まっていたので、武器や兵糧などは奪い合いのような状況になり、社会や庶民生活に大きな混乱をもたらしたのである。

そのような事情だったので、いざ戦いが開始されると、今度は徳川方、豊臣方とも兵糧米の確保に悩まされることになった。徳川方に与した大名の中には、戦費調達の負担に耐えかね、苦しみに喘ぐことすらあった。たとえば、吉川広家は国元に書状を送り、米価の高騰ぶりに悲鳴を上げていたことが判明する（「吉川家文書」）。それは、大坂城内に籠った人々（町人、百姓など）も同じことで、あまりに米価が上昇したので困り果てていた。

戦闘がはじまると、見かねた家康が兵糧を支給したほどである。一方で、豊臣方は籠城していたこともあり、兵糧の補給路が厳しくなったので、少しばかり法外な値段でも購入せざるを得ないところまで追い詰められたのである。

軍法と禁制

合戦時において、さまざまな決まりを定めた法令がある。代表的なものとして、軍令・軍法・禁制を取り上げることにしよう。最初に、それぞれの違いを述べる。

軍令とは、軍の命令や陣中での命令、あるいは軍事上の法令や刑罰を意味する。近代に至ると、作戦・用兵に関する統帥の意を含むようになった。一方の軍法は、戦争の方法・戦術・兵法に加え、軍隊の法律・軍隊の刑法・軍律の意味もある。戦国時代における軍法は、後者つまり軍隊の法律、軍隊の刑法・軍律の意味で使われることが多い。

軍令と軍法は混同して用いられがちだが、ほぼ同じ意味合いを持つ言葉と考えてさしつかえなく、本書では軍法で統一することにしよう。軍法の具体例に関しては、章を改めて詳しく取り上げることにする。

禁制とは幕府や大名・国人などが、寺社・諸人に対しその保護と統制を目的として、掟や禁止事項などを通知するため発給したものである（制札《せいさつ》などともいう）。禁制には、二つのタイプがある。一つ目は権力者が広く一般に通知するために、市町・村落に掲示するものである。二つ目は寺社・市町・村落の要請によって発給するものであり、多くの場合は禁制を受ける側が金銭を支払うことで与えられた（制札銭などという）。戦国期に至ると、寺社・市町・村落などが、兵火・災害から自己を守るため禁制を求めるようになった。

禁制の文書様式は多種多様だが、中世後期からは下知状《げじじょう》形式が多くなる。まず、冒頭は「禁制」という言葉ではじまり、その下に禁制の及ぶ範囲（寺社、村落、町の名など）を書く。次に、禁令内容を三〜五ほど箇条書きし、違反者に対する処罰文言で結ぶ。最後は、発給者あるいは奉者（奉書の場合）が花押を据える。

禁制の前半部分の禁止した記載事項について、もう少し具体的にいうと、①寺社——軍勢の乱妨・陣取・放火・竹木伐採の禁止、僧衆・神職への生活規制、②市町——喧嘩口論、乱妨狼藉・押売押買・国質所質《くにじちところじち》（中世における債権者の債務者に対する質取り行為）などの禁止、③村落——軍勢の乱妨や百姓への不当行為などの禁止、が多くなっている。そして、後半部分に違反者への処罰文言を記載する。禁制を与えられた者は、これで身を守ったのである。

禁制で禁止することの多くは、陣取、放火、竹木の伐採、乱暴狼藉の類である。寺社などでは、境内に陣取りをされると非常に迷惑だった。放火や乱暴狼藉の類は、いうまでもないだろう。竹木は建物を築いたり、あるいは炭となる燃料として貴重だったが、軍勢は竹木を無断で伐採して竹矢来《たけやらい》や小屋を築いた。住民らにとって、竹木を伐採されることは一種の財産権の侵害だったのである。

一般的に禁制は、交付される側（寺社や村落）の申請により交付された。じっとしていても、大名の側から気を利かせて交付してくれないのである。村落、寺社、町などは軍勢の乱暴狼藉などから逃れるため禁制の交付を依頼し、見返りに礼銭を支払ったのである。これを「かばいの制札」という。軍勢が押し寄せたとき、禁制を見せると禁止行為を止めるという算段だった。なお、敵対する二つの軍勢がいる場合は、両方に制札銭を払って禁制を獲得したのである。それが、生き残るための知恵だった。

禁制発給を申請し身を守る寺社たち

大坂の陣は徳川と豊臣の戦いであったが、いつの世も戦火に逃げ惑うのは名もなき民衆たちである。大坂の陣において、村落・寺社はどのように対応したのであろうか。ここでは、現在の八尾《やお》市内の寺社の例を取り上げることにしよう。

慶長十九年（一六一四）十月、京都所司代の板倉勝重から臨済宗寺院の常光寺《じょうこうじ》に禁制が発給された（「常光寺文書」）。同寺の興隆には秀吉や秀頼も尽力していた。禁制を発給した板倉勝重は、京都所司代としてこの地も管轄していた。勝重が禁制を発給したのは、京都所司代が畿内支配を担当していたからである。禁制の内容は、①徳川方勢の濫妨狼藉、②伽藍《がらん》や寺に寄宿すること、③竹木を切り取ること、を禁じたものである。二条目は、寺院独特の規定である。

常光寺は金地院崇伝の有縁の寺で、抱え寺だった。大坂の陣が終結した慶長二十年（一六一五）閏六月、幕府は常光寺に近い西郷《さいごう》村のうち五百石を金地院領としている（『本光国師日記』）。禁制の交付は、崇伝自らが勝重に依頼したものである（『本光国師日記』）。このような事情を考慮すると、合戦が近いと危機を感じた崇伝は、戦争の被害から免れるため、早目に手を打ったと考えられる。崇伝は家康の側近だったので、勝重に禁制の発給を依頼することは問題なく行うことができた。

勝重は、真宗大谷派（東本願寺）の別院の八尾別院大信寺《だいしんじ》（八尾御坊《ごぼう》）にも禁制を発給した（「大信寺文書」）。同寺の歴史は浅く、創建されたのは慶長十二年（一六〇七）のことである。この頃、八尾は寺内町《じないちょう》が形成されており、同寺はその中心となる寺院だった。寺内町とは浄土真宗本願寺派などの寺院の境内に発達した集落のことで、土塁や堀などの防衛施設が周囲に整備されていた。その外周には、町屋的なものが配置されており、近世城下町の先駆けとなるものだったといわれている。

禁制の宛先は「河内国八尾」となっているが、その内容は百姓の保護を求めたものになっている。この禁制も三ヵ条で構成され、①徳川勢の濫妨狼藉、②放火や田畠の作物を刈り取ること、③百姓に非分な言いがかりをつけること、を禁じた。したがって、適用の範囲は大信寺だけでなく、八尾寺内町の全体とみなすべきだろう。勝重によってこの禁制が発給されたのは、常光寺と同じく京都所司代の職務と関係していた。八尾は崇伝や勝重のおかげで、徳川家の保護を受けることになったのだ。

徳川方が八尾を庇護していたことを示す史料は、ほかにも残っている。慶長十九年（一六一四）十一月、八尾郷の百姓から麦作を行ったという報告を受けて、秀忠の年寄から判物が発給された（「大信寺文書」）。宛先は徳川方の陣取りをしていた各部隊であり、諸軍中に「違乱なき」よう通達している。おそらく、徳川方の各部隊が麦薙《むぎなぎ》（育成中の麦を刈ること）をしないよう求めたものと考えられる。同様のものが同じ八尾の久宝寺《きゅうほうじ》にも発給されたので、八尾地域に広範に通達されたと推測される。八尾の各寺院では徳川方と豊臣方の合戦が起こると予測し、迅速に禁制の発給を申請したのである。

豊臣方か徳川方かで村落が分裂

合戦の影響は寺社だけでなく、村落にも押し寄せた。最初に、村落内部で徳川方と豊臣方のいずれに与するか、判断が分かれたケースを取り上げることにしよう。舞台は中島という場所で、現在の大阪市北区、東淀川区、淀川区、西淀川区一帯のかなり広い地域である。検討に際しては、宮本裕次氏が紹介した北中島大道《だいどう》村で庄屋を務めた沢田家の史料、および宮本氏の研究を参照した。

慶長十九年（一六一四）十月、中島は秀頼に起請文を提出し、豊臣方に味方することを誓約した。その決意は、徳川方の軍勢を侵入させないこと、たとえ村人が討ち死にをしようとも末代まで名を残そうという、実に強いものだった。起請文は約束事を神仏に誓い、もし破った場合はいかなる罰を受けても構わないという神聖なものである。

同年十一月、中島地域の柴島《くにじま》村の太郎左衛門と卯兵衛の両名は、豊臣方から徳川方に出奔した片桐且元・貞隆の兄弟に対し、起請文を提出した。起請文の内容は、村での豊臣方の非道な行いに困り果て、その具体的な行為を切々と訴えていた。たとえば、豊臣方から村に対し、中島に付城《つけじろ》（砦）を築城するため協力を命じられ、もし村が命令を拒否すれば、村人を召し連れると脅されたので、仕方なく築城工事に従事したことを挙げている。なお、攻城戦時には、攻守の拠点として付城が構築されるのがセオリーだった。

さらに、秀頼の重臣・大野治長からの人質供出の要請があり、これを拒否すると、豊臣方は見せしめの意味を込めて、卯兵衛のおじと子を殺害したという。豊臣方の行為があまりに酷いので、太郎左衛門らは豊臣方ではなく、徳川方へ与したと考えられる。

大道村の人々が大野治長に宛てた訴状

中島地域の村々では、徳川方と豊臣方のいずれに与するかで、分裂の様相を呈したのだが、慶長二十年（一六一五）の大坂夏の陣がはじまる直前、中島地域の大道村は意外な行動に出たのである。中島地域の大道村の惣右衛門らは、大野治長に宛てて訴状を送った。その訴状の冒頭には、「今度は（村人が）大坂城の籠城に馳せ参じることもなく、結局は敵方（の徳川方）に忠節を尽くし、秀頼様に対して曲事《くせごと》（けしからんこと）があった」として、次のとおり村の裏切り者の行為が列挙されていたのである。

①大道村の太郎左衛門は、松平康重《やすしげ》に中島の絵図を提供し、案内をするなどした。その忠節によって太郎左衛門は中島に残っているので、裏切った事実は隠しようがないことである。
②柴島村の右衛門は日比野半右衛門に馬を提供し、そのうえ徳川方の有馬豊氏のもとに馳せ参じた。
③福島村の藤次郎右衛門、善右衛門、助右衛門は豊臣方から銀子と鉄砲をもらって、徳川方へと逃亡した。
④佃田村の孫右衛門は、日比野半右衛門と河路五兵衛の荷物を預かり、片桐且元が逃亡する際には舟を提供した。また、豊臣方が且元の率いる軍勢を殺そうとしたとき、孫右衛門は佃田村の衆が豊臣方に加わった場合は曲事になると述べた。
⑤本庄村の市兵衛は、豊臣方から銀子と鉄砲をもらって、徳川方へと逃亡した。

いずれも中島地域の村々である。この五ヵ条からわかるとおり、裏切った村人の行為はかなり具体的で、大道村の惣右衛門らは、太郎左衛門以下が豊臣方から徳川方へ寝返ったことを告発したのだ。③や⑤などは、大変許しがたい行為だった。村人のしたたかさがうかがえる。

文書の最後には、徳川方に寝返った七名の庄屋の職を取り上げ、惣右衛門らに与えるよう要望する旨が書かれている。村では固い結束があったかのように見えたが、実際は意思統一が図られていなかった。中島の例ではあるが、ほかの地域や村々においても、豊臣方と徳川方のいずれに味方するか、重要な判断を迫られていたのは明らかで、そこには葛藤が生じていたものと思われる。

家康、秀忠、秀頼から禁制を得た平野郷

次に、現在の大阪市平野区に所在した平野郷の事例を紹介しよう。平野郷は戦国期において、堺と並ぶ自治都市として知られていた。平野郷を支配していた豪商の末吉《すえよし》家は、商業活動を通して巨万の富を得たといわれている。末吉家は東西の二つの家に分かれていたが、今回のケースで該当するのは西末吉家のほうである。

慶長十九年（一六一四）十月二十三日、家康は豊臣方との合戦に備えて上洛すると、ただちに二条城に入城し、二十九日には西末吉家の末吉吉康《よしやす》を招いた。家康は、京都から大坂に出陣していた先発隊の松平忠明らの道案内を命じるため、わざわざ吉康を呼び出したのだ。忠明らは大坂付近の地理に明るくなかったので、土地勘のある吉康に案内を依頼したのである。その際、家康は吉康に次のような禁制を与えた（「末吉文書」）。

禁制　摂津国住吉郡
　　　平野郷

一　軍勢甲乙人が濫妨狼藉を行うこと。
一　放火をすること。
一　田畠の作物を刈り取ること。

右に違反する者があれば、速やかに厳しい処分を行う。
（家康朱印）慶長十九年十月二十九日

これが徳川家康の朱印を捺した禁制で、平野郷において、三つの行為を禁止することを命じたものである。平野郷の場合もほかの村落などと同様に、徳川方の軍勢が濫妨・狼藉、放火、田畠の作物の刈り取りを行わないようにするため、家康に申請を行ったのである。むろん、発給に際しては制札銭を必要とした。

ところで、平野郷では、別に秀忠からも同様の文面で禁制を獲得していた（「末吉文書」）。家康は住吉大社（大阪市住吉区）の社家《しゃけ》（世襲神職の家柄）・津守《つもり》氏宅に陣を置いていたが、秀忠は平野の全興寺《せんこうじ》に本陣を構えていた。平野郷では家康だけでなく、秀忠からも禁制を獲得することにより、秀忠の軍勢からの乱暴狼藉を未然に防ごうとしたのだろう。平野郷の人々は、来るべき合戦に万全の態勢を整えたのである。

しかし、先述のとおり、家康が平野郷に禁制を与えたにもかかわらず、平野郷ではすでに十月二十六日に秀頼からも禁制を獲得していた。内容は家康の禁制と同じく三ヵ条だが、最後の一条のみ竹木を切り取ったり、矢銭《やせん》（軍用金）を課さないことになっており、相違点が確認できる。

秀頼の禁制の形式は、袖印（文書の向かって右に印を押すこと）という尊大なものだった。本来、禁制には署名と花押（朱印）を据えるものである。署名すらせずに印を押すだけというのは、名前を書かなくても印を見れば誰の禁制かわかるだろうという意味で、尊大な形式であるとされた。また、本来の宛名は「摂州平野庄（郷）」とあるべきところ、「河州平野庄」と間違えている。この禁制も平野郷が秀頼に申請することによって、金銭と引き換えに交付されたものである。

秀頼が平野郷に禁制を与えた時点で、同郷の人々はすでに徳川方に味方することで一致団結していたという。秀頼は平野郷に対して、「豊臣家に忠節を尽くすならば、恩賞を与える」としたが、平野郷民はこれを拒否したのである（『寛政重修諸家譜』）。秀頼の禁制が発給されてから約十日後の十一月五日、末吉吉康が徳川方の道案内を務めるべく大坂へ入ると、豊臣方はこの動きを察知し、見せしめとして平野郷を焼き討ちにした。翌十二月、家康は吉康に対して、平野郷から離散していた町人・百姓らの帰住を求めた（『大坂冬陣記《ふゆのじんき》』）。この頃には冬の陣も終わっていたので、町の復興のため人々を呼び戻したのである。

平野郷は、家康、秀忠、秀頼と三人の禁制を得たが、最終的に豊臣方から焼き討ちに遭うという悲惨な結果になった。村落が戦火に遭遇した典型例なのである、平野郷は三通の禁制を由緒として、末永く後世に伝わるのである。

第七章
着々と進む開戦準備

秀頼を支えた重臣たち

大坂冬の陣の開戦時、秀頼は二十二歳の青年だった。大変な大柄で堂々たる人物として伝わっているが、若いがゆえに周囲の支援が必要だった。秀頼を支えた家臣には、いかなる人物たちがいたのであろうか。秀頼を支えた譜代の家臣としては、木村重成、大野治長、織田長益などが知られている。しかし、いずれも関係史料が乏しく、その出自・動向などは謎に包まれている。ほかにも家臣は存在するが、事績で知るところは少ない。

木村重成は、生年は不詳（秀頼と同年代だった可能性がある）、長門守を称した。父は近江の名門佐々木氏の系譜を引く常陸介重茲《しげこれ》だったといわれているが、確証はない。重茲は秀吉の重臣で、山城国淀に十八万石を与えられた。しかし、文禄四年（一五九五）に秀吉が甥の秀次に切腹を命じた際、連座して腹を切るよう命じられた。

なお、重成の母・右京大夫局《うきょうたいふのつぼね》は、秀頼の乳母だったので、重成は幼い頃から秀頼の身辺に仕えた。母が豊臣関係者の乳母を務めていたということは、治長と同じである。重成は豊臣家の信頼が厚く、慶長四年（一五九九）十二月に豊臣姓を与えられた。これは、破格の扱いだろう。以後、重成は秀頼に重用され、大坂の陣でも重要な役割を与えられたのである。

大野治長も生年が不詳で（永禄十二年〈一五六九〉頃か）、通称を修理亮《しゅりのすけ》といった。弟には、治房、治胤《はるたね》、治純《はるずみ》がおり、いずれも大坂の陣では豊臣方の一員として活躍した。治長の父は定長というが、詳しい経歴は不明である。母は大蔵卿局《おおくらきょうのつぼね》であり、秀吉の側室淀殿の乳母だった。先述のとおり、大蔵卿局は方広寺鐘銘事件の際に、家康のもとを訪れていた女性である。乳母は単に子供を養育するだけでなく、政治的な発言権を持った。

大蔵卿局の関係から、治長は秀吉の馬廻として仕官するようになったが、その時期は明らかではない。天正十七年（一五八九）頃、和泉国佐野と丹後国大野に合わせて一万石を領し、のちに従五位下・侍従に叙位任官された。慶長三年（一五九八）八月の秀吉の死後は、秀頼に仕えて詰衆の二番衆の筆頭に任じられた。しかし、慶長四年（一五九九）九月、治長は浅野長政、土方雄久らと大坂城内で徳川家康暗殺を企てたが失敗、未遂に終わった。この容疑で捕らえられ、下野国結城の結城秀康に預けられたのである。

翌年七月、石田三成らが家康を討つべく挙兵すると、治長は家康から赦免され、関ヶ原合戦では東軍に属して勝利に貢献した。合戦後は再び豊臣家に仕え、重臣の一人として秀頼を補佐するようになった。慶長十九年（一六一四）に起こった方広寺鐘銘事件で片桐且元が大坂城を退去して徳川方に与すると、治長は豊臣家の重臣として秀頼を支えることになり、難しい政局運営を担うことになった。後世の史料では「愚将」と伝わっているが、それは治長を貶めるための創作にすぎない。

豊臣家を支えた重要人物としては、織田長益がいる。長益は織田信長の弟で、通称源五郎といった。天正十八年（一五九〇）に剃髪して、有楽と号した。東京の有楽町は、数寄屋橋御門の周辺に屋敷を構えた有楽の名にちなんでいる。有楽は茶人でもあり、有楽派の祖として知られる。有楽が再興した京都建仁寺の正伝院《しょうでんいん》の茶室如庵《じょあん》は、国宝に指定されている。とはいえ、有楽も史料が乏しく、詳しい事績はわかっていない。

天正十年（一五八二）六月に勃発した本能寺の変では、宿所の二条御所を襲撃されたが、有楽はかろうじて脱出に成功し、生き長らえ甥の信雄《のぶかつ》に仕えた。信長の死後、信雄は豊臣秀吉に挙兵するが（小牧・長久手の戦い）、和解して臣従した際に有楽が折衝役を務めた。その後、有楽は秀吉の御伽衆《おとぎしゅう》（将軍や大名の側で咄《はなし》をする職名）を務めた。秀吉の没後、有楽は徳川家康に従い、関ヶ原の合戦で大いに軍功を挙げ、大和山辺郡に三万二千石の知行を与えられた。その後、有楽は淀殿のおじという関係から豊臣家に出仕し、大坂城で淀君・秀頼母子を補佐するようになったのである。有楽もまた、後世の史料で貶められているが、大いに誤解があるといえよう。

豊臣方の重臣たちの事情

以上、豊臣方の家臣たちを紹介したが、基本的には彼らの母が淀殿、秀頼の乳母だったこと、あるいは淀殿と近い関係にあった。秀吉はもともと武士身分ではなかったので、譜代の家臣といえる存在はなかった。それゆえ、秀吉は身近な人物を登用し、重臣に据えたと考えられる。豊臣家の家臣団編制の背景には、ほかの大名家と違った特殊な事情があったのだ。

かつて秀吉から恩顧を受けた大野治長や織田長益は、紆余曲折を経て家康に従った面々である。彼らの知行はわずか一万石から三万石程度にすぎず、大身の大名には太刀打ちできなかった。しかも、治長と長益は家康から知行を与えられており、片桐且元のような立場に近かった。彼らは一種の付家老である。それゆえ「豊臣家のために」という気持ちがあっても、家康との関係に慎重にならざるを得ず、穏健派という立場に止まった。治長や長益は豊臣家の中枢にあって、徳川方との交渉役などを務めたが、弱気といわれても仕方がなかったのだ。

一方で、合戦で主力として活躍したのは、真田信繁、長宗我部盛親、後藤基次、明石掃部らだった。彼らは実戦の経験があり、腕に覚えのある実力者だった。とはいえ、彼らは豊臣家の譜代の家臣ではなく、しょせんは寄せ集めの牢人にすぎなかった。信繁らは治長や長益とたびたび対立することになるが、そこには事情があった。豊臣家に集まった牢人たちは、何が何でも徳川方に打ち勝ち、恩賞を与えられたり、仕官したりすることが目標だった。

信繁らの配下で合戦で戦闘に加わったのは、もともと彼らの配下にあったが牢人に身を落とした者、あるいは各地から集まった大量の牢人だった。彼らは別に「豊臣家のために」ということで大坂城に入城したのではなく、当座の金や将来的な恩賞や仕官が目当てだった。豊臣方は諸大名が味方にならなかったので、上から下まで寄せ集めの軍勢だったのだ。

徳川方の諸将たちの大坂集結

牢人たちが豊臣方に与するため大坂城に入城したのは、慶長十九年（一六一四）十月上旬頃だった。一方で、徳川方に味方する各地の大名も出陣し、大坂城に続々と集結しつつあった。

家康は合戦前の九月七日の時点において、有力大名の約五十家から誓詞を提出させ、徳川家への忠節と異心なき旨を誓わせていた。翌月の十月一日、家康が東海・北国・西国の諸大名に出陣を要請すると、各地の大名は大坂城にやって来たのである。それは、誠に壮観だったと伝わっている。徳川方に与した池田利隆は、豊臣方の使者を捕らえ、家康に引き渡すことで忠誠心を示した。家康はその使者の額に「秀頼」の刻印を押して、両手の指を切断したうえで、そのまま追放したとのエピソードが残っている。

大坂を目指す諸大名の壮観な様子は、諸書に書き残されている。「これだけの大軍は日本はじまって以来のものである」(『本光国師日記』)。「人と馬が宿や港、山々を充満している。神武天皇以来、これだけ武士が集まった例は聞いたことがない」(『森家先代実録』)。内容が大袈裟なのは、自軍の威勢を誇張するためであるが、いかに徳川方に与した諸大名が大軍勢を率いていたかが伝わってくる。

その際、疑わしいとされたのが島津氏だった。先に触れたとおり、島津氏は豊臣方から誘われていたものの、断ったという経緯があった。そのような事情から、徳川方では島津氏の動きを警戒していた。本多正純と崇伝は細川忠興に書状を送り、島津氏の出陣を見届けたうえで、その動きを監視するよう伝えた(『本光国師日記』)。島津氏は出陣が遅れたので、島津氏は豊臣方に寝返ったのではないかという風聞が流れた。しかし、島津氏が遅れたのは、単に悪天候によるもので、その影響により船出が遅れたにすぎなかったのである。

諸大名が徳川方に与する中で、豊臣恩顧の古参である福島正則の存在は、家康には拭いきれない不安があった。ほかにも、黒田長政、加藤嘉明、平野長泰は、豊臣方と関係が深いとされ、中でも正則、長政、嘉明はそうした理由から江戸に留め置かれた。長泰の子・長勝《ながかつ》は、あろうことか豊臣方に与して大坂城に入った。長泰は長勝を連れ戻すため、大坂行きを家康に志願したが、それは却下されて江戸での待機を命じられたのである。

正則は大坂方に対して、先に触れたとおり大坂屋敷の米八万石を供出していた。また、正則は豊臣方と密書を交わしていたが、最終的に豊臣方に味方することを拒絶した。密書は広島の忠勝《ただかつ》（正則の子）にも送られたが、それは家康のもとに提出された。忠勝も豊臣方への協力を拒否したのだ。密書の内容は不明であるが、おそらく正則が豊臣方に味方することを伝えたものだろう。ただし、それは定かではなく、事実なのか疑わしい。

家康は正則に江戸待機を命じると、忠勝に出陣するよう要請した。家康は、土壇場で正則が裏切る行為を恐れていたという。しかし、正則は家康の意向をすばやく察知し、使者を駿府に派遣すると、異心なき旨を注進した。家康の思惑通りに、ことは進んだのである。正則は、決して豊臣方に応じることはなかった。

板倉勝重による畿内諸将の動員

大坂の陣のはじまりとともに、板倉勝重は畿内の諸将に出陣を促した。出陣の準備、人質の受け取りは、勝重の担当だったようである。以下、その概要を確認しておこう。

慶長十九年（一六一四）十月十五日、徳川方の片桐且元の居城・茨木城に豊臣方が攻めてきたので、京都から片桐方に徳川方の加勢が急行した（『言諸卿記』）。二日前の十月十三日、丹波の川勝広勝《ひろかつ》が出陣のために上洛してきた(『時慶卿記』)。二日後の十月十五日、藤掛永勝《ながかつ》の子・三蔵《さんぞう》(永重《ながしげ》)、村上吉正《よしまさ》(以上、丹波)、美濃の長谷川守知《もりとも》が茨木城の加勢に駆け付けた(『時慶卿記』)。その翌日になると、川勝氏ら丹波衆が茨木城に入ったという(『時慶卿記』)。以上が一次史料の記述である。『大坂御陣覚書』によると、丹波、播磨、摂津の三ヵ国に徳川方からから援軍の派遣要請があったという。右の援軍要請を行ったのは、勝重にほかならない。

『寛永諸家系図伝』などの二次史料には、右に示した援軍の派遣要請の状況が詳しく書かれている。当時、村上吉正は伏見城代の松平定勝の配下だったが、且元から救援要請があったことを知ると、ただちに茨木城に向かった(『寛永諸家系図伝』)。長谷川守知も同様で、勝重から救援要請の使者が遣わされると、茨木城に急行したことが判明する(『寛永諸家系図伝』)。それらの記述は、史実とみなしてよいであろう。

備中の戸川達安は駿府から帰る途中で、京都の勝重のもとに立ち寄ったところ、豊臣方が且元の茨木城を攻撃するとの風説を知った。達安は参勤の帰りで軍勢は少なかったが、且元の加勢に行くと申し出た。すると、勝重は大いに喜び、これで茨木の守りが堅固になると述べたという。達安は、茨木城の大手に陣を置いたと書かれている(『戸川家譜』)。

細かな点は置いておくとして、二次史料の記述ながらも、勝重の要請によって、諸大名が茨木城に馳せ参じたのは事実とみなしてよい。つまり、勝重には緊急時における、諸大名への一定の動員権が与えられたと考えられる。

騒然とする京大坂

豊臣方と徳川方の合戦が近いことは、京都や大坂の人々の間に風聞として流れていた。それは、激しい動揺や恐怖心を伴うものだった。

同時に、そうした不穏な動きは、異常な事象や天変地異の噂とともに、人々の間へと広まっていった。たとえば、大坂冬の陣が近づくと、将軍塚が鳴動したという噂が流れた。将軍塚は京都市山科区に所在し、華頂山《かちょうざん》の山頂にある古墳の一つである。国家に重大事が起きると、塚では雷電が轟き、鼓を打ったかのように鳴動したという。将軍塚は、春日八幡にもあった。大坂冬の陣も国家の重大事だったので、将軍塚が鳴動したのだ。将軍塚が鳴動したという記録は、『時慶卿記』に散見する。

不可解な自然現象の風聞も流れた。大坂城の天守付近からは、黒い竜のようなものが天に向かって昇って行ったという。あるいは、大坂城の天守付近には煙が渦巻いていたが、それは「うんか（セミに似た昆虫）」の大群だったというのである。むろん、それが事実かといえば非常に疑わしいが、人々は不吉な予兆を噂し合い、不安と動揺に包まれていたのだ。

人々の不安な気持ちは、「預物」という行為にあらわれた。洛中の人々は禁中（御所）を訪れて、「預物」をしたという（『言緒卿記』）。しかし、先述のとおり、京都所司代を務めていた板倉勝重は、これを禁止したというのである。改めて確認すると、「預物」とは人々が戦火から財産を守るため、寺社などに金銀や家財を預ける行為である。戦争が終わったら、預けた人は「預物」を取りに来るのである。

家康・秀忠の出陣

慶長十九年（一六一四）十月十一日、家康は約五百の兵を率いて、本拠の駿府を出発した。途中、掛川、中泉、浜松、吉田、岡崎に泊まり、十七日に尾張名古屋に到着した。名古屋は九男の義直が治めていたが、前日の十六日に約一万五千の兵を従えて、すでに西進の途についていた。二十日には、豊臣方の山伏姿に変装した狙撃手が家康の命を狙ったが、これは捕らえられたという。十二日後の同月二十三日、家康は京都に到着した。その間の家康は、豊臣方の情報収集に余念がなく、心休まる時間すらなかったという。

家康が京都に到着した同じ日の二十三日になって、ようやく秀忠は江戸を出発した。秀忠の出発が遅れたのは、江戸城の留守居の担当者の選任、そして関東方面の諸大名の措置に時間を要したからだった。結局、江戸の留守居を担当したのは家康の六男・忠輝で、以下、村上義明、溝口宣勝《のぶかつ》、最上家親《いえちか》らも残された。秀忠は出発に際して、本多忠純《ただずみ》（正信の子）に書状を送っていた（「和田文書」）。その内容で重要なことは、豊臣方と交戦するのは、私（秀忠）が大坂城に到着するまで待ってほしいというものだった。それは、関ヶ原合戦で本戦に間に合わなかったという、苦い経験があったからだったに違いない。

ようやく秀忠が上洛を果たしたのは、翌十一月十日のことである。秀忠は関ヶ原での轍を踏まぬよう、しっかり準備をしていたに違いない。十一月十五日、家康・秀忠父子の率いる軍勢が京都を出発すると、十八日には茶臼山（大阪市天王寺区）に到着し、早速、諸将を交えて軍議が催されたのである。

家康は秀忠を待つ京都滞在中、大坂城付近の絵図などを収集し、入念に作戦の準備に取りかかっていた。加えて大工頭の中井正清に対し、大坂付近の詳細な絵図の作成を命じたのである。慎重に慎重を重ねる、家康の性格がよくあらわれていて誠に興味深い。絵図などの情報を提供したのは、大坂城を退去した片桐且元だった（『駿府記』）。且元は大坂城に在城していたこともあり、城内だけでなく周辺の地理を知り尽くしていた。

家康は且元と藤堂高虎を召し寄せると、大坂城の堀の深さを確認したり、攻める方向を相談したりするため、絵図をもとにして作戦を練り上げたのである。

はじまった徳川方、豊臣方の小競り合い

家康が入京して諸大名と協議すると、すぐに作戦行動が開始された。十月二十五日、家康は片桐且元と藤堂高虎に先鋒を命じると、高虎はただちに河内国分《こくぶ》（大阪府柏原市）に出陣したのである（『慶長見聞録』）。高虎に従ったのは、神保相茂《じんぼうすけしげ》、桑山元晴《もとはる》らの諸将だった。一方の且元は、弟の貞隆、堀直寄《なおより》らと約一万の兵で河内国分に向かった。二人の出陣後、上洛した諸将も次々と大坂城に向かっ

た。家康が旦元に厳命したのは、「命令するまで手出しをしてはいけない」ということだった。家康は周到に作戦を練り上げたものの、あくまで本格的な開戦には慎重だった。

一方で、十一月初旬頃から、各所で徳川方と豊臣方との小競り合いがはじまっていた(『言緒卿記』)。将兵は、いの一番に手柄を立てたいという欲求が抑えきれなかったのであろう。十一月五日、松平忠明らが率いる軍勢は、平野(大阪市平野区)で豊臣方の薄田兼相の軍勢と戦った。負けた薄田軍が逃走すると、松平軍はすかさず追撃したが、大坂城から援軍が出撃してきたので兵を引いた。

翌十一月六日、豊臣方は家康の本陣(茶臼山)がある天王寺(大阪市天王寺区)に火を放ったので、天王寺の堂宇《どうう》などが焼き払われた。翌日、徳川方の池田忠継《ただつぐ》(輝政の次男)は神崎川を渡河すると、中島(大阪市西淀川区)に陣取っていた豊臣方の兵を追い払い、そのまま大和田《おおわだ》(同)に侵攻した。その後、忠継を追いかけるように、池田利隆(輝政の嫡男)をはじめとする大名に加えて、吹田(大阪府吹田市)にいた有馬豊氏らが中島に進軍したのである。徳川方は豊臣方との小競り合いを制して、大坂城に迫ったのである。

徳川方の諸将は豊臣方に攻撃を仕掛け、戦いを有利に進めていたが、戦場で問題になったのは将兵による濫妨狼藉だった(『大坂冬陣記』)。恩賞を与えるシステムは、将兵が敵方の首を討ち取り、その実績をもとにしていた。それゆえ、将兵は命がけになって戦場で戦ったのである。

しかし、当時は、将兵が戦場で略奪したもの(あるいは人)は、自身の所有物になるという考え方があった。たとえば、討ち取った敵の将兵の武具などはもちろんのこと、庶民から奪った金品なども自身の所有物になった。あるいは、戦場で捕らえた老若男女も同じことで、自身の奴隷にしたり、人買い商人に売り飛ばすこともあった。『大坂冬陣記』には、将兵が戦場でみだりにものなどを盗んで、放火をしたと書かれている。戦場での略奪行為は、「乱取り」と称されている。中には戦闘よりも、略奪に力を入れる将兵があったほどである。

そのようなこともあって、藤堂高虎の将兵が濫妨狼藉に及ぶと、激怒した家康は濫妨狼藉を止めさせるように厳命した（『駿府記』）。濫妨狼藉は、高虎の将兵だけでなく、本多忠政らの将兵も行っていた。家康が濫妨狼藉を止めさせたのは、治安が乱れるということに加え、将兵が戦闘に集中できないという理由があった。

家康は茶臼山に本陣を構えると、全国各地から集まった徳川方の諸大名は、大坂城をぐるりと囲むように配置された。その軍勢の数は諸書によって異なるが、おおむね二十〜三十万に及んだという。

豊臣方の戦略と淀殿

徳川方の臨戦態勢が着実に進む中で、豊臣方も作戦を必死に検討していた。豊臣方の譜代で、作戦立案の中心的な役割を果たしたのは、大野治長や織田長益といった面々である。実際に兵を率いて戦う主力は、真田信繁、長宗我部盛親といった牢人たちだった。彼らは出自や立場を異にしており、治長らは戦闘経験がさほど豊富だったわけではない。信繁らも牢人時代が長く、実戦から離れていた。豊臣方は急ごしらえの陣容という感は否めなかったが、どのような作戦を考えていたのであろうか。

豊臣方は、譜代と牢人の混成部隊だった。その中で積極的に打って出ることを主張したのは、真田信繁、後藤基次ら牢人衆であった。二人の作戦は、味方を鼓舞すべく秀頼を出陣させ、徳川方の態勢が十分に整わないうちに、宇治（京都府宇治市）、瀬田（滋賀県大津市）まで軍を進めて敵を討つものだった。先制攻撃は相手の出鼻を挫くことになるが、大野治長ら譜代の家臣は、信繁らの作戦を採用しなかった。治長は大坂城が堅牢なのだから、その周囲に砦を築き、徳川方に籠城戦を挑もうとしたのである。

以上の話は、十九世紀に岡谷繁実《おかのやしげざね》が著した『名将言行録』に記されているが、同書の成立時期や性格を考慮すると、素直に受け入れられず疑問が残る。同書では、大野治長は無能で、豊臣方を敗北に導いた愚将として描かれている。逆に、信繁は打倒徳川に執念を燃やしており、優れた武将として位置付けられている。二人を対比させることで話を面白くしているのだ。

二次史料の『駿府記』によると、豊臣方の軍事作戦について淀殿が盛んに口出しするので、諸将は色を失ったという。当時、後家が子の若い当主の後見として、政治的な発言権を有していたのは事実である。しかし、合戦についてはまったくの素人である淀殿が、作戦の細部にわたってまで指示をしたのか疑問である。

このように淀殿を愚かな人物として描いているのは、後世における何らかの作為が影響しているのだろう。秀頼が出陣すれば全軍の士気が高まるのだが、淀殿が半狂乱になって拒否したという逸話もある。こちらも無能でマザコンだった秀頼、我が子可愛さで秀頼を溺愛しすぎた淀殿という構図を意図したと感じられる。右の極端とも思える人物の描き方は、近年の研究で明確な根拠がないと指摘され、おおむね否定されている。

家康の目論見と秀頼の大坂への想い

慶長五年（一六〇〇）九月の関ヶ原合戦から三年後、征夷大将軍となった家康は江戸幕府を開幕すると、豊臣公儀の権限を換骨奪胎しつつ徳川公儀の確立に腐心した。家康は豊臣家を最初から潰そうとは考えず、秀頼に対しての配慮は欠かさなかったが、実質的に征夷大将軍の就任直後には秀頼の地位を超えたのである。

その際、もっとも重要だったのは、豊臣恩顧の諸大名を臣従させることで、それは領知配分などを通して達成した。ただし、一抹の不安があったことも事実であり、豊臣恩顧の福島正則の存在はその代表だった。正則は大坂冬の陣に際して、家康へ二心のないことを誓ったので、その不安は解消された。いざ大坂冬の陣が近づくと、全国の大名は徳川方に与したので、家康の目論み通りに事は進んだのである。

一方の豊臣方は、家康にその地位を超えられてしまったものの、開戦に踏み切ったのには理由があった。もっとも重要なのは、いかに家康の配下に甘んじたとはいえ、秀吉が権力を築き上げた大坂の地を離れるわけにはいかなかったことである。家康の意図は、豊臣家だけが特別な存在だったので、ほかの大名と同じように「鉢植え大名（転封）」化する必要があった。その理由は、大坂が政治経済の重要な地だったからである。秀頼は家康の真意を知ったので、徹底抗戦するつもりだったと考えられる。

もう一つは勝算があるというよりも、秀頼には互角に戦えるという自信があったからだろう。結果として、全国の大名は家康に味方したが、交渉次第では秀頼方に与する大名が出てくる可能性もあった。たとえば、薩摩の島津氏は治長から味方になってほしいと要請されたが、それを断った。もはや、島津氏は豊臣家に義理立てする余裕はなく、生き残るために冷静に判断したのだ。治長はほかにも有力な大名に対し、豊臣家に与するよう要請したが、そのすべてを断られた。これは大誤算だったかもしれないが、豊臣方には約十万の牢人衆が集まった。

徳川方の島津家久、細川忠興らは、豊臣方に集まった牢人衆を弱点と見抜いていた。忠節心の薄い牢人衆がいくら集まっても、しょせんは烏合の衆にすぎず、豊臣方が勝てるはずがないと確信していた。伊達政宗に至っては、年内か遅くとも年明けには決着すると考えていた。徳川方の軍勢が勝っていたのは事実だが、質的にも豊臣方の軍勢が不利であると誰もが予測していたのだ。

イギリス人のリチャード・コックスは、秀頼は約八万〜十万の牢人衆を従え、一方の家康が三十万もの軍勢を率いていたと記録する。そのうえで、秀頼は長期にわたって家康に抵抗するのは難しいと考えた。コックスは家康が百戦錬磨の手練《てだ》れであり、秀頼はとても敵わないと認識していたのである（『慶元イギリス書翰』）。外国人のイギリス人ですら、家康の勝利を強く確信していたのである。

治長も多少は合戦の経験があるので、自軍の不利を悟っていたに違いない。それゆえ治長は、牢人主体の統率力のない軍勢で打って出るよりも、持久戦に持ち込んだほうが得策であると考えた可能性がある。籠城戦というのは、豊臣方が選択しうる唯一の選択肢だったと考えられる。それは徳川方に勝つというよりも、適当な時点での和睦を想定していた可能性がある。豊臣家中は混成部隊だったので、作戦をめぐる確執があったかもしれないが、籠城作戦はそれなりの計算に基づく判断と考えてよいであろう。

家康、大坂へ

十一月十五日、家康は滞在していた二条城を出発し、大坂へ向かって移動した。途中、家康は木津（京都府木津川市）に立ち寄り食事（湯漬け）を済ませ、そのまま奈良へと向かった。十六日はあいにくの雨だったが、家康は周囲が引き留めるのも聞かず、法隆寺（奈良県斑鳩町）まで進んでいった。十七日に住吉（大阪市住吉区）に入ったが、この日には秀忠が平野（同平野区）に到着していた。家康は十八日に天王寺（同天王寺区）に到着し、先着していた秀忠に出迎えられたのである。

その後、家康は息つく間もなく、秀忠とともに茶臼山（同天王寺区）に向かい、ここに本陣を置いたのである。早速、家康は藤堂高虎、本多正信らと軍議を催した。同じ頃、家康に与した諸大名の軍勢も大坂城を攻囲して布陣した。その数は約二十〜三十万といわれるが、正確な数はわからない。また、布陣の位置についても、諸書や残された布陣図によって異同がある。約二十〜三十万といえば、現在の中核都市の人口と変わらない。それだけの数の軍勢が大坂城を攻囲したのだから、かなり壮観だったに違いない。

徳川方の大名の中には、遅参する者もいた。十一月十六日、陸奥盛岡の南部利直は行軍中の家康に供奉を申し出たが、すでに軍勢配置が決まっているとの理由で、後詰《うしろづめ》（後方支援）を命じられた。陸奥弘前の津軽信枚は、十一月二十五日に大坂に遅れて到着した。信枚は繰り返し家康に参陣を懇願したが、それは拒否された。家康は信枚に帰国を命じ、東北での備えを申し付けたのである。しかし、東北に反徳川方の勢力がいるわけでもなく、信枚は無念の思いを抱きながら、弘前に帰国したに違いない。

大坂城周辺は、今にも合戦が起こる様相を呈していた。そして、十一月十九日の木津川口の戦いによって、両軍の激突が開始されたのである。

万全だった徳川方の軍備

十一月十八日に茶臼山に上った家康は、大坂城の籠城作戦を察知し、周辺の各所に付城の普請を指示した（『慶長年録』）。付城とは敵の城を攻撃する際、それと相対して築いた城のことである。向城《むかいじろ》ともいう。家康は持久戦に備え、天王寺、茶臼山、今宮《いまみや》ノ下、木津川口、伝法口《でんぽうぐち》、岡山、大和路筋、若江《わかえ》口、今福《いまふく》などに各一ヵ所の付城を構築し、天満《てんま》と守口《もりぐち》の間には三ヵ所の付城を築いた。

天正八年（一五八〇）に終結した羽柴（豊臣）秀吉による三木城攻撃は、これまで最大規模の籠城戦だったといわれているが、このときも周囲に多くの付城が構築された。徳川方は付城を拠点にして、じっくりと持久戦に臨んだのである。大坂城周辺の付城は、同月二十五日頃には完成したので、実に迅速な対応であったといえよう。

徳川方は、大坂城内からの鉄砲などの攻撃に備えて、大量の竹束《たけたば》と鉄盾を用意していた。竹束とは丸竹を束ねて楯とし、銃弾や矢を防ぐ楯のようなものである。鉄盾は、すでに十月の時点において、家康が命じて作らせていた、鉄盾は八人で一枚を持つほど重厚なもので、二十枚もあった。二十枚の鉄盾は、半分を茶臼山の家康が、残りの半分を岡山の秀忠が使用することになった。一説によると、家康は千枚もの鉄盾を作らせ、諸大名に配付したと伝わっている（『大坂記』）。

家康がイギリス商人から大砲を購入したことは、すでに述べた。当時、鉄砲は主力の武器になっていたが、いかんせん射程距離が短く、殺傷能力もそんなに大きくなかったからだ。その一方で、家康は鉄砲作りで有名な和泉国堺、近江国国友《くにとも》（滋賀県長浜市）の鉄砲鍛冶に命じて、大砲を作らせていた。家康は開戦を見越して、かなり早い段階から大砲の注文をしていたのである。

鉄砲の弾薬は、家康に与した諸大名からも提供された。黒田長政は鉛三千斤、中川久盛《ひさもり》は鉛千斤を家康に献上したのである。

森忠政に見る軍勢統一のための法度

こうして徳川方の諸大名は、大挙して大坂へと向かった。ここでは、美作国津山藩主の森忠政の動きを確認しておこう。

慶長十九年（一六一四）十月初頭、忠政は大坂への出陣を申し付けられ、急ぎ津山へと帰城した。

『駿府記』によると、それまで忠政は江戸城普請に従事していたが、暇《いとま》を申し付けられ帰国したという。そして、同年十月十六日、忠政は津山から大坂を目指して出陣したのである。随分と急であったことがわかる。ところで、出発の直前、忠政により一連の文書が発給された。いずれも『森家先代実録』に収録されたものである。各史料は月日を欠いているが、忠政の出陣前のものと考えられる。

同年（月日を欠く）、忠政は三ヵ条にわたる定を発給した。文書に署名をしている跡部《あとべ》氏ら五名は、森家の重臣である。史料には日付が抜けており、草案・土代《どだい》（ともに下書きの意）だった可能性も考えられる。

一条目は、草・薪について在々の野山で下草、柴木を刈り取ること（を認める）とある。二条目の小屋具とは、草や柴木を保管する小屋、そして刈り取る道具を指すのだろう。そして、小屋具は百姓に交渉し、用いることは構わないとしている。最後の三条目は、宿賃のことは、定めたとおりであると結んでいる。「定めたとおり」とあるものの、何を定めたのかについては、ほかの史料で確認できない。宿賃というのは、美作を発して、移動する際の代金と考えられる。

この史料については、同じく『森家先代実録』に収録された関連史料がある。これは、忠政が定めた「法度」である。

「法度」の冒頭に書かれている「将軍家御壁書」とは、幕府の法令を意味する。「法度」は、それに基づいて発布されたものである。では、「将軍家御壁書」とは何を指すのだろうか。慶長十九年十月十六日、徳川秀忠は大坂冬の陣を控えて、十一ヵ条にわたる軍法を発した。「将軍家御壁書」とは、秀忠の発布した右の軍法を指すと考えられる。秀忠の軍法は、喧嘩口論の禁止、先駆けの禁止などを規定している。忠政の定めた「法度」とは、秀忠の軍法にさらに必要な事項を書き加えたものなのである。

「法度」の各条文を確認することにしよう。一条目は五人の奉行衆が「御法度」を遣わすとあり、それを面々(宛先の六人之士大将)の「与中」へ堅く申し付けるようにとある。「御法度」とは、「将軍家御壁書」のことだろう。二条目は、在々において、百姓に悪行を働かないことを定めている。三条目は、他家の家中だけではなく、内輪の者にも言ってはならないと記されているが、何を言ってはならないのかは不明である。

宛先の「六人之士大将」は、大坂の陣で士(侍)大将を務めた、鯰江左京進、大塚主膳、関九郎次郎、森采女、渡部越中、渡部豊前の六名を示すと考えられる。したがって、史料中の「与中」とは、その配下に属する者を意味しよう。このように、忠政は大坂へ出陣するに際して、軍勢の統制を図るため「法度」を定めたのである。それは、森氏だけでなく、ほかの諸将も同様だった。

第八章
大坂冬の陣、開戦

幕府から諸勢への兵糧・軍費の支給

大坂冬の陣においては、幕府も大名も莫大な戦費（兵糧や武器の購入）が必要だった。一般的に兵糧は将兵の自弁とされているが、それはあくまで当座を凌ぐためのものだった。長期戦になれば、当然、将兵に動員をかけた大名が負担する必要があったのである。各大名の戦費調達方法は別途検討の必要があるが、ここでは幕府の対応を確認することにしよう。

『当代記』には、慶長十九年（一六一四）十月二十日から家康は諸勢に扶持方を給与したと書かれている。半分は銀で、残りの半分は大和からの米だった。銀と米が半々なのは、『武徳編年集成』に「京畿兵糧乞シキユヘ」と書かれている。同年に飢饉があったとの記録はないので、合戦に備えて米が奪い合いの状況になっていたと考えられる。それゆえ米の代わりに銀を支給して、戦地で兵糧を買うよう促したのだろう。銀を支給していたことは、『鉄醤塵芥抄《てっしょうじんがいしょう》』にも書かれている。いずれも二次史料の記述ではあるが、戦争前の米の買い占めという状況があったと想定されるので、さして外れていないと思われる。

『駿府記』慶長十九年十月二十二日条によると、勝重からの飛脚が駿府に到来し、京都に到着した軍勢には、順次兵糧を渡した旨の報告があったとの記述がある。それを裏付けるのが、板倉勝重の書状である（『譜牒余録』）。

書状の内容を確認しておこう。勝重は扶持方を渡すよう命じられたので、人数を記入した書付を基にして、伏見に到着した日から兵糧を渡す旨を森忠政に伝えた。つまり、扶持方は人数に応じて配分するもので、それは自己申告に基づいていたのである。扶持方は手形によって与えられ、そこには証明となる勝重の裏判（手形の裏に花押を据えること）が据えられていた（『譜牒余録』）。そして、各組（組は部隊の単位）の者には、扶持方を手形で受け取りに来るよう伝えてほしいと要請したのである（『譜牒余録』）。こうした兵糧の手配も、勝重の役割だった。

しかし、戦争が長引くにつれ、幕府の軍費はさらに増していった。『大坂冬陣記』によると、慶長十九年十一月二十八日の時点で、諸勢の兵糧の扶持を増やすことを決定したという。軍勢三十万人に対して毎日千五百石の米、あるいはそれに相当する銀が支給されることになった。ただし、奥州から出陣した大名については右の基準にかかわらず、その倍が与えられた。倍になった理由は、現地から大坂までの距離が長く、その分余計に経費がかかったからだろう。

士気が上がらない諸大名への対策

『大坂御陣覚書』にも、同じ趣旨のことが書かれている。兵糧を増やした理由は、諸勢の士気が上がらなかったからだった。倍額の支給は、『大坂冬陣記』と同じく遠国の者になっている。諸大名は戦費調達に困っており、なかなか士気が上がらなかった。そこで、幕府から兵糧を支給することになったのだろう。

とはいえ、兵糧をどれくらい必要としたのか不明であり、しかも二次史料のみにしか記述がない。

『鉄醤塵蓋抄』には「出陣の面々、一万石金子百両、御扶持方米三百人扶持」とある。これは、当座に支給されたものと考えられる。また、加賀藩の『三壺聞書《みつぼききがき》』には総軍に与えられた扶持として、二十五日につき約三十五万石と記されている。『三壺聞書』の場合、一日につき一万四千石とかなりの石高になっており、先述した「軍勢三十万人に対して毎日千五百石」よりもはるかに負担が大きい。いずれにしても相当な量の兵糧である。

『武徳編年集成』には、ユニークな逸話が記載されている。奉行が報告するには、諸将は軍勢の数を偽り、余計に米を申請しているので、これを改めるべきかについて家康の判断を求めた。すると家康は大いに怒り、吝嗇《りんしょく》なのは時によるべきで、今は敵が家康の大軍を恐れているのだから、米を惜しむ必要はないと言った。つまり、米をケチることによって、諸大名や配下の将兵の士気が低下することを恐れたのだろう。

諸大名に支給された扶持については、直江兼続の書状に詳しい（「直江重光書翰留」）。兼続の書状によると、景勝の知行高三十万石に対して、幕府から扶持を受け取ったことが示されている。また、『上杉家大坂御陣之留《ごじんのとめ》』には、幕府から諸家に対して兵糧を支給したことが書かれている。

同じく『伊達政宗記録事蹟考記』には、伊達家に二万人の扶持が渡されることになり、配下の者が伏見に赴いて銀子を受け取ったとの記述がある。したがって、諸大名が家康から相当な兵糧を配分されたのは、決して誤りとはいえないだろう。いくら家康の命とはいえ、諸大名の士気の低下は避けねばならなかった。兵糧の支給は、家康による最大限の配慮だったと考えられる。

大坂の陣においては、おおむね百石につき三〜五人程度の軍役を課されたと考えられる。上杉家は三十万石だったので、出陣した人数は九千人から一万五千人の間だったと推測される。先述した直江兼続書状に記載された人数を合計すると一万三千人になり、妥当な数字といえる。幕府は上杉家に対して、何度かに分けて兵糧を支給していたのであるが、それは兵糧調達のための資金の融通が困難だったなどの問題があったのかもしれない。

このように、大坂の陣開戦時における勝重の役割の一つとして、幕府から諸家に渡す兵糧の分配があったといえよう。

諸大名の多大な経済負担

その後になっても、諸大名は大坂の陣における軍費の負担が問題になっていった。池田利隆、浅野長晟、鍋島勝茂、山内忠義は、慶長十九年（一六一四）に江戸城の普請役を負担することになっていた。ところが、彼らが大坂の陣に出陣するため資金不足になったことを申し出ると、後藤庄三郎はそれぞれの大名に銀二百貫目を貸し付けることになった（『駿府記』）。

池田氏に関しては、二百貫目を借りたことが確認できるが（『池田氏家譜集成』）、ほかの大名に関しては金額について相違がある。後藤庄三郎は、徳川家康のもとで判金を鋳造し、金貨などを鑑査する御金改役となって金座を統轄していた。銀座の設立にも関与した人物である。

浅野長晟は本多正純から大坂への出陣を命じられたが、池田氏らと同様に江戸城の普請が負担になっていた。そこで、後藤庄三郎から白銀五千枚を借用することになったという（『浅野考譜』）。『駿府記』には二百貫目と書いているので、明らかに金額が違っている。また、伊達氏が借りたのも、百貫目になっている（『鍋島勝茂譜考補』）。金額が異なっている理由は不明であるが、後述するとおり、何度かに分けて貸し付けた可能性も十分に考えられる。

鍋島勝茂の場合も、金額に相違がある。池田利隆、浅野長晟、鍋島勝茂は江戸城の普請と大坂への出陣が重なり、資金に不自由をしていると申し出ると、幕府はそれぞれに五百貫目を貸し与えたという。しかし、後日返納の時分になると、返済が滞ってはいけないので、さらに幕府から三百貫目を拝借したと書かれている（『伊達政宗記録事蹟考記』）。銀を借りる際、鍋島氏は志波彦助を使者として伏見に遣わし、銀を受け取った。その際の証文がある（『鍋島勝茂譜考補』）。

この証文を見ると、実際に受け取った金額は百貫目である。『鍋島勝茂譜考補』は、銀子の金額が違う理由について、「何度かに分けて受け取ったからか」と注記している。鍋島氏はこれでも不足したのか、嘉瀬《かせ》（佐賀市）の平吉源右衛門なる商人から、銀六百三十三匁を借用したという。少なくとも鍋島氏は、大坂の陣の戦費調達で大変な苦労を強いられていたのである。

一方、山内忠義の場合は、大坂出陣のために幕府から二百貫目を借りたのではなく、「拝領」したとされている（『譜牒余録』）。大坂に出陣したのは九千四百人で、扶持は一ヵ月に千百石だったという（『御当家年代略記』）。当時、土佐国は約二十万石だったので、軍役の負担は百石につき約五人（正確には四・七人）である。

右の点については、別の史料に使い道が書かれている。山内家は将軍家から百貫目を与えられ、それは忠義から侍以下、出陣する者すべてに給与された。家老の騎馬与力には、三十目ずつ支給された。騎馬与力が召し連れる人数は、若党一人、兜持一人、道具持一人、指物持一人、長柄一本（長柄鑓を一人一本持参するという意味）、馬取一人、具足鑓持一人、人足三人だった（『年譜』）。資金は、それらの諸経費に充てられたのだろう。

勝重は幕府から支給された兵糧の分配を取り扱ったが、諸大名はそれだけでは足りなかった。それゆえ、諸大名はさらに借金をして軍費を調達したが、それが借りたものなのか与えられたものなのか、判然としないところもある。兵糧米の支給については、なお不明な点が多いものの、勝重が業務に関与した形跡を確認することができる。

家康の禁制と板倉勝重の禁制

大坂の陣に伴って、家康や板倉勝重は禁制を交付した。戦争に際しては村落や寺社が将兵の乱暴狼藉を恐れ、事前に将兵を率いる大名に対して、金銭（制札銭）と引き換えに禁制の交付を依頼した。家康らも求めに応じて、寺社や村落に禁制を発給した。

興正寺《こうしょうじ》の例を挙げておこう。興正寺は、京都市下京区にある浄土真宗の寺院である。興正寺に交付された禁制は、片桐且元が家康の妻・阿茶局《あちゃのつぼね》に書状を送り、交付を求めたことがわかる（「興正寺文書」）。興正寺に交付された禁制の内容はごく一般的なもので、軍勢などの濫妨狼藉、放火、作物の刈り取りを禁止したものである。しかし、大坂の陣において、家康自身が発給した禁制の数は少なく、かえって京都所司代の板倉勝重が発給したものが圧倒的に多い。

興正寺に交付された禁制の内容を確認しておくと、徳川方の軍勢の濫妨狼藉、百姓に非分を申し懸けることを禁止したものである。家康の禁制と比較すると、勝重の禁制の一条目が明確に「当軍」と指定しているのに対して、家康の場合は軍勢一般（自軍と敵軍）とそのほかの人々（甲乙人）など広範囲にわたっている。つまり、勝重が発給した禁制は、あくまで徳川方の軍勢の行為に止まっているといえよう。

また、書止文言は家康がほかの寺社に交付した禁制が「仍如件《よってくだんのごとし》」と薄礼《はくれい》（礼が薄いこと。礼が厚いことを厚礼）であるのに対し、興正寺に交付された勝重の禁制の書止文言は「仍執達如件《よってしったつくだんのごとし》」と丁寧である。ただし、ほかの寺社などに交付された勝重の禁制の書止文言は、薄礼の「仍下知如件《よってげじくだんのごとし》」「仍如件」などもある。

勝重の禁制の全般についていうと、禁止する行為については、禁制の交付を希望する寺社や村落の要望を汲んだためか、それぞれの禁制における文面の禁止事項について少しばかり相違する点がある。濫妨狼藉、放火、作物の刈り取りのほか、竹木の伐採や陣取を禁止した禁制もある。とはいえ、畿内における禁制の発給は、勝重が担当していたのは明らかである。

勝重が禁制を交付したのは慶長十九年十月十五日が初見であり、洛中の十ヵ所に制札（禁制）を打ち付けたという（『義演准后日記』）。この禁制が要望によって、制札銭と引き換えに下付されたものか、勝重が自主的に行ったものかは判然としない。一般的に考えるなら、前者の可能性が高いといえる。

勝重に与えられた禁制発給権

慶長十九年（一六一四）十月二十二日には、堺南北町から濫妨狼藉を禁止する制札が欲しいとの要望があった。後藤庄三郎の仲介もあって、制札を遣わしたという（『本光国師日記』）。禁制が残っていないものの、普通に考えるならば、交付したのは勝重と推測される。堺に制札を遣わしたことは、『本光国師日記』の記事でも確認できる。

堺に道幾という、崇伝と古い付き合いがある僧侶がいた。道幾は制札について使者を遣わしたということなので、崇伝は何かあったのか尋ねると、堺の人々が戦を恐れて気遣っていたという。そこで、崇伝は先手となって出陣した藤堂高虎に自身の書状を添えて、制札を与えてほしいと依頼をした。高虎宛の崇伝の書状は道幾に渡したので、道幾がその手紙を高虎のもとに持参して、制札を交付されたものと考えられる（『本光国師日記』）。

その後、道幾や堺の年寄衆が崇伝のもとを訪れ、再び制札交付の件で高虎への斡旋を願ってきた。崇伝は高虎へ制札交付を願う書状を書き、道幾に渡した。しかし、現時点で堺に交付された制札は確認できない。このケースでは、勝重に禁制の下付を要請したのではなく、先手となって出陣した高虎に依頼を行った。道幾や堺の人々は、実際に軍勢を動かす高虎の禁制を欲したのだろうか。とはいえ、堺に禁制が残っていない以上、高虎が発給したか否かは断定できない。堺においては、勝重あるいは高虎によって禁制が交付された可能性がある。

もう少しほかの例を確認しておこう。崇伝には、関わりが深い八尾地蔵堂（常光寺）、真観寺《しんかんじ》という二つの寺があった。そこで、崇伝は高虎に書状を送り、制札の交付を願っているのである。『本光国師日記』を確認すると、板倉勝重が発給した慶長十九年十月日付の禁制（真観寺）が書き写されている。八尾地蔵堂（常光寺）には、慶長十九年十月日付で勝重が交付した禁制が残っている（「常光寺文書」）。

つまり、崇伝は高虎に禁制の話を持ちかけたものの、実際に発給するのは勝重だったと考えられる。高虎の禁制ではなく、勝重の禁制にこそ効力があったことを意味しよう。先の堺へ与えた禁制は現存していないが、与えたとしたならば勝重である可能性が高い。

そのほか、禁制は大和の興福寺、東大寺に遣わされたことが確認できる（『本光国師日記』）。また、徳永昌重の書状が崇伝のもとに到来し、河内国西郷（大阪府八尾市）の百姓の与一右衛門、次右衛門らが制札を受け取った旨を証明する受取状も届いた（『本光国師日記』）。その後、勝重の禁制が山城、大和、摂津、河内、近江に交付されたことが判明する。したがって、一般論でいうならば、興福寺、東大寺、河内国西郷には、勝重の禁制が交付されたと考えるべきである。

このように、畿内における禁制の交付については、おおむね京都所司代たる勝重の役割だったと考えられる。本来ならば、徳川方の軍勢を率いる家康、秀忠が発給すべきものかもしれないが、勝重には権限が与えられていたのだろう。それは、家康の禁制における一条目の「軍勢甲乙人等濫妨狼藉事」という文言と、勝茂の禁制における一条目の「当軍濫妨狼藉事」という文言の相違に留意すべきであろう。

木津川口の戦い

徳川方と豊臣方との事実上の緒戦が、十一月十九日の木津川口の戦いである。木津川口は大坂城の西側の道頓堀の河口付近に位置し、豊臣方が付城となる砦を築いていた。木津川と尻無川との合流する地点にもほど近かった。なお、木津川口は、史料によって穢多ヶ崎または江田ヶ崎などと表記される（276〜277ページの図8-4参照）。

物資の搬入をめぐる攻防戦は、元亀元年（一五七〇）から天正八年（一五八〇）にかけて、織田信長と大坂本願寺が激闘を繰り広げた石山合戦においても行われた。木津川口は両軍にとって重要な拠点であり、海上交通の要衝だった。当然、豊臣方も木津川口の重要性を認識しており、明石掃部の率いる八百人余の軍勢が木津川口を守備していた。しかし、いかんせん守備する兵は少なかった。

徳川方で木津川口を攻撃したのは、蜂須賀至鎮、浅野長晟、池田忠雄の面々で、約三千人の兵を従えていた。徳川方は敵の軍勢が少ないことを知り、掃部が軍議で大坂城に戻った間隙を突いて攻撃した。同時に、徳川義直、池田利隆らの軍船が奇襲攻撃を加え、さらに水軍を率いた向井忠勝《ただかつ》も豊臣方の船を攻撃した。水陸両面からの攻撃である。

一方の掃部は軍勢が少ないうえに、牢人が主力舞台だったので精鋭とはいえなかった。掃部は無残な敗北を喫し、木津川口の砦をあとにした。豊臣方はたった一日という短期決戦で、重要な拠点を失ってしまったのである。それだけではない。徳川方は伝法川口付近を警戒しており、新家（大阪市福島区）における豊臣方の船を掃討した。新家は、豊臣方の輸送基地として機能したので、これは大打撃だった。

緒戦において、豊臣方は守備の要である木津川口の砦、重要な輸送基地の新家を徳川方に奪われたので、大坂湾と大坂城をつなぐ海上輸送が困難になったのだ。

鴫野・今福の戦い

十一月二十六日になると、戦いの舞台は鴫野《しぎの》・今福へと移った。鴫野・今福は大坂城の東北約二キロメートルの所にあり、大和川を挟んで両岸に位置していた。徳川方は攻略の拠点として、この地の制圧を計画していた。同地にはすでに豊臣方の砦が築かれており、大野治長の配下の者が守備についていた。鴫野には小早川左兵衛ら約二千、今福には矢野正倫《まさとも》ら約五百が陣を敷いていた。

対する徳川方は、今福に佐竹義宣が、鴫野に上杉景勝、堀尾忠晴、丹羽長重が対峙する形で陣を構えていた。もはや一触即発は避けられない状況になっていた。佐竹、上杉両氏はともに、慶長五年（一六〇〇）の関ヶ原合戦後は大幅に減封されていたので、この合戦にかける意気込みは相当なものがあったに違いない。

十一月二十一日、家康は使者を佐竹、上杉両氏の陣営に派遣し、鴫野・今福を奪取するよう命じた。命を受けた佐竹、上杉両氏は、翌日に兵を率いて攻撃を仕掛けたのである。家康は大坂城を落とすため、この地に付城を築こうと考えていた。そのためには、鴫野・今福を占拠し、豊臣方の軍勢を追い払う必要があった。

最初に戦いがはじまったのは、今福砦であった。十一月二十六日の早朝、義宣は今福砦を急襲し、豊臣方の矢野正倫らの守備隊を打ち破った。戦いの滑り出しは上々だったといえる。しかし、午後になると、大坂城から後藤基次、木村重成が三千の兵を率いて応援に駆けつけた。二人の救援によって豊臣方は活気づき、佐竹方の渋江政光《まさみつ》を討ち取ったのである。義宣は自ら太刀を振るって戦ったが、多くの戦死者を出したという。それまでの豊臣方は劣勢であったが、一気に戦局を挽回したのである。

一方、鴫野の戦いでは、徳川方（景勝の軍勢）と豊臣方で激しい銃撃戦が繰り広げられ、やがて白兵戦へと展開した。豊臣方の鉄砲頭を務めていた井上頼次《よりつぐ》は鴫野砦を守っていたが、壮絶な戦死を遂げた。景勝の率いる軍勢は、豊臣方を相手に戦いを有利に進めた。豊臣方の形勢不利の状況が大坂城に報告されると、穴沢盛秀《あなざわもりひで》、大野治長、渡辺糺《ただす》らと秀頼の旗本七手組の青木一重らが援軍に馳せ参じた。援軍に力を得た豊臣方はたちまち息を吹き返し、一時は数百挺の鉄砲を擁する上杉方を退けるほどであった。

景勝は新たに鉄砲隊を投入し、堀尾忠晴、丹羽長重が加勢に駆けつけた。すると、その後は攻勢に転じて、豊臣方を退けることに成功した。勢いを盛り返した上杉軍は、情勢不利となった佐竹軍を救援すると、後藤基次、木村重成らは大坂城へ退却せざるを得なくなったのである。基次は退却の途中で敵の銃弾を受け、重傷を負ったという。豊臣方は多数の死傷者を出したので、被害は甚大だった。

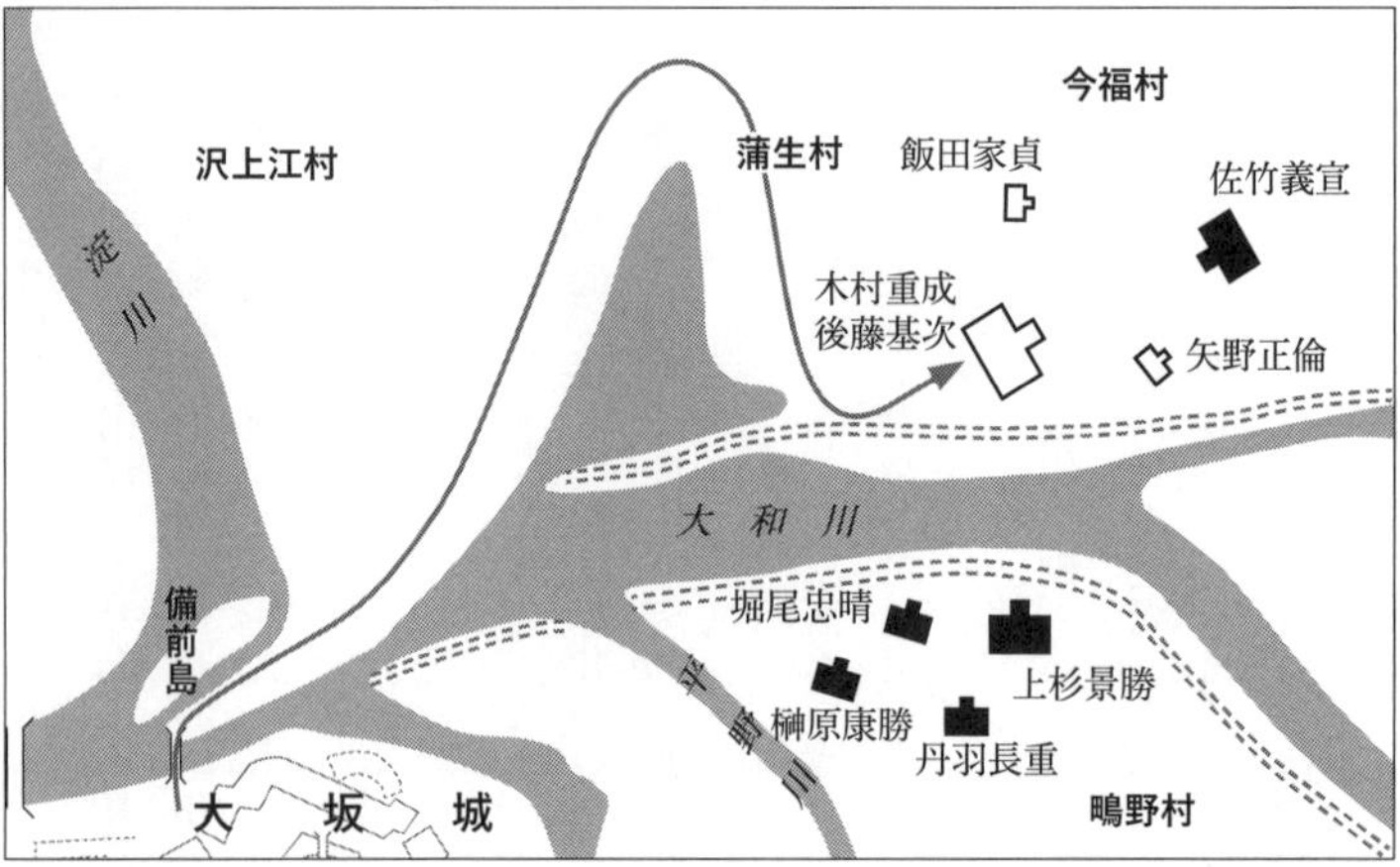

図8-1 今福の戦い

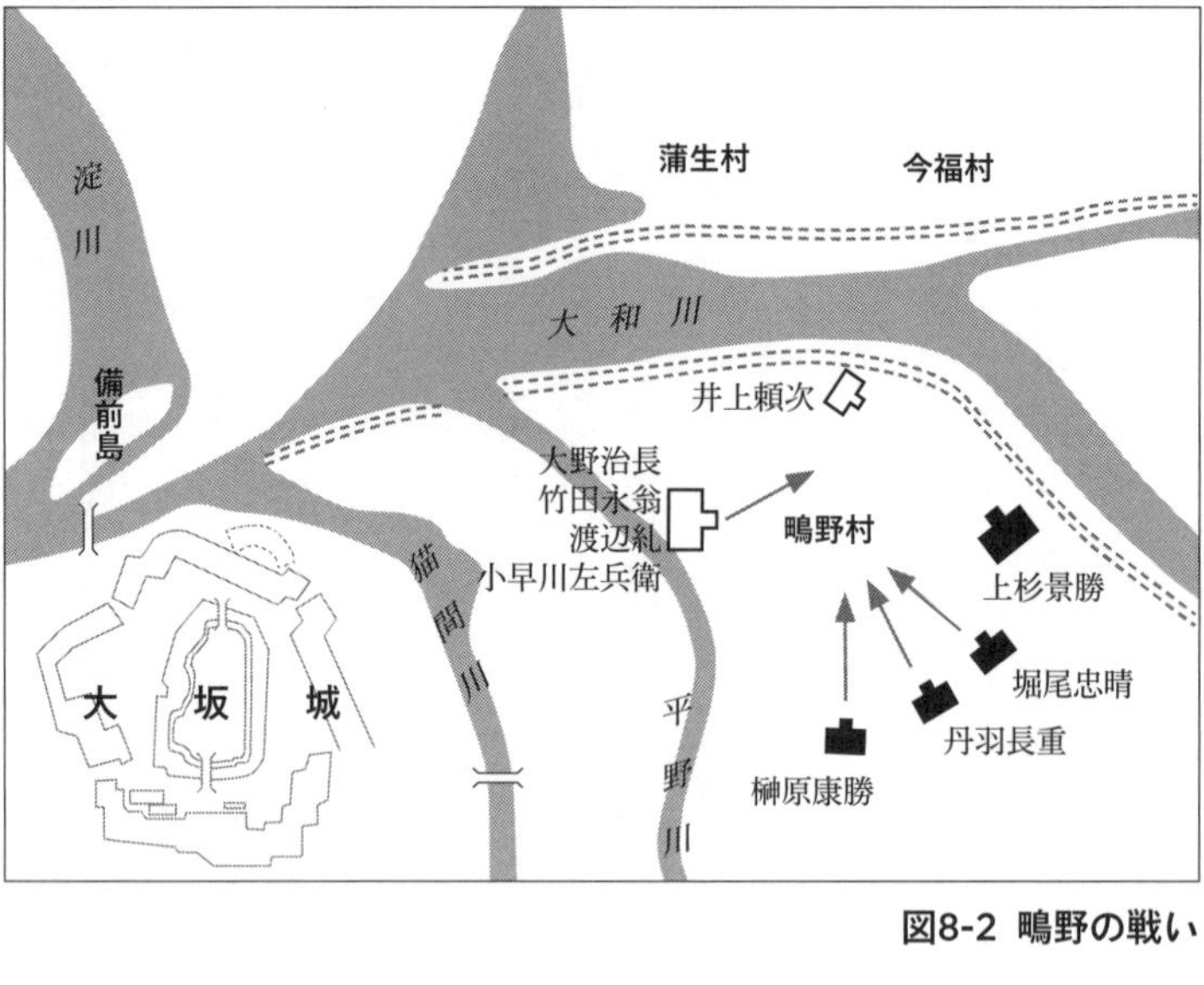

図8-2 鴫野の戦い

一方の徳川方も状況は同じである。佐竹軍の苦戦の状況は、克明に記録されている（「佐竹文書」）。嶋田兵四郎（佐竹氏の配下の者）が佐竹義宣に宛てた書状によると、兵四郎は「家康から豊臣方の成敗を申し付けられ満足であったが、渋江政光を戦いで失ったことは、非常に残念だった」と無念の意をあらわしている。

政光は小山秀綱《おやまひでつな》の家臣・荒川秀景の子で、天正十八年（一五九〇）の小田原合戦後に小山氏が改易処分になると、牢人生活を余儀なくされた。のちに、秀綱は佐竹氏の家臣として仕え、家老にまでなったが、周囲の妬みにより苦労した経験もある。その一方で、領国支配に手腕を発揮するなど、義宣の秀綱に対する信頼には厚いものがあった。佐竹軍は政光だけでなく、梅津憲忠《のりただ》をはじめ約六百の軍勢が討ち死にしていた。『梅津政景《まさかげ》日記』に記されるように、豊臣方の抵抗も激しく、佐竹軍の損害も相当なものになっていた。

佐竹軍は今福砦の戦いで貴重な戦力を失ったが、出陣した者たちは軍功により、秀忠から感状を授けられた（『寛永諸家系図伝』）。鴫野・今福の戦いの激戦ぶりが認識されよう。なお、『寛永諸家系図伝』には、佐竹氏以外の武将についても、大坂の陣における多くの感状を載せている。徳川家から授けられた感状は、それぞれの家にとって軍功を語るうえで重要な意味を持ったのである。

今福・鴫野の両砦は陥落し、徳川方に接収された。豊臣方は、木津川口に続く敗戦であった。ところで、一連の戦いにおいては、いくつかの興味深い史料がある。徳川方では、豊臣方の五百余の首を討ち取り、五十人ばかりを生け捕った（「池田文書」）。そして、生け捕った兵の指を切り落とし、あえて大坂城へ戻したという。将兵に残酷なことをすることで、豊臣方の戦意を喪失させようとしたのだ。

今福砦における戦いは、結果的に豊臣方が退くことになった。ところが、豊臣方では、木村重成に相応の評価がなされた。重成は軍功によって銀を拝領し、その一部を高松内匠《たくみ》に分け与えていた。重成は、高松内匠宛の感状を残している（以上『古今消息集』）。高松内匠は讃岐国の出身といわれ、大坂の陣を機に秀頼に仕えた人物である。重成が配下の者の軍功に報いることは、少なからず士気を高めることになった。重成の発給文書は少ないうえに偽文書が多いので、非常に貴重な例といえる。

戦後、家康は佐竹氏の軍勢が疲弊していることを考慮し、本多忠朝に今福の守備を命じた。忠朝に従ったのは、出陣できなかった真田信之の代わりを務めた子の信吉《のぶよし》・信政《のぶまさ》兄弟、秋田実季《さねすえ》、仙石忠政《ただまさ》という面々だった。

博労淵の戦い

鴫野・今福の戦い後、戦いの舞台は博労淵《ばくろうぶち》に移った。同じ十一月二十九日のことである。博労淵は木津川の中州、江之子島《えのこじま》の東部一帯のことを示し、先の木津川口砦とも続いていた。両軍にとって要衝であることに変わりはなかった。

豊臣方で博労淵の守備を任されたのは、薄田兼相である。兼相は小早川隆景に仕えていた薄田重左衛門を父とし、諸国で武者修行したという逸話を持つ百戦錬磨の人物である。兼相は約七百の軍勢を率いて、博労淵に陣を敷いていた。一方の徳川方は、蜂須賀至鎮、池田忠雄《ただお》、石川忠総《ただふさ》らが博労淵を攻めようとしていた。

ここで、阿波十八万石の大名・蜂須賀至鎮の率いる軍勢の内訳を検討しておこう。その内訳に関しては、「大坂御陣有人帳」という史料に陣立てが記録されている。そこには、各藩士が率いた兵や人足の人数、帳末には戦功のあった者や討ち死にした者の氏名が書き記されている。

この史料によると、至鎮が率いた軍勢は八千九百三十八人であり、これに牢人約百六十人が加わった。総数は約九千百人である。このうち騎馬隊は約四百二十名で、加子《かこ》（船乗り）は約千人であった。整然とした精鋭部隊であったことが推測される。牢人が加わっているのは、軍役に応じた兵を準備するためだった。牢人は豊臣方の専売特許ではなく、徳川方の補充兵としても活用されていたのだ。

至鎮は、博労淵砦の戦いにおいても軍功を挙げた。至鎮は博労淵砦が手薄であるとの情報を得ると、攻撃を計画していた水野勝成《かつなり》に先んじて、石川忠総と協力して、水陸両面から攻撃を仕掛けた。至鎮らの数十隻の船が一斉に砦を襲撃したので、守備する豊臣方はひとたまりもなかった。このとき兼相は神崎《かんざき》（大阪市中央区）の遊女屋で遊ぶという大失態を演じ、砦は至鎮によって落とされたといわれている。古来、神崎は遊女の集う場所として知られていた。ただ、遊女屋の件は荒唐無稽な話なので、史実か否か検討を要しよう。

『阿淡《あたん》年表秘録』には、博労淵砦の戦いにおける軍功に対して、家康・秀忠から至鎮とその家臣に送られた感状を載せている。彼らには、刀や陣羽織も与えられた。また、至鎮の父の家政は関ヶ原合戦後に引退し、蓬庵と号して隠居していたが、中老の森五兵衛・甚太夫に感状を送った（「森家文書』)。その内容は、二人の軍功を称えると同時に、戦死した甚太夫の弟・藤兵衛に哀悼の意を表したものだった。

同じ日、豊臣方の大野治胤《はるたね》が約八百の兵を船に乗せて、野田・福島(大阪市福島区)の中津川と天満川の付近に待機していた。治胤の軍勢を急襲したのが、徳川方の戸川達安、花房職之《もとゆき》、および水軍として知られた九鬼守隆《もりたか》、向井忠勝の軍船だった。折しも大雨が降っていたので、戸川氏らは悪天候と敵の油断に乗じて攻撃した。結果、治胤は無残にも敗走したのである。

兼相も治胤も大惨敗を喫したので、大坂城内では二人のことを「橙武者《だいだいむしゃ》」と呼んだという。「橙武者」のいわれは、「橙は実が大きく、色合いも良いのだが、正月飾り以外に使い道がない」というところから来ていた(『大坂御陣山口休庵咄』)。つまり、兼相も治胤も見かけは良いのだが、「中身はない」ということになろう。

徳川方は木津川口、博労淵という水陸の要衝地を押さえることによって、戦いを有利に進めることになった。

真田丸の構造

豊臣方と徳川方の戦線の火蓋が切られると、信繁は世にいう「真田丸」の構築に着手した。真田丸とは、信繁が大坂城の平野口に築いた出城のことである。真田丸は本丸と二の丸で構成されており、東西は約百八十メートル、堀の深さは約六～八メートル、土塁の高さは約九メートルあったという。今は、出丸城跡碑が大阪市天王寺区餌差町心眼寺《えさしまちしんがんじ》に建っている。

大坂城は上町台地の北部に位置しており、周囲は淀川、大和川が流れ、天然の要害になっていたが、南方は比較的防御が薄かったという。信繁はその弱点を見抜き、平野口に真田丸を築いたというのである。現在、大坂城近くに築かれた真田丸の遺構がほとんど残っていない代わりに、多数の絵図が残されている。それらを概観しておこう。

真田丸を描いた図としては、仙台藩の伊達家に伝来した「大坂冬の陣配陣図」(『僊台武鑑《せんだい》』所収)が有名である。この図は、絵画資料の宿命だが、描き方が十分でなかったり、曖昧だったりする点もある。しかし、真田丸を描いた図として、「大坂冬の陣図屏風」(東京国立博物館所蔵)とあわせて、よく用いられる資料である。また、「真田丸図」(『諸国古城の図』所収)も頻繁に引用される図で、広島市立中央図書館が所蔵している。

遠山家が所蔵する「浪華《なにわ》戦闘絵図」(全六図)にも、其壱に真田丸が描かれている。真田丸には五千人が籠り、二人の影武者がいたとの興味深い注記が見られる。五千人というのは、後述する『幸村君伝記』と同数である。また、隣の二の丸には、大将と忍(忍者)三十人が籠っていたとある。二人の影武者が信繁の影武者なのか不明だが、成立の経緯を含めて検討を要しよう。

真田丸を描いた最古の図として注目されたのが、松江歴史館が調査を行った「極秘諸国城図」に収録されたものである(同館所蔵)。この図を包んだ紙には、元禄という年号が記されているので、少なくとも元禄年間(一六八八～一七〇四)以前に作成されたと指摘されている。その際、原本をもとにして、松江藩士が現地での調査を踏まえて、完成させたのではないかといわれている。

大坂冬の陣における加賀藩の仕寄り（城などを攻めること）の配置図「大坂真田丸加賀衆挿ル様子」（永青文庫蔵。以下、「加賀真田丸図」と略す）によると、真田丸は次のように指摘されている。

①真田丸の周囲には「空堀」があり、それが真田丸に接近するにつれ「水あり（水をたたえた堀）」になっていたこと。
②堀の底には、柵が張られていたこと。
③狭間塀（防御用の塀）を設けた土塁の傾斜の長さは、六間（約十一メートル）ほどあったこと。
④堀際にも柵が設置されていたこと。
⑤陣所から真田丸矢倉下の柵木まで百八十足（約百三十五メートル）あるが、それは実検した数値であること。
⑥真田丸に立つ長幟が茜色で、真田氏のものであること。
⑦馬印は信繁の父・昌幸と同じ黒であったこと。

「加賀真田丸図」は、実際に冬の陣に出陣した人物の手控えに基づき、当時の真田丸の姿をかなり正確に再現し、改めて作成された図であると指摘されている。

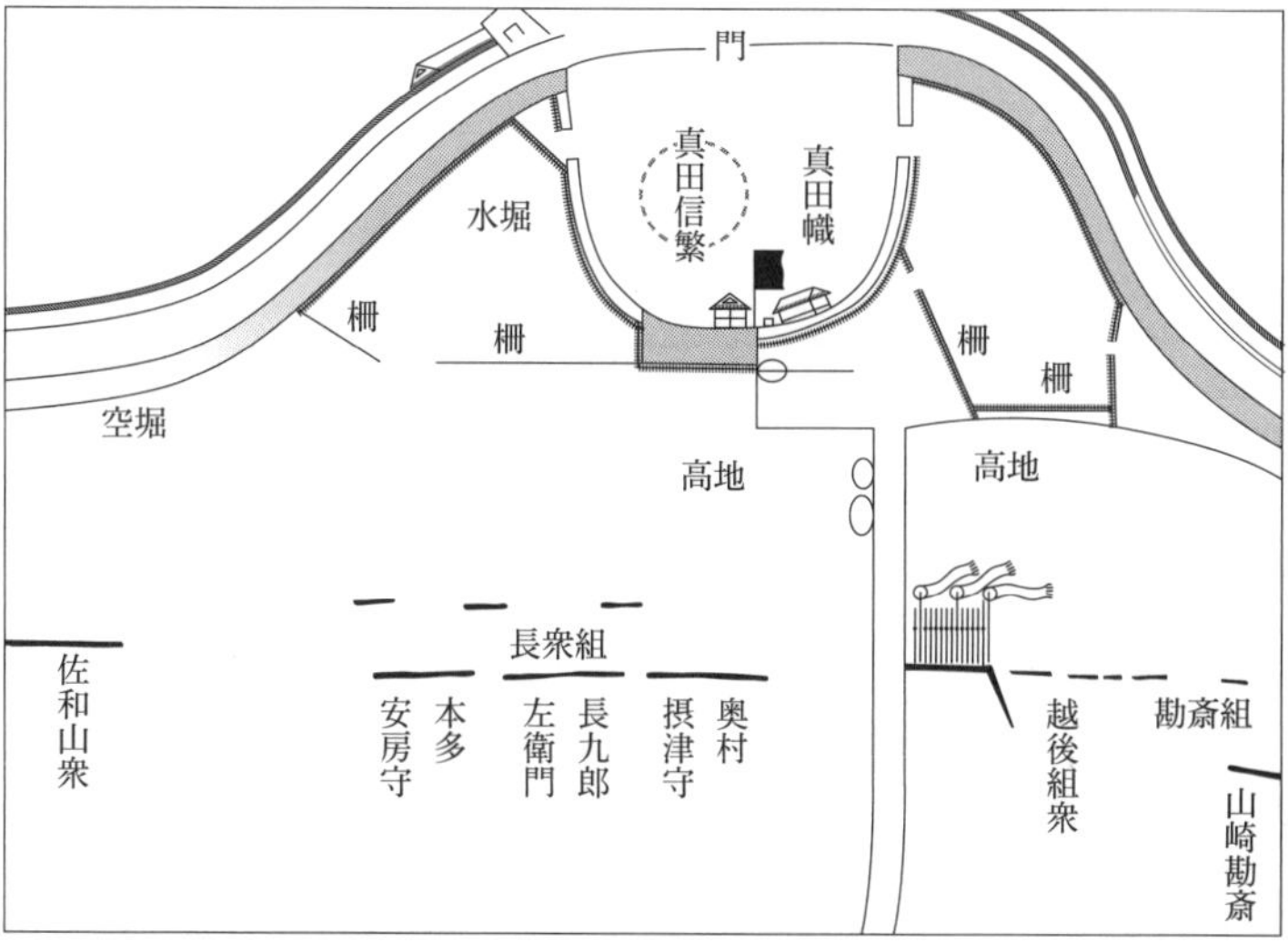

図8-3「大坂真田丸加賀衆挿ル様子」（部分）の概図

出所：千田嘉博著『真田丸の謎』に収載の原図〔永青文庫蔵〕、
大阪市経済戦略局の資料などをもとに作成

真田丸築城の経緯

『武徳編年集成』によると、信繁は後代に武名を残そうとして、「自称」するところの「真田丸」を築いたという。『武徳編年集成』は家康の伝記であり、元文五年（一七四〇）に幕臣・木村高敦《たかあつ》によって編纂された徳川方の編纂物である。この場合、信繁の意図は、単に武名を挙げたいためとしか書かれていない。

『幸村君伝記』には、もう少し詳しく状況が記されている。大坂城の四方の守備を振り分けた際、城の西南の玉造口に近い場所に小高い山があった。信繁はそこの四方に塀を廻らし、井楼《せいろう》（櫓）をあげ要害（城）とした。これが普請の当初より、「真田丸」と称されたというのである。信繁自身は、単に「出丸」としか呼んでいない。

『大坂御陣山口休庵咄』には、「信繁が何を思ったのか、玉造口の南の一段高いところに、三方から堀を廻らせ、柵を三重につけて櫓・井楼をあげ、塀の近くには武者走り（通路）を拵えた」と記す。この記事を見る限り、信繁の意図は明確に伝わっておらず、突如として「真田丸」が築かれた様子がわかる。あるいは、適当な名称がなく、単に真田信繁が築いた出城なので、「真田丸」と呼ばれたのかもしれない。

ところが、『大坂御陣覚書』には興味深い記述がある。大坂城の巽《たつみ》（東南）の方向に百間（約百八十メートル）四方の「出丸」を拵え、後藤又兵衛が入っていたという。しかし、又兵衛は遊軍を仰せつかったので、代わりに信繁が出丸を受け取って籠もったというのである。そのような事情から、敵も味方もこの「出丸」のことを「真田丸」と称したと記している。

そうなると、最初は又兵衛が「真田丸」に入っていたことになる。ちなみに『大坂御陣覚書』は、延宝五年（一六七七）に成立したものである。

真田丸に籠もった兵卒は、約五千のほかに手勢百八十人だったと伝わる（『幸村君伝記』）。ただし、先述のとおり『大坂御陣山口休庵咄』には、約六千とある。これは要するに、信繁の息のかかった者が百八十人ということなので、残りは大坂城に馳せ参じた牢人衆が真田丸に配属されたと考えるべきであろう。

彼らは赤旗を靡《なび》かせ、馬印は唐人傘の上に「しで」を付けていたという。しで（紙垂）とは、特殊な断ち方をして折った紙のことである。

真田丸に籠城した面々

「真田丸」に入城した面々については、兵力的には五千〜六千人程度に加えて、信繁の手勢が百八十人程度であったという（『幸村君伝記』など）。そこに加わった面々は、伊丹正俊、平井保則、山川賢信、北川宣勝《のぶかつ》、伊木遠雄であった。この中で指導的な地位にあったのが、伊木遠雄である。いったい彼らは、どのような来歴を持つのだろうか。

①伊丹正俊――不詳。伊丹因幡なる人物が『土屋知貞私記』に記載されているが、同一人物であるかは不明。

②平井保則――三河国の出身（『土屋知貞私記』）。詳細は不詳。

③山川賢信――もとは伊達家の家臣・富塚信綱《のぶつな》の弟で、小平二と名乗っていた。のちに伊達家を出奔し、山川賢信と名前を変え、大坂城に入城したという。

④北川宣勝――もとは伊達家の家臣・浜田景隆《かげたか》の長男、信勝《のぶかつ》または定勝《さだかつ》と名乗っていた。のちに伊達家を出奔し、北川宣勝と名前を変え、大坂城に入城したという。

⑤伊木遠雄――尾張国の住人で、伊木忠次《ただつぐ》の長男。のちに豊臣秀吉の近習・黄母衣衆に加えられた。朝鮮出兵にも出陣したが、関ヶ原合戦では西軍に属して牢人となり、大

坂城に入城したという。

このように見るならば、素性すらわからない者がおり、こうした人々が「真田丸」の中核に配置されていたのであるから、いささか不安が残るのも無理からぬところがある。加えて、五千～六千といわれる兵卒は、豊臣家の「求人」に応じて、一攫千金を夢見る牢人衆だった。一方の徳川方は、れっきとした大名家ばかりであり、軍制も整っていた。こうした両極端な軍勢が互いに相まみえたのである。

真田丸の周辺状況

慶長十九年（一六一四）十二月四日になり、いよいよ真田信繁が籠る真田丸の攻防が開始される。戦いの経緯については、『幸村君伝記』『大坂御陣覚書』『大坂御陣山口休庵咄』などの二次史料に詳しく書かれている。一次史料では、加賀前田家、越前松平家、彦根井伊家の史料がある。まずは、『幸村君伝記』などの二次史料を使い、戦いの前日の十二月三日の状況を確認することにしよう。

十二月三日の午後二時頃、秀忠は真田丸の周辺を徹底的に調べ上げ、城の守りが堅固であることを確認した。真田丸は開戦間近に築城されたものの、意外に整備されていたことが明らかになっている。調査後、秀忠は拙速な攻撃を慎むよう、全軍に命令した。秀忠は関ヶ原合戦の際、真田昌幸・信繁父子が籠る上田城を攻撃したが、無残な敗北を喫したうえに、関ヶ原に遅参するという苦い経験があった。同じ轍を踏んではいけないと考え、慎重な態度を示したのである。

真田丸の攻撃を命令されたのは、前田利常と松平忠直の二人である。早速、利常は真田丸の前に小高い「小山」を築き、堀を掘ると竹束で守備を固めた。利常は築き上げた陣地から、大砲や鉄砲などを真田丸に撃ち込み、戦いを有利に進めようとしたのである。真田丸が意外に頑強だったので、講じた作戦だった。

一方、信繁のほうも前田勢の動きを見逃すことなく、真田丸から盛んに鉄砲や大筒を撃ち込み、陣地を構築させないよう妨害をした。信繁は、「小山」が完成すると不利になると考えていたのだ。真田丸と「小山」の間には「笹山（篠山とも）」という場所があったので、信繁は「小山」に鉄砲で攻撃を仕掛けるべく、連日にわたって「笹山」へ足軽を送り込んだ。「笹山」を起点とし、妨害工作を徹底したのである（以上『幸村君伝記』）。

本戦の前日の時点で、早くも両軍の小競り合いがはじまっており、互いに有利に戦いを進めようと作戦を練り上げていたのである。

十二月四日の真田丸の攻防

十二月四日の真田丸の攻防について、最初に『大坂陣日記』によって戦闘の経過を確認することにしよう。

同年十二月四日の早朝、松平忠直は軍勢を繰り出した。先鋒を務めたのは、家臣の本多成重《なりしげ》と本

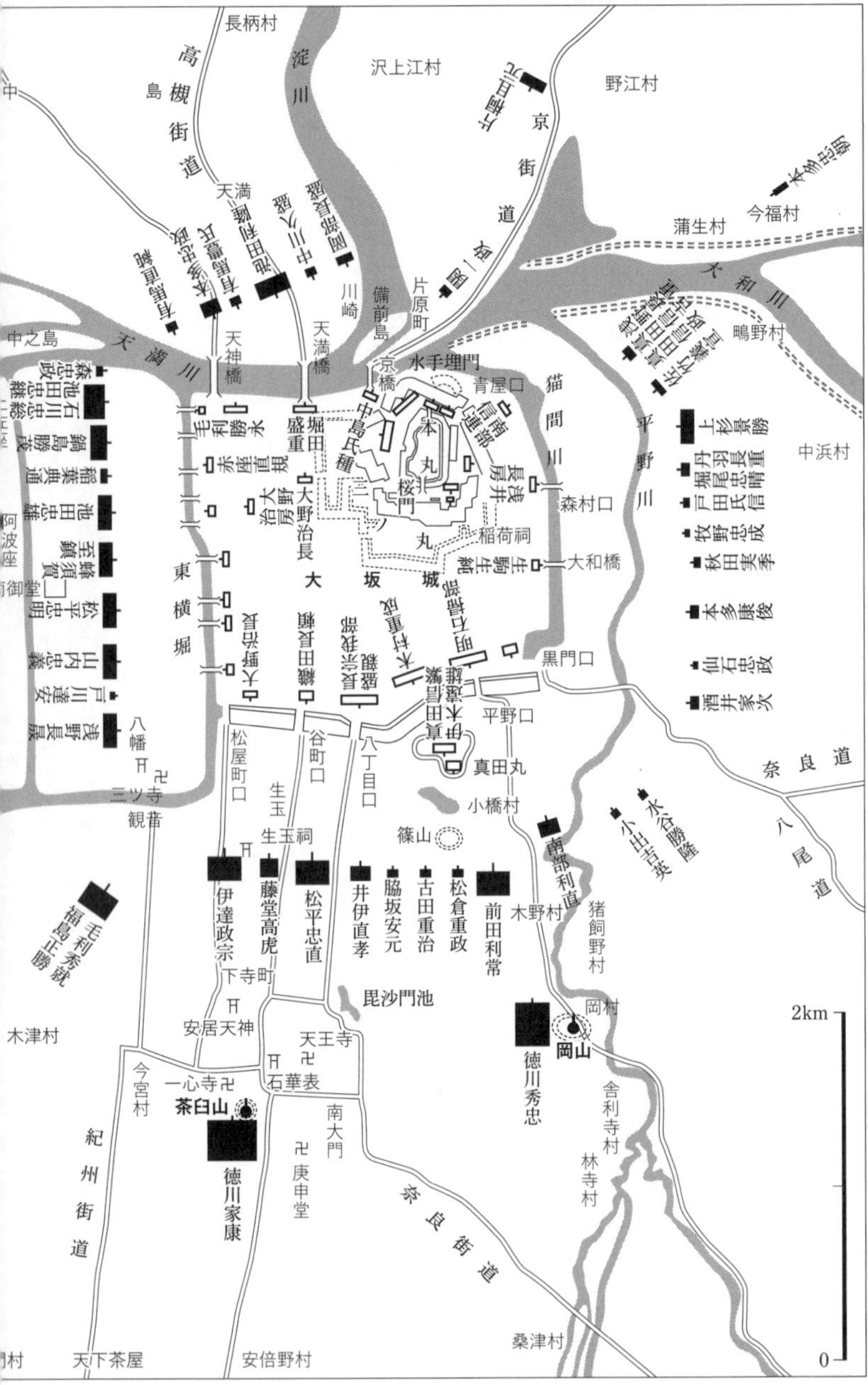

長柄村
高槻街道
淀川
沢上江村
野江村
京街道
本多忠朝
今福村
蒲生村
大和川
鴫野村
中浜村
中之島
天満川
天満
天神橋
天満橋
京橋
水手埋門
青屋口
猫間川
平野川
備前島
片原町
川崎
本丸
桜門
二ノ丸
大坂城
森村口
大和橋
稲荷祠
黒門口
平野口
真田丸
小橋村
篠山
東横堀
松屋町口
谷町口
八丁目口
生玉
生玉祠
八幡
三ツ寺
観音
毛利勝永
堀田盛重
赤座直規
大野治長
大野治房
浅井長房
上杉景勝
丹羽長重
堀尾忠晴
戸田氏信
牧野忠成
秋田実季
本多康俊
仙石忠政
酒井家次
森忠政
池田忠継
石川忠総
鍋島勝茂
稲葉典通
池田忠雄
蜂須賀至鎮
松平忠明
山内忠義
戸川達安
浅野長晟
毛利秀就
福島正勝
伊達政宗
藤堂高虎
松平忠直
井伊直孝
脇坂安元
古田重治
松倉重政
前田利常
南部利直
小出吉英
水谷勝隆
木野村
猪飼野村
奈良道
八尾道
毘沙門池
下寺町
安居天神
天王寺
石華表
一心寺
今宮村
茶臼山
徳川家康
南大門
庚申堂
奈良街道
紀州街道
木津村
岡村
岡山
徳川秀忠
舎利寺村
林寺村
桑津村
天下茶屋
安倍野村
2km
0

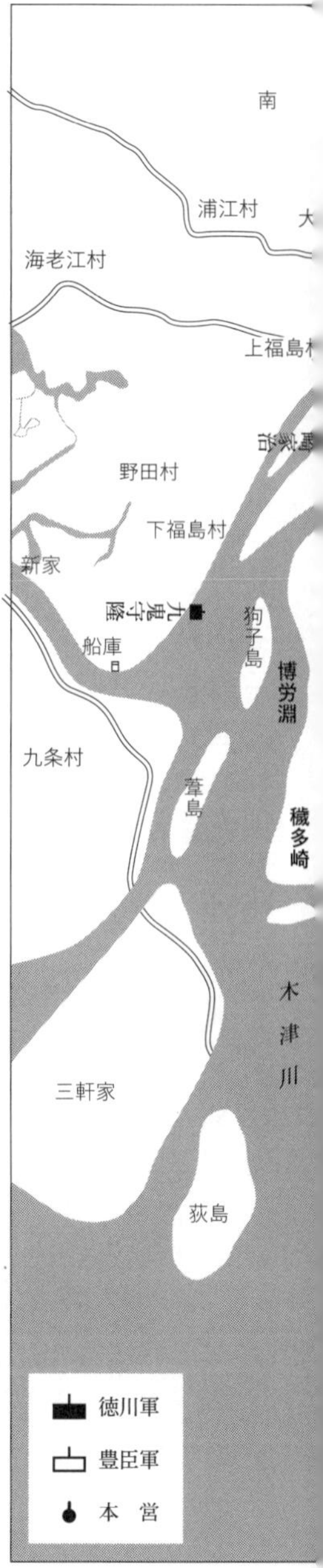

図8-4　大坂冬の陣配陣図　慶長19年12月

出所：『国史大辞典』（吉川弘文館）収載の図などをもとに作成

多富正《とみまさ》である。松平方は、真田丸の約一・一〜一・六キロメートル離れた場所から、竹束を楯にして前進しつつ攻撃を行った。両軍はともに鉄砲で激しく銃撃戦を繰り広げたが、不意に豊臣方の石川康勝の持口の櫓から凄まじい勢いで火が上がった。ここで戦況が一変したのである。

真田丸の失火を見た松平方は、すぐに堀の底に潜り込むと、塀に手を掛けるまで急接近した。ところが、ともに出陣していた井伊直孝と前田利常の軍勢は、抜け駆けをしながら真田丸に向かってきた。命令を無視した抜け駆けは、軍勢の統率が取れなくなるので、重大なルール違反だった。両軍とも手柄を争って、我先にと真田丸に殺到したのである。

一方の真田方は、牢人の混成部隊だったが、指揮命令系統が意外にも徹底していた。徳川方が攻め込んだときは西の門を開き、次に西に向かって自軍の軍勢を送り出すと、東門で自軍を迎え入れるという作戦を最初から決めていた。つまり、真田方は徳川方が攻めてくると、西に向かって軍勢を送り込んで交戦し、一定の戦果を収めたら東の門からその軍勢を迎え入れることで、被害を最小限に抑えようとしたのだろう。これを繰り返して、出陣する軍勢を交代させて休憩し、常に精鋭部隊を送り込んだと考えられる。こうして真田丸の城兵は、真田丸の堅固さもあって、井伊・前田勢の猛攻をよく防いだ。

信繁の作戦を知らない前田氏らの軍勢は、真田丸の堀を越えると塀によじ登ろうとした。しかし、真田丸に籠る伊木遠雄、真田信次が命令し、前田勢に鉄砲を放つと、前田勢はたちまち総崩れになった。信繁は待ち伏せしていたのだから、当然のことだった。前田勢はただちに撤退を命じたが、すでに時は遅かった。前田勢ら数百人の軍勢は、真田丸の堀底で無残にも戦死し、戦いは大敗北に終わったのである。前田勢らは抜け駆け争いという軍法違反を犯したので、まったく統率が取れず、配下の将兵らは無残にも犬死にに等しい状況で落命したのである。

戦いの途中、家康・秀忠に前田勢の不利な情勢が伝わったので、すぐに真田丸から撤兵するように命じられた。しかし、撤兵は円滑に進まないまま被害は拡大し、あっという間に戦死者は数千人にのぼったといわれている。手柄を焦る気持ちを抑えられなかった前田勢は、混乱する戦場で冷静に対処できなかったのだ。被害の状況を記す諸書の戦死者は、「一万五千人」とも伝わるが（『東大寺雑記』）、数字こそ示さないものの、被害が甚大であり大惨敗だったのには変わりがない（『春日社司祐範記』など）。

ともあれ、こうした一連の二次史料を見る限り、前田勢は軍法違反の抜け駆けをしたうえに、無謀に突撃を繰り返していたことがわかる。一方の真田丸の城兵は、冷静に対処したので、その明暗がはっきりと確認できる。

信繁の周到な作戦

一連の真田丸の攻防において、信繁が前田勢を挑発したといわれている。以下、『幸村君伝記』により、十二月四日における前田勢と信繁との戦いについて、改めてそのあたりの経緯を取り上げておこう。

前田勢を率いる利常配下の奥村摂津守は、大坂城は天下に並ぶものがない名城で、出城（真田丸）までもが堅固であると考えた。そして、日本国中の約四十万の軍勢で真田丸を攻撃しても、石垣一つすら破ることができないだろうと憂慮した。しかし、そんなことばかり言っておられず、奥村氏は真田丸の前の「笹山」の敵軍を追い払おうと全軍に号令をかけた。「笹山」を起点にして、真田丸をじっくり攻めようとしたのだろう。奥村氏には、真田丸の攻略が困難との認識があった。

前田勢は鬨《とき》の声を上げると、一斉に「笹山」に攻め込んだ。ところが、不思議なことに「笹山」には、真田の兵が一人もいなかった。前田勢の攻撃を見た信繁は、「『笹山』に向かったのは前田家の軍勢とお見受けしたが、すっかり『笹山』に軍勢を置くことを忘れていた」と人を小ばかにした態度で挑発した。

それだけではない。信繁は「『笹山』は追鳥狩《おいとりがり》（鳥を追い込み銃などで狩りをすること）をする場所で、普段は雉や兎が少しばかりいるだけだ」と言った。続けて信繁は、「前田家は大軍で押し寄せ、昼夜騒動して深山幽谷《しんざんゆうこく》に逃げたようだから、早々に退散すべきであろう」と嘲笑ったのである。前田勢は信繁の言葉にプライドを大いに傷付けられただけでなく、同時に信繁に対して怒り心頭に発したに違いない。

信繁はさら続けて、「手持ち無沙汰であるならば、真田丸を攻撃してみよ」と挑発した。これこそが信繁の作戦だったが、前田勢はあとには引けなかった。もはや前田勢はまともな判断能力を失い、信繁の挑発に乗ってしまったのである。これが前田勢に思いがけない不幸をもたらし、作戦は信繁の思うがままに進んだ。

敵を挑発した信繁は、周到に準備して前田勢の攻撃を待ち伏せており、矢と銃弾で猛攻撃を仕掛けた。敵の術中に陥れられた奥村摂津守は、たちまち防戦一方になり、次々と味方の兵は戦死したのである。戦局が前田勢にとって不利な中、真田の兵は防戦一方の前田勢を嘲笑したので、奥村摂津守は討ち死に覚悟で斬り込もうとした。しかし、よくよく考え直して、奥村氏は自陣に戻ったという。これ以上、被害を出すことは許されるはずもなく、自分が討ち死にしたところで意味はないと考えたからだろう。

結局、奥村摂津守は、信繁との戦いで大惨敗を喫した。この事実を知った利常は非常に立腹し、「軍法に背いて抜け駆けし、それどころか見苦しい振る舞いをして敵・味方に笑われ、私まで恥をかいたことは言語道断の曲事《くせごと》（けしからないこと）である」と述べたという。こうして奥村摂津守は、利常から現場から外されることになった。焦りや功名心があったのはたしかだろうが、奥村摂津守は抜け駆けの禁を犯したうえに、多くの軍勢を失ったのだから仕方がないだろう。

一連の話は二次史料に書かれたものなので、信繁の軍功を著しく強調する傾向がみられる。信繁が前田勢を挑発したというのは、『幸村君伝記』だけに記載された話である。信繁が入念に作戦準備を整えたうえで前田勢を挑発し、少数の軍勢でもって大群を打ち破ったというのは誠に痛快である。

しかし、常識的に考えると、一つ間違えれば、逆に信繁のほうも大損害を被る可能性があった。また、前田勢がカッとなって応じたというのも、いささか軽率の誹《そし》りを免れ得ない。したがって、信繁が前田勢を挑発したという話は、信繁が前田勢に勝利したという結果を踏まえたうえで創作したエピソードと考えられる。

ただし、前田家の率いる軍勢が軍法違反を犯し、大惨敗を喫したというのは、これから述べるように史実と認めてよいであろう。

真田方の大勝利

十二月四日の真田丸の攻防で、信繁が前田勢に大勝利をしたのは間違いない。先述のとおり、『東大寺雑記』慶長十九年十二月四日条には、寄衆（前田勢）のうち約一万五千が討ち取られたと記す。一万五千という数字が決して大袈裟でないことは、ほかの史料でも確認できる。

『孝亮宿禰日次記《たかすけすくねひなみき》』慶長十九年十二月六日条には、松平忠直の率いる軍勢のうち四百八十騎、前田利常の率いる軍勢のうち三百騎がそれぞれ討ち死にし、ほかに戦死した雑兵の数は不明であると記している。一人ひとり戦死者の数を数えたわけではないだろうが、徳川方のダメージは深刻だったようだ。

『時慶卿記』慶長十九年十二月四日条によると、真田丸の攻防に際して、寄手《よせて》（徳川方）の被害が甚大であったという。『春日社司祐範記』慶長十九年十二月十一日条には、連日、徳川方は真田丸を攻撃したことにより、寄手（徳川方）の被害は数万人に及んだと記したうえで、大坂城が一段と堅固になったと感想を書き留めている。真田丸が敵の攻撃をよく防いだので、大坂城はまったくの無傷だったということになろう。各地には、「前田勢完敗」の情報がすぐに伝わったのだ。

こうした日記類によると、前田勢らの被害がかなり大きいことが判明し、同時に敗北のニュースはすぐさま各地に広まったことがわかる。おそらくわずか数日の間に、京都や奈良以外の地域にも伝わったと考えられる。

慶長十九年十二月七日、上杉景勝の家臣・直江兼続は、近江膳所城主の戸田氏鉄《うじかね》に書状を送った。その書状には、十二月四日に前田勢、松平勢、井伊勢が大坂城の近く（真田丸）まで攻撃し、両軍が鉄砲で交戦したことを伝えたうえで、「様子は（ほかの大名から）重ねてお聞きになるだろう」と書かれている（「直江重光〈兼続〉書札留」）。加えて、前田家に仕官した本多政重（かつて兼続の養子だった）の無事を喜んでいる。

兼続はあまりの前田勢の負けっぷりに憚るところがあり、詳しいことを書かなかったのではないだろうか。裏返せば、徳川方の大敗北を証明したことになろう。それほど前田勢の大惨敗は、酷い状況にあったようだ。なお、詳細は後述するが、抜け駆けの軍法違反を犯していたのは、井伊家も同じことだった。

真田・松平勢らの軍法違反による自滅

将軍・秀忠は戦いの結果を受け、徳川方の軍勢が抜け駆け禁止という軍法を破ったことについて、「その罪は実に甚だしい」と激怒した。十二月四日の夕方、松平勢の本多成重と本多富正は、事前に申し合わせた軍法について質問されると、「力量が未熟で不注意だった」と弁明した。家康は抜け駆けを犯した面々の軍法違反について、ことを穏便に済ませるよう述べたといわれている。彼らに厳しい処分を科してしまっては、戦意を失ってしまうと懸念したのかもしれない。

似たような話は、ほかにも残っている。家康・秀忠は彼らが抜け駆け禁止の軍法を破ったことに立腹し、違反者に切腹を命じたという（『大坂御陣覚書』）。前田、松平らの将兵の多くは、「抜け駆けをして軍功を挙げたい」と考えていたと書かれている。合戦に出陣する将兵の大半は、例外なく手柄を立てたい気持ちがあった。

『幸村君伝記』は、この戦いにおける抜け駆けの軍法違反を詳しく取り上げておらず、真田方が前田、松平らの軍勢を打ち破ったことを強調する。ほかの真田方の編纂物もほぼ同じ内容で、前田勢の抜け駆けの軍法違反には詳しく触れていない。したがって、真田方の編纂物は、前田、松平らの軍法違反という失敗をあえて矮小化し、信繁の巧みな作戦で勝利したことを誇示する傾向が強い。つまり、前田、松平らの自滅ではなく、真田方の実力による勝利だったということだ。

念のために補足すると、抜け駆けは大坂の陣のときだけ禁止されたものではない。合戦では軍勢全体の統率が重要視されていたので、抜け駆けの禁止は当然だった。

たとえば、慶長五年（一六〇〇）七月に家康が会津の上杉景勝を討伐する際は、朱印によって軍法を定められた。軍法のもっとも重要な規定は、将兵が大将の指示に従わず、勝手に行動することを禁じたことだ。その最たるものが、抜け駆けの禁止である。また、後備《うしろぞなえ》（後方の部隊）に配置されたにもかかわらず、先備《さきぞなえ》（先手の部隊）に無断で紛れ込むことも禁止された。抜け駆けをはじめとする、全体の秩序を乱す行為はすべて禁じられたのである。

ここまで述べたことを整理すると、真田方の勝因は、①信繁があらかじめ練った作戦が周知されていたこと、②前田、松平勢らが抜け駆けを禁止した軍法を破り、われ先に真田丸へと押し寄せ自滅したこと、にあった。ここまでの記述は主として編纂物に拠ったが、前田、松平勢の敗因が抜け駆け禁止の軍法に違反したことは一次史料と符合し、必ずしも間違いではない。以下、詳しく取り上げることにしよう。

無謀だった前田勢の攻撃

前田勢の戦いぶりについて、年未詳の二月二十日付の山元和定書状（石原孫左衛門宛）には、次のようなことが記されている（「石原家文書」）。和定は、前田家に仕えていた武将である。

十二月三日未明、前田利常は先手の大将を務める山崎閑斎、岡崎備中に対して、翌四日に「篠（笹）山」を乗っ取り、一人も残さず討ち取るよう命じた。山崎、岡崎の二人は、ともに前田家の重臣である。かつて山崎閑斎は、越前朝倉氏に仕えていたが、朝倉氏の滅亡後に前田家の配下に加わった新参の家臣である。石原孫左衛門らの面々は、山崎、岡崎の率いる部隊に加わったのである。

四日未明、石原、富田、多宮、山元の四名が「篠（笹）山」に一番乗りすると、そのまま真田丸に攻め込もうとした。その直前、彼らは大谷という場所で安達長左衛門、岡崎権左衛門と会話をし、この二人も合流した。やがて、富田、多宮、山元の三名が真田丸に攻撃しようとすると、石原が銃撃を受けて怪我をしたため、安達、岡崎の二人は石原に退却を勧めた。石原は傷が浅かったので、そのまま進軍したが、その直後に多宮が鉄砲に撃たれて戦死した。真田丸から銃撃されたのである。

石原、山元らは先を急ぎ、ようやく真田丸付近に着くと、松田重武、平野友唯、才川龍左衛門尉、嶋津左門、岡崎八右衛門尉、跡部掃部らと合流した。ところが、そのうち五名は真田丸から銃撃され、あっけなく命を落とした。石原ら前田勢は、厳しい戦いを強いられていたのである。

午前十一時頃、石原、山元、跡部は周囲の守備を固めると、山崎、岡崎（備中）の両名が大将のような形になった。そして、先備を退却させるため、敵に向けて鉄砲を釣瓶《つるべ》打ちにしようと提案した。もはや、これ以上攻め込んでも勝ち目はなく、一斉に鉄砲を放つことで敵の戦意を一時的に失わせ、退却しようと考えたのである。

跡部は石原らに対し、鉄砲を釣瓶打ちにするので、退却するよう伝えた。ところが、石原は自分が先に進み、跡部に退却するよう指示した。石原は、敵の注意を引き付けようとしたのだろう。跡部は石原の言葉に従い、山元も戦場から退いたという。石原の機転によって、全軍は無事に撤退することができた。戦場における石原の的確な指示は、「みんなが知るところである」と山元の書状で手柄が強調されている。ちなみに殿《しんがり》は、もっとも危険かつ重要な役割だった。

以上の山元和定書状の記述により、前田勢は勢いよく真田丸に押し寄せたものの、そこから先は進むことできなかったことがわかる。やがて、彼らは真田丸の鉄砲で狙い撃ちにされ、退却せざるを得なくなった。彼らの作戦は、極めて無謀かつ杜撰だったので、戦場から逃れるのがやっとのことだったのだ。

前田勢の大敗北の要因研究

では、なぜ前田勢は大敗北を喫してしまったのだろうか。近年、前田家の軍制の詳細な分析を通して、敗北した理由が検討されている（岡嶋：二〇一二）。以下、岡嶋氏の研究を参考にしながら、前田勢の敗北した理由を考えることにしよう。

前田家が軍制を整え、合戦に初めて挑んだのは、大坂冬の陣・夏の陣であった。その際、前田家における身分秩序は、①人持組《ひともちぐみ》――知行高数千〜一万石以上の上級領主、②平士《へいし》（小将組・馬廻組）――知行高数百〜千石程度の藩士、③与力・御歩《おかち》――御目見以下の士分（侍の身分）、④足軽・中間・小者――軽輩の順になっていた。おおむね、石高によって区分されていたようだ。

①は、のちに組頭の家が固定され、「八家《はっけ》」と称された。そして、前田家の軍制は、藩主のもとに平士（小将組・馬廻組）による旗本備《はたもとぞなえ》が置かれ、人持組頭のもとに人持数名から編制された備《そなえ》（独立した軍事行動をとる集団の単位）が配置された。通常の軍制では、家老クラスの重臣が旗頭を担当し、そ

の下に組頭・番頭が置かれ、旗本数十名が配下に置かれた。ところが、前田家の軍制は、そうした通常の軍制とは明確に違っていると指摘されている。

慶長十九年十月、前田家では大坂の陣に際し、「軍法定《さだめ》」を制定することによって、全軍の統率を図ろうとした（『三壺聞書』）。たとえば、第一条——行軍や布陣で備の統制を守ること、第五条——利常の指示に従わなければ手柄を立てても認められないこと、第六条——諸事につき奉行人の指示に従うこと、第七条——利常の使いの身分がいかなる者であっても、その指示に従うこと、などは、指揮命令系統を確認したもので、特に藩主である利常の命令が絶対であることを強調している。

また、第四条——小姓・馬廻や後備の者は、先陣に紛れ込んではならないこと、第十条——牢人衆は先陣に加わってはならないこと、などは、小姓・馬廻や後備の者、牢人衆が功名心から先陣に潜り込むことを防止しようとしたものである。いずれにしても、整然とした指示命令系統を確認するものだった。

前田勢が真田丸の攻防戦で犯したような軍法違反があれば、軍勢の統率が乱れ、戦いに悪影響を及ぼすのは自明のことだった。

「大坂冬御陣後御不審御尋之事」という史料によると、ここまで前田勢では戦時の統率を図ろうとしながらも、実際の戦いではまったく統率が取れなかった事情をうかがうことができる（『国事雑抄』上編）。

同史料は大坂冬の陣の翌年に成立し、その内容は大坂冬の陣の敗北の原因を将兵から聞き取り、調査結果をまとめたものである。おまけに、親類・知音《ちいん》（親しい友人）であっても、贔屓偏頗《ひいきへんぱ》なく報告するという厳密な態度で取りまとめられた。普通、後世の編纂物といえば、都合の良いことしか記録しないことも珍しくないが、趣を異にした史料である。

史料の内容を確認すると、真田丸の攻防における前田勢の敗因は、①陣替（陣所を移すこと）のとき組頭の命令に従わず、先へ行こうとしたこと、②鉄砲の者を連れたが、撃たさなかったこと、③退却するとき鉄砲の者を召し連れ、首尾よくいかなかったこと、④組の鉄砲頭が先へ出ようとしたとき、正確な戦いの状況が伝わらなかったこと、の四点を指摘している。つまり、繰り返しになるが、抜け駆けを含めて前田勢全軍の統率ができず、指揮命令系統が混乱していたのである。

同年十二月十五日付の島津家久書状（島津惟新〈義弘〉宛）には、「前田家の軍勢は無理に突撃したが、あとの者が続かず、攻めた者は次々と戦死し、怪我をした者は堀の側で倒れていた」と記されている。続けて、「味方（前田勢）は彼ら（倒れている者）を救出することもなく、敵も討ち取らなかった」とある。前田勢は無謀に突撃した挙句、逃げるのに精一杯で、味方を助ける余裕すらなかったのだ。前田家の無謀な突撃（軍法違反）が敗因となったことは、すでにほかの大名たちも知っていたのである。

諸書に見る前田勢の敗因

後世に成立した『菅家見聞集《かんけけんもん》』『長氏家記《ちょうし》』『西尾隼人肉書の家記《にしおはやと》』などの二次史料も、前田家の軍勢が無謀にも真田丸に突撃し、あっけなく敗北した様子を記録している（『越登賀三州志』）。通常、こうした史料は手柄を書き立てる一方で、都合の悪いことはできるだけ書かないという性質を持っている。ところが、逆に都合の悪いことを記しているのだから、かえって信頼度が高いといえるのかもしれない。

真田丸の攻防についてそのほかの事例も取り上げておこう。十二月四日の真田丸の攻防に際して、前田家の大小姓《おおごしょう》（取次などをした年配の小姓）は先手（先陣）として戦いたいと希望したという（『前田家大坂冬陣日記』）。むろん、誰よりも手柄を立てたかったからだろう。しかし、前田利常は、「先陣の者はすでに笹山に陣取っており、馬廻や小姓が先陣を務めるのは法度である」と拒否したという。

ところが、馬廻の「アイ八兵衛」（「アイ」は姓）や大小姓の「山田大炊《おおい》」なる者がなかなか引き下がらないので、ついに利常は切腹を言い渡したと伝わる。血気盛んな者たちは先陣を務めることを志願し、軍功を挙げることにこだわっていたのだ。利常は安易に応じることがほかの将兵に影響し、統率を乱しかねないと判断したのだろう。彼らを切腹させることで、将兵にルールの厳守を再認識させたのである。

前田家の面々が軍法違反を犯したことは、ほかの例にも見られる。草野文左衛門の陣中日記によると、十二月四日に文左衛門らは今里《いまざと》（大阪市東成区）から本所村に出たが、命令を無視して、前田家の軍勢が真田丸に突撃したと記す（「平田勇家文書」）。真田丸から激しく前田勢に鉄砲が打ち込まれたので、もはや勝利の芽はなかったのかもしれないが（『福富半右衛門親政法名浄安覚書』）、明らかな命令違反である。このように、前田家の無謀な戦いぶりは、数多くの史料で裏付けられるのだ。

豊臣方は「烏合の衆」と考えられたが、特に真田丸の城兵の結束は高かったと考えられる。一方、前田勢などは、配下の将兵が功を焦るあまり、命令を無視して無謀な突撃を繰り返した。軍法違反が敗因になったのは、もはや言うまでもないだろう。実は、それは前田家だけではなく、井伊家も同じことだった。

井伊勢の敗因

真田丸の攻防は、近江彦根の井伊家関係の史料（以下、出典は「井伊家文書」）にも記録が残っているので、それら史料に基づき大坂冬の陣の経過をしよう。

元和元年（一六一五）九月十日付の脇五右衛門披露状《ひろうじょう》は、井伊家家老・木俣《きまた》右京亮に宛てたものである。この書状によると、前年の十二月四日未明、脇は使者の岡本半介（宣就）から真田丸の虎口（城郭の入口部分）に先制攻撃をするよう命令を受け、番衆らとともに向かった。越前松平氏が脇の出陣を知ると、脇らよりも先に真田丸に行こうとして軍勢を送り出したという。松平勢の行為は命令を受けたものではないので、それが軍法違反であるのは明白だった。

すると、同じ井伊家のほかの軍勢も松平勢にならって、我先に続々と出陣したのである。脇は後からやって来た井伊家の軍勢に「（あなた方には）命令がなかったのだから、出陣は不要」と申し入れた。ところが、すでに彼らが真田丸の堀の際まで来ていたので、脇氏はやむを得ずそのまま堀を越えたという。後発の井伊勢が無断で攻撃陣に加わったのは、手柄を立てたかったからだろうが、この軍法違反が悲劇を生んだ。

以下、脇の証言によると、足軽の水上伊右衛門は、真田丸の柵の近くに到着するや否や、討ち死にした。脇は、水上の子供二人に扶持を与えていたというので悔しかったに違いない。また、脇が見ていないところでは、平塚茂右衛門、小林舎人、山本市左衛門ら足軽が堀の底で真田丸の城兵に鉄砲を撃ったが、うち舎人は負傷してしまい、井伊勢は厳しい状況にあった。やみくもかつ無断での井伊勢の突撃は、待ち構えていた真田勢の格好の餌食になったのである。

経緯を整理すると、最初に脇が真田丸を攻めるよう命じられたのであるが、同時に命令を受けていない松平勢やほかの井伊家の者も無断で出陣した。井伊家と松平家では、指揮命令系統が機能せず、軍法違反が敗因であったのはたしかである。結局、彼らは功を焦って真田丸に突撃したが、待ち伏せした真田丸の兵に攻撃され、次々と無残な最期を遂げたのである。これは、前田家の例と同じである。

井伊家の悲劇は、これだけに終わらなかった。元和元年八月二十日付の宇津木泰繁《やすしげ》書状は、木俣右京亮に送られたものである。この書状には、井伊勢が苦戦した状況が記されている。泰繁は稲富《いなとみ》流の砲術を習得しており、百戦練磨の武将として知られていた。書状には、十二月四日に泰繁が真田丸の堀向かいの土居に出陣し鉄砲を撃ち放って活躍する一方、田口郷右衛門なる者が討ち死にしたことも書かれている。郷右衛門の死因は、わざわざ記しているくらいだから、無謀な突撃によるものと考えられる。

同じく元和元年八月二十七日付の小幡孫二郎書状は、岡本半介に宛てたものである。この書状にも、井伊勢が軍法違反を犯した事実が記されている。

十二月四日、小幡は先頭を切って真田丸の虎口へ突撃すると、真田勢と堀際で合戦に及んだ。小幡は堀の底に逃げ込んだが、指物が柵に引っかかり、それを取り外そうとして怪我をした。そこへ、牢人衆の矢田甚蔵と「すがう（菅生か？）」なる人物が救助に来て、小幡と言葉を交わしたが、「すがう」は戦死したという。「すがう」が討ち死にした原因は書かれていないが、真田方の鉄砲の餌食になった可能性がある。真田丸の城兵は、上から井伊勢を見下ろす形で狙い撃ちにしたのである。

以上の記述から、井伊勢の敗因は軍法違反を犯し、まったく統率が取れないまま敵陣へと突撃したことにあった。真田丸の城兵は、慌てることなくじっと待ち構え、冷静に対処したといえる。信繁の活躍を生き生きと描く二次史料もあるが、特別な秘策はなかったのではないだろうか。

松平勢の敗因

実は、松平勢も井伊家と同じ轍を踏んでいた。年未詳の三月二十一日付の松田重武《しげたけ》と平野友唯《ともただ》の連署書状（石原三郎左衛門宛）は、先鋒として真田丸を攻撃した状況を調べるため、合戦に出陣した八人（松田重武、平野友唯、石原三郎左衛門、山本四郎兵衛、才川龍左衛門尉、宮崎権太夫、跡次〈跡部《あとべ》〉掃部、鈴木八右衛門尉）の書付と水野内匠《たくみ》に口頭報告した内容を記したものである（「羽柴雄輔氏所蔵文書」）。以下、内容を確認しよう。

十二月四日未明、八名は真田丸の堀の近くに着いたが、うち鈴木八右衛門尉はすぐに鉄砲の弾に当たり死亡した。それだけなく、ほかの七名が引き連れた配下の者のうち、六名が鉄砲の餌食となった。こうした状況からも、松平勢の苦戦と真田丸の城兵による射撃の確かな腕が確認できよう。

それ以外の松平勢の者も多くが負傷し、旗指物《はたさしもの》・立物《たてもの》（兜につける前立《まえだて》など）などが壊れていたという。真田丸からの激しい攻撃により、松平勢は散り散りになっていたようだ。しかし、彼らは挽回を期して、真田丸の堀の付近でじっとチャンスを待っていたというが、真田丸からの銃撃はかなり激しかったと考えられる。

松平勢は、真田丸の激しい銃撃を避けながら進軍したが、後から続いた二番備の面々は鉄砲に次々と撃たれ餌食になったという。真田丸から彼らの動きがはっきりと見えただろうから、狙い撃ちにされたのは明白である。やがて、松平勢は全軍が撤退したので、苦戦していたのは明らかだ。さすがに士気が下がるので、無謀な突撃を続行して、これ以上の犠牲者を出すわけにはいかなかった。

なぜ真田丸は落城しなかったのか

豊臣方の軍勢は、牢人という烏合の衆で構成されており、戦う前から敗北は決定的であると誰しもが考えた。ところが、結果的に真田丸の攻防では、豊臣方が徳川方に勝利した。それはなぜだろうか。

豊臣方では武器の整備に余念がなく、イギリスから火薬を買い込んでいた（『慶元イギリス書翰』）。急な戦いではあったが、すぐに対処していたようだ。徳川方でもイギリスから武器を購入していたが、豊臣方は十分に財力を保持していたので、対抗できるだけの量を買い込んでいたのかもしれない。豊臣方が購入した武器類は、大坂城内に配備されていた（『見聞集』）。真田丸での激しい攻防戦を支えたのは、武器を周到に準備していたからだろう。また、大坂城の惣構も整備されており、徳川方に対する防御も万全だった。牢人は烏合の衆とはいえ、意外に統率も取れていた。

さらに、大坂城には、かなりの量の兵糧が備蓄されていたのは先述のとおりである（『当代記』『大坂陣日記』など）。おそらく、相当な分量の米を買い占めたのだろう。豊臣方では大坂城に籠城するか、あるいは積極的に打って出るか激しい論争になったといわれている。実際には無理をして積極的に打って出る必要はなく、籠城の態勢は整っていた。籠城戦は、決して無謀な作戦ではなかったのである。

牢人衆は、豊臣秀吉が備蓄していた金銀を竹流しに加工して支給された（『見聞集』）。徳川方は牢人衆を戦力にならないとみなしていたが、決してそうではなかった。牢人衆は合戦前に金銀を支給されたので、大いに士気が高まったようである。さらに、籠城戦という消極的なスタイルでの戦いだったので、無謀な突撃をする必要がなく、かえって命令に従順だったのかもしれない。

また、豊臣方が戦いに勝利すれば、敵の徳川方はほぼすべてが大名だったので、没収する領地は計り知れないほどあった。その領地をもとにすれば、牢人衆は多大な恩賞を与えられる可能性が高かった。長宗我部盛親らの元大名クラスは、一国を与えるといわれたほどである。多大な恩賞の供与が認められたことは、きっと牢人衆の士気を高めたに違いない。豊臣方が善戦したのは決して偶然の出来事ではなく、それなりに勝算があったのだ。それは、信繁だけの手柄ではなかった。

信繁の兄・信之の状況

大坂冬の陣では、徳川方にほぼ全国の諸大名が集まった。その大名の中には、真田氏の姿があった。信繁は豊臣方に与して大活躍したが、徳川方に味方した真田氏は、いかなる働きをしたのだろうか。

慶長十九年（一六一四）十月四日、徳川方の酒井忠世《ただよ》ら三人の重臣は、真田信之に大坂出陣を命じる奉書を送った（「真田家文書」）。これは、各地の大名に送られた指示と同じものである。ところが、この奉書の追伸部分には、「貴殿（＝信之）はご病気なので出陣できないようならば、代わりに子息の信吉に軍勢を付けて出陣させてください」と書かれている。このとき信之は、病気のため出陣できる状況ではなかったのである。『大坂御陣家々御尋記』によると、信吉だけではなく、信吉の弟の信政も軍勢に加わっていたことがわかる。

同年十月九日、信之は書状を出浦《いでうら》対馬守へ送った（『天桂院殿御事蹟稿』）。内容は信之の代わりに子の信吉の出陣を知らせるとともに、信之自身も二、三日中に江戸へ参上することを伝えたものである。そして、出浦対馬守には吾妻方面の留守を頼み、追伸部分では馬を三頭準備してほしいと書いている。

それだけではない。約一ヵ月後の十一月四日、信之は矢澤頼幸に宛てた書状の中で、信吉が若年なのでサポートを依頼した（「矢澤文書」）。

信之には、信吉、信政、信重《のぶしげ》の三人の子がいた。長男・信吉は信之の後継者と目され、将来を期待されていたが、寛永十一年（一六三四）に亡くなった。次男・信政は兄の病没に伴い、最初は信吉の子息・熊之助の後見人として沼田領の支配をしていたが、熊之助が早世すると、そのまま沼田藩主となった。明暦二年（一六五六）に父の信之が隠居すると、信政は後継者として松代藩主となったが、その二年後に病没した。信重は埴科《はにしな》藩主となったが、慶安元年（一六四八）に亡くなっている。

なお、徳川方の出陣命令には、信繁の叔父・信尹《のぶただ》も応じていた。『慶長見聞書』によると、家康が駿府を出発する際、信尹は御使番として軍勢に加わっていたことがわかる。そして、慶長十九年十一月三日、信尹はほかの六名の武将とともに、家康から陣中目付という役割を与えられた（『当代記』）。彼らが発した書状（太田美濃守宛）によると、軍中における苅田狼藉《かりた》を禁止したことがわかる。つまり、陣中目付とは、兵卒の秩序維持を担う役職だったかと考えられよう（『譜牒余録』）。

同年十一月十七日、家康は陣列を決定し、信吉は酒井家次《いえつぐ》の配下に組み入れられた。そして、信吉は青屋口《あおやぐち》に陣を敷いたのである（『改撰仙石家譜』）。青屋口は大坂城の鬼門に当たるとされ、北側に位置していた。そして、あとは開戦を待つばかりとなったが、信吉らが真田丸の攻撃に加わることはなかった。

結局、真田丸をめぐる攻防の様子は、出陣の叶わなかった信繁の兄・信之にはもたらされなかったという。

信之は書状（真田〈小山田〉之知《ゆきとも》など宛）の中で、大坂の陣の様子がまったく伝わってこないことを記している（「小山田文書」）。一方で、若年の信吉への支援を依頼し、自身は病気が治ったらすぐに、大坂に出陣すると書いている。ところで、書状には「口留（口止めのことか）」とあるので、信之は飛脚がやって来ないと考えていた。大坂の陣の情報が信之に伝わらないよう、緘口令《かんこうれい》でも敷かれた可能性もある。

情報が伝わらなかった理由は、弟・信繁の活躍がかえって信之の悩みのタネになると考えたからではないだろうか。信吉らの活躍であれば、伝えるだけの価値は大いにある。しかし、信繁は豊臣方に与しており、いくら活躍しても敵であることに変わりない。それどころか家康に対して、申し訳が立たないことになる。信之の周囲の者は、その点を配慮して情報をあえて伝えなかったのかもしれない。

『真田三代記』に見る真田丸の攻防

ここまで、真田丸の攻防に関しては、後半部分で比較的良質な史料に基づき述べた。しかし、後世の編纂物である『真田三代記』には、ユニークな逸話が書かれているので紹介しておこう。

慶長十九年（一六一四）十二月六日、家康は十六万の豊臣方の大軍に対して、十二の部隊が次々と攻撃を加える「十二段の番手」による攻撃を命じた。信繁は忍びの者からの報告を受け、この作戦のことを知ったという。信繁は秀頼に「十二段のうち七段までは防げますが、残りの五段は自信がない」と述べ、「真田丸で子の大助ともども切腹する」と悲壮な覚悟を伝えた。このとき家康のスパイとされる小幡景憲《かげのり》は、進み出て作戦を進言した。

その作戦とは、木村重成、後藤又兵衛を真田丸の加勢として黒門口から配置換えし、代わりに景憲が黒門口を守るというものであった。この作戦を聞いた信繁は同意し、黒門口の守備を景憲に任せれば安心であると述べた。ところが、景憲が進言した作戦は、実は罠だったのである。

早速、景憲は家康に密書を書くと、配下の小野喜兵衛を使者として向かわせた。ところが、喜兵衛は真田の忍びの者に捕縛され、信繁のもとに連行されたのである。密書の内容は、「明朝の未明に提灯《ちょうちん》で合図をし、黒門口を開門するので、一気に攻め込むように」というものだった。この作戦がうまくいけば、豊臣方は間違いなく敗北する。信繁は手なずけていた景憲の配下の者を使者に仕立て上げ、徳川方に遣わすと、うまく家康の返事を入手した。同時に信繁は景憲を監禁し、対応策を練ったのである。

景憲の陰謀を知った信繁は、家康の攻撃に備えるべく黒門口の守備を固めた。その陣容は、大助、穴山小助《こすけ》らの真田勢約八千、重成、又兵衛の軍勢約八千、計一万六千余という面々であった。景憲の作戦を逆手に取った、待ち伏せ作戦だったといえよう。信繁自身は約八千の軍勢を自ら率い、遊軍として出陣した。こうして万全の態勢を整えたのであるが、むろん家康は事情を知らなかった。

当初の約束どおり、提灯の合図により黒門口が開門されると、真田軍が待ち構えていることを知らない徳川軍は門をめがけて突撃した。しかし、門に突入した瞬間、待ち構えていた城兵は、一斉に鉄砲を撃ち放った。待ち伏せ作戦が功を奏したのである。勝利を確信していた徳川方にとっては、まったく予想外の展開だったが、もはや雨あられの銃弾から逃れようがなかった。

一方の家康本陣でも、大混乱が生じていた。信繁の率いる軍勢は、家康の本陣に攻撃を仕掛けた。

作戦は信繁の思い通りに進み、慌てふためいた家康は、たった一人で逃げ出したという。信繁も一人で家康を追いかけたが、家康は一軒の百姓の家に逃げ込んだ。事情を察知した百姓は、機転を利かせて家康を匿ったので、信繁の追撃をかわすことができた。かろうじて家康は助かったのである。

しかし、家康はこのまま黙っているわけにはいかなかった。十二月二十一日、家康は全軍に対して、真田丸の攻撃を命じたのである。家康は井楼に登り全軍の指揮を執っていたが、真田軍はその井楼をめがけて大砲を撃ち込んだ。井楼は見事に吹っ飛んだが、すでに家康は井楼の下に降りており、何とか難を逃れ助かった。とはいえ、真田軍の優勢は明らかだった。

その日の夕方、劣勢にあった家康は作戦の中止を全軍に命じて、本陣のある茶臼山に戻った。いったん態勢を整えるためであろう。ところが、信繁はその隙を見逃さなかった。信繁は大助とともに、かつて秀吉が作ったという抜け道を通って家康の本陣に着くと、火攻めを行ったというのである。家康と秀忠は、信繁と大助に追いかけられたが、二人はその追跡を逃れることに成功したという。

以上の話は、一つひとつ検証しないが、非常に荒唐無稽なもので信を置くことはできない。信繁が有利に戦いを進めながらも、あと一歩で家康を取り逃がすという構図は、信繁の活躍を引き立て、家康の無様《ぶざま》な姿を強調するものであろう。信繁が一連の真田丸の戦いで活躍したのは事実であるが、以上の話は史実として認められない。

第九章 徳川方と豊臣方の和睦交渉

編纂物に見る後藤又兵衛の和睦への意見

大坂冬の陣では、最初こそ豊臣方が苦戦したものの、真田丸における信繁の活躍もあり、形勢を挽回できた。やがて、徳川・豊臣両家では、徐々に和睦の機運が生まれた。その経過については、『武徳編年集成』で確認することにしよう。

慶長十九年（一六一四）十二月十二日、豊臣方の織田有楽と大野治長は家康の本陣のある茶臼山を訪ねると、和睦を申し出た。実のところ、有楽と治長は籠城が嫌になったので、和睦を進めようとしたという。誠にご都合主義な話だが、この話も二人を貶める創作だろう。同月十四日、豊臣方では家臣・客将（牢人ら）を交えて、大坂城で和睦の評議を催した。豊臣家の譜代の家臣らは和睦に賛成したが、牢人を中心とした客将は反対したという。停戦すれば、大坂城内の牢人たちは不要になり、路頭に迷うからである。

ただし、客将のうちでは、後藤又兵衛だけが和睦に賛成したという。その理由は、次のとおりである。

籠城の最初から今に至るまで、豊臣方には大名たちが味方に応じることがなく、兵糧や弾薬がたくさん残っているといっても限りがあります。また、城中には疑わしい人物もいます。南方の織田長頼（有楽の子息）の持ち場では砲撃を止めており、まれに撃つ者がいれば、これを殺害すると聞いています。そうした事情からか、徳川方の軍勢は、長頼の持ち場だけ堀際に迫っています。十二月四日、前田らの軍勢が近づいたときは、城兵が一致団結して、女や子供も石を運んで防禦しました。しかし、長頼は秀頼の親戚（淀殿の従兄弟）であるにもかかわらず、風邪であると称して寝室に籠もり、女性と酒宴を催しています。また、長瀬は「白吹貫《しろふきぬき》の馬印」の色をたびたび変え、志を徳川方に寄せていると考えられます。

織田長頼の持ち場では砲撃を止め、不穏な動きをしているので、又兵衛は長頼が徳川方と通じていると疑った。又兵衛は、①味方につく大名がいないこと、②兵糧・弾薬はいずれ尽きること、③味方から裏切り者が出るであろうこと、を理由として和睦に賛成したのである。又兵衛は長期戦になれば、豊臣方が不利になると考えた。客観的かつ的確な判断といえるだろう。

和睦に反対する秀頼

ところが、秀頼の考えだけは違っていた。秀頼は、方広寺鐘銘事件の際、片桐且元が和睦を進めたが、結局は失敗に終わったことが気にかかっていた。そのうえで、どうせ家康の怒りから逃れられないと考え、「潔く大坂城に籠城し死んでも構わない」と言い出したのである。

秀頼の言葉を聞いた有楽と治長は、閨房《けいぼう》（婦人の寝室）に赴き、淀殿から秀頼を説得してもらった。淀殿は秀頼に対して「家康は年齢が七十歳近く（実際は七十二歳）、死は近い。今、和睦を結ぶのを幸いとして応じ、家康が亡くなってから兵を起こせば、一挙に徳川方を滅ぼせましょう」と強く翻意を迫ったのである。

大変な楽観主義と思えなくもないが、こうして淀殿は秀頼を説得し、ついに和睦が実現したのである。ちなみに、ここまで述べてきたことについては、『大坂陣日記』にほぼ同趣旨のことが記されている。当時、後家が政治的に大きな発言権を持っていたのはよく知られているが、本当に淀殿が説得に動いたのか、疑問がないわけでもない。

ところが、『大坂御陣山口休庵咄』には、また別のことが書かれている。両家の和睦の話が持ち上がった際、信繁と又兵衛は次のように述べたというのだ。

この分では、大坂城が落城することはないでしょう。また、敵の徳川方も撤退する様子がないので、ここは和睦を結び、家康と起請文を交わしてはどうでしょうか。翌年には（豊臣方の兵を挙げて）大和国の諸城を落とし、尾張国名古屋まで城も落城させ、駿河・江戸へも攻め込む計画なので、とにかく今は和睦を結んだほうがよいと思います。

信繁と又兵衛は和睦という点で一致していたが、それは消極的な意味ではなく、より積極的な意味での提案だった。いったん和睦を結んで油断させて、翌年には徳川方に攻め込むというのだ。つまり、一時的に休戦して力を蓄え、反転攻勢して豊臣方を勝利に導こうとしたのである。

いずれの見解が正しいのかは判然としないが、豊臣方には戦争への今後の展望がなく、重臣たちの間に少なからず厭戦ムードがあったのは事実である。ところが、多くの牢人勢は和睦には消極的だった。

豊臣方の和睦反対派によるゲリラ戦

和睦の話が持ち上がった頃、豊臣方の大野治房や配下にあった塙直之らだけは、徳川方に一矢《いっし》を報いるべく作戦を考えていた。そのターゲットになったのは、蜂須賀至鎮である。それにはもちろん理由があった。大野治胤（治房の弟）は博労淵砦の戦いにおいて、至鎮に手痛い敗北を喫していた。治胤にはプライドもあったので、この期間を利用して雪辱を果たそうとしたのである。

慶長十九年（一六一四）十二月十五日頃、至鎮の配下にあった中村重勝の部隊は、現在の大阪市中央区淡路町付近に駐屯していた。この一報を耳にした治房らは、重勝の陣営を強襲しようと考えたのである。しかし、大部隊を動かすとなると、相手にすぐ気づかれてしまう。そこで、直之ら小勢のみで、襲撃を決行することになった。

十二月十七日、塙直之が蜂須賀至鎮の陣に夜襲を仕掛け勝利し、蜂須賀勢は百人もの死傷者を出したという（『当代記』）。直之の率いた兵は約百五十で、敵に気づかれぬよう、漆黒の闇の中を重勝の陣営に近づいた。先鋒の八十もの将兵は、兜に具足で防備を固めていた。残りの二十は手負いの者が出たとき、介護にあたる要員だったという。直之の将兵は合言葉を決めて、乱戦に備えて敵と味方を区別できるようにしていた。

一方の重勝の陣営は、豊臣方が夜討ちを仕掛けるなど微塵も考えていなかったので、眠りにつく者すらいた。夜間警護の将兵はいたものの、餅を焼いて食べたり、談笑に興じるなど、すっかり油断していた。重勝は非常に慎重な人物で、具足すら脱がなかったが、このときばかりは気の緩みがあった。急襲された重勝の陣営は、たちまち大混乱となり、多くの将兵が討たれたうえに、重勝も斬首されたのである。こうして直之の軍勢は、博労淵砦の戦いの借りを返したのである。

この戦いで蜂須賀軍は多くの死者を出したが、被害の状況は隠されたという。しかし、後世になって編纂物などにより、広く知られるようになった。勝利した直之は、事前に準備した「夜討ちの大将塙団右衛門」と書いた小札を撒いたという。直之の活躍は豊臣方を勇気づけたが、完全な勝利に導くまでに至らなかった。しょせん、局地戦における勝利にすぎなかった。こうした状況下において、徳川方は豊臣方に接触を試みたのである。

徳川方からの和睦案と、豊臣方の返答

その後の経過を見ることにしよう。和睦交渉中とはいえ、両軍の間では引き続き小競り合いが続いた。

慶長十九年（一六一四）十二月三日、織田有楽は後藤光次《みつつぐ》に返書を送った（『譜牒余録』）。後藤光次はもとの本姓を橋本といい、のちに庄三郎と称した。彫金師として有名な後藤徳乗《とくじょう》の弟子になり、卓越した技量により徳川家康に仕官した。以後、金座を統轄することになった光次は、金貨の製造

や地金・金貨の鑑定などの職務を担当した。そして、大坂の陣では豊臣方との交渉役に抜擢され、本多正純らとともに、その任に臨んだのである。

有楽の書状は、光次からの書状に対する返書だった。最初に光次が有楽に送った書状の内容については、残念ながら残っていないので、内容は不明である。しかし、有楽から光次へ宛てた書状の内容を確認すると、光次が有楽に送った書状の内容は、豊臣方への和睦の提案だったことが明白である。徳川方から和睦の提案を受けた有楽は、豊臣方を和睦に導こうと調整したが、円滑に進まなかったようだ。

『大坂陣日記』によると、肝心の秀頼が頑《かたく》なに和睦を拒否したという。先述のとおり、秀頼は和睦を望んでいなかったようである。有楽は必死に秀頼を説得したが、ついに和睦の提案は受け入れられなかったのだ。

翌四日には、後藤光次から有楽宛に書状が届いたので、有楽は光次に返書を送った（『譜牒余録』）。有楽の返書の内容とは、豊臣家を和睦に導くことの困難を示すものだった。注目されるのは、有楽が大坂城に続々と集まった牢人に対する配慮について、徳川方に依頼していることである。配慮とは、牢人に金銭あるいは知行を与えるということになろう。牢人に対する配慮を要望したことは、大野治長も満足した様子がうかがえるので、豊臣方では牢人問題が和睦のネックになっていたことが推測される。実は、両家の和睦の障害になったのは、豊臣方の牢人衆の扱いだった。和睦後の牢人の扱いが焦点となったことは、その後の交渉内容により徐々に明らかになった。

十二月十五日、ついに和睦交渉の全容が明らかになった（『大坂陣日記』）。その中で大きなポイントになったのは、江戸に秀頼の母・淀殿を人質として送る交換条件として、大坂城に集まった牢人たちに所領を与えるため、秀頼に加増をしてほしいという豊臣方の要望である。秀頼に加増した中から牢人に所領を与えることになるが、豊臣方が牢人に対して最大限の配慮をしているのは驚くばかりである。牢人たちは、恩賞なくして大坂城から退去することを拒否したのだろう。

この間、さらに両者で交渉が行われたが、豊臣方から徳川方への申し出の内容を要約すると、①徳川方の提案に従い、淀殿を江戸に送ること、②代わりに徳川家康・秀忠から秀頼に対して、疎意なき旨の誓紙を差し入れること、③牢人衆へ領地を与えること、の三つになる。

淀殿を人質として江戸に送ってでも、牢人衆に所領を与えるという考えは、まったく変わることがなかった。この申し出に対して、当然、徳川方は同意しなかった。その点について、もう少し考えてみよう。

朝廷による和睦斡旋と家康

徳川方と豊臣方の和睦に際して、斡旋を申し出たのが朝廷だった。朝廷としては一刻も早く両者が和睦をし、平和が戻ることを願っていたのである。

慶長十九年（一六一四）十二月十七日、後水尾天皇は家康が在陣する茶臼山に、使者として広橋兼勝《かねかつ》と三条西実条《さねえだ》の二人を派遣した。二人は家康に面会すると、後水尾の意向、つまり和睦の勧告と斡旋を申し入れたのである。しかし、家康は「和睦のことは受け入れることができません。もし和睦が失敗すれば、天皇の命令を軽んじることになるので、それは甚だ良くないことになるからです」と答えた（『駿府記』）。

この言葉が家康の本心か否かは、いささかわかりかねる点である。両者は互角のようにも思えたが、長い目で見れば徳川方が有利だった。徳川方の敗勢が濃ければ、朝廷に泣きついてでも和睦の斡旋をしてもらうのだろうが、そういう状況ではなかった。家康が和睦を拒否した本心として、①和睦を永久に守る気がなかった、②朝廷の政治介入を嫌った、との説があるが、ともに賛同しかねる説である。徳川方が優勢だったので、自らに有利な和睦条件を示し、解決できるという自信があったのだろう。

実は、家康は豊臣方と戦う前に、朝廷に秀頼討伐の綸旨《りんじ》を奏請したといわれている。しかし、朝廷は家康の申し出を拒否した。怒り狂った家康は、承久の乱の例（後鳥羽上皇の隠岐配流）にならって、後水尾を隠岐島に流そうとした。これを知った天海が慌てて家康を諫止したため、流罪は実行に移されなかったという。このエピソードは、単なる逸話にすぎず、史実とはみなし難い。先述のとおり、家康は戦前から圧倒的に有利だったのだから、朝廷の力を借りる必要はなかったのである。

徳川方が示した新たな和睦条件

慶長十九年（一六一四）十二月十七日付の豊嶋田元の書状によると、その後、両家の和睦交渉は徐々に進展しつつあったことがうかがえる（「草加文書」）。徳川方が示した和睦の条件は、①淀殿を人質として江戸に送ること、②秀頼に四国を与え大坂城を退去すること、③大坂城に籠城している牢人衆に扶持を与えること、の三つに集約できる。

①については、もともとの条件であった。③については、豊臣方からの申し出に対する、一つの配慮といえよう。豊嶋田元は、以上の条件を書き記したあとで、「中々是ハなり不申候《もうさず》（なかなかこれは実現しないだろう）」と感想を述べた。もちろん、それには大きな理由があった。

徳川方は③の条件を呑む代わりに、新たに②の条件を持ち出したのである。実際の大きな問題点は、①と②にある。②の条件が加わることにより、両家の和睦はいっそう困難になった。端的にいえば、大坂にあっての豊臣家であり、ほかの鉢植え大名のように軽々に転封の命令に応じるわけにはいかなかった。したがって、豊嶋田元は実現しがたいとの感想を漏らしたと推測される。

ここまで述べたように、二つの交渉内容には、相違点を認めることができよう。前者の『大坂陣日記』では、家康・秀忠から秀頼に疎意なき旨の誓紙を差し入れるのが条件とあった。ところが、この点については、いささか疑問があるといわざるを得ない。そもそも、豊臣方のほうが劣勢だった感は否めないので、有利な徳川方が先に誓紙を出すとは考えにくい。一方の徳川方は戦いを進めるよりも、和睦を結んで戦争の早期解決を図ろうとした。

そう考えるならば、「草加文書」に記されているとおり、第一段階として大坂城を豊臣方から接収し、秀頼を四国の一大名にすることのほうが現実的である。いうまでもないが、大坂は政治・経済の重要な拠点であった。徳川方は大坂を押さえることができれば、まずは所期の目的を達成できる。消耗が多い戦争を継続し、無理に豊臣家を滅亡に追い込む必要はない。むろん、諦めたのではなく、時機を見て、豊臣家を完全な配下に収めようと画策していたのだろう。しかし、この提案は、豊臣方から拒絶された。

牢人衆に所領を与えることは、豊臣方が深くこだわった点である。徳川方との開戦に際して、豊臣方は牢人衆に対し、秀吉が蓄えた金・銀を分け与えた。さらに、将来の所領給付を約束して協力を呼びかけた。その手前、徳川方と和睦を結び、約束が履行できなければ、別の問題（牢人が退去しない）が生じる可能性があった。牢人衆に対する所領給付の約束は、徳川方に勝利することで諸大名の領地を収公し、その領地を分配することにより、実行に移される計画だった。それゆえ、豊臣方は牢人の処遇について、徳川方に粘り強く要求し続けたのである。

ただし、豊臣方は、仮に①の要求を受け入れるにしても、②についてはとても受諾できなかったと考えられる。大坂は豊臣家のシンボルでもあり、政治・経済の重要な拠点であることから、手放したくないという事情はあった。また、大坂に止まって徳川家配下の一大名になるのは致し方ないとしても、今さら四国に移ることは、さすがにプライドが許さなかったに違いない。

豊臣方による徳川方諸将への寝返り工作

豊臣方は徳川方と和睦の交渉を進める一方で、徳川方の有力な諸将に書状を送り、寝返り工作を行っていた。

慶長十九年（一六一四）十一月二十一日、秀頼は家康の信頼が厚いとされる藤堂高虎に書状を送った（「藤堂家文書」）。その内容は驚くべきもので、かねて高虎が徳川方の数名の諸将とともに豊臣方に内通していたこと、徳川方の大坂城の攻囲戦は家康と秀忠をおびき出す作戦であり、ことはうまく運んでいるというものである。そのうえで秀頼は、高虎の領国を安堵するとし、恩賞は望みどおりであると伝えた。こうして秀頼は、高虎を味方にしようとしたのである。

秀頼の書状は謀書《ぼうしょ》と呼ばれるもので、高虎のみならず徳川方を陥れる作戦だった。豊臣方はこうした謀書を作成してばらまき、徳川方の諸大名を疑心暗鬼に陥れ、攪乱《かくらん》しようとしたのである。むろん、高虎は家康に忠誠を誓っていたのだから、情報を知った諸大名の中には動揺した者がいたかもしれない。

『駿府記』には、似たような話が書かれている。十一月二十二日、豊臣方の塩江甚介《じんすけ》（甚助）は使者を遣わし、池田利隆に密書を届けた。利隆は、輝政の子で姫路城主を務めていた。密書は秀頼の手になるもので、その内容は豊臣方への寝返りを勧めたものだった。『大坂御陣覚書』によると、条件は利隆に備前、播磨、美作を与えるというものだった。しかし、利隆は誘いには乗らず、使者を捕縛すると家康の本陣に連行したという。

『駿府記』十一月二十三日条によると、大野治長が池田忠長（忠雄）に密書を送ったという。忠長も輝政の子で、洲本城主を務めていた。その内容は、①日本中の大名が秀頼に味方するので、忠長もそうすべきこと、②領国の淡路の百姓も秀頼に味方し、一揆を起こしたこと、の二点である。しかし、いずれも事実無根であり、忠長もまた密書を届けた使者を捕らえ、家康の本陣に突き出したという。

『当代記』十一月二十五日条にも、興味深い記事がある。豊臣方の将兵が浅野長晟の陣中にやって来て、家康の面前で「藤堂高虎と浅野長晟が豊臣方に内通している」と述べたという。しかし、これは虚言だったので、使者の額に「秀頼」という焼印を押し、大坂城に返したというのである。『高山公実録』にも、この件についての記述がある。この将兵は高虎のもとに連行され、家康の命令に基づいて、額に「秀頼」という焼印を押しただけでなく、手足のすべての指を斬り落としたうえで、大坂城に返したというのである。いずれにしても、これは一種の見せしめであり、残酷な措置が取られたのである。

追い詰められてゆく豊臣方

和睦交渉を進める一方、徳川方では大坂城への地下道を掘り、攻撃しようというアイデアなども実行されたが、結局は途中で断念したようである。家康は藤堂高虎、伊達政宗と対策を協議した際、鉱山の鉱夫に命じて、大坂城に通じる地下道を掘らせた。家康は地下道から大坂城の城壁まで行って、火薬で石垣を爆破しようと考えていた（『駿府記』）。この作戦は昼夜なく敢行されたが、豊臣方も家康の陣営に向かって穴を掘り、糞尿などを撒き散らして妨害工作を行ったという。ゆえに、この作戦は失敗したのだ。

徳川方は和睦の話を進める一方で、大坂城内に降参を呼びかける矢文を放ったという。一種の情報戦である。矢文を読んだ豊臣方の城兵を動揺させ、和睦の進展を図ろうとしたのである。『駿府記』によると、毎夜、徳川方の将兵は三回も鬨の声を上げた。大声で威嚇することによって、城内の将兵を眠らせないようにしたのである。鬨の声だけではなく、鉄砲を連射することもあった。さらに、城中から降参する者がいた場合は、敵とはいえ赦免するとの方針も決定した。このあたりは心理戦ということになろう。

実際に、豊臣方を恐怖のどん底に陥れたのは大砲による攻撃だった。同年十一月、徳川方では、イギリスからカルバリン砲四門、セーカー砲一門そして鉛を購入した（『慶元イギリス書翰』）。カルバリン砲とは、弾丸の重量が十八ポンド（約八・一キログラム）クラスの中口径前装式大砲だった。セーカー砲は、弾丸の重量が五ポンドクラス（約二・二キログラム）の小口径前装式大砲である。いずれも鉄砲をはるかに凌ぐ破壊力を持っていたのである。

二つの兵器は長い射程距離を持つところに、共通する大きな特色があった。徳川方は多くの軍勢で大坂城を攻撃したが、その堅固な作りゆえに落城までに至らなかった。しかし、二つの大砲は、遠い場所から大坂城を攻撃できるという、非常に大きなメリットがあった。一方、豊臣方も大砲を保持していたが、量的にも不足していたようで、有効活用にまでは至らなかった。

むろん、和製の大砲もあった。芝辻《しばつじ》理右衛門が作成した大砲は、約五キログラムの砲弾を発射することができた（芝辻砲）。現在、大坂冬の陣で使用された芝辻砲は、靖国神社遊就館に所蔵されている。全長は約三メートル、口径九・三センチメートル、重量約一・七トンという巨大なもので、慶長十六年（一六一一）に製造されたという。また、口径三・三センチメートル、砲身約二メートルの大砲は、鉄砲の産地として有名な和泉国堺（大阪府堺市）、近江国国友（滋賀県長浜市）の鉄砲鍛冶が製造に携わったものである。

大砲という最新兵器を用いて、大坂城に昼夜を問わず砲撃を加えたのは、砲術師の稲富正直《まさなお》である。正直は、祖父の祐秀《すけひで》から砲術を学んだ。当時、すでに鉄砲の使用は広く浸透していたが、大砲については決して十分とはいえなかったので、正直の腕は家康からも大いに期待されていた。

大坂城への一斉砲撃

攻撃に際して、正直は大坂城に詳しい片桐且元からの指示を受け、的確に砲撃を行ったといわれている。その砲弾は、淀殿の居間のある櫓に打ち込まれ、あっという間に七、八人の侍女が亡くなった（『徳川実紀』）。一説によると、淀殿はあまりの恐怖に錯乱状態になったという。徳川方の大砲による一斉射撃に対して、豊臣方が恐れおののいたのはいうまでもないだろう。

徳川方の大坂城への砲撃は、十二月十六日から十九日にかけて行われた。その音ははるか遠くの京都にまで聞こえ、砲声の音を聞きながら茶会を開いた者がいたといわれている（『義演准后日記』）。豊臣方の一斉砲撃は、これまで頑なに和睦を拒み続けた豊臣方に対して、方針の変更を決意させる大きなきっかけとなった。

豊臣方は武器・弾薬が不足しており、銃に至っては木製のものを用いたという噂があった。むろん、そんなことはなかったのだが、籠城戦が長引くと豊臣方の情勢が不利になるのは必至だった。籠城戦は、後巻き（援軍が来て敵を攻撃すること）がなければ苦しいのである。当初、秀頼も和睦を頑なに拒否していたが、後藤又兵衛が指摘するように「諸大名、内通の味方なく」という状況も看過できなかった。豊臣方ではこの段階に至っても、かつての豊臣恩顧の大名たちが寝返ってくると考えていた可能性がある。

しかし、そうした淡い期待も無残に打ち砕かれ、豊臣方に寝返る大名はまったくなかった。もはや情勢は予断を許さない状況にあり、豊臣家は和睦を結ばざるを得ないところまで追い詰められていた。客観的に見れば、豊臣方は劣勢という状況下だったので、本格的に和睦を検討しなければならなかったのである。

常高院と阿茶局による和睦交渉の再開

徳川方の砲撃を受けた豊臣方は、いつまでも抵抗するわけにはいかなくなり、再び和睦交渉を進めることになった。

豊臣方の交渉窓口を任されたのは、常高院《じょうこういん》である。常高院（初名・初。以下、常高院で統一）は浅井長政とお市の方（織田信長の妹）の次女として、永禄十三年（一五七〇）に誕生した（生年は諸説あり）。淀殿の妹でもあった。常高院は、のちに京極高次の妻となり、子の高忠《ただたか》を生んだ。夫・高次が慶長十四年（一六〇九）に亡くなると出家し、常高院と名乗った。交渉の場所は、子の高忠の陣中とされた。

常高院は、なぜ交渉役に選ばれたのだろうか。その理由として考えられるのは、豊臣方の意見が和睦か戦闘の継続かで意見が分かれており、集約が困難だったからであると推測される。和睦条件の「淀殿を江戸に人質として送る」、あるいは「秀頼が大坂を離れる」などは、すぐに回答できるような問題ではなかった。交渉場で採めるような事態は、可能な限り避けたかったのはいうまでもない。この場合、常高院が徳川方の意見を聞き、いったん持ち帰ったうえで、再び豊臣家で検討することが優先された。

徳川方の交渉役は、本多正純と阿茶局の二人である。本多正純は、父・正信とともに家康の側近として仕えていた。家康の譜代の家臣でもあり、もっとも信頼の厚い人物だった。阿茶局は、もともと今川氏の家臣・神尾忠重《かんおただしげ》の妻であった。しかし、夫の没後、徳川家康の側室になった。阿茶局も家康の信頼が厚く、賢明な女性であったといわれている。阿茶局が選ばれたのも、直接の利害関係者ではなかったからだろう。正純が同行したのは、単に阿茶局に任せるのではなく、実務担当者の立場としてのサポートだった。

このように、徳川方、豊臣方が女性を交渉担当者とした理由は、第一に直接の利害関係者である家臣同士で話し合うと揉める可能性があるので、ワンクッション置く意味合いがあった。つまり、その場で決定するのではなく、いったん双方の主張を聞き入れ、持ち帰って再び検討することが前提だった。特に、豊臣家のほうが内部での調整に困難を来していたのだから、そうせざるを得なかったのである。

ここまでの間、豊臣方では織田有楽、大野治長がそれぞれ交渉を任されていたが、牢人を中心とした和睦反対派も少なからず存在し、特に条件面で和睦の交渉が困難になっていた。牢人たちは大坂の陣が終わると、行き場を失うので反対する者が多かった。早く和睦を進めたい豊臣方の首脳と牢人たちとでは、なかなか落とし所が見つからないという事情があった。

豊臣方は交渉役として常高院を起用し、徳川方では阿茶局が起用されることにより、緩衝材の役割を果たしたのである。第三者しかも女性であることが、交渉をスムーズに進めることを可能にした。二人とも徳川方、豊臣方の代表ではあるが、決定権を持っていないので、話を持ち帰ることに主眼が置かれた。女性が交渉役を務めることによって、まずは円滑に交渉を進めようとしたのである。

徳川方からの大幅な譲歩案

以下、『大坂陣日記』などの諸史料を分析しながら、詳しく和睦の交渉経過を検討することにしてみよう。

十二月十八日、京極高忠の陣中において、阿茶局・本多正純と常高院は交渉のテーブルに着いた。このときの具体的な和睦条件や交渉内容はわからないが、常高院は即答することを避け「検討する」とだけ述べ、いったん大坂城に和睦案を持ち帰った。その後、豊臣方で和睦の条件について審議され、おおむね受け入れる方向で検討が行われたようである（『譜牒余録』）。

翌十九日、再び交渉の場が設けられ、和睦内容の要点が示されることとなった。その内容とは、①大坂城の本丸を残して、二の丸、三の丸の堀を埋めること、②織田有楽、大野治長から人質を出すことの二点である。なお、淀殿が江戸に行く案は撤回された。

崇伝は『本光国師日記』の中で、「惣構の堀、二の丸の堀をいずれも埋め立てて、本丸だけにして（三の丸が抜けているが）」と記していることから、この和睦条件は正しいことが裏付けられよう。『譜牒余録』には条件として「惣構の堀」が抜けているが、こちらも対象だった。そして、今日、明日には和睦が正式に決定するであろうとしているので、実に早い展開であることがわかる。

惣構とは、総曲輪（総郭）ともいい、城や砦の外郭またはその囲まれた内部のことを意味する。単に城だけではなく、城下町一帯も含めて外周を堀や石垣、土塁で囲い込んでいた。これが城郭を防御するうえで、重要な役割を果たしていたのである。なお、惣構の内部には、先に触れたとおり普通に人々が暮らしていた。

①に関しては、大坂城の城郭としての防御機能を機能させないことにより、秀頼が留まることを許したものである。徳川方が恐れたのは、軍事的拠点としての大坂城だったことが判明する。これまで秀頼の四国への転封が提案されたが、①の条件により、その案は撤回されたようである。

②については、淀殿の代わりとして、重臣の有楽・治長（の子）から人質を出すことにより、妥協点を見出したといえる。豊臣方としては、淀殿を人質に送ることは、耐え難い屈辱だった。それゆえ、二人の重臣の子を人質としたのだろう。今回、徳川方から提示された和睦案は、大幅な譲歩が見られるといってもよい。

以上の妥協した和睦案は、常高院らの協力があったので、徳川方の譲歩を導き出すことに成功したと考えられる。直接の利害関係者が交渉すれば、揉めることが必至だったが、ある程度は円滑に進められたのである。徳川方にすれば、堅城である大坂城の防御機能を封じれば、再び戦いになっても早々に落城させる自信があったのかもしれない。ただ、この和睦案は、あれほど豊臣方がこだわりを見せた牢人衆の扱いについては一切触れられていない。

同月二十日の夜、徳川方の人質として大野治長の子・治徳《はるのり》と織田有楽の子・長尚《なおなが》は、約束どおり本多正純のもとに人質として送られることになった。和睦条件の一つは、すぐに実行に移されたのである（『本光国師日記』）。これだけ対応が早いところを見ると、豊臣方は十九日には和睦内容を受け入れ、準備を進めていたと考えられる。一刻も早く徳川方と停戦したかったのである。

和睦締結と交わされた起請文

翌二十一日には和睦条件を受けて、徳川方では武装解除が徹底された。本多正純は土佐山内氏に宛てて、「城中見学」と称して城内で濫妨狼藉を働かないこと、そして武装解除を求めた（『山内家記録』）。大坂城の惣構の堀、二の丸、三の丸の堀を埋める際、徳川方の武将が「城中見学」と称して、大坂城の籠城者と揉め事が起こることを未然に防ごうとしたのだろう。トラブルが生じることによって、その後の堀を埋める作業に支障が出ることを恐れたのかもしれない。城中見物が行われたことは、ほかの史料にも見えるので、徳川方の武将にとって大坂城の中の様子は関心の的だったのだろう。

この段階で早くも「城中破却」の情報が伝わっている点は、実に興味深い（「真壁文書」）。徳川方の諸大名にとって、大坂城に留まることは、多大な経済的負担が伴った。したがって、大坂城の堀を埋めるということは、その後の情勢を大きく左右するので注目が集まったと考えられる。

同月二十一日、家康の本陣がある茶臼山で、豊臣方と徳川方との間で和睦の締結に合意した証として、起請文が取り交わされた（『大坂冬陣記』）。起請文の内容は、牛王宝印の裏に誓紙として書き写され、将軍家の判が捺された。牛王宝印とは、諸社寺で出す厄難除けの護符であり、その裏は誓紙や起請文を書くことに用いられた。

豊臣方からは、木村重成、郡主馬《こおりしゅめ》と織田有楽、大野治長のそれぞれの使者が和睦交渉を担当した。織田有楽、大野治長の使者が随行しているのは、交渉後に詳細を報告するためと考えられる。実質的な交渉役は、木村重成、郡主馬の二人だった。起請文の内容は、次の五点である。

①籠城した牢人たちについては、その罪を問わないこと。
②秀頼の知行は、これまでのとおりとすること（大坂城在城を認める）。
③母・淀殿は、江戸に滞在する必要がないこと。
④大坂城を開城する場合は、いずれの国であっても、望みどおり知行替えを行うこと。
⑤秀頼に対して、（徳川方は）表裏（裏切り）の気持ちがないこと。

起請文は、木村重成、郡主馬の両名が持ち帰った。ただ、残念なことに、この起請文は原本どころか写しすらも残っていない。理由は不明であるが、徳川方にとっては残しておく意義がなかったのだろう。こうして和睦は正式に結ばれ、条件どおり秀頼と淀殿は引き続き大坂城に残ったのである。

ところで、①については補足の必要があろう。後述するとおり、翌年には豊臣方が牢人を召し放たなかったことが問題となる。つまり、徳川方は牢人の罪を問わない代わりに、大坂城外への退去を和睦の条件として求めたと考えるべきだろう。豊臣方が城内に牢人を抱え込むことで、再び挙兵することを懸念していたと推測される。

家康に再血判を迫った木村重成の心意気

起請文を交わしたとき、木村重成が家康の血判の血が薄いと指摘し、再度押させたことは有名な逸話である。家康は自身が老人であるがゆえ、血が薄いのではないかと弁解したが、重成は一切妥協しなかったという。若武者の重成は堂々とした態度で、天下人の家康に再度指を切って、血判を押すように促したのだ。

ところが、家康の起請文には花押が多いので、実際は血判ではなく、朱印、黒印であった可能性も高い。『大坂冬陣記』には、単に「判」と記されているので、花押、朱印、黒印のいずれかではなかったかと推測される。天下人たる家康が血判を押したということは、考えにくいのではないだろうか。これも重成の心意気を示す、単なるエピソードにすぎないと考えられる。翌二十二日には、阿茶局と板倉重昌が大坂城に赴き、秀頼と淀殿の起請文を受領したのである。

改めて、和睦の内容を検討しておこう。①から③については、豊臣方の要望に応じた内容であり、かなりの譲歩が見られる。豊臣方としては、もっとも強く要望していた条件が認められたのだから、まさしく「御の字」といえるだろう。

牢人たちに対しても、罪を問わないということで、一定の配慮を行ったと評価できる。牢人たちが豊臣方に味方すべく、大坂城に結集したのは、徳川方との戦いに勝利することによって、新たな仕官先や知行を得たいからだった。したがって、和睦の締結後、真田信繁や後藤基次が江戸に攻め上がろうと主張したといわれているのは、そう事情があったからだろう。信繁と基次は、牢人衆の気持ちを代弁したのである(『大坂御陣山口休庵咄』)。徳川方は牢人たちを許すことにより、彼らが大坂城から早々に退散することを願っていたのは疑いない。

ただし、④に関しては、徳川方が相変わらず、秀頼が他の場所へ移ることを希望している様子がうかがえる。将来的とはいえ、「望みどおりの国を与える」とあるのは、その証左であろう。したがって、徳川方は大坂城が二の丸、三の丸、惣構の堀を埋め立てた段階で、秀頼から「退去したい」との申し出があることを期待していたのかもしれない。⑤は、通常の決まり文句である。

大坂城の堀の埋め立て問題の真相

こうして、大坂城の二の丸、三の丸、惣構の堀の埋め立てが実行されることになった。ここで問題になるのが、惣構などや堀の埋め立てに至る内容や過程である。従前、さまざまな編纂物により、おおむね次のような経過で説明されてきた。

当初、徳川方は外堀を埋め立てるという約束で工事を開始したが、やがて内堀の二の丸、三の丸の埋め立てを無断で行ってしまった。豊臣方は大変驚き、淀殿をはじめ大野治長、織田有楽が「和睦の条件に違反しているではないか」と抗議をした。二の丸、三の丸の埋め立て工事は、豊臣方が行う約束だったからだ(後述)。惣構など堀の埋め立ては、「徳川方の謀略によるもの」という説は以上の逸話に基づいている。つまり、徳川方は大坂城の防御機能を失わせたうえで、早々に戦争を再開するつもりだったというのである。

『三河物語』には、「次の日は二の丸に入って、塀や櫓を崩し、真っ平らに埋め立てたところ、秀頼や牢人たちは惣構だけと申しているのに、二の丸までこうなるとは非常に困ったことであると抗議した。そこで、もともと惣構と言うではないか(惣構を二の丸などを含んだすべてと、勝手に解釈した)。ただし、本城までは破壊してはならないとのことなので、壊してはいない」と、二の丸の堀を埋めた事情を記している。

徳川方は、惣構を二の丸も含むものと無理やり解釈して、堀の埋め立てを行ったというのである。いずれにしても、惣構など堀の埋め立ては、徳川方の謀略の一例として広く伝わることになった。

近年、惣構などの堀の埋め立ての問題については、良質な史料に基づいて、従来説が批判されている(笠谷:二〇〇七)。以下、それらの研究や関係史料によって、惣構などの堀の埋め立て問題について、改めて検証することにしよう。惣構などの堀の埋め立てについておさらいすると、次のように整理できるであろう。

①『大坂陣日記』――本丸を残して二の丸、三の丸を埋め立てる。
②『本光国師日記』――惣構の堀、二の丸いずれも埋めて本丸だけにする（三の丸の記述がないものの、内堀を埋め立てることではおおむね一致）。
③「真壁文書」――「城中破却」という文言が見える。

これらの史料により、大坂城の本丸を残して、外堀・内堀が埋め立てられることは、豊臣方も了解済みであったと考えてよい。徳川方の目的は、最初から堅固な惣構、二の丸、三の丸の破却にあった。要は、大坂城の防御機能を封じればよかったのだ。以上の点について、ほかの史料でも確認しておこう。

十二月二十六日付の細川忠利書状には、「大坂城は二の丸、三の丸、惣構を破壊して、本丸だけにする。本丸には、秀頼様が残るとのことである。惣構は、徳川方が人夫を出して壊すことになっている。二の丸、三の丸は、豊臣方から人夫を出して取り壊し、堀などをやがて埋めることになっている」と記されている（『綿考輯録』）。

忠利の書状を見れば明らかなとおり、二の丸、三の丸の破壊は豊臣方の担当、惣構の破壊は徳川方の担当であったことがわかる。役割分担が明確である。

浅野忠吉の書状にも「二の丸、三の丸、惣構まで、ことごとく破壊するとのことである」と記されている。詳しい分担は記されていないが、まったく忠利と同じことを書いている。二の丸、三の丸、惣構の三つが破却の対象であったのは、疑いないところであり、豊臣方も了解済みだった。

したがって、二の丸、三の丸の堀の埋め立てが家康の謀略であるという説は、家康を貶める後世の創作と結論付けられよう。ちなみに、二の丸、三の丸の堀の埋め立てにより、徳川方と豊臣方との間で揉め事があったという一次史料はないようだ。両者が納得、合意したうえで埋め立て工事は行われたのである。

堀の埋め立て工事の経過

実際の惣構などの堀の埋め立て作業の手順について、確認することにしよう。以下、特に明記していない場合は、『駿府記』『本光国師日記』などが根拠史料である。

和睦直後、惣構などの堀の埋め立て工事の作業命令は、即座に各大名へと伝えられた。翌年（慶長二十年・一六一五）一月七日の段階で「日本中の武士は、一騎も残らず大坂に在陣した」といわれたほどで、徳川方が全力を傾けて作業を行ったことがわかる（『義演准后日記』）。各大名は多大な経済的な負担を要したが、誰一人として家康に反対できなかった。肥前佐賀藩の鍋島勝茂も、大坂城の「そとかハ（外側）」を破壊するため、徳川方から命令を受けたと書状に記している（『鍋島勝茂譜考補』）。

慶長十九年（一六一四）十二月二十五日、和睦交渉を終えた家康は、ようやく問題が解決したという安堵感を胸に秘め、京都へと向かった。秀忠は家康から埋め立て工事の責任を一任され、引き続き大坂に滞在して指揮にあたった。翌年一月三日、家康は京都を出発すると、駿府への帰路に就いたのである。家康は一連の埋め立て工事が終われば、豊臣家は二度と反旗を翻すまいと思ったことだろう。

　同年一月八日から、惣構などの堀の工事がはじまった。しかし、大坂城は広大な面積を誇っていたので、埋め立て工事の困難さが予想された。何せ当時の大坂城は、外周が約七・八キロメートルという広大なものだった。埋め立て工事には、どれだけ時間がかかるのか、予想すらつかなかったに違いない。

　また、長州藩の毛利秀就は工事を行うに際し、現場でのトラブルを避けるため法度を制定した。秀就が定めた法度は、次の七ヵ条にわたっている。

①大坂城中だけでなく、町屋においても湯水を所望してはならない。
②大坂城の衆から無礼なことを仕掛けられても、少しも構ってはいけない。
③大坂城の衆と口論になった場合は、相手にかかわらず毛利方の者を処罰する。
④町場へ武具を持って出かけることは、一切禁止する。
⑤大坂城中に宿を借りることは、一切禁止する。
⑥組頭の者たちは、しっかりと人夫に出仕を申し付けること。
⑦何事においても、噂などを一切しないこと。

　各条文から明らかなように、工事の従事者が大坂城中の者や町場の者とトラブルにならないよう、あらかじめ禁止事項などを徹底していた。いまだ大坂城中には牢人を含めた大勢の武士が籠城しており、トラブルが懸念されたのだろう。それだけでなく、周辺の町場には普通の人々が居住していたので、工事の従事者が面倒を起こさぬよう、注意を払っていた様子がうかがえる。

二の丸は壮大な作りだったので、埋め立て工事は難航した。二の丸の堀は意外なほど深く、土手を潰し、その土で埋め立ててもまだ十分に埋まらなかった。そこで、織田有楽の家屋などを取り壊し、さらに壊した二の丸の千貫櫓などの木材で堀を埋めることで、何とか工事を終えることができた。こうして同年一月十九日、ようやく二の丸の埋め立てが完了したのである。

すべての工事が終了したのは、同月二十四日のことであった。大坂城は、惣構、二の丸、三の丸、堀、門、櫓に至るまでがすべて破壊され、本城のみが無残な姿をさらけ出したのである。大坂城は壮大な惣構や堀などによって強固な防御力を誇っていたが、それらはすっかり失われてしまった。

工事後の大坂城の姿を見た崇伝は、「大坂城の堀が埋まり、本丸だけの浅ましく、見苦しい姿になった」と述べている（『本光国師日記』）。オランダ人のエルベルト・ワーテルセンが大坂城を訪れた際、秀頼の城を囲んだ二重の壁は破壊され、今やわずかに一重の城壁しかないと嘆息した。徳川方としては大坂城の堀などを埋めたので、所期の目的を達成したわけである。

真田丸の扱い

大坂城の惣構、二の丸、三の丸などの堀はすっかり埋め立てられてしまったが、信繁が拠点とした真田丸はどうなったのだろうか。

さまざまな史料を確認しても、真田丸の取り扱いを詳しく記したものはない。三の丸の外にあった真田丸が、真っ先に破却されたのは確実なことらしい（『浪花武鑑評判』）。真田丸が破却の対象になったのは、続く大坂夏の陣にあらわれないので、間違いないと考えられる。短期間の急ごしらえだったので、すべてを破壊するのには、大して時間はかからなかっただろう。

真田丸を破却した際に出た塀、櫓などの材木などは、徳川秀忠が接収する予定だったという。ところが、信繁はその動きを察知して、廃材などをいち早く大坂城内に運び込んだ。それゆえ秀忠は、非常に不機嫌になったと伝わる。ただし、このエピソードについては、史料の性質の問題もあり、史実か否かは不明である。

信繁が真田丸に拠って、徳川方を相手に大活躍したのは、前章で見てきたとおりである。しかし、豊臣方は兵糧や武器などがいずれ尽きることが予測されたのに対し、徳川方はその点で完全に圧倒していた。信繁の勝利が和睦への呼び水になったのはたしかかもしれないが、その気になれば、徳川方が大坂城を落とすことは時間の問題だったであろう。そのようなことは、信繁も後藤又兵衛も予想していたはずだ。それゆえ、ほかの牢人と違って、和睦に強く賛意を示したと考えられる。

つまり、真田丸の存在は大きかったにせよ、大坂城の本丸、二の丸、三の丸と比較すれば、はるかに規模は小さく、取るに足りない存在であった。それゆえ、破却の事実すら、書き残されなかったのではないか。おそらく急ごしらえの真田丸は、破却の作業でさえ、さほど時間を要しなかったと考えられる。

このように真田丸は、人知れず破却された。その理由は、徳川方にとって大坂城の惣構などの破却が重要だったので、たしかな記録にさえ残らなかったということだろう。

信繁と、甥の信吉の対面

徳川家と豊臣家の和睦が結ばれたとき、信繁はいかなる心情だったのだろうか。そのときの状況について、『翁物語』には信繁に関する興味深いエピソードを載せている。以下、取り上げることにしよう。

和睦の成立後、信繁は兄・信之の嫡男・信吉の陣を訪問した。信繁は九度山(和歌山県九度山町)で過ごした期間が約十五年に及んだので、久方ぶりの対面だった。信繁は信吉に会うと、次のような言葉をかけた。

信吉が四歳のときに対面してから、今夜久方ぶりに会った。思いのほか立派に成長し、器量・骨柄ともにすばらしいものがある。兄が年老いても心配ないだろう。兄とは長らく会っていないが、さぞ年を召されただろう。ぜひ会いたいものだ。

信繁と信吉との対面は、慶長五年(一六〇〇)九月の関ヶ原合戦以来だったと考えられる。互いに懐かしむのは、当然のことといえよう。二人が会話を交わしているとき、信吉の弟・信政が座敷に姿をあらわしたが、信繁は特に言葉をかけなかった。信政はあまりに幼かったので、信繁は記憶はなかったのだろう。そして、信吉は信繁に対して、次のように語りかけている。

さて、この度は思いがけずお目にかかることができました。城から遠く離れ、意外な場所に砦（真田丸）を構え、さぞ用心したことでしょう。和睦にならなければ（戦争が継続すれば）、取り潰されたでしょうが、和睦が成って幸運なことです。

これに対して、信繁は次のように答えた。

あなたが言うように、この度は砦（真田丸）を構えました。天下争乱でなければ、叶うことだっただろうか。しかし、砦（真田丸）を取り潰す命令があっても、死に物狂いで攻撃しなければ、辛労なくして取り潰すことはできないでしょう。

信繁は甥に対して、和睦が成ったものの、強い気概を示しているのである。二人は懐かしい気持ちがありながらも、やはり敵と味方だった。一連の会話を見ると、真田丸は和睦に際しても取り潰されなかったようにも受け取れる。しかし、大坂城の惣構などの堀が埋め立てられているのに、真田丸だけが除外されているのは考えにくい。ましてや、信繁には徳川方に大打撃を与えた実績があるのだから、実際には先述のとおり、真田丸は破壊されたと考えるべきだろう。

和睦後の信繁の心情

次に、和睦後における信繁の心情を語る逸話を確認しておこう。次に掲出する逸話は『武林雑話』に記されたもので、大坂冬の陣で徳川方と豊臣方が和睦を結び、信繁が甲州牢人の原貞胤《さだたね》を酒宴に招いたときに語った言葉である。

この度（大坂冬の陣）は討ち死にする身であったが、思いがけず和睦が成って、今日まで生き長らえました。二度も見参したことに喜んでおります。不肖ながら、豊臣方の大将を承ったことは、今生の思い出であり、死後の面目と考えております。和睦は一時的なものです。また、戦いになることでしょう。われわれ親子も一両年中に討ち死にするものと考えております。

信繁は死を覚悟して大坂城に入城しており、和睦が成って生き長らえたのはたまたまであったと考えている。やがて和睦は破れ、一両年にも信繁は子の大助とともに討ち死にするであろう、と予測しているのである。また、信繁は豊臣方で大将を務めており、そのことが非常に誇らしかったと述べている。

このあとに続けて、信繁は先祖伝来の鹿の角を付けた兜を見せ、この兜をつけた者が死んでいたならば、それが信繁であると思ってほしいと伝えている。さらに信繁は「主君のために討ち死にするのは、武士の習いである」とまで述べている。次に予想される戦いは、真田家のメンツをかけた戦いでもあった。

しかし、子の大助はこれまで幸運に恵まれず、生涯を牢人として過ごし十五歳になった。信繁はこのことを不憫に思い、涙を流したという。親としての情愛が伝わってくるところである。やがて、信繁は白河原毛《しろかわらげ》の立派な馬に六文銭を金で摺った鞍を載せると、五、六回ほど乗り回して、次のように述べた。

もし重ねて合戦があれば、城は破却されるであろうから、必ず平場での戦いになるでしょう。そのときは天王寺表へ出陣して徳川方の軍勢と渡り合い、この馬の息の続くところまで戦って討ち死にしようと思い、秘蔵しております。

馬から下りた信繁は酒を酌み交わし、夜半に貞胤と別れたというのである。以上の話は、信繁が死を覚悟して豊臣方に与したというエピソードの一つである。こうした命懸けの男気というものが、真田人気の源泉となったのであろう。ただし、「天王寺表へ出陣して徳川方の軍勢と渡り合い」というあたりは、のちに現実のものになるわけであるが、いささか創作臭が漂うところである。

一枚岩ではなかった豊臣方

大坂城の惣構や堀が埋められたことで、大坂城の堅固な惣構や堀などの強力な防御機能は著しく低下した。豊臣方が再び徳川方に兵を挙げようとしても、もはや不可能なのは明白だった。

先述したとおり、当初の和睦条件の重要なポイントは、①秀頼の大坂退去、②淀殿を人質として江戸に送還することだったが、ついに二つとも実現しなかった。この点について、もう少し検討しておこう。豊臣家にとって重要なことは、本拠たる大坂城から動くことはプライドもあり、許せなかったことだ。大坂城は秀頼が亡父の秀吉から受け継いだ貴重な財産であり、豊臣家のシンボルでもあった。

淀殿を人質として江戸に送ることは、徳川方が豊臣家との友好的な関係を継続したいという考えの一端と推測される。人質を送ることは、同盟関係の証でもあった。また、家康は大坂が政治経済上の重要な場所であると認識していたので、秀頼に大坂城の退去を勧めた。しかも、秀頼が移る地域については、要望を聞くという最大限の配慮を見せた。徳川方が目論んだのは、豊臣家が特別な存在ではなく、ほかの大名と同列の処遇になることだった。

徳川方の意向に対する、豊臣方の考えはどうだったのだろうか。豊臣家の重臣・織田有楽、大野治長は家康に仕え、知行を与えられていたので、両属した家臣だった。そのような不安定な家臣団の中に、長宗我部盛親ら大名経験のある牢人、真田信繁ら元大名クラスの牢人らが混在したので、彼らの間の利害関係は必ずしも一致しなかった。豊臣家中が混乱していたのだから、和睦交渉が円滑に進まないのは当然のことだった。

豊臣方に集まった牢人衆の扱いについては、徳川方から和睦の条件として召し放つように要望があったと考えられるが、豊臣方は大きな兵力を持たないため、手放しがたい貴重な戦力だった。また、牢人衆も大坂城の退去を望まず、戦争の継続を希望したことであろう。当時、江戸幕府は牢人に厳しい対策を取っており、豊臣方が牢人を抱えている現状に不満を抱いていたと考えられる。

このように豊臣方は、徳川方と和睦を結びながらも、決して一枚岩ではなかった。その事実は、すぐに判明することになった。後述するとおり、織田有楽は豊臣方の内部の主張が三つに分かれ、ついに意見が一致しなかったため、同年二月に大坂城を退去したのである(「後藤庄三郎家古文書」)。

豊臣方の不穏な動き

同年一月下旬、大坂城の惣構、二の丸、三の丸が破却され、堀の埋め立ても完了した。こうして和睦の約束は履行されたが、豊臣方で不穏な動きが明らかになる。

二月十四日、毛利輝元は書状の中で、家康と秀忠が相次いで上洛するとの情報を書き記している(『毛利氏四代実録考証』)。二人が一緒に上洛するとは尋常なことではないので、輝元はその理由を調査して報告するよう、家臣に要請したのである。大坂城の堀などの埋め立て工事が終わってから、わずか三週間ほどしか経過していなかったので、輝元は不審に思ったのだろう。その直後、豊臣方の不穏な動きの内容が明らかになったので、その点を取り上げることにしよう。

三月十二日、かねて大坂城を監視していた京都所司代の板倉勝重は、後藤光次に書状を送り、豊臣家と大坂城の状況を報告した（「後藤庄三郎家古文書」）。その内容を要約すると、次のようになる。

①米・材木は、以前よりも大坂に多く集まり、船場《せんば》に積み置かれていること。
②米は大坂の商人たちが兵庫（神戸市兵庫区）へ行って、受け取っていること。
③国々から米・材木を積んだ船が尼崎（兵庫県尼崎市）でなく、そのまま天保《てんぽう》（大阪市港区）へ乗り入れていること。
④以前籠城していた牢人は召し放たれたといっていたが、一人も大坂を去ることがなく、小屋の中に住んでいること。
⑤今度、牢人が奉公を望んで方々よりたくさん大坂城に集まっていること。

内容からわかるとおり、大坂城では米や材木などがどんどん運ばれており、牢人衆たちも大坂城から退去することなく、逆に奉公を望んで数多く集まるという状況だった。④の条項は先の和睦案には明記されていなかったが、条件だったのは明らかだろう。同時に、大坂商人たちは、商機とばかりに米や材木の運搬に精を出すなど、活発に動き出していた。米が合戦に備えた兵糧であり、材木が大坂城などの補強に使われるのは明白である。豊臣方の動きは、戦争再開と思われても仕方がないであろう。特に、牢人が大坂城から去るどころか、集まっているのは致命的だった。

大坂城に続々と集まる牢人たち

その翌日になると、板倉勝重は改めて書状を後藤光次に送り、豊臣家や大坂城に関する追加の情報を送っている（「後藤庄三郎家古文書」）。内容が重複しない点に限って、次に挙げておこう。

①方々から来る者（牢人）を豊臣方で抱えないよう、大坂に札を立てたのであるが、豊臣方ではやって来る人々（牢人）を手厚く世話し、妻子までもが大坂に住んでいるとのことである。

②大野治房（治長の弟）が抱えている者（牢人）が一万二千人おり、その牢人の扶持に加えて馬乗り（騎馬武者か）の扶持まで当月分を渡したとのことである。永応という坊主が秀頼の蔵を開け、金銀や米さらに天正十五年の判金も牢人に与えたという。

③治長と治房は仲が悪く、治長が言うところでは、治房は不届き者であり、どのような了見で秀頼のために悪事（挙兵の準備と取られかねない行為）を行っているのか、まったくわからないとのことである。

この情報から明らかなとおり、牢人衆は大坂城に続々と集まっていた。徳川家が立てた「牢人を召し抱えないように」という札は無視されたのだ。豊臣方では彼らを手厚く扱っており、積極的に受け入れた様子がうかがえる。豊臣方は牢人衆に金銀だけでなく、妻子が同居できるような住居までも与えていた。②によると、各地の牢人衆は金・銀を目当てにして、大坂城に押し寄せたのは間違いないだろう。

「天正十五年の判金」というのは、天正十六年（一五八八）に秀吉が発行した「天正大判」の誤りだろう。同年、秀吉は彫金家の後藤徳乗に命じて、「天正大判」を鋳造させた。「天正大判」は縦が約十七センチメートル、横が約十センチメートル、重さが約百六十五グラムという巨大な貨幣である。「天正大判」には、「拾両・後藤・花押」の文字が墨で書かれており、円形の桐の模様の極印（刻んだ印）が上下と左右に打たれていた。

同時に、大野治長・治房兄弟の仲が悪かったこと、治房が積極的に牢人衆を引き入れていたことがわかる。兄の治長は和睦に積極的だったが、弟の治房は対徳川の強硬派だった。むろん、和睦に反対していたのは、治房ただ一人ではなかったはずだ。ほかにも、与同する者がいたからこそ、思い切った行動に出たと考えられる。豊臣家中では、和睦に反対する者が存在し、対徳川との合戦を見据え準備を進める者がいたのである。それは治房を中心とする、牢人衆であったと考えられる。

豊臣方の合戦準備に困惑する大野治長

同年三月十三日、秀頼の使者・青木一重、常高院、二位局（秀頼の侍女）、大蔵卿局らは駿府に到着し、十五日に家康と面会した（『駿府記』）。

この時点で秀頼の使者は、豊臣方の一部が再軍備をしていたことを知っていたのだろうか。先述した治房などの合戦準備は、一部の和睦反対派の暴走だったので、青木一重ら使者の面々は認識していなかった可能性がある。青木氏ら一行の家康との面会には、家康の九男・義直の婚礼を祝う目的があった。あくまで、徳川方と友好関係を深めたいというものだった。同時に、青木氏ら一行は、家康に経済的な支援を求めた。豊臣家は大坂冬の陣で、経済的な打撃を受けたからだろう。

豊臣方の大野治長は、弟・治房の勝手な行動（合戦の準備）に困惑の色を隠せなかった。いや、苦々しくさえ思っていたに違いない。

後世の編纂物により、大野治長と織田有楽は豊臣家を滅亡に追い込んだ張本人とされ、無能者という烙印を押された。そのような事情もあって、治長の行動は、何かとマイナスイメージで捉えられてきたといえる。しかし、後世の編纂物は治長と有楽を貶めるべく、あえてマイナスな描き方をした可能性が高い。そうした話は、講談などによっても、広く世に知られるところとなった。

ところが、先述のとおり、治長は弟・治房の行動を非難しており、非常に困惑していた様子がうかがえる。治長は和睦を受け入れ、徳川方と良好な関係を築こうとしたのだから、当然のことだろう。憔悴しきった治長の心情は、自身の書状に切々と記されている。次に、その内容を検討することにしよう（「中井家文書」）。

常高院らが駿府から大坂に戻ってくると、治長に対して、豊臣方で不穏な動き（合戦準備）があると指摘した。おそらく常高院らは、家康との面会の席上で指摘されたのだろう。せっかく家康との良好な関係が築けそうだったので、治長が困惑したのは当然のことであった。すでに巷間には、豊臣方が京都に放火するとの噂が流れていたという（『慶長見聞記』）。徳川方は、豊臣方が和睦を破棄することを懸念していた。この点について、治長は次のように述べている。

①まったく身に覚えのないことを取沙汰されるのは、非常に困るということ。

②去年取り交わした起請文の趣旨にこれまで違反していないが、下々の者はそのようなことを知らず、不適切な行いをしているかもしれないこと。

①の「まったく身に覚えがないこと」とは、豊臣家が戦争準備を行っているということだが、実際に準備が行われていたのは事実である。②によると、豊臣方では情報の共有が不十分であったことがわかるが、「下の者は勝手な振る舞いを行っていた」というのは、まったく言い訳にはならないだろう。駿府へ赴いた常高院らは、家康から不穏な動きを指摘されたと考えられ、大変驚愕したに違いない。

治長にとって、治房の行為は非常に不本意なことで、戦争準備という噂が広まることは遺憾であった。豊臣家の上層部では、家康との友好関係を築きたいという共通認識を持っていたとはいえ、和睦に反対する家臣や牢人衆などは決して動じなかった。豊臣家中の意思統一は、非常な困難を来したようだ。

結局、治房が大坂城に牢人衆を集めていたという事実は、戦争準備の一環として捉えられ、徳川方から強く警戒されたのである。

大坂夏の陣、迫る

豊臣方に牢人衆が集まり、兵糧などが大坂城に運搬される不穏な動きの情報は、三月二十九日に伊達氏にもたらされていた（「留守文書」）。豊臣方の着々と合戦準備を進めていたことは、すでに東北にまで伝わっていたのだ。もはや豊臣方は、「合戦の準備をしていない」と弁明できない状況になっていた。事態が緊迫したこともあり、徳川方は豊臣方へ使者を派遣すると、次に示す二つの和解案を示したのである。

①秀頼は大坂城を明け渡し、大和か伊勢かいずれかの国に知行替えをすること。
②今のような状況で大坂城にいたいのならば、抱え込んでいる牢人衆を召し放ち、元の家中の構成員のみが留まること。

①については繰り返しになるが、秀頼が大坂から移ることは考えられなかった。大和であれ、伊勢であれ、これでは豊臣家の格が下がることを天下に知らしめるようなものである。②に関しても、牢人衆自体に大坂城を退城する意思がなく、豊臣方の要請にも応じなかったと考えられる。こうなってしまうと、家康は振り上げた拳を容易に下ろすことができなかった。結局、豊臣方は、①の条件も②の条件も拒否したのである。徳川方からすれば、①②の条件は当然の要求だったかもしれな

いが、それを拒否されると豊臣家を討つよりほかなかった。

豊臣方に和解案を拒否された家康は、四月二日に本拠の駿河を出発すると、尾張名古屋に滞在する計画を立てた。家康が駿河を発った理由は、豊臣方を滅亡に追い込むためである。家康の意を受けた伊達政宗も、早速、出陣の意向を示した(『伊達貞山公治家《じけ》記録』)。また、徳川方は豊臣方の籠城を妨害するため、大坂での米の売買に加え、商人が商用で大坂へ出向くことすらも禁じた(『浅野家旧記』)。こうして徳川方は豊臣家との戦いを控え、着々と準備を進めたのである。

徳川方が徹底した落人・牢人対策

以上のような経過を踏まえて、徳川方が徹底的に実行したのは、大坂城に向かおうとする落人・牢人対策であった。

四月一日、大坂夏の陣を目前にした秀忠は、徹底した落人対策を実行した(『秀忠公御制法』)。その方策とは、大坂からの落人の男女は、年齢に関わりなく召し取り、徳川方に差し出すというものである。もし、彼らを匿う者があった場合は、厳しい処分を科すことになったのである。この場合の落人というのは、決して武士の身分だけに限らず、女性や子供も含まれていた。家族ともども大坂城に入城する牢人を想定していたのだろう。

大坂夏の陣を控えた徳川方は、落人たちが豊臣方に集まることを未然に防ごうとし、五畿内の大名に伝達した(『家忠日記増補』)。

加えて、次のような措置が取られた。

①慶長十八年（一六一三）に遡及し、領分から大坂に奉公に出た者について、報告を義務付けること。

②大坂夏の陣に際して、もとの場所に立ち帰る者があれば拘束すること。

③同じく、妻子を残して行方知れずになった者は、その妻子か親類の名を書き付けること。

①は、大坂冬の陣以前に大坂城に入った者とそうでない者を区別するためだろう。②は、逃亡者とみなして身柄を確保したのだろう。③は、逃亡しても妻子や親類の名前を知ることで、当人を探し出す手掛かりにしたのだろうか。このようにして、徳川方は豊臣方に味方しようとする者を徹底的に追及または把握し、彼らが大坂城から逃げ出そうとしても、手を緩めず探索しようとしたのである。

ところで、落人たちはすべて積極的に豊臣方に味方しようとして、大坂城に入城したわけでもなかった。大坂城に入城した者の中には、戦火で住むところなどを失い、行き場がなくなったので大坂城に入るよりほかなかった者もいた。落人には「戦いに負けて逃げる人」の意味があるが、現実には非戦闘員も含まれていた。

一説によると、非戦闘員である約五万もの落人の老若男女が、大坂城に籠城したという。約五万という数字は、大坂城に籠った将兵とほぼ同じ数だった。

いずれにしても、大坂城に牢人や落人が続々と集まったことは、徳川方を大いに刺激することになった。当時、幕府は法令を定め、積極的に牢人を取り締まっていた。牢人や落人は大野治房らの招きに応じ、合戦準備が進む大坂城に集まったので、豊臣方は徳川方に反旗を翻したとみなされた。豊臣方の首脳がまったく意図しないところで、すっかり事態は深刻化していたのだ。

大坂夏の陣がはじまった理由は、これまで「徳川家による無断での大坂城の堀などの埋め立て」といった陰謀史観に基づき、これに反発した豊臣家が戦いを挑んだとされてきた。家康は、最初から豊臣家を許す気がないにもかかわらず、和睦を持ちかけて大坂城を丸裸にし、そのうえで大坂夏の陣に臨んだというのである。

しかし、そうした説は、編纂物が描く単なるフィクションにすぎない。実際には、豊臣家が一枚岩で和睦に同意しなかったのが原因だった。豊臣家は家中統制を十分に行うことができず、和睦派と徹底抗戦派に分裂していた。また、徳川方との和睦に反し、牢人らが大坂城に集まったことも問題視されたのである。

徳川方としては、豊臣方が和睦（特に牢人を召し放つこと）を破ったので、豊臣家を反逆者として討滅せざるを得なくなったのである。そうしなければ、ほかの大名に対して示しがつかなかったからである。

出陣をめぐる信繁と又兵衛の激論

徳川方と豊臣方との和睦の決裂した直後の状況については、信繁の有名なエピソードが伝わっている（『名将言行録』）。秀頼は両家の和睦が決裂し、家康の軍勢が伏見に着いたとの噂が流れたため、諸将を集めて軍議を開催した。そのとき信繁は、次のような発言をしたといわれている。

家康の軍事行動は常に早急であると承っていますが、誠にそのとおりです。その理由は、ただいま家康は伏見に着陣したのですが、軍兵を休ませることなく、すぐに茶臼山に行軍させるとの命令はさすがにやりすぎです。伏見から大和までは、十三里（約五十二キロメートル）あります。兵たちは疲れることでしょう。なので、明日の夜は家康の軍勢が兜を枕にして眠るに違いありません。そこへ私（信繁）が出陣して家康と一戦交え、一気に勝敗を決する所存です。

信繁は家康の無謀ともいえる行軍を逆手に取って、兵卒が疲労困憊で休んでいるところを強襲し、一気に徳川方を討つべきだと提案したのである。ところが、この作戦に異議を唱えたのが、後藤又兵衛だった。又兵衛は「作戦としてはすばらしい」と褒めたものの、万が一、信繁が戦死することがあれば、豊臣方の士気が下がるのではないかと意見した。

又兵衛によると、豊臣方に全国から牢人が集まったのは、名将の信繁がいたからだったので、戦死するとと士気が低下することを懸念したのである。そこで、どうしても夜討ちをするならば、又兵衛に申し付けてほしいと直談判した。ところが、信繁は決して出陣計画を撤回しなかった。又兵衛は重ねて「のちの合戦が大事なので、ぜひ真田殿には残っていただきたい」と主張したので、結局、二人は口論になったまま譲ることなく、ついに出陣のチャンスを逸したという。

この逸話は、又兵衛と信繁の先陣争いのようなものであろう。しかし、徳川方が疲れているところを奇襲するという作戦は、稚拙さを免れ得ない。徳川方も敵の襲来を警戒していたに違いないからだ。信繁と又兵衛の口論はこの件に限らず、たびたび見られるものである。そこが「名将並び立たず」ということなのだろうが、幕末に成立した『名将言行録』ならではのユニークなフィクションにすぎないだろう。

大坂城を去った織田有楽

大坂夏の陣が間近に迫った頃、豊臣方の重臣の一人である織田有楽は大坂城から退去した。彼が大坂城を去った理由は、いかなるところにあったのか。

大坂冬の陣の終結後、有楽は和睦の条件として、徳川方に人質として子の尚長を差し出した。有楽が徳川・豊臣両家の和睦に力を尽くしたことは、誰の目にも明白だった。豊臣家の功労者でもある。しかし、後世に成った編纂物により、有楽は無能な役立たずで、最後は豊臣方を見捨てたということで、裏切り者のレッテルを貼られた。

大坂城の堀などの埋め立て完了後から、約一ヵ月が経過した二月二十六日、有楽が大坂城を退城しようとした事実を確認できる（『駿府記』）。有楽は駿府に使者の村田吉蔵《きちぞう》を遣わすと、「大坂城を出て堺か京都あたりに引き籠りたい」と申し出た。申し出た相手は家康だろう。退去したい理由は書かれておらず、徳川方に積極的に味方するわけでもなかった。

三月二十八日、有楽は後藤光次に宛てて、「私は上意に任せていまだ大坂城におりましたが、ここにおりましても私の献策は取り入れられません。早々に大坂城から退くことを執り成しいただきますよう、本多正純様に申し入れました」という内容の書状を送った（『譜牒余録』）。書状の趣旨について考えてみよう。

書状の「上意」とは、家康あるいは秀忠の意向であると考えてよい。有楽があえて豊臣方の大坂城に入城したのは、家康あるいは秀忠の命令に従ったものだった。有楽が二人の命令とはいえ、豊臣方のために行動した理由はいかなるところにあったのか。従来説によると、有楽は徳川方のスパイというニュアンスで捉えられてきた感がある。それゆえ、豊臣方の牢人衆の優れた作戦を妨害するような人間として描かれた。

たしかに有楽は、かつて家康から大和国に三万石余の知行を与えられたので、片桐且元と同じく徳川方に近い人物でもあった。近いというよりも、徳川家の家臣であり、豊臣家に送り込まれた付家老ということになろう。それゆえ、徳川方の関係者とみなされた有楽は、大坂城に居づらくなったと考えられる。しかし、実態は違っており、有楽が豊臣家のために動いていたのは明白である。

四月十三日、有楽とその子の尚長は、名古屋の家康に面会すると、豊臣方の情勢について「豊臣方の情勢は、諸牢人とあわせて三つに分かれております。それは、①大野治長、後藤基次、②木村重成、渡辺糺、真田信繁、明石掃部、③大野治房、長宗我部盛親、毛利勝永、仙石秀範の三つになります」と述べている（『駿府記』）。

この三つのグループを分類すると、①が和睦推進派、②が中間派、③が徹底抗戦派ということになろう。つまり、豊臣家中の和睦に関する考え方はバラバラだったのだ。有楽は徳川方と豊臣家との友好関係を築こうとしたが、自身の意見がまったく受け入れられないとなると、もはや調整は不可能だった。三つのグループの調整に奔走した有楽の心労は、頂点に達していたのである。

方広寺鐘銘事件に際して、有楽は問題を解決するために奔走しており、和睦の実現にも尽力していた。先に示した「上意」とは「徳川方のスパイ」という意味ではなく、徳川方と豊臣方の融和を図るため、付家老的な立場で豊臣方に身を投じたと見るべきだろう。牢人衆の扱いなどは、豊臣方と徳川方にとって容易に解決し難い問題だったが、有楽はとりわけ豊臣家中のさまざまな意見の相違に苦しめられていたのだ。

有楽が退去した理由は、豊臣方の派閥抗争に巻き込まれ、徳川方と豊臣方の友好関係を築くという所期の目的が達せられなかったうえに、多大な心労を抱えた点にあるといえよう。それゆえ、有楽は図らずして、大坂城を退場せざるを得なくなった。有楽にとって、本懐を遂げることなく大坂城を退去することは不本意だったかもしれないが、そうせざるを得なかったのである。

大野治長襲撃事件

豊臣家中の分裂を象徴したのが、四月九日に勃発した大野治長襲撃事件である、以下、その概要について触れておこう。

四月九日夜、大野治長が大坂城の桜門のあたりで刺客に襲撃された。治長は大事に至らず、犯人も捕らえられたが、結局黒幕は明らかにならなかった。この暗殺未遂事件の犯人については、多くの憶測が流れた。対徳川の強硬派で治長の弟の治房は、その有力な犯人候補だった。あるいは家康が刺客を送り込んだとか、片桐且元が怪しいなど、さまざまな噂が流れたのである。

レオン・パジェスの『日本切支丹宗門史』によると、捕まった犯人は拷問しても口を割らなかったというが、誰もが家康の仕業であると疑わなかったと記している。ところが、『日本切支丹宗門史』は後世になったものであり、真に受けていいものなのか、いささか疑問の残るところである。

むしろ、豊臣家中が三つに分裂していたという織田有楽の証言を信じるならば、治長の対立派が放った刺客と考えるべきであろう。当時、まだ徳川方との交渉が難航していたことから、対立派は交渉役の治長への不満が募っていたと考えられる。

このようにして、徳川方と豊臣方との和睦は決裂し、ついに大坂夏の陣が開戦したのである。

第十章
大坂夏の陣、開戦

伊勢躍の狂乱

慶長十九年（一六一四）から翌二十年（一六一五）にかけて、豊臣方と徳川方の和睦交渉がまとまった頃、巷間では不思議な現象が見られた。伊勢神宮では「再び徳川方と豊臣方の合戦が起こる」との託宣《たくせん》があったとか、天空を東から西へ光る物体（彗星か？）が飛来したとか、比叡山に天狗があらわれた、などの怪異現象がそれである。むろん、それらは事実無根の噂話にすぎないが、人々は徳川方と豊臣方との不穏な噂を察知し、戦争再開の恐怖に怯えていたのかもしれない。

慶長二十年三月になると、人々の間で「伊勢躍《おどり》（踊）」が大流行したという。近世以降になると、伊勢参りが大流行した。その際、参向する人々は神輿のようにして鍬形《くわがた》のご神体を担ぎ、踊りながら村から村へと送り渡していった。幕末になると、「ええじゃないか」という神符の降下を機にして、東海、近畿地方を中心に熱狂的乱舞を伴う民衆運動が起こったが、それと類似したような熱狂ぶりだったという。

『山本豊久私記』によると、伊勢躍は伊勢神宮の宣託であると称して、禰宜《ねぎ》が先にお祓いをしつつ、伊勢から奥州まで向かったという。『駿府記』には、同じ現象が駿府で起こったことが書かれている。同書によると、禰宜と称する者が唐人に依頼して花火を飛ばし、これによりようやく伊勢躍を制することができたと記している。

伊勢躍は人々の不安な気持ちから突如として沸き起こり、その熱狂ぶりは奥州まで向かうという凄まじいエネルギーを生み出したのである。そのような世上において、豊臣方と徳川方との戦争再開は、刻一刻と近づいていたのである。

信繁が縁者に漏らした不安

信繁の発給文書は非常に乏しいのだが、この時期に信繁が自身の心情を綴った貴重な書状がいくつか残っている。それらを紹介しよう。慶長二十年（一六一五）三月十日付で、信繁が実姉の村松《むらまつ》の夫で真田信之の配下にあった小山田茂誠《しげまさ》とその子・之知に宛てた書状がある（「小山田文書」）。次に、主要な部分を紹介することにしよう。

私の状況は、秀頼様から懇切にしていただいていますが、何かと気遣うことばかりです。一日一日と日を送っております。（中略）定めなき浮世でございますので、一日先のことはわかりません。

内容の中で目を引くのは、秀頼の信頼が厚いものの、いろいろと気遣いがあって大変であると述べていることだ。ここで示すところの気遣いとは、豊臣家中が分裂し、互いに意見を主張し合っていることを意味すると考えられる。信繁は名門・真田家の出身であり、牢人とはいえ豊臣家では重きを置かれた。信繁は単に合戦に参加するだけでなく、豊臣家の対徳川への策定にも関係していたことが看取される。

もっとも興味深いのは、「定めなき浮世でございますので、一日先のことはわかりません」と率直な気持ちを明かしていることである。この言葉は、次に紹介する実姉・村松に対する書状にも似たような表現がある。「一日先のことはわかりません」というのは、まさしく和睦が破れて、徳川方・豊臣方との合戦再開を意味した。先述した直之も「定めなき世の習い」という言葉を用いているが、やはり同じような心情だったのだろう。

実際に同じ頃、豊臣方の不穏な動きが噂され、また織田有楽が大坂城を退去するなど、情勢は刻一刻と悪化していた。信繁が盛んに将来を悲観的に捉えているところを見ると、仮に合戦になった場合、豊臣方の勝利の可能性の低さを予想していたと考えられる。そうした率直な気持ちは、縁者にしか伝えられなかったと考えられる。

このように信繁の心配にもかかわらず、大坂夏の陣は間近に迫っていた。そして、もはや戦いを避けることはできなかったのである。

信繁が示した覚悟

次に紹介するのは、慶長二十年（一六一五）一月、信繁が実姉の村松に対して送った書状である（「小山田文書」）。次に、主要な部分を紹介しよう。

さて、このたびの不慮（徳川方・豊臣方の対立）のことで合戦となり、私は大坂城に参りました。私のことで、真田家に迷惑がかかっていないかと思って（心配して）おります。まずは事態が収拾し、私は死ぬことがございませんでした。（姉に）お目にかかりたいものです。明日にはどのようになるか（いつ和睦が破れるか）わかりませんが、何事も起こっておりません。

書状の冒頭部分を見ると、信繁が豊臣方に与したことについて、真田本家に迷惑がかかっていないか心配した様子がうかがえる。兄・信之は関ヶ原合戦で東軍に従い、家康に取り立てられるなど、その後の人生は信繁とまったく対照的であった。豊臣方と徳川方が和睦を結んだことにより、信繁は何とか死を免れたものの、明日をも知れない状況であると述べている。

内容が前述の『武林雑話』の記述とかなり似通っているので、同書はこの書状を参考にしたかもしれない。信繁は、常に死を覚悟していた。

続けて信繁は、このまま何事もなく、心安く過ごしたいと心情を綴っている。手紙はもっと詳しく記したかったようであるが、上田からの使者が急いでいるようだったので、取り急ぎ書き記した旨が述べられている。時間的な制約があったため、十分に意を尽くせなかった様子がうかがえる。

信繁が徳川方と豊臣方の和睦が破談になることを予測したのは、決して偶然ではないであろう。豊臣方を牽引する武将としては、内部におけるゴタゴタや意見の不一致を身に沁みて感じたはずである。この書状を認《したた》めた頃には、大坂城の堀などはほぼ埋め尽くされており、もはや丸裸のような状態であった。信繁ならずとも、豊臣方の主だった武将たちは、同じ感想を持ったに違いない。

この書状では、勇猛果敢なイメージのある信繁の異なった一面を垣間見ることができる。実際には厳しい戦いの中で、死をも意識した日常を過ごしていたのである。

大坂への米などの流入を阻止する幕府

慶長二十年（一六一五）三月十四日、秀忠の奉行衆は西国大名の留守居を江戸城に呼び出し、大坂へ米を輸送しないように命令した。仮に、自国の年貢米を換金する場合は、尼崎を経て伏見（京都市伏見区）で金に換えるように要請した（『浅野家旧記』）。鍋島勝茂も同様の命令を受けており、米以外の物資の年貢の運搬に際しても、まず船で尼崎に入港し、そこで換金するよう求められたのである（『鍋島勝茂譜考補』）。

当時、米や米以外の物資の年貢は、都市で換金されていた。中でも大坂は、もっとも大きな市場として知られていた。しかし、大坂への米などの搬入を認めると、豊臣方に流れる可能性がなきにしも非ずだった。そこで、次善の策として、秀忠は京都・伏見や尼崎での換金を諸大名に要請したのである。秀忠は豊臣方との戦争が近づくと予想し、豊臣方へ兵糧となる米が流出しないように措置を行ったのである。

実際に諸大名の米などが換金されたのは、大坂の伝法口（大阪市此花《このはな》区）、船場（同中央区）、そして伏見だったといわれている。兵庫、西宮、尼崎は、伏見城と大坂城をつなぐ淀川水系の水運が至便であり、大坂湾から瀬戸内海に至る海上交通も発達していた。さらに、東北、中部、北陸地方の材木調達は、大坂・伏見を拠点としていた。つまり、この地域は西国の経済圏として発達していたのである。

四月八日、本多正純は島津家久に書状を送った（『薩藩旧記雑録後編』）。内容を箇条書きで示すと、次のとおりである。

①豊臣方との交渉が決裂し、家康が上洛しても、国許で指示があるまで待機すること。
②出陣の指示をしたときは、兵庫、西宮、尼崎に来ること。

徳川方は家久に対して、戦争が勃発した場合は大坂に来るのではなく、その手前の兵庫、西宮、尼崎に出陣するよう命じていたが、もちろんそこには理由があった。大坂冬の陣後、西国大名は再戦を予想して、兵庫、西宮、尼崎に兵を残していた。兵が大勢いた事情もあり、兵庫を中心にして米価が高騰していたので、この付近も年貢米の換金できる市場となっていたという。したがって、先述した幕府の換金場所の指示というのは、決して不適切なものではなかったのである。

徳川方が恐れた一揆勢の蜂起

慶長二十年（一六一五）四月、丹波において一揆勢が蜂起するとの風聞が流れていた（『寛永諸家系図伝』『譜牒余録』）。一揆勢が豊臣方の呼びかけに応じたのか否かは、決して定かではない。丹波亀山

（京都府亀岡市）の岡部長盛《ながもり》・宣勝《のぶかつ》父子、丹波篠山（兵庫県丹波篠山市）の松平康重《やすしげ》は、ただちに一揆の鎮圧を行った。丹波はかなり広い地域であるが、両大名が出陣したのだから、一揆勢の蜂起は広範に及んだ可能性がある。

ほぼ同じ頃、摂津曽根（大阪府豊中市）でも一揆が蜂起したというが、詳細や経緯は不明である（『松井家譜』）。徳川方は一揆の蜂起を恐れていたので、未然の防止に努めていた。徳川方の池田氏は大坂の陣に際して、公儀（＝家康、秀忠）の命令を受けて、摂津国矢田部《やたべ》郡の村々から一ヵ庄（庄は村の構成単位）につき一人の人質を徴集していた（『池田家履歴略記』）。命じられたのは、長田《ながた》村、東尻池《ひがししりいけ》村、西尻池村、西代《にしだい》村（いずれも兵庫県神戸市）の庄屋、年寄だった。人質を徴集した目的は、一揆を未然に防ぐためだった。

その結果、村々の庄から一人ずつ人質が徴集され（計五人）、同年三月九日に姫路城内で預かることになった。同年五月に豊臣家が滅亡すると、五人の人質はもと住んでいた村々に帰ることを許されたのである。徳川方は、大坂夏の陣の開戦を予想して、早々に手を打っていたのである。

人質を徴集していた例は、ほかにもある。同年五月四日、幕府は山城国内の庄屋の妻子を人質とし、瀬田城（滋賀県大津市）に軟禁したという（『義演准后日記』）。京都所司代の板倉勝重によって、吉《よし》田《だ》村（京都市左京区）から人質が徴集された例も報告されている。人質を徴収した理由は明確に書かれていないが、彼らが豊臣方に与同し、蜂起することを防ごうとしたと考えられる。

大坂夏の陣はじまる

大坂夏の陣が起こるとの風聞は各地に流れており、「大坂城が徳川方に攻撃される」、あるいは「徳川方の軍兵が上洛してくる」との噂が京都中を飛び交った（『中院通村日記《なかのいんみちむらにっき》』など）。同時に、大坂城周辺の状況も慌しくなった。徳川方による大坂城攻撃の噂が流れると、堺あたりでは騒動が勃発し、人々は家財や妻子を引き連れて他国へ逃亡するというありさまだったという（『浅野家旧記』）。

さらに、本多正純は土佐の山内氏に対して、大坂へ渡海する船、商売船を乗り入れることを禁止した（「御手許文書」）。山内氏は年貢米を大坂近辺で換金しようとしたのだが、それすらできなくなるまでになっていた。すでに大坂城での戦いが予定されていたので、無用な混乱を避けるためであろう。

四月四日、家康は九男・義直の婚儀を祝うという目的で、西上することになった。当時義直は名古屋城主だった。『駿府記』によると、「家康の内心は豊臣方が諸牢人を召し放つことなく、武勇の誉れのある者を召し抱えているので、名古屋からさらに上洛するのだ」と記されている。家康が上洛を志向していたのは明らかなので、豊臣討伐をすでに決心していたといえよう。

六日になると、家康は伊勢、美濃、尾張、三河の諸大名に対して、豊臣方への攻撃を命じた。これは、家康の行軍に合わせたものだろう。翌七日になると、各地の大名に対して、大坂城への出陣命令を発した。西国大名には兵庫、西宮、尼崎への出陣を命じていたが、ここで一気に大坂城を攻め落とそうという算段だろう。いよいよ大坂夏の陣のはじまりである。

鍋島氏は徳川方から出陣を要請され、兵庫、西宮、尼崎への陣を構えるよう伝えられていた。その際、米やそのほかのものでも、徳川方が費用の一部を負担する旨が書かれていた。鍋島氏も財政に余裕がなかったと推測される。多くの軍勢を率いていたのだから、兵糧や武器などの合戦に伴う負担の大きさは想像に余りある。それは、ほかの大名も同じだった。

財政事情が厳しいことは、吉川家や毛利家も同じだった（「吉川家文書」）。吉川広家は両家ともに兵糧の負担が重くのしかかり、財政を担当する奉行衆が頭を抱えていると書状に記している。特に、毛利家は関ヶ原合戦の敗戦で約九十万石も知行を減らされたが、家臣の数はほとんど変わらなかったので、財政事情は最悪だったといえる。しかし、徳川方の出陣要請を決して断ることはできなかった。

四月一日付で、徳川方が武川衆に宛てた書状が残っている（『譜牒余録』）。武川衆とは、もと甲斐武田氏の配下にあった軍団で、武田氏滅亡後は柳沢氏（武田氏旧臣）が率いていた。内容は大坂出陣を促すものであるが、軍役として一万石につき、二百人の兵を率いることが命じられている。兵卒以外にも、人夫として一万石につき三百人の扶持を渡すとし、また路次中の扶持として銀子を与えると記されている。

大坂夏の陣は諸大名にとって、大きな財政的な負担をもたらすことになったが、どの大名も出陣要請を断れなかったのである。

家康の出陣

家康は四月十五日に名古屋を出発すると、十八日には京都二条城に入城した。四月十日、秀忠も大軍勢を引き連れ江戸を出発し、二十一日に伏見城に到着した。この間、先述のとおり各地の大名に出陣を要請していたので、京都、大坂の周辺はそれら軍勢で押し合いへし合いの状況になっていた。徳川方の合戦準備は、万端整っていたのである。

これ以前の四月四日、秀忠は諸将に軍法を発していた（『秀忠公御制法』）。全文は十一ヵ条にわたるが、主要な部分を抜き出すと次のようになる。

①喧嘩口論を堅く禁止し、これに背く者があれば、理非を論ぜず双方とも処罰すること。
②抜け駆けは功名であるかもしれないが、軍法に背くことになるので罪科に処すこと。
③理由もないのに他の部隊に加わった場合は、武具・馬とも取り上げること。
④奉行人の指示に逆らってはならないこと（奉行人は主君の命を受けて、戦闘などの指示を行っていた）。

いずれの条文も軍隊の規律、統率を図るうえで、欠かすことができないものであった。特に、抜け駆けをしようとする者、功を焦って統率を乱す者は、処罰の対象となった。大坂冬の陣の轍を踏まないためで、④の条文がその象徴といえよう。秀忠の大坂夏の陣にかける意気込みが伝わってくる。

四月二十二日、家康は二条城に到着すると、早速、軍議を開き作戦を練り上げることにした。列席したのは、秀忠のほか本多正信・正純父子、土井利勝、安藤重信、藤堂高虎といった重臣や諸大名の面々である。軍議で検討した結果、徳川方は全軍を二つに分けて、次のコースで大坂城に攻め込むことにした。

①淀川左岸を南下して、河内を経由して大坂城に向かうコース。
②大和を経由して、大坂城に向かうコース。

両軍は別ルートで進軍すると、大坂城から南東に約二十キロメートル離れた道明寺《どうみょうじ》（大阪府藤井寺市）付近で合流し、一気に大坂城を攻め落とすという作戦である。松平忠輝が率いる大和方面軍は約三万五千、家康・秀忠が率いる河内方面軍は約十二万、計約十五万五千という大軍勢だったといわれている。まさしく総力を結集したものだった。

一方の豊臣方は、戦う前から敗色が濃厚だった。すでに和睦の条件として、大坂城の周囲の堀などは埋め尽くされており、惣構も破却されたので、かつての優れた防御機能は崩壊していた。集まった軍勢は徳川方の約十五万人に対して、豊臣方は約五万といわれている。いかに牢人衆が集まったとはいえ、質量ともに徳川方と比べて見劣りしていた。

籠城する人々はさらに五万人近くいたというが、彼らはまったく戦力にならなかった。というの

図10-1 大坂城の周辺

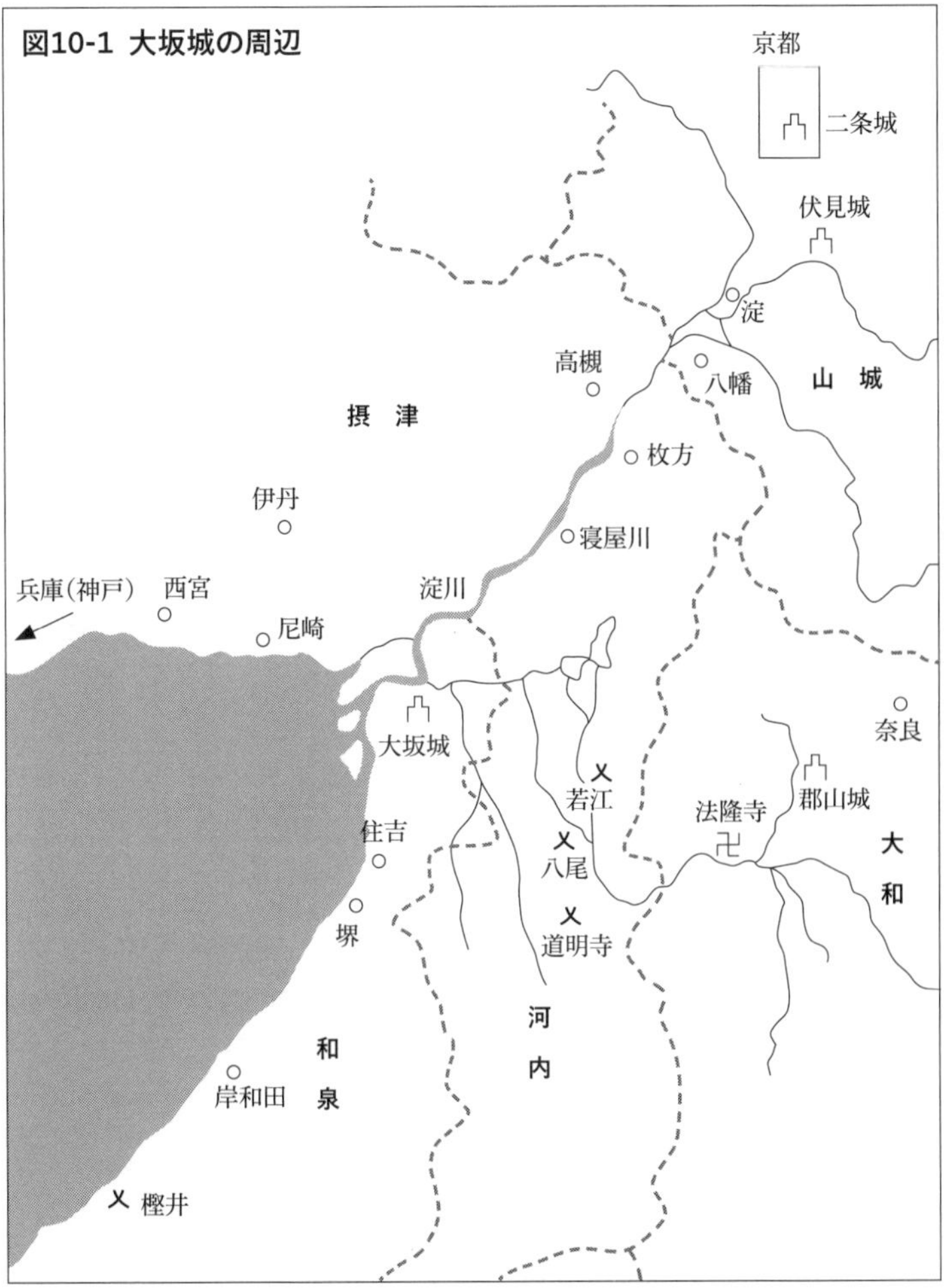

出所：笠谷和比古著『関ヶ原合戦と大坂の陣』に
収載の図などをもとに作成

も、彼らは戦争を恐れて城内に避難した普通の人々で、いわゆる非戦闘員にすぎなかったのである。当初、大坂方は積極的に打って出る作戦も検討したが、大坂城を起点に戦うことにした。起点とはいっても、籠城戦が不利なのは明らかなので、大坂城の手前で攻めてくる徳川方を迎え撃つしかなかったのである。

一方の徳川方は、四月二十五日から早くも軍事行動を開始した。藤堂高虎は淀を進発し、その日のうちに枚方（大阪府枚方市）に着陣した。井伊直孝、松平忠直、榊原康勝、本多忠朝、酒井家次の諸将も、次々と大坂城を攻めるべく河内に出陣したのである。徳川方と豊臣方との対決は、目前に迫っていた。

大坂夏の陣の結果は、最初から徳川方の圧倒的な勝利が予測されていた。加賀の前田家では、大坂城が三日のうちに落城すると予想していた（「前田家所蔵文書」）。土佐の山内家では、「家康・秀忠が出陣すれば、瞬く間に合戦が終わるであろうから、夜を日についで大急ぎで大坂に駆け付けなくてはならない」とまで述べている（『山内家記録』）。山内氏は、遅参すれば恥をかくか、処罰されるかもしれないと恐れたのだろう。

両軍の兵力の数や質を比較するまでもなく、徳川方の勝利は戦う前からすでに確定していたのである。

大和郡山・堺における戦い

四月二十六日未明、大野治房は後藤基次と二千の兵を率いて大和国へ出陣した。徳川方が河内方面に在陣したことを受け、奈良から迂回して襲撃を試みたと考えられている。治房は大和国へ侵攻すると、徳川方の筒井定慶《じょうけい》が籠もる郡山城《こおりやま》（奈良県大和郡山市）を攻撃した。定慶は千人の兵で籠城していたが、兵力で劣っていたので、ただちに城を放棄して逃亡した（『駿府記』）。

首尾よく郡山城を奪取した治房は、勢いに乗じて奈良を目指した。翌二十七日のことだった。奈良で徳川方の守備を任されていたのは、水野勝成が率いる軍勢である。これを知った治房は、戦うことなく後退し、ついに郡山城まで撤退した。その後、治房はせっかく手に入れた郡山城を放棄すると、周囲に火を放ちながら大坂へと撤退したのである（『大坂陣日記』など）。

治房が大坂へ引き返したのは、わずかな軍勢で奈良方面で徳川方と交戦するのが不利だったこと、さらに滞在期間を長く取られることを嫌ったためであろう。治房の大和侵攻によって、郡山だけでなく、龍田《たつた》（奈良県三郷町《さんごうちょう》）、法隆寺（同斑鳩町）は火の海になったという。特に、法隆寺は堂宇がことごとく焼き払われるなど、被害が甚大だった（『駿府記』）。

四月二十八日、大野治房は塙直之ら諸将を率い、約三千の軍勢で大坂城から出陣した。先鋒隊の塙直之は、小出吉秀が守備する岸和田城（大阪府岸和田市）を早速攻撃し、一進一退の攻防を繰り広げた。一方の治房は堺（同堺市）に入り、徳川方に与したという理由だけで堺を焼き払ったのである。

自治都市として名高い堺も、例外なく戦火に呑み込まれた。治房は堺だけでなく、住吉大社などにも放火した。

豊臣方が堺や住吉などの港湾都市を攻撃した理由は、徳川方の流通経路を遮断するためだったといわれている。つまり、徳川方が兵糧や武器を運び込むのを阻止しようとしたのである。一方、徳川方には水軍を率いる向井忠勝が海上防衛を行っており、豊臣方の兵糧船を拿捕したという。

『日本切支丹宗門史』によると、当初、堺は秀頼の保護下にあったが、合戦がはじまると秀頼の軍勢によって、食糧を強奪され金品を要求されたという。しかし、家康が堺に侵攻することは、十分に予測できた。堺の人々は自らが秀頼に与したことを家康が知って、怒りを受けることを恐れた。そこで、徳川方の兵を堺に引き入れたのだが、そのことが秀頼の逆鱗に触れて、結果的に堺は焼き払われたのである。

樫井の戦い

互いに一進一退の攻防を繰り広げたが、この戦いで敗北を喫したのは、結果的に豊臣方のほうだった。豊臣方は一揆勢（紀州一揆）と協力し、長晟の軍勢を挟撃しようとしていた。長晟の出陣後、一揆勢は和歌山城を占拠し、豊臣方とともに浅野勢を討つ作戦だった。しかし、長晟の軍勢のほうが一枚上手で、先に一揆勢を鎮圧することに成功していた。その結果、長晟の軍勢は、信達《しんだち》（大阪府泉南市）まで軍を進めたのである。

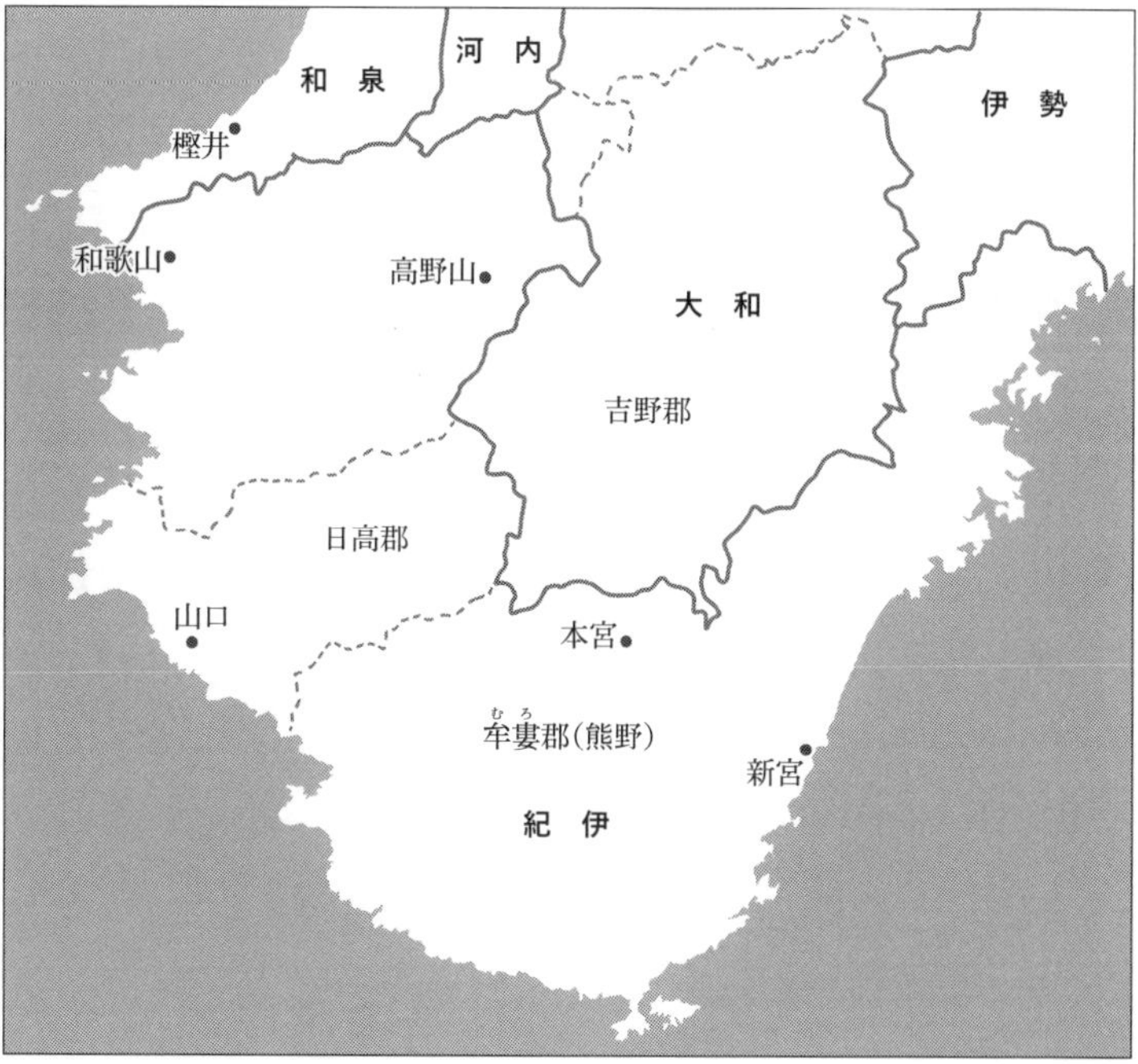

図10-2 紀伊国とその周辺

出所：『国史大辞典』（吉川弘文館）に収載の旧国略図などをもとに作成

また、大野治長の家老が秘密裏に紀伊国日高《ひだか》郡に軍勢を派遣したが、山口《やまぐち》（和歌山県印南町《いんなみちょう》）で長晟の家臣に見つかり、一人残らず討伐されたという（『大坂御陣山口休庵咄』）。四月二十七日のことだった。おそらく、治長は一揆との協力態勢を生かすべく、内密に紀伊国内で反浅野派を蜂起させようなどと考えていたかもしれないが、それは見事に失敗したのである。なお、一揆に加担した者は捕えられ、四百名余が厳しく処分された（「浅野家文書」）。

豊臣方の失態は、これだけではなかった。四月二十九日、治房の家老の北村甚大夫、大野弥五左衛門ほか三十余名が、信達で捕縛された。北村のその後は不明だが、大野は殺されたという。同日、治房・治胤兄弟、塙直之らが率いる約三千の軍勢は、同じ信達で長晟が率いる軍勢と戦った。しかし、豊臣方は長晟の軍勢に敗北し、撤退したのである（『駿府記』）。

同じ四月二十九日、戦いの舞台は樫井《かしい》（大阪府泉佐野市）へと移った。浅野長晟は一揆勢力が豊臣方に同調しているとの報を耳にし、樫井近くの長滝《ながたき》・安松《やすまつ》両村の人々を味方に引き入れ、樫井を決戦の場に選んだのである。村落の人々の助力を必要としたところは、誠に興味深い。しかし、先述のとおり、すでに長晟は一揆勢を討っていたので、豊臣方の目論見は外れていた。

樫井の戦いで豊臣方の先鋒を務めたのが岡部則綱《のりつな》であり、塙直之らがこれに従う計画だった。当初の予定では直之が先鋒を務め、次鋒が則綱だったが、豊臣方では則綱を先鋒にしようとしたので、二人の関係は険悪になった。そこで、次善の策として、大野治房と槇島重利《まきしましげとし》の二人が大将を務め、直之と則綱がそれに続くことを取り決めた。しかし、抜け駆けの禁を破って、敵に攻め込んだのが直之だった。

直之と則綱の軍勢を待ち受けていたのは、長晟の配下の上田宗箇《そうこ》（重安《しげやす》）と亀田高綱《たかつな》の二人だった。茶人としても有名な宗箇は、具足や母衣を黒一色で統一していた。一方の高綱は、具足や羽織を白一色に統一していた。一方、直之は具足などを赤一色で統一していたようで、「赤武者」と称されていた。

則綱と直之が率いる軍勢は、樫井付近で長晟の軍勢と交戦状態となり、最終的に敗北を喫したのである。このとき、則綱と直之は先駆け争いを演じ、則綱は重傷を負い、直之は討ち取られてしまった。治房は一揆勢力との共同作戦という目論見が外れたので、現場に急行したが、すでに長晟の軍勢は引き上げていた。当時の記録によると、当初劣勢にあったのは長晟のほうであったが、岸和田から援軍が駆けつけると、形勢は一気に逆転したという（「土佐山内家文書」）。

この書状には塙直之が討ち取られ、豊臣方が手を失ったと記されている。直之が名立たる武将であったことがうかがえ、豊臣方の手痛い敗北であったことを看取できる。

塙直之の最期

塙直之の最期を描くのは、『亀田大隅守高綱泉州樫井表合戦覚書』という史料である。直之は槍でもって高綱に戦いを挑むと、高綱の家来の菅野兵左衛門が刀を抜いて参上した。兵左衛門が直之の左足の甲を斬り付けると、同じく高綱の家臣の菅野右加衛門が直之に馬乗りになって、その首に槍を突き立てた。そして、兵左衛門に首を取らせたのである。右加衛門が兵左衛門に首を取らせたのは、兵左衛門が最初に直之を斬り付けたので、当時の軍事慣行として首を取る優先権を有していたからだった。

なお、直之を討ち取った武将については、①多胡助左衛門（浅野氏家臣）、②上田宗箇という二つの説がある。『駿府記』には、上田宗箇が直之を討ち取ったと書かれている。結局、豊臣方は直之以下、芦田作内《さくない》（宇喜多氏旧臣）ら指揮官クラスの十二名が討ち取られただけでなく、多くの雑兵を失ったのである。

本多正純が鍋島勝茂に送った書状にも、豊臣方の敗戦について書かれている（『鍋島勝茂譜考補』）。こちらにも、長晟の軍勢が豊臣方の軍勢を数多く討ち取ったとあり、塙直之が討ち取られたことも書かれている。重要なことは、「もはや豊臣方に正体がなく、武具なども放置したまま逃亡したので、間もなく降参するでしょう」と記されていることだ。それほど、豊臣方の樫井の戦いにおける敗戦の影響は大きかった。

同時に興味深いのは、豊臣方によって回文《かいぶん》（順次に回覧して用件を伝える文書）が送られているという記述である。正純は回文を持参した者があれば捕らえるよう、勝茂に依頼していた。内容は、おそらく豊臣方に味方になるよう要請したものと考えられるが、豊臣方の切羽詰まった状況を知ることができる。

泉佐野市南中樫井《みなみなかかしい》には、塙直之の墓がある。寛永八年（一六三一）の塙団右衛門直之の十七年回忌に際して、紀州藩士の小笠原作右衛門がこの墓碑を建立したといわれている。その隣には、淡輪《たんのわ》重政《しげまさ》の墓がある。重政の墓は、寛永十六年（一六三九）に会津藩士の本山三郎右衛門（淡輪氏の一族）

が建立したという。なお、建立したのは、淡輪新兵衛（重政の甥）という説もある。

樫井の戦いにおける徳川方の勝利後、家康と秀忠の軍勢が動いた。五月五日、家康と秀忠は滞在していた二条城と伏見城を出発すると、淀川筋のルートを経て、淀（京都市伏見区）、八幡（京都府八幡市）と南下した。その日の夜、家康は星田《ほしだ》（大阪府交野《かたの》市）、秀忠は砂《すな》（同四條畷《しじょうなわて》市）に到着したのである（『駿府記』）。

豊臣方、道明寺への出陣を決す

豊臣方は大和郡山、堺・岸和田方面における徳川方との戦いで、輝かしい勝利を手にすることができなかった。一方、徳川方の軍勢は、堺・岸和田方面で豊臣方に勝利した勢いで、大和方面から河内へ進軍し、大坂城へ攻め込もうとしていた。

豊臣方は、丸裸になり、防御機能を失った大坂城に籠城する不利を認識していたので、軍議を開いて対応を協議した。その結果、道明寺（大阪府藤井寺市）まで出陣して徳川軍を待ち構え、これを迎え撃つ作戦を決定したのである。豊臣方の先鋒部隊は約六千四百の兵を率いた後藤基次、薄田兼相が務めることになった。

そのあとには、一万二千の兵を率いた真田信繁、毛利勝永、渡辺紦らが続いて出陣する計画だった。豊臣方のベストメンバーだったといえよう。なお、信繁の子・大助は、「いさんさ山藤井寺」に陣を取ったといわれている（『青大録《せいだいろく》』）。具体的な場所は不明だが、道明寺に近いのは間違いないだろう。

この頃、徳川方では、豊臣方の軍勢が道明寺や八尾（大阪府八尾市）付近に出陣していることを掴んでいた。そして、豊臣方の軍勢が減るどころか増えていたので、先鋒を務めていた藤堂高虎や井伊直政に追い払うように命令していた。徳川方の驚きぶりが伝わってくる。家康自身も砂の近くまで移動すると、秀忠も豊臣方と対峙すべく枚岡《ひらおか》（大阪府東大阪市）へと向かっていた（『駿府記』）。

五月五日、奈良にいた水野勝成、伊達政宗ら約三万五千の軍勢も、関屋《せきや》（奈良県香芝《かしば》市）を越えて国分（大阪府柏原市）に移動した。徳川方は家康・秀忠の軍勢と水野勝成、伊達政宗らの軍勢の二手に分かれ、道明寺、八尾・若江方面を目指した。豊臣方は徳川方の動きを掴んでいたので、これを迎え撃つ態勢を整えたのである。

ところで、信繁と又兵衛は出陣に際して、おもしろい会話を交わしていた（『後藤合戦記』）。それは、次のような内容である。


秀頼公の近習や御譜代衆が心を同じくせず思い思いに行動するため、徳川方に勝利をすることなく、それどころか味方の将兵が討ち死にする始末である。基次は「彼ら（近習や御譜代衆）が合戦に不案内なのでどうしようもない」と言った。信繁は「愚将・弱将の古今の旧例である（今も昔も変わらない例）」と言うと、二人は笑ったと伝わる。

豊臣家の重臣・大野治長らと信繁ら牢人衆との確執は、これまで取り上げたとおりである。城外に打って出る積極策を主張した信繁ら牢人衆は、籠城派の治長らと激しく対立していた。信繁と又兵衛は、治長ら豊臣家重臣を「合戦のことを知らない愚将・弱将である」と罵っているのが興味深い。ここまでひどい陰口を叩いたのか定かではないが、治長らに大きな不満を抱いていたのは事実と考えてよいだろう。

道明寺で対峙する両軍

五月六日、先に出発した後藤軍は、後発の真田軍を待つため、国分（大阪府柏原市）で待機していた。しかし、折からの濃い霧により視界が不良となったため、信繁が率いる軍勢の到着が遅れていた。そのような事情から、又兵衛は道明寺へと先へと進み、あとから来る真田軍を待つことにしたのである。

徳川方と豊臣方が布陣した道明寺の付近は、大坂城から東南に約二十キロメートル離れた場所にあった。巨大な古墳が数多くあることで知られている。付近は大和川、石川が流れており、河川交通の便が良い地域である。この地は山城国から紀伊国に通じる街道、そして大和国から和泉国堺へ通じる街道が交差する地点だった。大和国から河内国へ行くには、生駒山を経て葛城山、金剛山といった峻厳な山々を越える必要があった。

もう少し詳しく地形を見ると、道明寺は南北に山が聳えており、平野が広がっていたわけではない。又兵衛はその地形を生かし、山あいの狭い地域に徳川方の軍勢を誘い込み、少ない軍勢で徳川

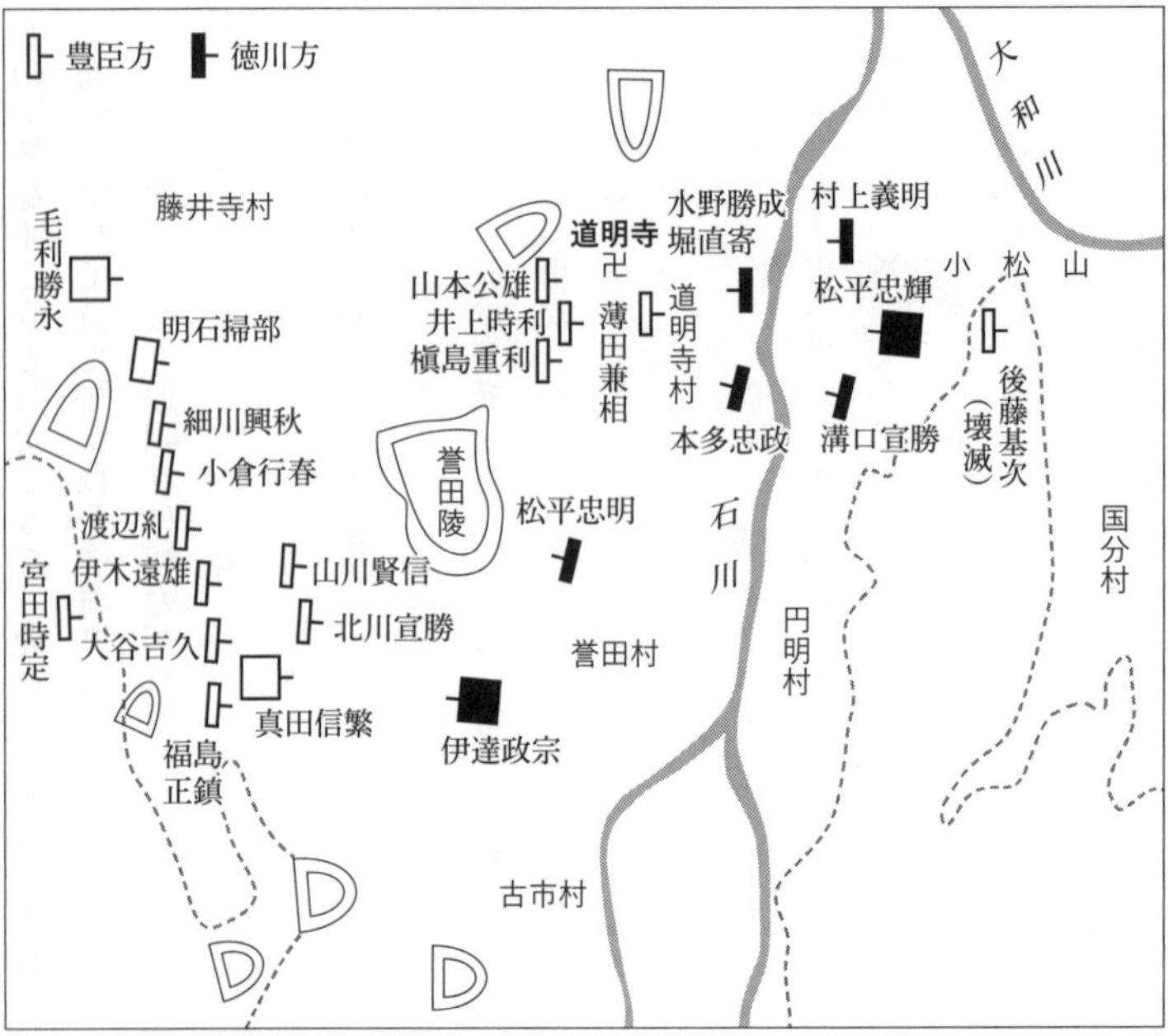

出所：笠谷和比古著『関ヶ原合戦と大坂の陣』に
収載の図をもとに作成

図10-3 道明寺の戦い

方の軍勢を叩こうとしたようだ。仮に、徳川方に勝利すれば、敗軍は大和国に退くだろうから、その間を利用して新たな作戦を検討することもできた。

一方の徳川方は、道明寺に加え、八尾・若江の戦いを有利に進め、大坂城の南部で決戦を挑む計画だった。広々とした大坂平野においては、大軍勢を誇る徳川方が圧倒的に有利だった。そのうえで海上交通の要衝の平野、住吉を押さえ、豊臣方の兵站搬入ルートを断とうと考えたのである。

又兵衛は、進軍しながら敵陣の様子を探るため斥候を送り込んでいた。すると、戻ってきた斥候から報告を受け、わずか二、三キロメートル先に徳川方の軍勢が着陣したとの情報を得た。徳川方の主力は、水野勝成が率いていた。当初の計画では、又兵衛が続いてやって来る真田軍と合流し、徳川方を攻撃することになっていた。そのほうが軍勢も増えるので、少しでも状況が有利になる。

ところが、又兵衛は真田軍を待たずして、攻撃することを決断した。又兵衛にすれば、信繁の到着を待つと、この大きなチャンスを逃してしまうと考えたのだろう。これが運命の分かれ道となる。

後藤又兵衛、薄田兼相の最期

戦いの舞台は、陣を敷くのに好立地である小松山に移った。小高い小松山からは、合戦の様子を見渡すことができた。

午前四時頃から戦いがはじまると、当初は後藤軍が水野軍を相手にして、戦いを有利に進めていた。しかし、徳川方の伊達政宗、松平忠輝らの援軍が到着すると、後藤軍の状況は大きく変化した。

伊達勢らの激しい銃撃戦で、少しずつ寡兵の後藤軍は厳しい状況に追い込まれた。又兵衛は小松山を下山して奮闘したが、ついに敵兵の銃弾を浴びた。観念した又兵衛は、従った兵に首を討たせたと伝わっている。

実は、又兵衛の死については諸説ある。又兵衛を討ったのは、伊達家の片倉重長の鉄砲隊であるという説、松平忠明の配下の山田十郎兵衛が首を取ったとの説もある（『武功雑記』）。また、又兵衛が敵に鉄砲で撃たれ、歩行困難になったので、配下の吉村武右衛門に介錯させたとも伝わる（『難波戦記』）。

又兵衛の死について、後藤助右衛門の書状には、「又兵衛殿も六日に討ち死になさった」と記されており、その戦いぶりは「源平以来のこと」と称えられている（「芥田《あくた》文書」）。又兵衛の死は、平安末期の源平合戦以来の華々しいものと評価されたのである。基次ら後藤一族の墓は、鳥取市の景福寺《けいふくじ》にあるが、ほかにも大阪府柏原市の玉手山《たまてやま》公園、奈良県大宇陀町《おおうだちょう》の薬師寺、愛媛県伊予市の長泉寺《ちょうせんじ》、大分県中津市の耶馬渓《やばけい》などに碑や供養塔、伝承墓が残っている。

又兵衛を失った後藤軍はすっかり統制が利かなくなり、もはや総崩れの体となっていた。それでも果敢に徳川軍と戦い続けたが、正午頃には決着がつき、徳川方の勝利に終わった。徳川方の榊原康勝は、約百三十もの敵兵の首を取ったという。敗北を喫した後藤軍は、小松山付近の石川へと退却した。そこで、薄田兼相らと合流し、決死の覚悟で徳川方への反撃に臨んだのである。

先述のとおり、兼相は大坂冬の陣で遊女と遊んでいる隙に、味方が敗北したという大失態を演じている。今回の戦いは、名誉を挽回するチャンスであった。その戦いぶりは、『難波戦記』に描かれている。兼相は背が高い剛力の者で、三尺三寸（約一メートル）の太刀を用いたという。兼相は自ら先頭に立って戦ったので、徳川方は兼相一人だけを狙って攻撃した。しかし、兼相の鎧は頑丈なもので、鉄砲を撃つ者に近づいて討ち取り、剛力な者は綿噛《わたがみ》（鎧類の胴の両肩の部分）を掴んで、鞍の前輪に首を引っかけて落としたといわれている。獅子奮迅の大活躍だった。

しかし、この戦いで兼相もあえなく討たれた。兼相は、水野勝成の配下の川村新八郎重長と組み打ちになり、最後は討ち取られてしまった（『後藤合戦記』）。なお、兼相の墓は、大阪市天王寺区の増《ぞう》福寺《ふくじ》と大阪府羽曳野《はびきの》市誉田《こんだ》にある。豊臣方は、頼みとなる又兵衛と兼相を同時に失い、さらに苦しい状況に追い込まれた。

道明寺の戦いで活躍したのが、大和の新庄城主・桑山一直《かずなお》が率いる軍勢であり、その首取り注文が残っている（「新庄町歴史民俗資料館寄託文書」）。首取り注文とは、誰がいくつ敵の首を取ったかを記録した台帳である。

この史料には、首を持参した十二名の武将の名前が挙がっており、名前の下には「在判」とある。写しの史料なので、本来はここに花押が据えられていたのである。首は計十七個討ち取ったのだが、「内討取八ツ」「首七ツ」とわざわざ内訳が示されている。前者は実際に相手と戦って、首を討ち取ったことを確認できたものであろう。後者は戦いの様子が確認されず、首のみを持参したものと考えられる。桑山氏は彼らに対し、褒美として銀子一枚、帷子《かたびら》一つ、料足《りょうそく》（対価としての金銭）百疋を贈ったのである。

豊臣方、大坂城への苦渋の撤退

敗北した後藤軍は戦場を離脱すると、その途中で明石掃部、真田信繁の軍勢と遭遇していた。掃部と信繁は戦地に使者を派遣しており、すでに又兵衛が討ち死にした事実を知っていた。そこで、後藤軍の面々は信繁らに対し、「われわれの軍勢に加わってほしい」と、丁寧に申し入れた。おそらく後藤軍は、信繁らの軍勢と合流し、徳川方への反撃に出ようとしたのだろう。

信繁は軍使をもって又兵衛を弔うと、手勢・組衆もこれに従った。その後、信繁は後藤軍の申し入れにもかかわらず、すぐに大坂城に撤退するという考えを述べた。後藤軍が再三諫めたものの、結局は要望を聞かずに引き返したという。信繁が撤退を決断した理由は、後藤軍の残党と協力して水野軍に立ち向かうのは不利でもあり、後述するとおり味方と合流し、伊達政宗軍への攻撃を優先したかったからだと考えられる。いったん態勢を整えるという意味もあったに違いない。

道明寺に到着した信繁と毛利勝永軍は、生き残った渡辺糺の軍勢と合流し、伊達軍が陣を構える誉田に向かった。

真田軍は、たちまち伊達軍との戦いを優位に進めた。信繁は配下の者を叱咤激励し、一歩も引かないように命じた。伊達軍は、その奮闘ぶりを見て大変驚いたという。信繁は旗を振って声を上げると、騎兵は横合いから馬を揃え、兵卒は槍を揃えて伊達軍に突撃したのである。渡辺糺も信繁も、死力を尽くして戦った。信繁の子・大助は敵に槍を突かれ怪我をしたものの、敵の首を取る手柄を立てたという。

『武徳編年集成』には、伊達軍が苦戦した様子がうかがえる。信繁らの活躍により、一時、伊達軍は後退せざるを得なくなった。

ところが、午後二時頃、後述する八尾・若江方面で戦っていた豊臣方の敗北の一報が、大坂城中の使者から信繁に伝えられた。同時に、信繁に対して、大坂城への撤退が命令されたのである。信繁は伊達軍を相手にして、戦いを有利に進めていただけに、八尾・若江での味方の敗北は実に手痛かった。

その際、諸将の間で殿《しんがり》を誰が務めるかが問題となった。敵の追撃を受けやすい殿は、いわば花形的な役割だったのである。結局は、明石掃部の仲裁などもあって、信繁に殿が命じられたという（毛利勝永という説もあり）。こうして信繁は、無念の思いを抱きながら戦場をあとにした。

徳川方は、逃げる豊臣方を追撃しなかった。信繁は「関東勢は百万の勢力を誇るというが、男はただの誰もいないではないか」と嘲笑したという（『北川覚書』）。信繁の面目躍如たる有名なセリフではあるが、フィクションである可能性が高い。

ところで、この一連の戦いに際しては、ユニークな逸話が残っている。信繁は戦功を挙げた青地牛助ら六名に対して、「金子五枚を与える」という旨を記した将棋の駒の形をした木片を与えた。その夜、その六名は大坂城に登城し、たしかに金子五枚を拝領した。のちに牛助は加賀・前田家に仕官しており、以上の話は『可観《かかん》小説』という書物に載っている。

実は、将棋の駒の形をした木片には、「信仍」という署名と花押が据えられている。『可観小説』

は「信仍」という名乗りに不審を抱いているが、「繁」の草書体は「仍」に似ている。また、花押は信繁のもので間違いない。したがって、この逸話については、おおむね信用してよいと評価されている。

牢人たちが大坂城に集まったのは、率直にいえば金が目当てであった。そうした事実の一端を示すものとして興味深い。

八尾・若江の戦いと木村重成の最期

豊臣方は道明寺の戦いで敗戦した頃から、急激に勢いが衰えていった。その理由は、又兵衛、兼相らに続き、相次いで主要な武将が戦死したことにあった。加えて、度重なる敗戦によって、将兵の士気も上がらなかった。とはいえ、まだ希望はあった。名将の木村重成が残っていたのである。重成は小身ながらも豊臣家の家臣であり、秀頼から多大な信頼を寄せられていた。大坂冬の陣後の和睦交渉に臨んだのは、その証であろう。

信繁らが誉田で伊達軍と戦いを繰り広げている頃、木村重成らは敵方の総大将の家康・秀忠軍を攻撃するため、若江に向かっていた。若江は、大坂城から東に約八キロメートル離れたところに位置しており、大和国、紀伊国から大坂城に向かうルート上にあった。交通の要衝だったといえる。

五月二日、重成は山口弘定《ひろさだ》、内藤忠豊らとともに大坂城を出発し、徳川方を迎え撃つための準備を整えていた。五月六日午前二時頃、約四千七百の兵を率いた重成はさらに進軍した。そして、三

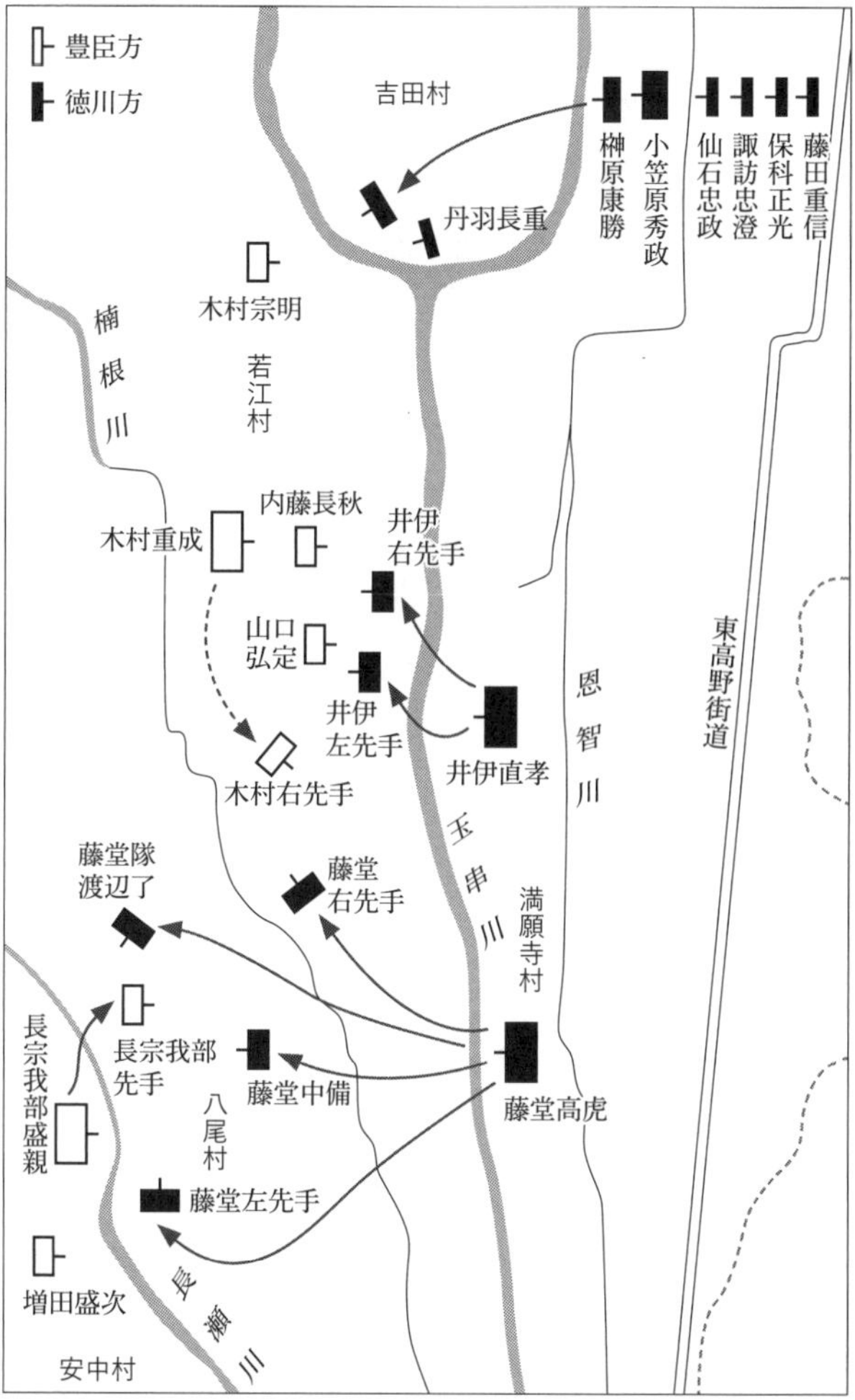

図10-4 若江・八尾の戦い

出所：笠谷和比古著『関ヶ原合戦と大坂の陣』に収載の図をもとに作成

時間後の午前五時頃、重成の軍勢は若江に到着したのである。重成の作戦は、全軍を三つに分けて徳川方を攻めるものであった。

重成の本隊は若江に着陣すると、徳川方の井伊直孝の軍勢に対峙すべく、山口弘定らの軍勢を配置した。右翼には藤堂高虎の軍勢に備えて、青木七左衛門らの部隊を送り込んだ。左翼には、奈良街道からの敵に備えて、岩田村《いわた》（大阪府東大阪市）に木村宗明《むねあき》（重成の叔父）を配した。なお、長宗我部盛親は平野（大阪市平野区）方面に出陣しており、真田信繁らが後詰《ごづめ》（先鋒を支援する後続部隊）として送り込まれていたのである。

徳川方の前線に位置し、本陣を守るかのように布陣していたのは、約三万の藤堂高虎の軍勢である。高虎は、天地に響くような爆音を三度も鳴らしたという。敵を威嚇するためだろう。重成の軍勢が若江一帯に着陣したことは、高虎のもとにも報告された。一報を受けた高虎は、その旨を秀忠に注進し重成との合戦に臨んだ。合戦がはじまると、最初は重成軍が戦いを有利に展開し、高虎方では一族の良勝《よしかつ》が討ち死にするありさまだった。

良勝は萱振村《かやふり》（大阪府八尾市）に進軍すると、重成軍に突撃したが重傷を負い、しばらくして亡くなったのである。同じ部隊の藤堂良重《よししげ》は重成軍に銃撃戦を挑み、三度にわたって激戦を繰り広げたが、敗北し多数の兵を失った。

勝利に士気が上がる重成軍は、決して藤堂軍を追撃することなく、続く戦いに備えることにした。深追いは返り討ちに遭う可能性も十分にあり、危険が予測された。そこで、いったんは態勢を立て直し、次に備えようとしたのであろう。ここで、大坂城へ引き上げることも考えられたが、それは却下された。いまだ家康・秀忠の首を取っておらず、所期の目的を達成していないからであった。

藤堂軍が敗北した直後、井伊直孝の率いる軍勢が新たに戦線へ加わった。井伊勢は、庵原朝昌《いはらともまさ》、川手良利《かわてよしとし》が兵を率いていた。重成は田んぼの細い道に井伊軍をおびき寄せ、鉄砲隊で銃撃する作戦を立てた。戦いの舞台となったのは、玉串川《たまぐしがわ》の左岸である。先鋒隊として繰り出した直孝の率いる軍勢は、容赦なく重成軍に襲いかかったが、重成軍の猛烈な反撃もあり、むなしく撃退された。味方のふがいなさに激怒した直孝は、軍勢を自ら率いて重成軍と交戦しようとした。

一方、重成の軍勢は早朝から戦い続けており、兵卒らに疲労が色濃く見えてきた。徐々に重成の軍勢は不利な状勢となり、やがて兵が次々と討ち死にするありさまだった。敗勢が濃くなる中、ついに重成は覚悟を決めた。一人で鎗を持って敵陣に突入し、華々しく討ち死にしたのである。重成の首を取ったのは、井伊家の家臣・安藤重勝または庵原朝昌のいずれかの説がある（朝昌が重勝に首を譲ったとも）。一説によると、重成が休んでいたところを討ち取ったとも伝わる。

重成の首は月代を剃って整えられており、伽羅の香りが漂っていたという。首を実検した家康は、「武将の嗜《たしな》みである」と評価して、いたく感服したと伝わる。重成の首塚は、滋賀県彦根市の宗安寺《そうあんじ》にある（大阪府八尾市幸町《さいわいちょう》の公園にも墓碑がある）。また、大阪市北区中之島公園には、木村重成表忠《ひょうちゅう》碑《ひ》が建立されたのである。表忠碑とは、葬られた人の功績を称える碑のことである。

長宗我部盛親の最期

長宗我部盛親は一客将（牢人）にすぎなかったが、元は土佐一国の大名だった。豊臣方が大坂の陣で勝利した暁には、再び盛親に土佐一国を与えられる約束だったといわれているので、力が入っていたのは疑いないだろう。

重成が徳川方と激闘を繰り広げている頃、長宗我部盛親が率いる軍勢は、八尾方面から進軍する家康・秀忠を攻撃する作戦だった。先述のとおり、家康・秀忠の部隊に付き従っていたのは藤堂高虎である。高虎は盛親の軍勢を確認すると同時に、子の高吉《たかよし》（丹羽長秀から迎えた養子）らに出陣を命令し迎え撃とうとした。

盛親の軍勢で先鋒を務めたのは、吉田内匠だった。ところが、吉田内匠の軍勢は、無残にも藤堂軍の鉄砲隊の前にあえなく敗れ去った。勝利で勢いを増した藤堂軍は、そのまま長宗我部軍へと突撃したが、逆に藤堂軍は乱戦の中で主要な武将を次々と討ち取られ、予想外の劣勢に立たされたのである。長宗我部軍は川の堤防に伏兵をあらかじめ配置し、藤堂軍に突撃したので、一気に潰滅したという。長宗我部軍は勢いを盛り返し、有利な状況で戦いを進めたのである。

長宗我部軍と藤堂軍が激戦を繰り広げる中で、若江の戦いで木村重成が討ち死にしたとの情報がもたらされた。これにより長宗我部軍の士気は一気に下がり、逆に藤堂軍の勢いが盛り返すことになった。豊臣方に勝利した井伊軍が藤堂軍の援軍に駆け付けたので、戦況は一変した。孤立した長宗我部軍は情勢が不利になったので、徐々に軍勢が後退しはじめたのである。藤堂軍の渡辺了は退却しはじめた長宗我部軍を追撃すると、多くの将兵を討ち取り大いに戦功を挙げた。

戦いの結果、藤堂軍は主要な武将を失ったものの、長宗我部軍に壊滅的なまでの打撃を与え、徳川方が勝利するきっかけを作った。土御門泰重の日記には「大坂で大合戦があったようであるが、豊臣方が敗北したとのことである」と記されている（『土御門泰重卿記』）。徳川方が勝利した一報は早くも京都に伝わったのだ。徳川方が有利なままで戦いは進んだのであるが、それは当初の予想通りだったのである。

長宗我部盛親は戦場から逃亡した。戦線を離脱した盛親は、五月十一日に山城国八幡（京都府八幡市）で蜂須賀至鎮の従者により捕縛された（『駿府記』）。そして、二条城に連行され、大勢の見物人の目に晒された。盛親はかつて土佐一国を支配した大名であっただけに、その屈辱感は想像に余りある。

同月十五日、盛親は六条河原で処刑され、三条河原で晒し首になったのである。盛親の首は京都市下京区の蓮光寺《れんこうじ》で埋葬され、のちに供養塔が建てられた。蓮光寺の僧は盛親の死を憐れみ、板倉勝重に願い出て遺骸を葬ったという。盛親には嫡男の盛恒《もりつね》らの男子がいたが、いずれも捕らえられて斬首され、長宗我部家は断絶したのである。

天王寺・岡山の戦いのはじまり

重成らの戦死によって、大坂夏の陣は最終局面を迎えた。最後の戦いが、真田信繁の出陣した天王寺・岡山の戦いである。

ところで、大坂夏の陣には、徳川方として真田信之の子信吉・信政兄弟が出陣していた。慶長二十年（一六一五）四月十日、秀忠が江戸を出発したとき、二人はその軍勢に供奉していた。同月二十二日に秀忠とともに二人が京都に入ると、同月二十八日には河内方面に出陣した井伊直孝・藤堂高虎の軍勢に従った。そして、五月六日には天王寺口に出陣した本多忠朝に従ったのである。

一方、豊臣方は各地の戦いで敗北の連続だったので、その間に主要な武将が次々と討ち取られていた。もはや豊臣方には万策尽きた感があり、敗勢を挽回することは不可能であると思われた。このような状況下、最後まで生き残ったのが信繁である。この時点での信繁の心情は想像するしかないが、決死の覚悟で戦うしか選択肢はなかった。

豊臣方が劣勢を挽回できない局面の中で、ついに五月七日という最後の戦いの日を迎えたのである。家康と秀忠は、満を持して大坂城南部に位置する天王寺・岡山に陣を置くと、最後の決戦に備えた。

徳川方の軍勢は、約十五万人もの大軍だったといわれている。いうまでもないが、軍勢は各地の大名が率いる精鋭部隊で構成されていた。対する豊臣方は約五万とかなり少ないうえに、非正規の牢人が主だった。おまけに、大坂城は惣構や堀などを失い、もはや防御が機能しない状態だった。むろん、豊臣方には五万人もいるとはいえ、城内には避難した非戦闘員が多数おり、彼らが戦いに寄与することはなかった。

五月七日付、大野治房書状に見る作戦

ところで、五月七日付の大野治房の書状が残っている（「福山寿久氏所蔵文書」）。その内容は、豊臣方の情勢や作戦を考えるうえで、実に興味深いといえる。次に、その要点を示しておこう。

①敵が攻め込んできても、（必ず負けるので）茶臼山・岡山より前に進まないこと。
②軍法をよく守り、抜け駆けをしないこと。
③信繁、毛利勝永と申し合わせ、合戦を軽々にはじめないこと。

豊臣方は敗北が決定的と思われたが、治房は最後まで諦めていなかった。①敵を深追いすること、②抜け駆けすることの二つを禁止したのは、ごく当たり前の指示である。改めての確認ということになろう。③信繁と勝永という二人が重用されていたのは、彼らの豊富な経験を頼りにしていたからと考えられる。治房が二人を厚く信頼していたのは確実で、この作戦・指示も三人で考えた可能性がある。

図10-5 大坂夏の陣配陣図　慶長20年5月7日（天王寺・岡山方面の戦闘）

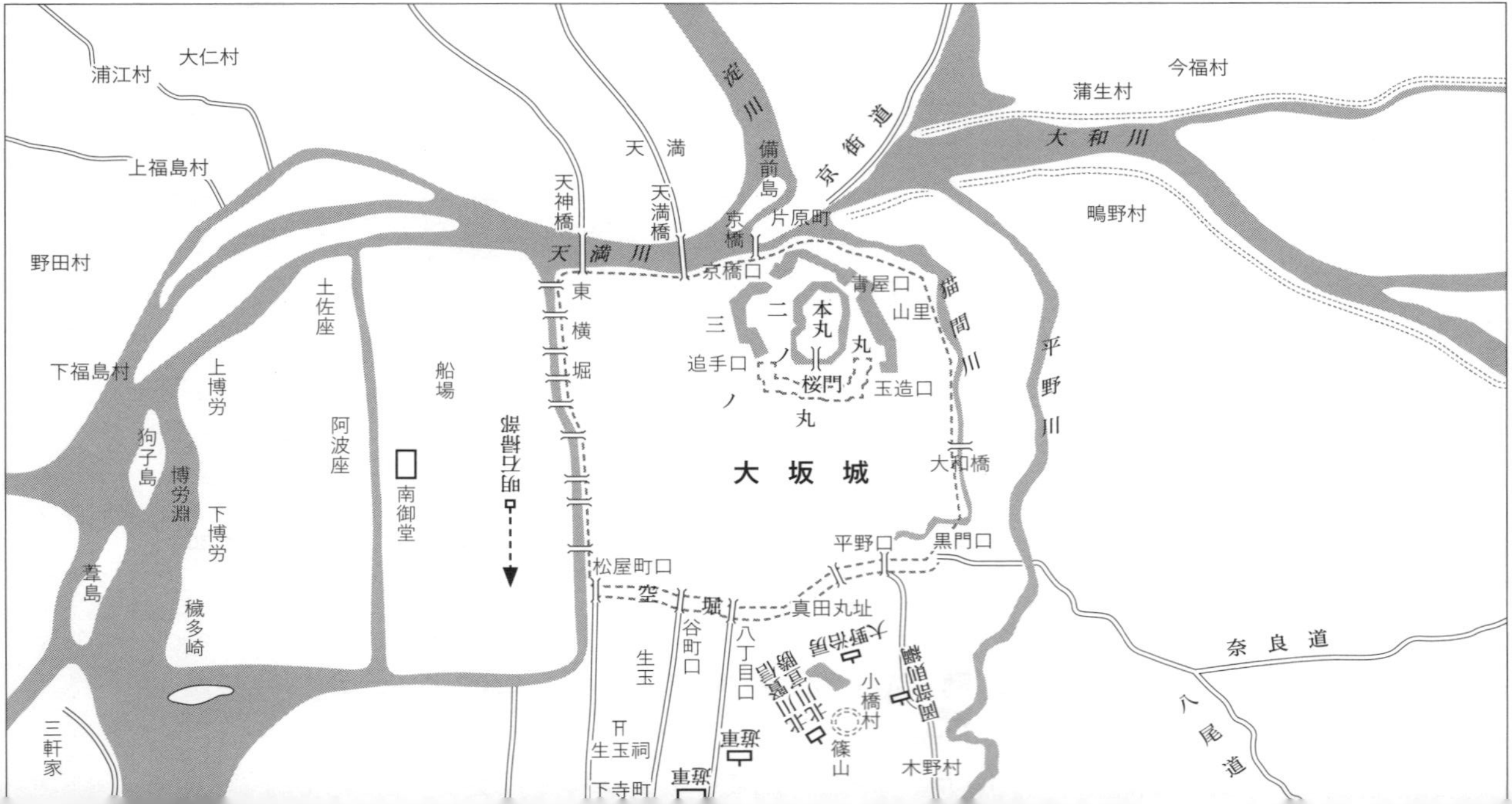

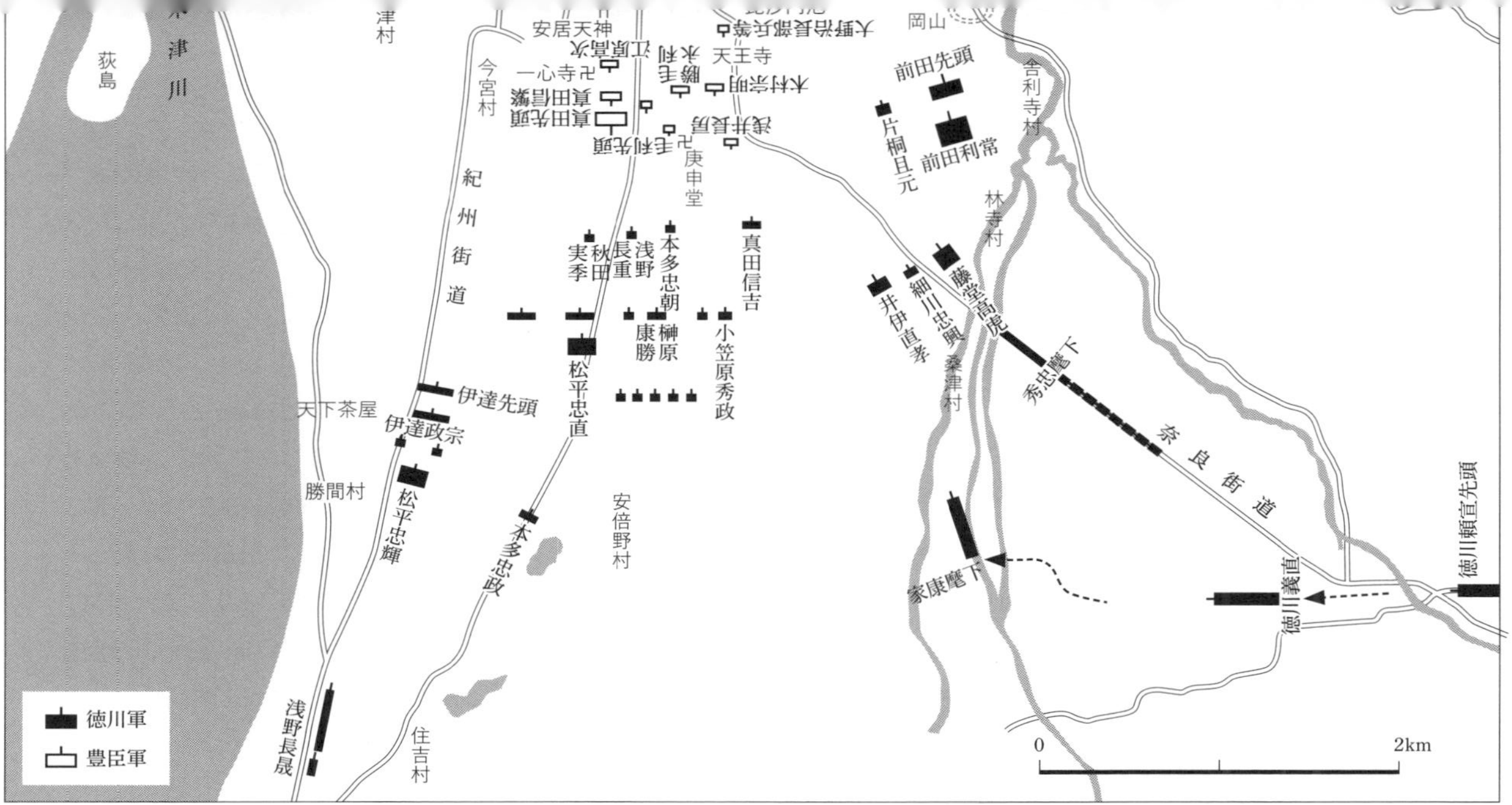

出所：『国史大辞典』（吉川弘文館）に収載の図などをもとに作成

徳川方は本多忠朝に天王寺方面の先鋒を任せ、前田利常に岡山方面の先鋒を命じた。忠朝に従ったのは、伊達政宗、松平忠直、榊原康勝、水野勝成、酒井家次、本多忠政、松平忠明、松平忠輝といった面々だった。利常に従ったのは、細川忠興、黒田長政、加藤嘉明、藤堂高虎、井伊直孝ら、外様大名をメインとした面々だった。

一方の豊臣方は、徳川方が攻めてくるであろう大坂城の南方面に戦力を集中し、主力となる真田信繁と子の大助の軍勢は、茶臼山に陣を置いた。信繁と大助が「赤備え」の軍装で統一し、茶臼山に陣を置いたことは、『大坂御陣山口休庵咄』や『山本日記』にも記されている。

信繁は緋縅《ひおどし》の鎧（緋に染めた革や組糸を用いたもの）を着用すると、よく知られた鹿の角を前立にした白熊（ヤクの尾の毛）付きの兜をかぶっていた。そして、秘蔵の川原毛《かわらげ》（朽葉《くちば》を帯びた白毛で、たてがみと尾が黒く、背筋に黒い筋があるもの）の馬に金覆輪《きんぷくりん》の鞍を置いた。鞍にはシンボルである六連銭の紋を打ち、紅の厚総《あつぶさ》（馬の頭や胸や尻にかける組紐）が掛けられていたという（『幸村君伝記』など）。

「赤備え」というのは、具足などすべての軍装を赤一色に統一したものである。もとは、武田氏配下の飯富虎昌《おぶとらまさ》が最初に採用し、のちに山県昌景《やまがたまさかげ》が継承した。したがって、「赤備え」は、何も真田家の専売特許ではない。徳川四天王として知られる井伊直政も武田氏から継承した「赤備え」で軍装を統一し、「井伊の赤鬼」と恐れられていた。

これまでの戦いで信繁は活躍していたのだから、真田軍の真っ赤な軍装は徳川方に大きなプレッシャーを与えたかもしれない。特に、徳川方は、真田丸の攻防で苦汁を舐めた。実際、松平忠直の兵卒らは、赤い躑躅《つつじ》の華が咲き乱れたような信繁の「赤備え」を見て、恐怖で打ち震えたと伝わっている（『武徳編年集成』）。

ほかの豊臣方の軍勢配置を確認しておこう。毛利勝永は、天王寺の南方面から攻めてくるであろう徳川方に備えた。大野治房は岡山口を守り、明石掃部は別働隊として徳川本隊を攻めるべく茶臼山付近に陣を構えた。そして、秀頼の直臣である七手組《しちてぐみ》は、友軍として大坂城と天王寺の間に在陣したのである。

七手組の面々は、速水守久《はやみもりひさ》、青木一重、伊東長実《ながざね》、堀田盛重《ほったもりしげ》、中島氏種《うじたね》、真野助宗《まのすけむね》（のちに子の頼《より》包《かね》）、野々村吉安《よしやす》、郡宗保《こおりむねやす》の八人で構成されていた。諸書によってこの内の七人がメンバーとして記されており、必ずしも一致しない。

信繁、最後の作戦

このように両軍の軍勢配置が定まった中で、信繁は大野治長に作戦の提案を行った。その要点をまとめると、次のようになろう。

①秀頼に出陣を要請する（味方の士気が上がる）。
②徳川勢が天満・船場を攻めてこないと予測されるので、船場の明石掃部を瓜生野《うりゅうの》（大阪市住吉区・堺市あたりの古地名）に移動させる。
③明石が合図の狼煙を上げたら、信繁が家康の本陣に突撃すること。

④家康本陣の旗本が出陣したら、その手薄な部分を明石が攻撃する。

①は、もっとも重要なことであったが、ついに実現しなかった。信繁の言葉によると、真田の一族が徳川方にいるので、秀頼が信繁を信頼できなかったからだという。「主君が出陣すれば、味方の士気が上がる」というのはもっともなような気がするが、必要条件ではないだろう。そもそも豊臣方は大坂城を起点にして戦っており、秀頼を危険な目に遭わせるのは得策ではない。家康と秀忠も出陣したものの、あくまで後方に控えて全軍に指示を出していた。大将はかくあるべきだろう。

秀頼は、決して城内でじっとしたわけではない。秀頼は梨子地《なしじ》緋縅の具足を身につけると、太平楽という黒馬とともに桜門に姿をあらわした。そして、城兵の士気を高めるため、秀吉相伝の切割《きりさき》（縁を切り裂いた幟）二十本、玳瑁《たいまい》で装飾された千本槍に加えて、茜色の吹き流し十本を前面に押し出したという。玳瑁とは亀のことで、甲は装飾品の材料になった。しかし、裏切り者が城中に放火するという噂が流れたので、秀頼はただちに城内に引き返した。

②③④は乏しい戦力を有効に活用するため、明石氏の配置を変更し、徳川本陣に攻め込ませるものである。信繁は秀頼を守らせるため、子の大助を大坂城に入城させた。父とともに討ち死にする覚悟であった大助は、泣く泣く承諾したという（『列祖成蹟』）。信繁が大助を大坂城に入れたのは、秀頼を守るためだけでなく、もし信繁が死んだとき、城を脱出して生き長らえることを期待してのことかもしれない。

信繁が率いた軍勢は、真田与左衛門、御宿《みしゅく》越前守、江原右近、多田藤弥、大谷大学、名島民部、長岡与五郎、槇嶋玄蕃《まきしまげんば》、藤掛土佐、本郷左近、早川主馬助、福富平蔵、渡邊内蔵助《くらのすけ》、伊木七郎右衛門という面々だった。大谷大学は、大谷吉継の子である。吉継は関ヶ原合戦で西軍に与して家康が率いる東軍と戦い、最後は無念にも自害した。ほかの面々も徳川に良からぬ感情を抱く、牢人衆だった。信繁は総力戦で、徳川方に最後の戦いを挑んだのである。

家康危うし

五月七日の正午頃、ついに徳川方と豊臣方は激突した。天王寺方面では、両軍入り乱れての大混戦となった。「赤備え」の信繁の軍勢約三千は、家康の本陣をめがけて突入し、多くの戦死者を出した。信繁は果敢にも三度にわたって家康の本陣に突撃したので、徳川方の歴戦の強者でさえも逃げ出したという。家康に従っていたのは、本多政重と金地院崇伝だけだったとまでいわれている（諸説あり）。この戦いが激烈を極めたのは、徳川方の将兵の奮闘ぶりを見れば明らかである。

松平忠直は八尾・若江の戦いで積極的に動かなかったので、家康の不興を蒙っていたといわれている。忠直は名誉を挽回すべく、約一万五千の兵を率いて出陣した。いざ戦いがはじまると、忠直は軍令違反を犯してまでも、茶臼山に攻め込んできた敵兵を蹴散らし、三千七百五十もの首を取ったという。

小笠原秀政は子の忠脩《ただなが》、忠真《ただざね》とともに出陣したが、やはり八尾・若江の戦いで十分な戦功を挙げることができず、家康から叱責されていた。そのような事情から、小笠原親子の戦いにかける意気込みは並々ならぬものがあった。結果、秀政は重傷を負ってその日のうちに亡くなり、忠脩は討ち死にした。忠真は戦死こそ逃れたが、七ヵ所もの深手を負ったといわれている。

本多忠朝は、大坂冬の陣で酒を飲んでいたため、豊臣方に敗退したといわれ、家康の不興を蒙っていた。持ち場の不満を述べたとも伝わる。忠朝も汚名を雪ぐため、命を懸けて毛利勝永の軍勢に突撃したが、華々しく討ち死にした。死の間際、忠朝は「酒のために身を誤る者を救おう」と遺言したといわれており、その死後は「酒封じの神」として崇められるようになった。

奮戦した信繁と毛利勝永

もう少し、信繁が家康の本陣に突撃した様子を探っておこう。最初に取り上げるのは、『十六・七世紀イエズス会日本報告集』の記述である。次に要約して記しておこう。

信繁と勝永率いる軍勢は、果敢にも徳川方を攻撃し、ついに敗走せしめた。徳川方の軍勢は、列を成して逃亡したという。秀忠は敗走する軍勢のあとを追って逃げようとしたが、家臣から引き止められたといわれている。このような状況下、家康は大いに敗戦に失望し、覚悟して切腹しようとした。ところが、豊臣方に気の緩みが出て、形勢が逆転したので止めたと記されている。

『三河物語』の記述を見ると、家康の本陣の旗が敗走する味方の兵によって、踏み潰されたと記されている。このような敗北は、元亀三年（一五七二）の三方ヶ原の戦い以来のことであったという。三方ヶ原の戦いで、家康と織田信長の連合軍は、武田信玄の軍勢に散々に打ち負かされた。戦場を離脱した家康は、あまりの恐ろしさに脱糞したとまで伝わる。それ以来の厳しい戦いだったのだ。ただし、家康が脱糞したというのは疑わしく、自戒の意味で書かせたという「しかみ像」も、誤伝であるとされている。

『駿府記』のような徳川方の史料にも、徳川方の形勢不利が書かれているので、信繁と勝永が奮戦して有利に戦いを進めていたのは間違いではないだろう。細川方の記録も同様の見解である。このような諸記録を見る限り、信繁の軍勢が家康を追い詰めたことは事実といえよう。それは、敵・味方とも共通した認識であった。

ところで、『大坂御陣山口休庵咄』には、この戦いで大野治長・治房兄弟も奮戦し、少なからず貢献したことが記されている。特に、治長は後世の編纂物に無能な人間として描かれ、戦いとは無縁な人間のように思われてきた。しかし、そうではなく、対立していた信繁らとともに攻撃に参加しているのだ。もう少し治長らの戦いに触れておこう。

岡山で秀忠と戦ったのは、治房の率いる軍勢だった。徳川方は敗勢が濃かったので、秀忠は馬飼が引き留めるのも聞かず、自ら指揮して戦ったといわれている（『駿府記』）。両軍は凄まじい激戦を繰り広げたが、当初の戦況は五分五分だったという。やがて軍勢の多い徳川方が優勢となり、兵力の劣る豊臣方は敗北したのである。徳川方はそのままの勢いで大坂城に攻め込んだ。

なお、織田有楽の子・頼長は早々に戦場から逃げ出したという。徳川・豊臣両軍とも死力を尽くして戦ったが、中には逃亡する者もいたのである。

信繁の最期

その後、両軍の戦いはどうなったのであろうか。大野治房が秀忠の本陣を攻撃し、また生き残った毛利勝永や明石掃部が奮闘したものの、結局のところ劣勢を挽回できなかった。この間、両軍の戦闘はわずか三時間だったと伝わる。この時点で、豊臣方の敗北は決定した。信繁は繰り返し徳川軍に挑んだが、三度目の本陣突入の際に非業の死を遂げた。信繁の最期の様子は後述することとし、戦闘の経過を確認しよう。

信繁と徳川方の戦いの模様は、井伊直孝に仕えた岡本半介が書状に書き留めている（「大阪歴史博物館所蔵文書」）。最初、松平忠直が率いる軍勢と信繁の率いる軍勢が天王寺で交戦し、一時間ばかり揉み合いになっていた。両軍が戦闘を繰り広げている中で、井伊軍が攻め込んできたという。真田軍は城際まで退却し、態勢を整えて反撃を試みた。ところが、井伊軍と藤堂軍が押し返して、真田軍に勝利したと記されている。膠着状態の中、疲労困憊の信繁の軍勢にとって、井伊軍の乱入は致命的な打撃であった。

豊臣方の兵数は劣っていたものの、よく健闘したのは事実である。当時の記録を見ると、両軍が形勢的に拮抗していたことがわかり、逆に徳川方が押される場面もあったと記録されている（『綿考輯録』など）。当初は、五分五分の戦いを展開していたが、徳川方の軍勢が多かったので、かろうじて真田方に勝利できたというのが実情らしい。最後は衆寡敵せず、真田軍は大軍の松平軍に負けたのである。

信繁の最期は、どのようなものだったのだろうか。細川方の史料『綿考輯録』には、次のように信繁の最期を記している。


信繁が合戦場で討ち死にした。これまでにない大手柄である。首は、松平忠直の鉄砲頭が取った。しかしながら、信繁は怪我をしてくたびれているところだったので、手柄にもならなかった。


鉄砲頭が信繁の首を取ったのは、もちろん手柄だった。ところが、戦闘の末に首を取ったのではなく、怪我をした信繁が休んでいるところだったので、価値がなかったということである。『慶長見聞記』によると、信繁の首を取ったのは鉄砲頭の西尾久作なる人物で、信繁が従者らに薬を与えているところだったという。信繁は疲労困憊で、少し油断もしていたので、あっけなく討ち取られたのだろう。

ところが、『真武内伝』という史料には、信繁と久作が一騎打ちをしたと書かれている。戦いの終盤、信繁は残った兵を率いて徳川方に突撃すると、深く攻め込んでいった。このとき久作は、信繁の乗っていた馬の尾を掴み、引き止めたという。一騎打ちを呼びかけたということになろう。

ここで二人は、刀を抜いて一騎打ちになろうとした。ところが、すでに十数ヵ所の傷を負っていた信繁は、戦い続けた疲労もあり、力尽きて馬から転げ落ちた。そこをすかさず、久作が信繁の首を取ったというのである。次章の信繁の首実検のところで取り上げるとおり、家康はこの話を疑ったと伝わっている。

信繁と久作が一騎打ちに及んだか否かは不明な点も多いが、いずれにしても打ち続く戦いで疲れ切っていた信繁は、あっけなく久作に討ち取られたのは事実であろう。

信繁をはじめ、豊臣方の諸将の戦いぶりは、後世に伝わるほど高い評価を得た。島津氏が「真田日本一《ひのもといち》の兵《つわもの》」と称えているのは、最大の賛辞である（『薩藩旧記雑録』）。

大混乱に陥る大坂城内

豊臣方は頼みの綱の信繁が討ち死にしたので、いよいよ終焉を迎えようとしていた。主だった武将を失った豊臣家は、もはや万策が尽きた感がある。

ようやくこの段階に至って、秀頼は出陣の機会をうかがうことにしたといわれている。しかし、敗勢が濃くなった段階に至っては、もはや挽回できる状況にはなかった。やがて、徳川方に敗北を喫した大野治長ら将兵は、続々と大坂城に戻ってきた。そこで、秀頼は速水守久の助言に従い、不本意ながらも本丸へと逃れたのである。

秀頼の出陣は、先述のとおり味方の士気が上がるためたびたび要請されたが、万が一のことを恐れて却下された経緯がある。豊臣方の敗北が決定的な段階に至って、今さら秀頼が出馬をしても、無駄なことは誰の目にも明らかだった。むしろ、次善策を講じるのが最優先だった。

午後四時頃、ついに大坂城三の丸に火の手が上がった。台所頭は徳川方に通じていたので、厨房に放火したといわれている。火の手が広がるとともに、勢いあまる徳川方は一気に城内に攻め込んできた。炎は二の丸、大野治長の屋敷にまで広がった。豊臣方は、城外に脱出する者や城内で自害する者が続出した。豊臣家の重臣・大野治房、牢人の仙石秀範らも、たまらず城外へと脱出した。もはや反撃の術はなかった。

二の丸では、秀頼の軍旗や馬印を預かっていた将兵が、観念して次々と自害して果てた。女中の「おちゃあ」は、放置された馬印がそのままになっていると恥辱になると考え、ほかの女中と馬印を回収すると、敵の目に触れないように粉々に打ち砕いたと伝わっている（『おきく物語』）。もはや、本丸が延焼するのは時間の問題だった。

城内に残った大野治長は、最後の力を振り絞って、何とか千姫を脱出させようと試みた。また、徳川方に秀頼と淀殿の助命を請うべく、自身の命と引き換えにすることを条件として申し出たという（『駿府記』）。その結果、千姫が大坂城から脱出することは成功したが、秀頼と淀殿の助命は叶うことがなかった。徳川方に保護された千姫は、のちに本多忠政の子・忠刻《ただとき》の妻となった。なお、秀頼と千姫の間に実子はいなかった。

千姫の救出で尽力したのは、坂崎直盛（宇喜多詮家《あきいえ》）である。救出の際、直盛は千姫をもらい受ける条件になっていたという説があるが、先に触れたとおり、千姫が再婚した相手は本多忠刻だった。すっかり面目を潰された直盛は遺恨を抱き、元和二年（一六一六）に千姫を奪還する計画を立てた。しかし、すでに事は幕府に露見しており、直盛は捕縛されたうえ、自害に追い込まれたと伝わっている。

大坂城から退去した千姫は、夫の秀頼と義母の淀殿の助命を嘆願するため、家康と秀忠に書状を送ったといわれている。その内容は毛利秀元の書状に、次のように記されている（『萩藩閥閲録遺漏』）。

大御所様（家康）は、将軍様（秀忠）次第であるとご意見を述べられた。秀忠様のご意見では、一度だけのことではないので（一度目は冬の陣）、早々に（秀頼と淀殿の）腹を切らせたほうがよい、とのことであった。

家康は現職の将軍・秀忠に判断を委ねたが、豊臣家は大坂冬の陣で和睦を結んだにもかかわらず、再び反旗を翻した。それゆえ、二度目はない（秀頼も淀殿も許さない）との意見だったのだ。七日の夕方になると、大坂城の天守が炎上し、ついに落城の瞬間が近づいてきた。岡本半介（井伊家家臣）の書状によると、大坂城に火の手が上がったのは、午後四時頃だった（「田中文書」）。また、京都の清涼殿からも、大坂城の火の手が上がる様子が見えたという（『土御門泰重卿記』）。

これが天下人の象徴といえる、大坂城の最期の姿だった。大坂の陣後、大坂城は徳川氏の手によって改修されている。

秀頼と淀殿の最期

翌八日に秀頼、淀殿は城中で自害した。大野治長、速水守久らの武将や女中らも、これに殉じたと伝える。果たして、この話は本当なのだろうか。彼らの状況は、『本光国師日記』に次のように記されている。

五月八日、大坂城中の唐物倉《からものぐら》に秀頼ならびに御袋（淀殿）、大野修理（治長）、速水甲斐守（守久）以下、付女中衆が数多く籠もり降参してきた。井伊掃部（直孝）、安藤対馬（重信）が検使として詰め、倉へ鉄砲を撃ちかけ、皆殺しにし火をかけた。

この記述を見ると、秀頼らは追い詰められて唐物倉に籠もったが、降参が受け入れられず、結局は井伊直孝らの鉄砲の餌食になったという。自害したのではなく、鉄砲で射殺されたようである。では、ほかの記録類には、どのように書かれているのか。『言緒卿記』には、秀頼が矢倉の脇におり、淀殿の次に詫び言（助命嘆願の言葉）を述べたという。ところが、徳川方の軍勢が押し寄せたので、そのまま切腹したと書かれている。

『春日社司祐範記』には、城内の千畳敷において秀頼・淀殿以下が自害すると、城に火がかけられたと記す。名物の茶道具も焼けてしまったという。城内の千畳敷で二人が自害したということは、

『薩藩旧記雑録後編』にも同じ記述がある。ちなみに、『舜旧記《しゅんきゅうき》』にも秀頼・淀殿が自害したと書かれている。

ここまでの記録から考えると、秀頼と淀殿は大坂城の千畳敷で亡くなった可能性が高いといえよう。『本光国師日記』の二人を射殺したという記述は、切腹すら許されない、豊臣家の無残な姿をあえて強調したかったのかもしれない。いずれにしても情報は交錯しており、戦場という特殊な状況下では、なかなか正確に伝わらなかった可能性がある。

そして、大坂城は紅蓮の炎に包まれて崩れ落ちた。豊国社の神龍院梵舜《しんりゅういんぼんしゅん》は自身の日記『舜旧記』の中で、大坂城から立ち上る煙を確認している。また、山科言緒の日記『言緒卿記』には、大坂の町・城が残らず焼けてしまったと書き留められている。天守を覆った炎は、城下の町々までをも包み込んだのである。

秀頼の墓所は養源院《ようげんいん》（京都市東山区）などにあり、玉造稲荷神社（大阪市中央区）には秀頼の銅像が建立された。豊國《ほうこく》神社（大阪市中央区）は、父の秀吉や叔父の秀長とともに、秀頼も祭神として祀られている。淀殿の墓は、養源院、太融寺《たいゆうじ》（大阪市北区）にある。

信繁の子、大助の最期

秀頼と淀殿をはじめ、二人とともに籠城した武将そして女中らは大坂城で亡くなったが、その中には信繁の子・大助も含まれていた。当時、大助の年齢は、十六歳であったと推測される。その最期の様子は、いくつかの史料に書かれている。

先述のとおり、大助は父・信繁の命に従って、秀頼のお供をしていた（以下『武林雑話』による）。ところが、大助は父のことが心配で、大坂城内に逃げてくる人々に、父がどうなったのかを尋ねて回った。するとそのうち、「真田殿は天王寺（大阪市天王寺区）で敵陣に突撃し、馬上で槍十本に突かれて討ち死にした」という情報を得た。

大助は涙を流すと、故郷の母から「これを持って討ち死にせよ」と渡された真珠の数珠を鎧の引き合わせから取り出すると、念仏を唱えはじめ、主君たる秀頼の自害を待ったのである。そこへ不憫に思った速水守久が大助に対して、次のように述べた。

> 貴殿は一昨日、誉田で高名をあげ、股に槍疵《やりきず》を負ったと聞いています。傷は痛みませんか。秀頼公もやがて和睦を結ぶでしょう。貴殿は早々にこの城を退いてください。人を添えて、真田信吉（信之の長男）のもとに送り届けましょう。

守久の優しい心遣いであったが、大助は返事もすることなく、ひたすら念仏を唱え続けた。やがて、秀頼以下の面々が切腹をすると、大助は鎧を脱ぎ腹を十文字に掻き切り、その生涯を終えた。その様子を見聞きした人は、「さすがに武士の子である」と賞賛の言葉を送ったという。後世に伝わる見事な最期であった。

実は、大助の切腹に関しては、ユニークな後日譚がある。次に、『明良洪範《めいりょうこうはん》』に載っている逸話を紹介しておこう。
大坂城の落城後、城内の切腹の死骸がおびただしい中で、具足を脱いで佩楯《はいだて》（甲冑の小具足の一種で、草摺《くさずり》と臑当《すねあて》との間の大腿部の防御具）を着けたままの死骸が発見された。大助のものである。当時、切腹をする際は、佩楯を取るのが普通だった。大助が佩楯を取っていなかった理由については、次のように書かれている。

大助が自害をするときに、側から「佩楯を取るように」と申し上げると、大助は次のように答えた。「大将たる者の切腹は、佩楯を取らないのです。私は信繁の子であるので、佩楯を着けたまま自害をいたします。この佩楯の死骸こそ、大助のものであると一目瞭然にわかるでしょう」と涙を流した。

これを聞いた者は、「若輩とはいえ、さすが信繁の子である」と感嘆したと伝わる。そして、その健気《けなげ》な姿に涙したという。『明良洪範』の末尾には、「このようなこと（切腹のときに佩楯を取ること）は、武士が知っておかねばならないことである」と結ばれている。信繁も死を覚悟したときは、死骸が自分のものとわかるように配慮していた。このあたりは、父子に共通する逸話であるといえよう。
以上のとおり、大助の最期は感動的に描かれているが、これが史実か否かは残念ながら定かではない。諸記録を見る限り、大助が大坂城に入城し秀頼の身辺にあったこと、そして運命を共にしたことしか確実なことはいえない。

異説として大助が生き残り、名を高井長左衛門と改めて、堺に住んだという説がある（「蓮華定院月牌帳」「八木系図」など）。その後、四代将軍の徳川家綱に召し出され、綱吉の代まで仕えたという。没年は、慶安四年（一六五一）七月二十日である。

とはいえ、大助が大坂城内で切腹した事実は、たしかな史料で裏付けられるので、生き長らえたというのはありえないと考えられる。これは、大助に生き延びていてほしいという、切なる願いから生み出された話であろう。

信繁・大助の墓所

大坂という異郷の地で亡くなった、信繁・大助父子の墓や供養塔は、各地に存在する。以下、それらを確認しておこう。

もっとも有名なのは、長野県上田市真田町に所在する長谷寺《ちょうこくじ》であろう。天文十六年（一五四七）、真田幸綱《ゆきつな》が上野国安中《あんなか》（群馬県安中市）の長源寺《ちょうげんじ》から伝為晃運《でんいこううん》を招き開かれたという。ここには、信綱以降の真田家歴代の人々の墓がある。信繁・大助の墓所もここにある。なお、信之が松代（長野市）に転封となった際、同地に「長国寺《ちょうこくじ》」を建立したので、長谷寺は長国寺の末寺となった。

宮城県白石《しろいし》市にも信繁の墓所がある。信繁の五女・阿菖蒲《おしょうぶ》は、片倉定広（田村氏の後裔）に嫁いだ。そのような縁もあって、田村家の墓所内に信繁の墓が築かれたという。信繁の墓は無銘であるが、中には信繁の遺髪が埋葬されていると伝わる。

秋田県由利本荘市には、信繁の四女・御田姫《おでんひめ》（顕性院《けんしょういん》）が建立した妙慶寺《みょうけいじ》という寺院がある。同寺は真田家の菩提寺として知られ、中には信繁の位牌があるという。同じ秋田県大館市の一心院《いっしんいん》には、信繁・大助父子のものといわれる墓碑がある。

また、京都市の龍安寺《りょうあんじ》の塔頭《たっちゅう》・大珠院《だいしゅいん》には、信繁の七女・おかねの夫・石川貞清が建立したという信繁夫妻の墓がある。貞清は、信繁の正妻・竹林院《ちくりんいん》に対して、物心ともに支援をし続けたといわれている。

このように見ると、信繁の残した女子たちは、陰ながら信繁・大助の菩提を弔っていたことがわかる。

最後は、福井市にある孝顕寺《こうけんじ》である。同寺は、信繁の首を取った西尾久作の菩提寺でもある。久作は、同寺に信繁の首塚を建立したといわれている。首が本当に埋葬されたのかは不明であり、一説によると、久作は真田の縁者により首が奪われることを恐れたとも伝わる。

このように信繁・大助の墓は、各地に建立された。信繁の娘が父の威徳をしのんで、密かに建立しているのは興味深いことである。

第十一章

大坂夏の陣の戦後処理

元和偃武の到来

慶長二十年（一六一五）五月、江戸幕府は大坂城に籠もる豊臣秀頼・淀殿の母子を自害に追い込み、政権基盤を確固たるものにした。おそらく実質的には、関ヶ原合戦が大きな節目になったのかもしれないが、徳川家にとってみれば、大坂の陣による豊臣家の滅亡が大きな転換点となった。

大坂の陣の終結により、秀吉以来長く続いた豊臣家は滅亡し、晴れて徳川家の天下となったといえよう。あえて「晴れて」というのは、豊臣家が目の上のたん瘤だったからである。とはいえ、秀吉の死後は、実質的に家康の天下だった。また、「秀吉以来長く続いた」といっても、豊臣政権は秀吉・秀頼の二代で、わずか四十年にも満たなかった。

豊臣家の滅亡により、おおむね応仁・文明の乱（応仁元年・一四六七）から続いた長い戦乱の世に終止符が打たれ、ようやく平和な世が訪れた。慶長二十年七月、元号が「元和《げんな》」に改元され、天下平定が完了したことが広く宣言されたのである。ところで、日本史の教科書でも取り上げられる「元和偃武《えんぶ》」には、いったいどのような意味があったのだろうか。

そもそも「元和」は中国の唐の憲宗《けんそう》の時代に用いられた年号で、徳川家康の強い意向により採用されたといわれている。中国の年号がそのまま使用されたのは、あとにも先にも「元和」だけである。ちなみに、中国では「元和」の年号が二回用いられた。一回目は八四～八七年、二回目は八〇六～八二〇年である。さらに申し添えておくと、ベトナムでも一五三三～一五四八年まで「元和」

の年号が使用されていた。同じ年号が日本と中国で用いられたという、非常に稀有な例である。

次に「偃武」とは、中国の古典で最古の歴史書でもある『書経』周書・武成篇の中の言葉「王商より来たり、豊《ほう》に至る。乃《すなわ》ち武を偃《ふ》せ文を修む」を出典としている。つまり、意味は武器を偃せて、武器庫に収めるということになろう。文字どおり戦争を止めて、平和な世が訪れることを意味した言葉なのである。

同年七月、江戸幕府は「禁中並公家諸法度」を制定し、朝廷への統制を強めていった。改元ならびに元号に関する規定は、「禁中並公家諸法度」にも盛り込まれている。以降、明治維新に至るまで、改元や元号制定は朝廷が提案し、幕府の認可を受けて行われるようになったのである。

大坂の陣の終結後、江戸幕府は「禁中並公家諸法度」「武家諸法度」などの法令を制定するなどし、着々と支配体制を固めた。そして、支配の展開に伴い、寛永十四・十五年（一六三七・三八）の島原の乱、慶安四年（一六五一）の由井正雪の乱（慶安の変）などを除くと、大きな戦乱が起こることがなかった。この「元和偃武」という言葉は、幕府側が自身を賞賛もしくは正当化する意味で用いられたのである。

大坂の陣の恩賞の事情

大坂の陣後、滅亡した豊臣方はすべての所領を失い、徳川方が受け継ぐことになった。ここでは、徳川方の恩賞配分について触れることにしよう。

改めて確認しておくと、関ヶ原の合戦では諸大名が東西に分かれて戦いを繰り広げ、敗北を喫した西軍の諸将は改易や減封により、六百三十万石余を東軍に没収された。西軍から没収された六百三十万石余のうち、五百二十万石は東軍に属した諸将に分配され、残りは幕府のものとなった。「天下分け目の戦い」と称されるように、関ヶ原合戦は諸大名にとって「旨み（恩賞配分）」が十分にあったのである。

では、今回の大坂の陣は、どうだったのか。まず、豊臣方の諸将については、徳川方を倒すことができれば、ほぼ日本国中の大名領を取り上げることができた。それゆえ、豊臣方は牢人衆らに対して、単に目先の金・銀を配るだけでなく、戦後に恩賞を与えることが約束できた。

たとえば、長宗我部盛親は旧領の土佐一国を、真田信繁は信濃一国をそれぞれ与えるという条件で豊臣方に誘われた。おそらくそのほかの牢人衆たちにも、恩賞に関する口約束がなされたに違いない。しかし、実際には豊臣方が敗北することによって、その夢ははかなくも消え去ってしまった。

次に、徳川方の恩賞について、事情を確認しておこう。徳川方に与した諸大名にとって、大坂の陣は旨みのある戦争ではなかった。そもそもまともに所領を持つ大名は、豊臣秀頼ただ一人であって、それもせいぜい六十五万石余に止まっている。戦費の負担が大きかった割には、リターンが見込めなかったのだ。

強いていうならば、秀頼の旧領に加えて、大坂夏の陣後に切腹を命じられた古田織部の一万石が加わる程度であった。織部は徳川方に与していたが、子の九郎八が小姓として秀頼に仕えており、そのことが切腹の一因になったといわれている。ただし、ことの真相は不明である。恩賞として配分できるのは、合計六十六万石程度だった。

大坂の陣の恩賞は、関ヶ原合戦と比較すると、恩賞の対象となる所領は約十分の一にすぎず、それを多くの諸大名で分け合うことになる。結局、全国の諸大名のほとんどは徳川方に属したので、一人当たりの分け前が減ってしまうのは当然のことだった。まさしく「労多くして益少なし」というのが、大坂の陣の恩賞の偽らざる実態だったのである。

徳川方諸将への恩賞配分

大坂夏の陣終結後、徳川方に与した諸将に与えられた恩賞は、次のようになる。

①蜂須賀至鎮――七万石
②藤堂高虎――五万石
③松平忠明――五万石
④本多忠政――五万石
⑤井伊直孝――五万石
⑥小笠原忠真（忠政）――四万石
⑦松倉重政――三万石
⑧水野勝成――三万石

⑨土井利勝――二万石
⑩本多忠純――一万八千石
⑪佐久間勝之――一万二千石
⑫片桐貞隆――五千石
⑬堀直重――四千石

恩賞の配分は、分け前が少ないという事情もあり、軍功を第一に決定された。そして、この中で徳川方勝利の功労者として、蜂須賀至鎮、井伊直孝、藤堂高虎には多くの知行を与えられた。直孝の戦いぶりは先述のとおりであり、真田信繁の軍勢を討滅させる一番のきっかけとなった。直孝は、さらに従四位下・侍従にも叙されている。

高虎は戦いの中で多くの兵を失ったが、その労に報いられたということになろう。道明寺の戦いでは後藤基次を討伐するなど、著しい活躍を示した水野勝成も、三万石の加増という恩恵を受けた。このように、基本的には軍功に応じて、諸将に恩賞は配分されたのである。しかし、関ヶ原合戦後の恩賞配分と比較すると、あまりに少なすぎるといわざるを得ない。

一方、戦いで亡くなった者については、いかなる処遇がなされたのだろうか。毛利勝永軍と交戦し、壮絶な戦死を遂げた本多忠朝の場合は、兄の忠政に五万石が加増された。そして、忠政の次男・政朝《まさとも》に忠朝の跡を継がせた。こうして政朝は、大多喜藩の二代目当主になったのである。

小笠原秀政は天王口の戦いで重傷を負い、まもなく落命した。同時に、長男の忠脩も戦死していた。小笠原家の家督は、次男の忠政（のちに忠真）が継承し、あわせて四万石が加増され、遺領の松本藩を継いだのである。片桐貞隆の加増は、兄・且元が大坂夏の陣の終了直後に急死したので、その功に報いたものであろう。

しかし、必ずしも全員が恩賞配分を承服したのではなく、不満を持つ者もあった。その一人が結城秀康の子で、越前藩の藩主だった松平忠直である。

忠直もまた、豊臣家討滅の立役者であり、当然ある程度の加増を見込んでいた。しかし、忠直の大きな期待は、見事なまでに裏切られた。加増はまったくなされることなく、恩賞として与えられたのは、わずかに脇差（「高木貞宗」）と初花肩衝《はつはなかたつき》という茶入れだけであった。武将にとっての恩賞は加増なので、期待外れも甚だしかった。

もちろん、名誉といえば名誉であるが、忠直は内心で大きな不満を抱いたに違いない。のちに忠直は参勤交代を怠り、日常生活でも乱行が認められるようになるが、それは恩賞に対する不満が少なからず影響していたという。そして、元和九年（一六二三）になると、忠直は秀忠によって、豊後萩原《はぎわら》（大分市）に隠居を命じられた。事実上の失脚であり、忠直は慶安三年（一六五〇）に同地で亡くなったのである。

このように大坂の陣をめぐる恩賞については、人によってさまざまだった。多くは松平姓を与えられるか、官位の昇進などで終わったという。こうした栄典授与も名誉ではあるが、各大名は配下の部将に恩賞を与えなくてはならない。領地拡大を求める諸大名にとって、まさに大坂の陣への出陣は「労多くして益少なし」という結果に終わったのである。

秀頼の二人の子のその後

一方の豊臣方の処遇は、いったいどのようになったのだろうか。むろん、恩賞が与えられるわけもなく、その多くは悲惨な末路をたどったといわざるを得ない。大坂城で自害した、秀頼と淀殿以外の人物に焦点を当ててみたいと思う。

秀頼と正室の千姫との間には、実子がいなかった。しかし、秀頼と側室との間には二人の子供がいた。うち男子の名前は、国松といった。慶長十三年（一六〇八）の生まれというので、大坂の陣後はまだ八歳の少年だった。国松は大坂城落城後、乳母とともに脱出をしたという。しかし、国松は伏見町に潜伏しているところを発見され、五月二十二日に京都所司代・板倉勝重のもとに送られた（『綿考輯録』）。その翌日、国松は六条河原で無情にも処刑された。その墓は誓願寺《せいがんじ》（京都市中京区）にあったが、のちに豊国神社（京都市東山区）に移されたという。

『日本切支丹宗門史』によると、国松は家康に対し、秀吉と秀頼への背信行為を責め、自ら首を差し出したという。やや脚色を感じるところでもあるが、八歳とはいえ武士の子として毅然とした態度を取っていたのであろう。八歳の少年に迫っていた死は、見物人も哀れに思ったほどであった（『梵舜日記』）。細川忠興もその死を悼んだことが、『綿考輯録』に記されている。しかしながら、後々のことを考えると、国松が敵対する可能性もあるので、徳川方は死罪にせざるを得なかったのである。

秀頼には女子が一人おり、名を奈阿姫《なあひめ》といった。慶長十四年(一六〇九)の誕生なので、大坂城の落城時はまだ七歳の子供だった。戦後、千姫は奈阿姫が実子でないにもかかわらず、家康に助命嘆願を行ったという。その結果、家康は千姫の願いを受け入れ、奈阿姫の命を助けたのである。

しかし、それには奈阿姫が鎌倉の東慶寺《とうけいじ》に入り、落飾するという条件があった。仏門に入ることで再婚の芽をなくし、豊臣家復活の可能性を断とうとしたのだろう。東慶寺は、離縁を希望する女性が駆け込む「縁切寺」として有名な寺院である。奈阿姫は出家して天秀尼《てんしゅうに》と名乗り、東慶寺の第二十代住持になった。

住持となった天秀尼は、家康に東慶寺の縁切寺としての寺法存続を願い許可された。同時に、千姫らの助力を得て、客殿、方丈の再興に尽力したのである。天秀尼は豊臣家の存続を断念したものの、以後は東慶寺の発展に尽力したのである。天秀尼については、有名なエピソードが残っている。

寛永二十年(一六四三)、会津藩主・加藤明成《あきなり》と家老・堀主水《もんど》が衝突し、主水は殺害されてしまった(会津騒動)。そのとき主水の妻子は、東慶寺に逃げ込んだという。天秀尼は明成から妻子の身柄引き渡しを要求されるが、男子禁制・女人保護を楯に拒絶した。その後、加藤家は失政を咎められ、幕府により改易されたのである。

天秀尼は、正保二年(一六四五)に三十七歳で亡くなった。しかも出家していたため、子供はいなかった。天秀尼の死により、名実ともに豊臣家の血は絶えてしまったのである。

豊臣方の捕らえられた者たち

大坂城落城後、豊臣方で戦った人々の多くは、城外へと逃亡した。勇ましく戦場に散った武将も多かったが、生き延びた豊臣方の武将は逃げるしかなかった。しかし、彼らには徳川方の探索の手が伸び、次々と追っ手に捕らえられたのである。

大野治長の弟で、道犬《どうけん》とも称された治胤は、大坂からの逃亡中の慶長二十年（一六一五）五月二十三日に京都で捕らえられた（『孝亮宿禰日次記』）。捕らえられた日にちは、同月二十日という説もあるが（『駿府記』）、実際には二十一日が正しいようである（『譜牒余録』）。治胤は豊臣方の主力だったので、徳川方は探索に懸命だったはずである。

治胤を捕らえた野間金三郎と小林田兵衛は、褒美として治胤の差していた大小の刀を与えられた。治胤の最大の罪状は、大坂夏の陣で堺（大阪府堺市）を焼き討ちにしたことだった。そこで、翌月（六月）二十七日、幕府は堺奉行の長谷川藤広に命じて、わざわざ堺で処刑したのである（『駿府記』）。しかも、治胤の処刑の方法は、火あぶりの刑だった（「中山文書」）。堺を焼き払った見せしめということになろう。

少し変わったところでは、細川興秋《おきあき》という人物がいる。興秋は忠興の次男だったが、慶長十年（一六〇五）十月に江戸へ人質として向かう途中、にわかに逃亡し牢人となった人物である（『綿考輯録』）。出奔した理由は、将来的に細川家の家督を継ぐ可能性がなくなったからだろう。その後、興秋の動向は不明だったが、大坂の陣の開戦とともに豊臣方に味方した。忠興は、あまりのことに頭を抱えたに違いない。

豊臣方の敗戦後、興秋は伏見（京都市伏見区）に潜伏していたという。家康は興秋の罪は重いが、忠興の多年にわたる功績によって、その罪を許そうとした。にもかかわらず、忠興は興秋に切腹を申し付けたのであった。これはけじめであろう。慶長二十年六月六日、興秋は山城国東林院《とうりんいん》（京都市右京区）で自害して果てたのである。

捕らえられたのは、武将だけではない。方広寺鐘銘事件にかかわった文英清韓は、大坂の陣がはじまると、大坂城に入城していた。しかし、戦後の慶長二十年五月十八日、板倉勝重に捕らえられた（『本光国師日記』）。大坂城で亡くなったように思われていたが、実は脱出に成功していたのである。

勝重は京都所司代という役職との関係上、京都で宿借りの手形（宿の台帳）の確認作業を行っていた。勝重の指示のもと、京都市中の町の者が手分けして、文英清韓の行方を探索していたのである。その際、調査された文英清韓の伯父である允首座《いんしゅそ》は、譲り受けたと称して、彼の書籍を保管していた。允首座は東福寺（京都市東山区）へ移されるなどしたが、のちに文英清韓は発見され、身柄を拘束されたのである。

文英清韓が捕らえられるとともに、その身を匿った町人も身柄を拘束された。以後も文英清韓の書籍が五山の中にも保管されていないか捜索が続けられ、その手は武家伝奏を通じて朝廷にも及んだのである。その後、文英清韓は病になったが、完治後、駿府に移されることになった。文英清韓は遠隔地への流罪を懸念していたようだが、そこまでには至らず、しばらくは拘禁生活が続いたという（「中尾文書」）。文英清韓が亡くなったのは、元和七年（一六二一）三月二十五日のことだった（『時慶卿記』）。

壮絶な戦死を遂げた真田信繁の妻子は、付き従った侍三人と逃亡したが、紀伊国伊都《いと》郡で浅野長晟の手の者によって捕縛された（『浅野家旧記』など）。捕縛された信繁の妻は幕府に連行され、厳しく取り調べられた。その結果、信繁の妻は黄金五十七枚、秀頼から与えられた脇差などを所持していたことが判明した。おそらく、それらは信繁が妻のもとに送っていたと考えられる。ただし、信繁の妻がその後どのような扱いになったのかは、まったくの不明である。

このとき大野治長に仕えていた北村善太夫も捕縛されているが、幕府方は彼らが反旗を翻すことを恐れ、執拗に落人狩りを行った（「浅野家文書」）。そもそも落人とは、戦いに負けて逃亡した人を意味するが、この場合は豊臣方の残党のことである。家康は紀州方面での落人の探索を執拗に行ったが、その理由は信繁の残党を恐れてのことと考えてよいであろう。関ヶ原合戦後、信繁は九度山（和歌山県九度山町）で幽閉生活を送っていたので、特に紀伊国を警戒していたのである。

大坂夏の陣終結後も豊臣方の生き残った人々は他にも大勢おり、京都所司代による厳しい追及にあったと考えられる。

信繁の首実検

大坂夏の陣後、問題になったのは豊臣方の戦死者の確認である。討ち取った首が本人のものであるか否かを確認する作業のことを首実検という。特に、真田信繁の首実検に関しては、豊富な逸話が残っている。

討ち取られた信繁は、大坂城落城後の慶長二十年（一六一五）五月八日に首実検が行われた。もちろん、慎重に行われたのだが、信繁の首は別格だった。それには三つの理由がある。一つ目は、家康が「信繁の首を取った者には、五万石でも十万石でも与える」と約束したからだった。ただ、この話は創作臭が強く、信繁の首にそれだけの大きな価値を認めたとは考え難いといえる。

二つ目の理由は、五万石、十万石の知行を給与する条件は別として、恩賞を与えるため確実に首が信繁のものであるか否かを確認する必要があった。今のように、DNA鑑定や歯形の一致などの科学的な検証方法があれば、本人なのかどうなのかを迅速に確認できる。ところが、当時はそのような方法はなく、同じ戦いに出陣した人物や近親者に確認するなどの手段が一般的だった。

三つ目の理由は、徳川方を散々悩ませた信繁だけに、確実に討ち取ったのかを証明する必要があったといえよう。信繁の場合もご多分に漏れず、討ち取った当事者をはじめ、同じ戦いに出陣した人物による確認が行われた。以下、『慶長見聞記』『武徳編年集成』などの史料により、首実検の過程を見ることにしよう。

先述のとおり、信繁の首を取ったのは西尾久作である。家康は久作を招き寄せると労《ねぎら》いの言葉をかけ、信繁の首を取ったときの状況を質問した。久作は「信繁が激しく動いたので、私も怪我をしながら突き伏せ、ようやく首を討ち取りました」と述べた。ごく普通の答えだったといえよう。

この言葉を聞いた家康は急に不機嫌になり、「信繁は早朝から三軍を指揮して数回戦っているのだから、なんでお前が言うように信繁が動くことができるのか」と疑問を呈した。要するに家康は、本当に戦ったうえで久作が信繁の首を取ったのか、強い疑念を抱いたのである。

ただし、人間というのは土壇場になると、意外にも力を発揮しやすいものである。「火事場のバカ力」という言葉もある。信繁も同じことで、いかに疲労がピークに達していたとはいえ、容易に首を取られたくなかったはずである。家康が久作に述べた言葉は、単なる言いがかりのように聞こえなくもない。

信繁の首をめぐるその他の説

ところが、この話には別の説があり、久作自身が信繁の首を取ったことに気づいていなかったという逸話もある（『武辺咄聞書』）。合戦後、そばを通りかかった信繁の叔父・信尹は、久作の取った首に「見覚えがある」と言った。その理由は、久作の取った首の鹿の角の兜が代々真田家に伝わるもので、信繁の首に間違いないということだった。そして、もう一つ重要なポイントは、前歯が欠けているか否かだった。首の口を開けると、たしかに前歯が二本欠けていた。信繁の歯が欠けていたことは事実と思われるので、改めて信繁の首であることが確認できたのである。

信繁の前歯が欠けているといえば、また別の説がある。家康は信繁の首を見たとき、「前歯が欠けているのか」と久作に尋ねたという。久作は首を確認して、「前歯は欠けています」と返答した。すると、家康は「信繁との勝負はどうだったのか」と質問したが、久作は黙して平伏したままだったと伝わっている。

家康は久作に「良い首を取った」と声をかけたが、久作が退出したあとで、側近の者に「久作は信繁と勝負しなかった」と語ったという（『落穂集』）。運よく信繁が倒れている（あるいは休んでいる）ところで、久作が首を取ったということなのだろうか。いずれにしても、家康は久作が戦っていないと感じたようである。

『慶長見聞記』『武徳編年集成』などによると、家康が信繁の叔父の信尹を呼んで首実検をさせたとある。信尹は信繁の近親者なのだから、ごく普通のことである。家康は信尹に首を見せ、信繁の首であるか否かを尋ねた。しかし、信尹は、信繁の顔に傷があったのかなかったのか覚えていなかった。家康が見せた首には、顔に傷があったようだ。

家康は信尹に対して、「昨年、信繁に面会したときのことを覚えていないのか」と叱責した。すると、信尹は「夜が遅かったうえに信繁が奥に座っていたので、よく顔を見ることができませんでした」と答えたという。信尹が本当にわからなかったのか、答えを曖昧にしたかったのか不明だが、どちらにしても家康は機嫌を悪くした。その結果、首が信繁のものか確認できなかったので、信尹は恩賞をもらえなかったのである。

信繁が討たれたのは間違いないが、こうして生死を曖昧にするのは、「信繁が生きているのではないか」あるいは「信繁には生きていてほしい」という、当時の人々の淡い期待が込められているのではないか。特に、叔父の信尹ですら、信繁の首の判断がつかなかったというのは、いささか不審である。顔が変形し判別できない状態になっていたのだろうか。信繁の生存説については改めて取り上げることにしよう。

「軍功書」の基本形式

大坂の陣では、勝利だけでなく恩賞を得るため、徳川方、豊臣の方の武将は死力を尽くして戦った。戦後、出陣した将兵は、戦場における軍功を書き上げて、恩賞を獲得するための証拠として提出した。そうした史料の一つとして、尊経閣文庫所蔵の『元和大坂役将士自筆軍功文書』がある。

この史料は、加賀前田家に伝わるもので、大坂夏の陣に出陣した配下の武将たちが、自らの戦功を書き連ね、前田家に提出したものである。戦功だけではなく、文中に記された町名や大名屋敷名の記述も貴重な史料となっている。最初に、その典型例というべきものを一つ掲出しておきたい。

稲荷口の町口において、敵が鎗でかかってきたところを、鎗で応戦して追い立て、稲荷口の門まで追い込みました。私のその様子は、脇田帯刀、脇田九兵衛、伴雅楽介らに申し上げております。また、牢人衆に後藤木左衛門尉という人がいて、言葉を交わしました。この者にお尋ねになってください。

この軍功書は、前田家の家臣・江守康助が同じく家臣の本多政重に宛てたものである。康助は自らの軍功を自己申告するとともに、その事実を証明する人物の名前を列挙し、確認するように求めたのである。証明する人物の名を書くのが重要なことで、当時の将兵が複数で軍事行動をしていた証である。軍功書の基本的な形式は、おおむねこのようになっている。中には、具体的な行動を大変詳しく書き記している軍功書もあり、長文で書かれているものも決して珍しくない。

敵の首を取ることは重要だったが、子供や女性の首、拾い首、もらい首、死体から取った首などは恩賞の対象外だった。あくまで、自分で討ち取った首だけが恩賞の対象だった。子供や女性の首は、一見すればすぐにわかる。しかし、拾い首、もらい首については、そのままでは判別できない。そこで、証人は当人がその首が討ち取ったのか、あるいは拾い首、もらい首、死体から取った首なのかを証言するのである。なお、首がなくても、耳たぶ、鼻なども軍功の証となった。

敵兵救助を記した軍功書

次に、佐藤与左衛門尉の軍功書の内容を紹介しよう。与左衛門尉は、惣構から二の丸、三の丸へと攻め込み、大手門の北のところで、大坂（豊臣方）古参の者で安見左兵衛なる人物が戦線から離脱しているのを発見した。与左衛門尉は安見左兵衛が自分の知り合いであるからということで、これを召し連れて桜門に至っていた。おそらく安見左兵衛を案内人として、城内の様子を詳しく聞き取ろうとしたのだろう。

それだけではない。与左衛門尉は、その後も大坂古参の者で自身の親類二、三人を戦場の中で見つけ、彼らを助けたいということで行動をともにしていた。与左衛門尉はこうして何人もの豊臣方の落人を見つけては引き連れており、その中には秀頼の御使番を務める者もいた。

また、与左衛門尉は、彼らから大坂城の落城の様子を聞き取っていたので、のちにその模様を報告しようとしたのかもしれない。与左衛門尉が豊臣方の人々を助けた理由は、友人あるいは親類だったということもあるが、何らかのメリットがあったので、積極的に救出しようとしたと考えられる。

軍功書には、敵を討ち取る模様も生々しく描かれている。ときに戦場では、複数の共同作業で敵の首を討ち取り、その中の一人に首を譲ることがあった。中村弥五左衛門は敵の首を取ろうとしたところ、運が悪いことに敵の援軍がやってきた。弥五左衛門は防戦に努めるが、兜の錏《しころ》（首筋を守る部分）を切り付けられ怪我をするなど、危機的な状況に追い込まれた。このとき、鎗を持った味方が救援に駆けつけ、二人で敵の首を取ったという。

ところが、応援に駆けつけた者が「その首を欲しい」と言ったので、弥五左衛門は譲ったというのである。これは「初鎗《はつやり》」（「しょやり」とも読む）というもので、救援に駆けつけたもう一人のほうが先に鎗を敵に突いて致命傷を与えたので、首を取る権利を持つことになった。「初鎗」とは、一種の軍事慣行でもあった。弥五左衛門は首を譲ったとはいえ、共同作業であることを主張したかったので、軍功書に記したのだろう。

大坂夏の陣では、有名な武将の活躍が注目されがちだが、実際には多くの名もなき武将が戦場を駆け回っていた。彼らは自らの軍功を軍功書でアピールし、恩賞を獲得するのに必死だったのである。

「首取状」に見る戦場の実態

もう一つ注目すべきなのは、『大坂夏の陣越前兵首取状』という史料である。赤見新五左衛門は越前藩・松平忠直の配下にあって、大坂夏の陣で軍奉行を務めていた。首取状の宛名が赤見新五左衛門になっているのは、そのためである。なお、この史料は、昭和六年(一九三一)に所蔵者の赤見明氏が大阪城天守閣に寄贈したものである。

首取状も先に取り上げた軍功書と同じく、当時の戦いの現場を生々しく物語る貴重な史料である。ところが、家宝や鑑賞用とするには不向きであり、あまり残存していないというのが実情である。以下、この史料の内容を具体的に見ることにしよう。首取状の構成は軍功書とおおむね同じ内容で、自らの軍功(特に首を取ったこと)を書き上げ、証人となるべき武将の名が記されている。しかし、必ずしも軍功を証明する者が存在したわけではなかった。その一例を見ておこう。

慶長二十年(一六一五)五月七日、藤井勘左衛門は大坂城の二の丸の堀付近で、早々に敵兵の首を討ち取った。ところが、勘左衛門が首を取った状況を確認した者がいなかったので、赤見新五左衛門に「首を討ち取ったことを取り成してほしい」と頼んだのである。この申請が認められたか否かは不明だが、首を取った事実を証明できないこともあったのだ。

これに近い例もある。渡部一郎兵衛は同年五月七日の合戦において、二の丸付近で敵の首を討ち取った。ところが、運が悪いことに周りに朋輩(同僚)がいなかったので、証明することが不可能になった。そこで、あとになって、高木勝右衛門らに討ち取った首を見せたという。実は、首を取ったといっても、死体から首を取った場合は、先述のとおりまったく価値がなかった。

それゆえ、一郎兵衛は敵兵を打ち倒し、首を取るところを同僚の勝右衛門に確認してもらう必要があった。この場合は周りに味方の兵がいなかったので、仕方なく事後報告になったというところであろうか。とにかく、現場を確認する者がいなくても、彼らが必死になって軍功を報告している点が興味深い。

実は、このような形で、将兵に詳しく報告させているのは、大名側の事情もあった。大名としては将兵を戦争に動員した以上、軍功を挙げた者には恩賞を与える必要があった。ところが、すでに触れたように、いかに徳川方に与したとはいえ、幕府から与えられた所領は乏しかった。それゆえ、大名は恩賞を与えるのが困難になっていたのだ。少ない原資から恩賞を与えるには、必然的に厳選主義にならざるを得なかった。諸大名は出陣した将兵に軍功書の提出を求め、厳正に審査を行ったのである。

軍功の再吟味を求め続けた金如鉄（脇田直賢）

前田家には、文禄・慶長の役の際、朝鮮から日本に連行された金如鉄《キムヨチョル》（脇田直賢《なおかた》）という家臣がいた。慶長十年（一六〇五）、前田利長が富山（富山市）に隠居すると、如鉄も一緒に移り住み、恩賞として百石を与えられた。その後、さらに百三十石を加増され、計二百三十石の俸禄で近習奉公するようになった。

慶長十九年（一六一四）五月、利長が亡くなったので、如鉄は養子の利常に引き続き仕官した。この年の十月には大坂冬の陣がはじまり、如鉄も利常とともに出陣した。その途次の大津（滋賀県大津市）で、如鉄は徳川家康・秀忠のお目見えが叶い、金銀を与えられたという。しかし、如鉄は大坂冬の陣であまり活躍をしなかったようで、合戦に関する記述はない。その後、徳川方と豊臣方は和睦をしたので、如鉄も前田勢とともに本国へと引き返したのである。

慶長二十年（一六一五）、如鉄は大坂夏の陣に出陣した。如鉄の戦った詳しい経過は省略するが、稲荷口で豊臣方と交戦すると、さらに殿を務めるなどし、大いに軍功を挙げたという。戦後、如鉄は大幅な加増を期待したが、必ずしも正当な評価を得られず、軍功の再吟味を求めたという。

同年五月九日、如鉄は軍功を書き上げて藩に提出したが、これは認められなかったようである。そこで、同年八月二十四日、如鉄は再度、軍功を書き上げて藩に上申し、このときは二百石を加増された。しかし、如鉄の心中には、大いに恩賞の不満があったようである。

寛永二年（一六二五）、如鉄の嫡男・直能《なおよし》が藩に召し出され、知行三百石を与えられた。同四年（一六二七）、如鉄は残金奉行を命じられ、知行として四百三十石を給与された。以後も、順調に出世を遂げたようだ。この間の元和三年（一六一七）七月、恩人でもある芳春院（前田利家の正室）が金沢で病没した（享年七十一）。

その後も如鉄は、大坂夏の陣における軍功の認定を諦めていなかった。寛永八年（一六三一）になって、再び大坂夏の陣における如鉄の軍功を再吟味することになった。その結果、如鉄の軍功が認められ、五百七十石が加増されたのである。これにより、如鉄は計千石を知行することになった。そして同年、如鉄は御鉄砲頭、御使番に命じられ、さらに出世したのである。

正保二年（一六四五）、如鉄は公事場奉行を申し付けられた。寛永十五年（一六三八）閏三月には算用場奉行、慶安二年（一六四九）二月に除知奉行として名が見え、さらに同年四月に金沢町奉行に任じられたことを確認できる。このとき如鉄は、六十四歳になっていた。金沢町奉行としての姿は、明暦三年（一六五七）まで記録が残る。

万治二年（一六五九）、如鉄は七十四歳で家督を嫡男・直能に譲ると、直後に出家した。亡くなったのは翌年のことだった。享年七十五。同年にまとめられたのが、自叙伝の『家伝』である。

首取り・鼻削ぎの作法

『大坂夏の陣越前兵首取状』のおもしろいところは、いわゆる「首取りの作法」というものがうかがえる点である。そのあたりを中心に見ておきたい。

首取状に盛んに出てくる言葉として、「もぎつけの首」というものがある。これは、「兜付きの首」という意味であり、身分の高い者を討ち取った証拠となった。したがって、少々重たくなったかもしれないが、兜と首はセットでなければ、大手柄として認められなかったのである。

しかし、三宅三之丞なる者は「もぎつけの首」の身分の高い者を討ち取ったが、初めてのことだったので、誤って兜を捨ててしまったようである。これは、大変不覚なことであった。その後の顛末は書かれていないが、首の主が判明しない限り、恩賞は低く抑えられた可能性が大いにある。
もう一つは、先述した「初鎗」という仕組みで、先に敵兵に槍を突いた者が首を獲得する権利を得るという軍事慣行である。

本間八郎兵衛は大坂城の惣構付近で馬を乗り捨てると、町内で負傷しながらも、二の丸付近で敵の首を討ち取った。しかし、原平左衛門なる者が「しょやり（初鎗）」であると申し立ててきたので、その首を断念して譲らざるを得なかった。つまり、最初に敵兵に攻撃を仕掛けた者に首を取る優先権があったのである。

その後、本間八郎兵衛はもう少し離れたところで敵兵の首を取ったが、確認した味方の者がいなかったようである。とはいえ、首を取ったのは事実なので、念のために報告をしたのだろう。

また、同僚に断って、首から鼻を削ぎ落とした例も見られる。首はなかなか重たかったので、腰にぶら下げていると、動きに制約が出てしまう。そんなことで、逆に敵兵に討たれてしまっては元も子もない。そこで、鼻を削ぎ落とし、腰にぶら下げたのである。鼻ならば軽いので、特に問題は生じない。

鼻を切り取るときは、だいたい鼻から上唇の部分まで削いでいたという。上唇に髭のあとがあれば、男であると認識できたからである。あるいは、耳も軍功の証になった。男性の場合は耳に毛が生えていたので、証明になったという。とはいえ、鼻であっても首であっても、証人の存在が不可欠だったのはいうまでもないだろう。

大坂での人買い商人の暗躍

大坂城落城後は、さながらの地獄絵図だった。『長沢聞書』は、大坂方の死者の数を一万八千三百五十人と伝えているが、『慶元イギリス書翰』には十二万人、『日本キリシタン宗門史』には十万人という信じ難いほどの膨大な数が記されている。正確に数えるのは困難だが、とにかくおびただしい数の死者が出たのは事実である。勝利した徳川方は別として、豊臣方の落人は実に悲惨だった。落人は牢人だけでなく、城内に籠った普通の人々も含まれていた。

大坂の陣に出陣した大久保忠教《ただたか》（彦左衛門）は、自身の執筆した『三河物語』の中で、次のように落城後の様子を記している。

大坂城に籠もった衆で命を長らえた者は、多くは具足を脱ぎ捨て裸になって、女性とともに逃げ散った。多くの女性は、北国、四国、九州、中国、五畿内、関東、出羽、奥州まで連行されてしまった。

大坂城に籠もった男性は具足を脱いで、裸になって女性と逃げたという。裸になったのは、豊臣方の将兵であることを隠すためだろう。女性というのは、自分の妻だったかもしれない。すでに触れたとおり、牢人が大坂城に籠る際、家族を連れて入城することは、決して珍しいことではなかった。

先行研究が指摘するように、大坂には人買い商人が暗躍していた。人買い商人は、徳川方の将兵から捕らえた女性を買い取り、全国各地に転売したのである。同様に、人買い商人の浅ましさは、『義演准后日記』にも記されている。あるいは、各地から大坂に出陣した将兵らが、捕らえた女性を国元に連行したケースもあった。

人買い商人は捕縛した人々を、ときに海外にまで売ることがあった。すでに海外との表立った交易は認められなくなっていたが、転売のルートはまだ残されていた、戦国時代に戦争が行われた際も、人買い商人が暗躍した例が数多く知られているが、大坂の陣でも同じことが起こったのである。

戦場では、将兵による略奪行為も横行した。将兵の略奪行為は、乱取りと称された。浅井長政の家臣の娘「おきく」は、幼少から淀殿に仕えた縁もあり、大坂城に籠城していた。大坂城の落城時には、大奥の女中が途方に暮れていたが、松平信綱の指示もあって無事に脱出したという。「おきく」らが脱出する際に略奪にあったことは、『おきく物語』の中で次のように記されている。


竹束の陰から、単物を着た者が錆びた刀を持ってやって来て、「金があれば出せ」と言われ、懐に竹流しが二本あったので、これを差し出した。

竹流しとは、割った竹に金銀を流し込んで作った貨幣で、必要に応じて切り離して用いた（竿金《さおがね》ともいう）。「おきく」は将兵から金品を要求されたが、たまたま所持していた竹流しを与えることによって、かろうじて難を逃れたのである。将兵が女性を捕縛して、人買い商人に売ることもあったのだから、不幸中の幸いだった。

「おきく」は運良く難を逃れたが、中にはまさしく身包《ぐる》みをはがされるような人々も存在した。将兵は戦場での略奪によって、自らの懐を潤したのである。特に、大坂の陣では、最初から十分な恩賞が期待できなかったので、略奪こそが将兵の目的となり、彼らの報酬となったのである。

高野山における落人探索

豊臣方の重要人物は、おおむね捕らえられるところとなったが、幕府は落人の詮索を徹底して行った。

実は、当時から豊臣秀頼と真田信繁が薩摩あるいは琉球に逃れたという風聞が流れていたので、そうした事実を踏まえての指示だったかもしれない（『リチャード・コックス日記』）。関ヶ原合戦後には、宇喜多秀家が薩摩に逃亡した前例があったので、あながち噂を無視できなかったのであろう。この点は、改めて取り上げることにしよう。

幕府が諸国の大名に命令して、大坂落人の捕縛を命じたことは、『駿府記』慶長二十年五月十二日条に記されている。

詳細は後述するとおりだが、大坂落人の捕縛に関しては寺社にも伝達された。「国々逃散」とあるので、大坂落人は相当な範囲に逃亡したと想定されていたと考えられる。大坂落人を放置すれば、今後の禍根となりうるので、捕縛して何らかの措置を施すことは幕府にとって必要な対策だった。

同年五月九日、徳川家康は早速、紀伊国高野山に落人探索の手を伸ばしている。家康が高野山の探索を命じたのは、寺社がアジール（世俗的な権力も侵すことができない聖域、避難所）なので、大坂落人が逃げ込んだ可能性が高かったからだろう。アジール（この場合は寺社）に逃げ込んだ者は、保護されたのである。

加えて問題だったのは、真田信繁が九度山に長らく蟄居していたこともあった。信繁が生きたまま高野山に逃げ込んだか、妻子が生き残って高野山に庇護された可能性を考慮して探索を行ったのだろう。その対象は大坂からの落人だけでなく、先述した紀州一揆に与同した者も含まれていた。

家康は高野山の文殊院応昌《もんじゅいんおうしょう》に対して、大坂落人らの預物の改めを要求した（『本光国師日記』）。預物は大坂つまり豊臣家の財産であり、それらを没収するということになろう。あるいは、大坂落人の預物も改めの対象になったと考えられる。応昌は早速家康の指示どおりにし、紀州一揆の首謀者五名を捕縛し、幕府に差し出したという。家康はたいそう機嫌がよくなり、応昌を急いで高野山に帰山させた。このことを受けて、金地院崇伝は高野山惣中《そうちゅう》（惣とは自治組織）に対して、大坂落人らの捕縛と預物改めを命じた。もし万が一、大坂落人を隠し置くことがあった場合は、高野山全体の落度であると結ばれている。

大坂落人らが高野山を目指したのは、高野山が政治権力の介入を拒むアジールだからだった。しかし、徳川方が無視して踏み込んだのだから、大坂落人らの目論見は脆くも崩れ去ったといえる。

同年五月十三日、文殊院は使者の少弐《しょうに》を崇伝のもとに遣わし、預物の詮索を了解した旨を伝えた

(『本光国師日記』)。翌十四日、再び文殊院は飛脚を崇伝のもとに遣わし、真田信繁の預物の件を報告した。信繁は大坂夏の陣で討ち死にしたが、生存説が流れていた。信繁が亡くなったのはたしかなことなので、この場合は信繁が高野山に預けた財産を没収したということになろう。大坂夏の陣後、信繁の妻は逃亡先の紀伊国伊都郡で捕縛された。家康が予想したとおり、大坂落人の預物は高野山に隠されていたのである。

同年五月十六日、崇伝は家康の意向を踏まえて、文殊院に書状を送った(『本光国師日記』)。書状の内容は、大坂落人と預物の詮索を徹底して行うことである。預物は確保したうえで目録を作成し、公儀奉行に申請して点検を受けるという徹底ぶりだった。幕府は高野山に大坂落人が潜んでいると考え、自ら踏み込むのではなく、高野山に大坂落人や預物の詮索をさせている。幕府が直接踏み込まない理由は、高野山がアジールだったからで、ゆえに自発的な探索を促したと考えられる。

高野山が崇伝に宛てた誓紙

高野山は崇伝に対して、誓紙を送っていた(「上村観光氏所蔵文書」)。全体は三ヵ条になっており、純粋な起請文の体裁はとっていないが(神仏に誓った起請文言がない)、大坂落人や紀州一揆に関わりのある者(大坂落人)を匿わないこと、大坂の荷物を預からないことを誓約している。荷物とは預物のことで、豊臣家(あるいは大坂落人)が高野山に預けた財産になろう。豊臣家の預物は没収の対象となり、徳川家に従った者の恩賞などに充てられたと考えられる。

『駿府記』慶長二十年五月二十四日条によると、家康は後藤庄三郎に豊臣方の金銀の改めを申し付けたという。結果、後藤氏は、豊臣方から金二万八千六十枚、銀二万四千枚を没収したと記録されている（『駿府記』慶長二十年六月二日条など）。いかに豊臣家が衰退していたとはいえ、莫大な財力を誇っていたことがわかる。

同様に大和も有力寺院が多かったため、大坂落人の探索が命じられた。同年閏六月十四日、法隆寺などは幕府に対し、預物の出入りについて私曲がない旨の起請文を提出している（『本光国師日記』）。出入りとは金銭の勘定の意であるから、法隆寺などがごまかさないように起請文を提出させたと考えられる。また、幕府は高力忠房《こうりきただふさ》に命じ、松倉重政、桑山元晴・貞晴らを従えて、大和で大坂落人の探索を命じている（『寛永諸家系図伝』）。

ここで捕縛されたのは、紀伊国で一揆を扇動した堀内氏弘《うじひろ》だった（『寛政重修諸家譜』）。落人詮索の効果があったのである。本来、氏弘は処刑になるほどの大罪を犯していたが、弟の氏久《うじひさ》には大坂城落城時に豊臣秀頼の妻・千姫を救出した功があった。氏久の功が認められ、氏弘は死罪を免れたといわれている。

高野山に逃れるも赦された伊東長次父子

同年五月十七日、高野山文殊院は崇伝のもとに書状を送った（『本光国師日記』）。内容は伊東丹後（長次《ながつぐ》）と子の長昌《ながまさ》が高野山に潜んでいるとの情報で、同じ情報は本多正純らのもとにももたらされた。同日、高野山宝性院《ほうしょういん》、無量寿院《むりょうじゅいん》からも飛脚が到来し、同じことが伝えられた。伊東長次は永禄三年（一五六〇）に尾張国岩倉（愛媛県岩倉市）で誕生し、はじめは織田信長に仕え、信長没後は豊臣秀吉の配下となった。慶長五年（一六〇〇）の関ヶ原合戦では徳川家康に従ったが、大坂の陣では豊臣方に与した。

伊東長次は、豊臣方の七手組の一人であった。七手組とは、秀吉が馬廻衆や近習衆などから選抜した七人の組頭であり、大坂の陣では豊臣家の譜代の家臣として参陣した。しかし、その実態については不明な点が多い。結論からいうと、長次は家康と面会し、豊臣方に与したことを許された。『細川家記』所収の同年五月十八日細川忠興書状によると、長次の助命について記されている。ただ、長次が許された理由は、忠興の書状には明確に記されていない。その後、長次は備中国岡田（岡山県倉敷市）に居所を定められ、備中岡田藩の藩祖となった。

新井白石の『藩翰譜《はんかんふ》』によると、長次は大坂落城に際して城外に打って出たが、味方が散々に打ち負かされたため、豊臣秀頼の最期を見届けるべく、大坂城に戻ろうとした。ところが、すでに城が燃えていたので、長次は諦めて高野山に逃れた。高野山で秀頼が自害したと聞き、長次も自害しようとしたが、家康と秀忠に許されたという。

『大坂御陣山口休庵咄』によると、長次はいったん小姓らとともに京都の妙心寺に逃れたとある。長次は妙心寺に潜んでおり、徳川方の検使に見つかり切腹せよと言われたが、家康と秀忠に許されたという。その理由は、関ヶ原合戦で石田三成が挙兵した際、家康が長次に一命を助けられたからだった。いずれにしても、長次が許された理由は二次史料にしか書かれておらず、詳細は不明である。ただ、『大坂御陣山口休庵咄』に書かれている、長次が妙心寺に逃れたという説は、裏付けがなく誤りの可能性が高い。

同年五月十九日、家康の命を受けた崇伝と正純は、文殊院、無量寿院、宝性院に書状を送った（『本光国師日記』）。内容は長次父子が高野山に潜んでいるとの報告を受け、家康に伝えたところ、二人を赦免するとのことで、高野山のどの宿坊に滞在しても構わないというものである。やはり、特に明確な赦免の理由は述べられていない。

高野山で捕縛された信繁の妻

その後も、高野山における大坂落人や預物の探索が執拗に継続された。同年五月二十二日、文殊院は預物のリストを提出しており、その丁数は九十一丁に上ったという（『本光国師日記』）。実際に預物は、多数隠されていたのである。早速、そのリストは家康に披露された。それだけではなく、文殊院応昌は説明のため、早々に上洛を促されている。応昌が大坂に出向いたのは、同年八月二十八日のことだった（『本光国師日記』）。

それ以前の同年六月二十六日、高野山の衆徒は、大坂籠城衆の預物を隠し置かないという合意に基づき、預物が寺中にあった場合は包み隠さず報告する旨を起請文の形式で誓約している（「高野山文書」）。伊東長次父子が発見されたことは一つの成果であり、まだ潜んでいる大坂落人や預物があると考え、幕府は執拗に高野山に探索を要求した。右の起請文は、それゆえに作成されたと考えられる。

紀州領内における大坂落人の探索の最大の成果は、同年五月二十日に伊都郡で真田信繁の妻を捕縛したことである（「浅野家旧記」）。慶長五年（一六〇〇）の関ヶ原合戦後、信繁は父の昌幸とともに、九度山で幽閉生活を送っていた。その間、浅野氏や本家の真田氏（兄の信之）のみならず、高野山からも生活上の支援を受けていたという。それゆえ、探索の手が高野山に及んだのはいうまでもない。

『駿府記』慶長二十年五月二十日条によると、浅野氏の配下の者が信繁の妻を捕らえたとき、妻は黄金五十七枚と信繁が秀頼から与えられた「来国俊《らいくにとし》」の太刀を所持していたという。捕らえられた信繁の妻は、すぐに本多正純のもとに送られた（「浅野文書」）。同年五月二十四日、正純は浅野長晟に書状を送り、長晟が大野治長の家臣・北村善太夫を捕らえたことを取り上げるとともに、家康が信繁の妻と侍三人を捕らえたことを称えたという旨を知らせている。家康が喜んだのは当然のことだった。ただし、信繁の妻のその後の扱いについては、判然としない。

浅野長晟が支配する領内の高野山は、治外法権的なアジールでもあり、豊臣家の家臣や大坂落人が逃れる場所としては最適だったようである。彼らは単に逃れるだけでなく、高野山の諸寺院に預物を託した。

高野山では幕府による執拗な探索により、さまざまな悪事が露見した。同年七月十日、高野山に悪僧がおり、宝性院の什物《じゅうもつ》（代々伝わる宝物）を隠し置いていたことが発覚した。そこで、幕府が秋元泰朝《やすとも》と杉浦正次《まさつぐ》を派遣し、物改めを行うなどしたところ、財宝や武具が隠し置かれていたという。そのとき宝性院の深覚が出奔し、嵯峨あたりに潜んでいたとある。深覚は大坂落人を匿い、財物を貯め込んでいたのである（『駿府記』など）。

幕府はいち早くそうした事情を察し、厳しい追及の手を伸ばした。高野山側が大坂落人や預物の探索を拒否せず、協力的だったのは、もはやアジールとしての機能が喪失しつつあったからだろう。こうして、多くの大坂落人は捕縛されたのである。

畿内の寺院への預物探索命令

紀州高野山では幕府の要請もあり、浅野氏が大坂落人や預物の探索を執拗に行ったが、おおむね畿内の寺院でも同様の探索を行った。とりわけ山城は古い寺院が多く、探索の対象になった。山城の清水寺（京都市東山区）では、次のとおり大坂落人らの預物を隠し置かないことなどが申し合わされていた（「清水寺文書」）。

清水寺は大坂落人と大坂衆の預物を隠し置かないことを定め、これに違反した場合は幕府に報告するとしている。大坂落人とは豊臣方の牢人たちを指し、同大坂衆とは豊臣家の家臣で、落人になった者を意味すると考えられる。「清水寺文書」の中には、幕府からの預物に関する通達は残っていないが、早々に寺内で自発的に対応が取られたのである。

大坂落人については、ほかの寺社でも探索が行われた。京都所司代・板倉勝重は、石清水神社（京都府八幡市）の神主に書状を送った（「石清水文書」）。

内容を確認しておこう。喜右衛門なる者が、大坂落人の矢野五左衛門を抱え置いている話を聞いた。喜右衛門については不詳だが、石清水神社の領内の者であろうか。そのことを訴える者がいたので、五左衛門が逃げ出さないよう、石清水神社の神官である田中氏に申し付けた。この書状に書かれている竹越《たけのこし》山城とは、尾張藩徳川義直の付家老を務めた竹越正信《まさのぶ》のことであろう。勝重は正信に相談をしているところだったが、田中氏へ早々に五左衛門の捕縛を申し入れるべきことを優先し、まず使者をもって申し入れることにした。その使者が福長十太夫、福持庄右衛門の二人であった。

大坂落人が潜伏しているのであれば、正信に相談なく早々に捕縛すればよいものだが、潜んでいたのが神社であったため、難しい事情があったのだろうか。やはり、アジールということが少なからず影響していた可能性がある。

河内国の観心寺（大阪府河内長野市）にも、幕府から大坂落人の探索が命じられていた。慶長二十年に比定される五月十日の甲斐庄正房《かいのしょうまさふさ》の書状（観心寺惣中宛）によると、幕府の意向として大坂城に籠城した者、預物、女子の探索を命じられたことがわかる（「観心寺文書」）。少しでも隠し置くことがあれば、「寺中之大事」であるとまで述べ、二、三日中に調査に赴くと述べている。同時に、戦争のため避難していた百姓の帰還を命じ、重ねて大坂落人を逃がすと大変なことになると脅している。相手が寺院であっても容赦はなかった。

甲斐庄正房は関ヶ原の戦い以降から家康に仕え、徳川家の親衛隊の「大番」の組頭を務めていた。大坂夏の陣後には、河内国錦部《にしごり》郡（大阪府富田林市南部と河内長野市）で二千石の知行を与えられ、大坂の四天王寺の造営奉行を務めたことでも知られる。ここでは自発的な大坂落人の摘発を求めるとともに、調査に行くと脅しているので、幕府の探索が本気だったことを示している。

往来と宿所の調査

大坂落人らを警戒するという事情があったので、往来には大変注意が払われた。たとえば、河内国の金剛寺（大阪府河内長野市）には、成瀬正成《なるせまさなり》の書状が送られた（「金剛寺文書」）。

発給者の成瀬正成は、のちに尾張藩の付家老を務めた人物である。内容は金剛寺の僧侶が京都に滞在中の家康のもとにお礼として訪問したのであるが、帰る際に三十三人が間違いなく通行できるよう、京都から天野《あまの》（大阪府河内長野市）までの路次中の徳川方の御陣衆に依頼した過書《かしょ》（関所通過の許可証）である。御陣衆に宛てたところを見ると、これが単なる通行許可書でないのは明らかである。

書状が送られた慶長二十年（一六一五）五月十五日といえば、大坂の陣が終わってから一週間程度しか経っていない。徳川方では大坂落人を探索していたので、当然、僧侶であっても中に落人が交じっていないか警戒したはずである。金剛寺では無事に京都から天野までの路次を通過できるよう、あらかじめ成瀬氏に過書の発行を依頼したと考えられる。

大坂落人を探索している以上、宿に人を泊めることも警戒された。慶長二十年五月十一日、浄土宗の僧侶で家康が帰依した廓山《かくざん》和尚は、秀道なる人物に書状を送った（『筆蹟類聚』）。内容は大坂落人に宿を貸すことは法度なので、いかなる人が参っても宿泊させてはならないというものである。大坂落人は宿屋に泊まれないのだが、結局は大坂落人か否か確認できないので、誰も宿に泊まらせるなということになろう。このように、幕府はあらゆる手段を使って、大坂落人を追い詰めたのである。

右のように、大坂夏の陣の終結後は、高野山だけなく畿内の寺社でも執拗な大坂落人の探索が行われた。むろん畿内だけでなく、実際は多くの寺社で同様の探索がなされたと想定しなくてはならないだろう。やがて大坂落人の探索は、全国各地の諸大名の領内にも広がりを見せる。

諸大名にも命じられた落人探索

幕府の命令によって、寺院だけではなく、諸大名も大坂落人の探索に腐心しなくてはならなくなった。ここでは、その事例を検討することにしよう。肥前の鍋島氏に送られた命令は、幕府が大坂落人の探索を命じた典型例になると考えられる（『鍋島勝茂譜考補』）。次に、命令の内容を確認しよう。

幕府の命令とは、大坂落人が鍋島氏の領分に落ち延びたので、男女または幼子にかかわらず、搦め捕って連行することだった。命令に船口を改めるとあるが、それは大坂落人が船を利用して入国することを想定してのことである。史料の末尾は、大坂落人を隠し置く人がいれば、曲事になると仰せ付けてほしいと結ばれている。土井利勝と酒井忠世が同様の命令を発し、その意を受けて大坂落人の探索を行った例は、島津家でも確認できる（「島津家文書」）。わずか数日の間に、大坂落人は九州方面に逃亡したのである。

ここで注目すべきは、「男女幼者」という文言であろう。これまでは単に「大坂落人」としか書かれていなかったが、「男女幼者」とはどういうことなのだろうか。「男女幼者」には、牢人の男子に加え、妻や子供が含まれていると考えられる。もう一つは、大坂城内（惣構のうち）あるいは周辺に起居していた民間人（非戦闘員）の可能性も否定できない。大坂夏の陣後、大坂城は焼け落ち、周辺の町や村落も荒廃した。幕府の指示は、戦後復興のために彼ら民間人（非戦闘員）を大坂に還住させることを狙ったものと推測される。つまり、この場合の大坂落人とは、武将ではなく民間人を指すと考えられる。

落人探索は毛利氏の領内でも行われ、その基本方針は鍋島氏の例と同じく「大坂からの落人が領内に入った場合は、男女老若にかかわらず注進すべし」というものであり、加えて次のように定められた（『毛利氏四代実録考証』）。

①落人を隠し置く者は、厳罰に処すること。
②隠し置いた落人の存在を報告した者には、褒美を遣わすこと。
③（得体の知れない）旅人の宿泊を禁止すること。

①は当然として、②のように報告をした者に褒美を与えたり、③のごとく落人を未然に防ぐため、旅人の宿泊を禁じたところに特色があろう。大坂落人に限定して、宿泊を禁止した例はほかにも見られる（『筆蹟類聚』）。当時、牢人が居住地を定めるのは困難だったので、宿泊の禁止は大きな痛手になったはずである。とにかく幕府は徹底して大坂落人を探索し、その把握に努めたのである。

幕府がここまでして大坂落人を探索した理由は、いまだ逃亡していたと考えられる明石掃部ら有力な武将の捕縛にあった。幕府としては、彼らが反幕府勢力と結びつき、再び蜂起することを恐れていたのだろう。むろん、ほかの大坂牢人も同時に一斉に捕えるためでもある。明石ら大坂牢人がいかなる手で逃亡したのかわからなかったので、人々にも協力を呼びかけた。そのような理由により、諸史料には大坂落人の探索に関する記事が数多く確認できるのである。

幕府の命を受けて、各地の大名は大坂落人の探索に奔走した。津山藩の森氏、岩国藩の吉川氏、小倉藩の細川氏などは、史料でその例を確認できる。とりわけ森氏の場合は、「国中能々《よくよく》穿鑿《せんさく》仕《つかまつり》」というほどの念の入れようだった。小倉藩では、男性だけでなく女性であってもと指示しており、探索は相当厳しかった様子がうかがえる。各大名は、幕府の命令に従順だった。もう少し事例を検討しておこう。

島津氏、細川氏らへの落人探索命令

次に、『家忠日記増補』慶長二十年六月十四日条に載る、土井利勝・酒井忠世の連署状を検討することにしよう。この連署状とほぼ同趣旨のものは、島津家にも残っている（『薩藩旧記増補』）。

連署状の趣旨の一つ目は「去々年より当春までの間に、領分より大坂奉公に罷り越え候者これあるにおいては」とあるように、去々年（慶長十八年）から慶長二十年春までに領内から大坂（＝豊臣方）へ行った者についてのみ捕縛の対象になっている。後述するとおり、大坂冬の陣が勃発した前年の慶長十八年が基準になった理由は、よくわからない。

二つ目に本人が行方知れずの場合は、妻子が逃げ出さないように措置し、妻子がいない場合は親類の名前を報告するように求めている。この措置は妻子や親類を人質とし、本人を捕縛しようとしたものであろう。後藤又兵衛が細川家から出奔した際、又兵衛の妻子や親類の探索が行われた。それと同じことと考えられる。

要請を受けた島津氏では、早速、同様の手配を行っている。その際、種子島など七島をはじめ、琉球までも固く申し遣わすことにしている（『薩藩旧記増補』）。これは、薩摩に逃亡したとされる、豊臣秀頼らを意識したものだろうか。実は、大野治房が船に乗って逃亡し、琉球に逃れたのではないかという噂が流れていた。そこで、幕府は島津氏に対して、治房の入念な探索を依頼していた。ところが、この話に疑念があったのも事実である。現時点で、大坂の陣後の治房の行方は知られておらず、没年も不詳である。

右の状況と同じく、細川氏の小倉藩領内でも対応が取られた（『細川家記』）。細川氏は幕府の命を受けながらも、大坂から入国した者はいないだろうとしていた。しかし、若党については可能性があるので、念を入れて探索するように指示している。若党とは武家奉公人の一種であって、主人の身辺に仕えた若輩の侍を意味した。若党は武士身分でも百姓身分でもなく、微妙な存在だった。念のために、細川氏は下級の武家奉公人の彼らについての探索を命じたと考えられる。

注目すべきは、大坂（＝豊臣方）が謀反を企てたのは、慶長十八年二月からという幕府の命に言及した点である。細川氏は大坂冬の陣以前のことは承知していないことに触れ、よくよく念を入れて大坂落人を探索するように命じている。念のため慶長十八年二月に何らかの画期があったのか調べてみたが、特に気になるような出来事は見つからなかった。そのほか幕府の命のとおり、大坂落人の妻子や親類がいれば、報告を求めている。

また、細川氏は、大坂町人の預物の徹底した探索を命じている。大坂の陣の折には、大坂町人が盛んに大坂城に出入りしていた。細川氏は、大坂町人が大坂落人の預物を保管している可能性があると考えたからだろう。関連して、大坂（＝豊臣方）に米を売った者、下人を大坂城に籠城させた者についても探索の対象としている。さらに女が他国から出入りすることも、大坂落人が隠れたり出入りしている時分でもあるので、固く禁止している。

大坂落人を発見した場合は、男女にかかわらず捕らえ、厳重に監視をすることが求められた。大坂落人を見つけても、すぐに討ち果たしてはならないことも徹底された。このようにして、細川氏の藩内では幕府の命令だけでなく、独自の命令も加えて、大坂落人の徹底した探索を申し付けたのである。

土佐藩、加賀藩などの落人対応

土佐藩においても、山内氏は領内の大坂落人の探索を徹底して行った。慶長二十年閏六月七日、土佐の山内忠義は本多正信らに捕縛した大坂落人の名簿を提出した（『山内家四代記』）。大坂落人とは、土佐国を出奔して大坂城に入城した面々である。対象となったのは、不破左近、稲葉清六、岡田縫殿、南部太郎左衛門、本山二郎右衛門、西川助太夫、浅井熊之介の七名である。彼らのうち、一部の経歴を確認しておこう。
岡田縫殿は慶長十九年七月に山内家を出奔し、翌慶長二十年に大坂城に入った。南部太郎左衛門は、慶長十九年三月に大坂城に入った。ほかの面々も大坂冬の陣の開戦前の時点で、大坂城に入っていたことがわかる。西川助太夫は慶長十九年七月に江戸で土佐藩の新参として召し抱えたが、国元へ帰したときにそのまま大坂城に入ったという。稲葉清六は慶長十八年九月に山内家中から召し放ったが、そういう給人（知行を与えられた者）までも捕捉していた。つまり、領内の大坂落人の探索は、かなり念入りに行われていたことが判明する。

同様に大坂落人の徹底した探索を申し付けられたのは、吉川広家であった（「吉川家文書別集」）。五月晦日に広家が将軍の秀忠と謁見した際、その命を受けていた。広家が領する岩国（山口県岩国市）は、大坂からかなりの距離があったが、逃げ込んだ可能性が捨てきれなかったのだろう。

慶長二十年閏六月六日、加賀藩の年寄だった奥村栄卿は、明王院《みょうおういん》と宝幢寺《ほうどうじ》の僧侶を大坂に招くと、「大坂落人を探索するように」という幕府の命令を伝えた（『国初遺文《こくしょいぶん》』）。また、加賀国内に家を所持している者を中心に探索せよという、前田利常の意向をも伝えている。かつて前田家には、高山右近などが潜んでいた。そうした前例が怪しまれたのかもしれない。前田家であっても、例外なく幕府の指示に従わざるを得なかった。

大和での落人狩りと一揆の風聞

幕府による大坂落人の探索は、さらに徹底して行われた。徳川方で戦った石川忠総は、『石川主殿忠総公御陣御働之覚書 并《ならびに》首帳』という史料の中で、大坂城に籠城した町人・百姓と侍分との扱いの相違について、次のように記している。

生け捕りした者は三十人である。これは手前ども（石川氏）が詮索したのであるが、侍たちは切り捨て、町人・百姓は追放せよというのが上意（幕府）の意向なので、配下の者にそう仰せ付けた。

この一文を見れば明らかなとおり、厳しい対処が迫られたのは、豊臣方に与した侍＝大坂落人だった。町人・百姓は、追放という軽い処分で済んだ。

『東大寺雑記』の記事によると、慶長二十年五月十二日以降に大坂の残党狩りが行われている。大坂の残党というのは、大坂落人のことである。奈良は大坂に近いという地理的な要因もあって、大坂落人はアジールだった奈良の寺社に逃げ込んだのだろう。大和国内では火付けの風聞が流れていたが、それは大坂落人による奈良での放火と考えられる。いまだ、大坂の陣の影響が色濃く残っていたのだ。

道具改めがあわせて実施されたのは、残党らの反抗を徹底して抑えるためであろう。この場合の道具とは、武具、武器（刀、鉄砲、弓、槍など）を意味する。したがって、残党とみなされた者は侍クラスの大坂落人のことで、将来的に蜂起する可能性があったので、徹底的に探索が行われたのである。

さらに、大和国内では一揆が催されるとの風聞が流れ、そこには公家衆や町衆が加わるという情報が寄せられていた（『春日社司祐範記』）。そのような報告を受けて、五月八日に幕府は奈良の人々に対して、大坂落人を隠し置くことの禁止を命じた。五月十九日になると、聖禅坊実栄が一揆に同心しようとした嫌疑によって捕らえられ、その直後に火刑に処せられていた。

『春日社司祐範記』によると、聖禅坊実栄は激しい拷問を受けたものの、ついに口を割らなかったという。本当に聖禅坊実栄が一揆を目論んでいたのか、冤罪による見せしめだったのか判然としない。火刑に際して、人々は同情の涙を流し、悲嘆に暮れたと伝わる。幕府が厳しい処罰を科したのは、一揆に敏感になっていたからで、見せしめの意味合いがあった可能性もある。

なお、これに付随して、六月二十九日には大坂落人の預物の調査が徹底して行われた。これは寺社だけではなく、町中（町人）が対象となっており、蔵なども残らず調べられた。理由は、明石掃部が隠されているのではないかという強い疑念にあった。

明石掃部は宇喜多氏旧臣で、大坂方の大物武将だったが、すでに触れたとおり生死については、いまだ判然としていなかった。それゆえに、「怪しい」との通報があれば、積極的に探索を行ったのだろう。明石掃部の探索は、小林田兵衛にも命じられており、幕府が血眼になって探していたことがわかる（『記録御用本所　古文書』）。

このほか、閏六月四日には土佐の山内忠義によって、土佐国内の者で大坂城に籠城した者をリストアップし、幕府に報告がなされていた（『山内家四代記』）。領内における大坂落人の数は、かなりのものになった。こうして落人狩りは、全国各地で粛々と進められたのである。

明石掃部の娘・レジナへの尋問

明石掃部の行方は不明だったが、徳川方の尋問を受けた掃部の次女・レジナの記録が残っている。レジナは大変聡明な女性であったといわれており、掃部も子供たちの中で一番かわいがっていた。大坂城にあっても、秀頼の母・淀殿から大変な寵を受け、将来は一廉《ひとかど》の領主に嫁がせるとまでいわれていた。

大坂城が落城し、城内の混乱が激しくなる状況下で、レジナは自身の運命を神の摂理に委ねたという。やがて、徳川方の兵士が大坂城内に乱入すると、彼らはレジナに暴行を働こうとした。レジナは純潔を守るべく激しく抵抗し、死を辞さない覚悟を示したと伝わっている。ついには、自身の身分を明かさざるを得ない状況になると、兵士らに自分が明石掃部の娘であること、そして家康の前に連れて行くように要求した。すると、兵士らはレジナの要望にしたがって、彼女を家康の前に連行したのである。

家康は、強い覚悟を示すレジナの態度にすっかり感心し、彼女を褒め称えた。彼女に対する評判は、異教徒たちの間でも評判になったという。そして、家康は彼女を側室の一人である「オカモ」なる女性に預けた。側室や周りの人々は、レジナの立派な振る舞いに感心し、丁寧に対応したといわれている。

家康が駿府に帰る際、レジナは呼び出され、いくつかの質問がなされた。まず、父・掃部の居場所に関する問いには、「自分は屋敷にいたのでわからない」と答えた。家康が明石掃部を執拗に探索していたことは先述したが、改めて問い質したのは探索が行き詰まっていたからだろう。また、兄弟姉妹の数に関する問いには、「五人だが、うち一人は修道者となった」と回答している。レジナは大変落ち着いて誠実に質問に答えたので、家康をはじめ側近の者まで大いに賞賛したという。

家康はレジナに対して、「今後もキリスト教への信仰を持ち続け、亡くなったと思われる父の霊魂のために祈り続けるように」と言葉を与えた。そして、家康はレジナに小袖一枚と銀子を与えたのである。この頃、キリスト教の禁止は徹底していたので、家康はかなり寛大な態度を示したことがうかがえる。

さらに家康は、レジナが自由にどこに行くことも許し、また彼女が北政所のところへ留まりたいと望むなら、その斡旋をすると述べた。しかし、レジナは家康に対し、世間的に恵まれない環境に身を投じれば、キリシタンとして神に捧げた貞潔の願いを守ることができるであろうと述べたという。

レジナの場合は、それなりに身分ある明石掃部の娘ということが幸いしたのであろう。多くのキリシタンは、このようにはいかなかったに違いない。キリシタンのその後については、改めて述べることにしよう。

『大坂濫妨人并落人改帳』に見る捕らえられた人々の内訳

先述したとおり、大坂夏の陣の終結後、問題になったのが乱取りの件だった。乱取りの中でも、特に注目されるのは人取り（人を連れ去ること）である。この点については、『大坂濫妨人并落人改帳』という史料をもとにして、大嶽王子、高木昭作、藤木久志の諸氏が豊富な事例を取り上げている。以下、そうした諸研究と『大坂濫妨人并落人改帳』をもとにして、人取りについて検討することにしよう。

慶長二十年（一六一五）六月十二日の日付を持つ『大坂濫妨人并落人改帳』は、阿波藩蜂須賀家に伝来する史料である。その内容は、大坂夏の陣で捕らえた人々の名前、性別、出身、身分、職業、捕らえた場所について詳細に書き留めたものである。とりわけ記された大坂付近の町名は、ほかの史料にも書かれることが少ないので、大変貴重な情報とされている。

それらが詳細に記録されたのは、大坂で捕らえた落人を阿波に連行する際、その正当性を示す根拠史料とするためだったと指摘されている。阿波に他国の者を入国させるうえに、豊臣方の人々を連行するのだから、いずれにしても記録は必要だったに違いない。

この史料は表題が示すように、内容は「濫妨人之分」の部と「落人之分」の部とに分かれている。「濫妨人之分」の部は、捕らわれの身になった大坂城に籠城した名もなき一般人（町人、百姓など）たちであろう。戦乱を避けて大坂城に逃げ込んだ、非戦闘員である。逆に、「落人之分」は、豊臣方に仕えたそれなりの身分を持つ落人、つまり侍身分（大坂牢人）だったと考えてよいだろう。

それぞれが蜂須賀氏の武将に捕らえられており、とりあえず身柄が確保されていた。たとえば、細山主水のもとには、計九名（内訳・男三名、女六名）が拘束されていた。大嶽王子氏の研究によると、捕らえられた総数は百九十二名にものぼり、その内訳は表11－1のとおりである。

この表を一覧すればわかるように、圧倒的な多数を示したのは①②である。それに続いて、③が多いことがわかる。もともと大坂城周辺に居住していた者や、籠城目的の者が多いのは、当然といえば当然かもしれない。この史料には興味深い記事があるので、それらをいくつか紹介することにしよう。

捕らえられた一般人の事例

ある女性は大和国の出身だったが、後家として大坂町内に

表11-1　捕らえられた者の内訳

①大坂城下町に在住していた者	71人
②武家やその奉公人	66人
③近郊村落から大坂城に籠城した者	31人
④他国から商売のために大坂へやって来た者	12人
⑤戦いで親と離れ離れになってしまった子供	7人
⑦大坂へ奉公を望んでやって来た者	4人
⑧大坂へ売られてきた者	1人

出所：大嶽王子「戦国乱世を生きた家族」

居住していたところを捕らえられてしまった。女性には五歳と八歳の息子、そして三歳の娘がいた。子供の年齢まで詳しく書かれているのだから、かなり行き届いた調査だったことが判明する。このように後家として、大坂に在住していた女性や他国から来た女性は、ほかにも確認できる。後家や女性が大坂に住み着いたのは、経済都市である大坂で仕事を求めたからだろうか。

大坂にいたのは、何も国内の日本人だけではない。ある女性は高麗（朝鮮半島）の出身で、大坂船場の町人方に奉公していた。おそらくこの女性は、文禄・慶長の役で朝鮮半島から連行されたと考えられる。文禄・慶長の役では、陶工などの技術者が連行されたことがよく知られているが、多くの両班《ヤンバン》（官僚）や一般庶民なども日本へ連れて来られていた。同じく高麗出身者は、堺与右衛門に奉公する女性も確認できる。彼女らの多くは、奴隷として売られたものと考えられる。

女性たちの仕事はさまざまだったが、下女として仕える者が多かったようである。主に家事労働に従事していたのだろう。男性の場合は、武家のもとで草履《ぞうり》取りをしていた事例が散見される。このほか、他国から大坂への商売をしに来ていた例もあり、捕らえられた者の出自や職業はさまざまだった。

本来、捕らえられた者は阿波に連行されるのだが、例外的な措置を取られた者が存在した。太田次郎左衛門は、二人の女性を拘留していたが、ほかに男女三名を捕らえていたようである。この男女三名は、畳屋次右衛門の妻子であり、この年の春から畳の製作を申し付けられ堺（大阪府堺市）に退去していた。

しかし、大坂夏の陣の開戦後、畳屋次右衛門は妻子を探すために大坂までやって来て、無事に住吉（大阪市住吉区）で再会を果たしたのである。そこで、畳屋次右衛門は念のため太田次郎左衛門のところに妻子を召し連れ、阿波への連行から除外してもらうよう手続きをした。極めて幸運な例といえるだろう。

また、武市十左衛門は、女性一人を拘留していたが、この女性はかつて十左衛門に仕えていた若党の女房だった。この女房が大坂船場にいたところを、田川弥五左衛門が捕らえたのである。武市十左衛門は田川弥五左衛門と知り合いだったので、住吉（大阪市住吉区）でこの女房をもらい受けたという。

この女房の夫（若党）は武市十左衛門との関係を絶ち、新しい主人に仕えて、大坂の陣で豊臣方の鉄砲者として出陣していた。しかし、大坂落城の四、五日前に奉公に出ていたことから、女房は夫の新しい主人の名はわからないという。捕らえた女性からは、豊臣方に走った将兵の情報を得たかったのであろう。

捕らえられた人々の中の「落人」の扱い

ところで、幕府が気にしていたのは、落人の中に豊臣方の重要人物が匿われていないかということだった。それは、「落人之分」つまり豊臣家に仕えていた人々の注記を見れば、一目瞭然である。次に、いくつか例を挙げておこう。

岡孫左衛門のところにある者

①槇島勘兵衛――秀頼に奉公していた。ただし、岡孫左衛門の弟である。

②一色勘介――秀頼に奉公していた。ただし、岡孫左衛門の小舅である。

岡孫左衛門は、蜂須賀氏に仕えていた。槇島氏と一色氏の二人は豊臣秀頼に仕えていたが、それぞれが岡孫左衛門の弟または小舅であると注記されている。つまり、二人は岡孫左衛門の縁者なので、阿波に連れ去ったことは「問題がない」ことを確認したかったのだろう。身元をしっかり確認することで、連行した人々が安全であることを担保しようとしたのである。

次に、もう一つ違った例を確認しておきたい。

稲田修理のところにある者

山内意慶という坊主――長宗我部盛親に仕えていた。ただし、近年は稲田修理の知行所におり、去年大坂へやってきた。山内松軒の弟である。

稲田修理は、蜂須賀氏に仕えた重臣である。山内意慶は山内松軒の弟とあるが、山内松軒がどのような人物なのかは不明である。長宗我部盛親に仕えていたが、稲田修理の知行所にいたというのだから、盛親の改易後に稲田修理に仕官したのだろう。山内意慶が大坂で何をしていたのか不明だが、大坂にいたところを捕縛され、阿波に連れ戻されたと考えられる。しかし、山内意慶は稲田修理の関係者だったので、「問題なし」ということで、このように注記されたと考えられる。

こうした記載方法を見ると、たとえ豊臣方に与した人物であっても、正当な理由があれば、阿波に連れ去っても問題がなかったのだろう。逆に、問題があれば、徳川方に差し出す必要があったと考えられる。このように大坂城に籠城したのは、実に多種多様な経歴の人物たちだったことがわかる。

大坂城の普請と大坂復興事業

大坂城落城後、落人狩りが行われるのと同時並行で、大坂の復興事業が着手された。特に、大坂城は最後に火を放たれたので、大きな修繕が必要だった。『大坂御陣覚書』には、大坂城の焼け跡を復興するため、西国・中国の諸大名に百日間の在陣を申し付けたと書かれている。彼らの多くは、大坂夏の陣に遅参した大名だった。即座に出陣命令に従わなかった、一種の罰だったといえよう。もちろん、遅参した大名だけでなく、それ以外の諸大名にも協力が求められた。

たとえば、毛利氏の場合は大坂城を普請するため、一万石につき五十人の人夫の供出を命じられた（『萩藩閥閲録遺漏』）。同じく福島正則の次男・忠勝も、長柄堤《ながら》（大阪市北区）の修繕を申し付けられている（『黄薇古簡集《きびこかんしゅう》』）。もちろん、人夫に日当を支払うのは、毛利氏、福島氏である。諸大名にとっては、合戦での財政負担も大きかったので、加えての多大な出費となった。

『リチャード・コックス日記』によると、大坂復興のために肥後・薩摩から多くの人夫を乗せた船が続々と大坂に寄港したという。人夫への日当の支払いは大名持ちだったので、多大なる負担となった。復興は大坂だけでなく、焼き討ちにされた堺（大阪府堺市）も対象だった。こうして各地から大坂や堺の復興のため、多くの人々が徴用され、土木工事などに従事したのである。

ところが、都市の大坂や堺と同じく、大きな被害を受けたと考えられるのは、周辺の農村部だった。大坂の陣が勃発すると、彼らは豊臣方や徳川方から禁制を入手し、軍勢による濫妨狼藉を未然に防ごうとした。しかし、百姓などは戦火を恐れて、村から大勢が逃げ出したと考えられる。万が一の事態に備えて、安全な場所に避難するためである。戦後、各地に逃亡した百姓らは帰村し、もとのとおり耕作に従事した。

家康が赦し、召し抱えた牢人たちの特徴

幕府は厳しく牢人・落人の探索を行ったが、慶長二十年（一六一五）七月になると、そうした状況にも大きな変化が見られるようになった。家康は、落人らを捕らえて厳罰を科すのではなく、彼らを許して、配下に召し抱えたのである。家康にすれば、彼らに能力があって猛省するならば、配下に収めるのが得策と考えたのだろう。次に、二人の人物と召し抱えられた条件を示しておきたい（『寛政重修諸家譜』『武徳編年集成』など）。

①加藤正方――慶長二十年六月に召し出され、御小姓組の番を務めた。

②織田元信――戦後召し出され、近江国栗本《くりもと》・甲賀《こうか》二郡に二千石を与えられた。

加藤正方については、詳しいことがわかっていない（熊本藩の家臣の同姓同名の人物とは別人）。織田元信《もとのぶ》は津田信澄《つだのぶずみ》（織田信長の弟・信勝の子）の次男で、のちに織田信雄（信長の子）に仕えた人物である。天正十八年（一五九〇）に信雄が改易されると、豊臣家に仕えた。なお、兄の昌澄《まさずみ》は大坂夏の陣後に出家したが、元和四年（一六一八）に徳川秀忠に旗本として仕えることになった。二人は徳川方から知行を与えられたり、役を務めたりすることになったのである。

この二人以外にも幕府に召し抱えられた者がいたが、もちろんそれには理由があった。たとえば、井上利義なる人物がその一人である。井上氏は美濃斎藤氏の流れを汲み、やがて豊臣家に仕えるようになった。大坂冬の陣が開戦すると、井上定利・利義父子は揃って豊臣方に与したのである。

利義は父のために人質となって大坂城に籠城したが、戦後は石清水八幡宮（京都府八幡市）の社僧岩本坊のもとに逃亡していた。しかし、利義の父・定利が板倉勝重と織田有楽と親しい関係にあったことから、二人は崇源院《すうげんいん》（秀忠の妻）を通して家康に利義の助命嘆願をしたところ、その願いは無事に叶ったのである。のちに利義は江戸に向かい、西ノ丸の御小姓組として秀忠に仕えることになった。その後、利義は少しずつ加増され、ついには上総国内に五百石を与えられたのである。

つまり、助かった牢人たちの多くは、幕府の要職にあった人々と何らかの人間関係を持っていたので、罪を許されて召し抱えられたのである。ほかにも、三好直政の例が知られている。直政の父は浅井政高というが、その来歴は不明な点が多いものの、いつの頃からか豊臣家に仕えるようになった。直政が三好姓に改姓した時期や理由などは不明である。

直政の母は海津局《かいづのつぼね》といい、近江浅井氏の流れを汲む女性である。海津局は、大御台所（崇源院。秀忠の妻）と従姉妹の関係にあった。それゆえ、直政は秀忠の御小姓番士となり、百人扶持を賜った。のちに御家人に列せられ、旗本三好家の祖となって、二千石を知行したのである。このように徳川方の人物と何らかの関係を結んでいた者は厚遇され、幕府に召し抱えられたのである。

出仕を許された「古参牢人」たち

以上のように、大坂夏の陣からわずか三ヵ月あまりすると、早くも豊臣方の者が出仕を許されるようになった。その流れは、各地に広がることになる。

元和元年（一六一五）八月二十四日、幕府は島津氏に対して、「大坂古参の者については望むままに召し抱えてよい」と通達した（『薩藩旧記』）。ただし、一方で「新参の者については、召し抱えてはならない」と注意を促している。文中にあらわれる「古参」「新参」とは、いったい何を意味するのだろうか。

幕府がいうところの「大坂古参」とは、秀吉の代から一貫して仕え、大坂夏の陣後に牢人となった者を示している。一方で、「新参」とは関ヶ原合戦で西軍に所属した者で、戦後は家康に許されたにもかかわらず、大坂の陣で再び豊臣方に与し、牢人になった者を意味すると考えられている（『大坂御陣山口休庵咄』）。

しかし、この定義では「古参」と「新参」で要件の重なる者がでてきてしまう。つまり、秀吉の代から仕えており、関ヶ原合戦で西軍に属して許され、大坂の陣でも豊臣方につくというケースである。「古参」については、『大坂御陣山口休庵咄』の示すとおりに考えて差し支えないが、「新参」とは大坂の陣から豊臣方に与した者と考えられないだろうか。

「古参」の中には、かつて徳川家と近しい人物と懇意だった者も存在し、そのルートから赦免を願い出る者があった。先述した井上利義は、その好例である。幕府はそうした古参を先駆けて許して召し抱えたが、その範囲を全国へと広げたのである。しかし、大坂の陣で続々と豊臣方に与した面々つまり「新参」は、対象から除外したのである。

そのあたりの理由は明らかにしがたいが、「新参」には身元がよくわからない者が多かったからかもしれない。「古参」はもともと豊臣家に仕えていたので、身元がはっきりしており、徳川方の人物と親しい関係にあった者もいたが、「新参」の場合はよくわからない人もいたので、強い疑念を持たれた可能性がある。

「古参」の者たちが、早速許されたことを示す史料がいくつか残っている。元和元年八月二十六日、豊臣方に与していた今枝勘右衛門と津田平左の二人は、京都所司代の板倉勝重から「大坂古参衆」であることを理由として、どこに仕えてもよいと許可を得ていたことが判明する（『蠹簡集残編《とかんしゅうざんぺん》』）。

九月になると、勝重は「大坂古参」の奉公人・青木千松が京都に家を借りることを許している（『徴古雑抄《ちょうこざっしょう》』）。牢人の京都在住を許可するのは、京都所司代の職務であったが、あえて「大坂古参」と記されているのが注目される。まだ牢人たちは、監視の対象になっていたのである。

「新参牢人」が赦されるまで

ところで、右に示した人物（今枝勘右衛門ら）は、「大坂古参」と定義づけられるのであろうか。今枝勘右衛門は、天正九年（一五八一）五月に織田信忠から、さらに天正十八年（一五九〇）九月には豊臣秀吉から知行地を給与されている（『鼉簡集残編』など）。津田平左についてては知るところが少ないが、織田氏庶流の津田氏の流れを汲むと考えられる。その仮定が正しいならば、最初、津田平左は織田氏に仕え、のちに秀吉に仕官したのではないかと推測される。青木千松もまた、秀吉に仕えた青木一重の縁者であると考えられ、豊臣家に仕えていたと推測される。

彼らは、まさしく「大坂古参」（秀吉の代から仕えた者）と考えてよいであろう。しかも、それなりに史料が残っており、身元がはっきりする人物でもある。徳川方は、彼らの身元をきちんと調べたうえで、仕官を許したと考えられる。

「新参」の者が赦免されるには、それから十年近くの月日を要した。元和九年（一六二三）閏八月二十八日、京都所司代の板倉重宗《しげむね》（勝重の子）は「大坂の陣はもう十年以上も前のことなので（実際は八年前）、『新参』の者を許すこととし、諸大名は召し抱えてもよい」とした（「浅野家文書」『綿考輯録』など）。時間の経過もさることながら、豊臣家の残党が幕府に謀反を起こすなどありえないと判断したからだろう。

この布達は、浅野氏、細川氏だけでなく、各地の大名に伝えられたと考えられる。この時点で「新参」の大坂牢人は、晴れて仕官先を求めることが可能となったが、その道は極めて厳しかったと考えられる。宮本武蔵も大坂の陣に参陣したことが知られるが、ついに仕官は叶わなかった。

新参の者が新たに仕官した状況は、『土屋知貞私記』によってうかがい知ることができる。同史料には、「新参で大坂城に籠もり、七日に城を出た者」と記し、二十八名の名前を掲出している。一例を挙げると、次のように記されている。

鴫野ニテ鎗、水野日向守召抱　　　　仙石喜四郎

仙石喜四郎は大坂冬の陣において、鴫野合戦で戦ったが、のちに水野勝成に召し抱えられたのである。「新参」を召し抱えたのは、浅野長晟、安藤重長、稲葉正勝、黒田長政ら多数に上った。しかし、すべてが仕官に結びついたわけではなく、ついに叶わなかった者がいたのも事実である。

たとえば遠藤八右衛門の場合は、「牢人ニテ相果ル」（牢人のまま亡くなった）と記されている。八右衛門は仕官が叶わず、牢人のまま生涯を送り、無念のうちに亡くなったのである。徳川の世になると平和になり、大規模な戦争はなくなった。もう諸大名には、有り余るほど武士を召し抱える余力がなかった。むしろ、遠藤氏のように、仕官できなかった例が多かったのではないだろうか。

このように大坂の牢人たちは、「古参」と「新参」に分類され、まず「古参」から許された。「新参」が許されるには、「古参」が許されてから十年近くの歳月を要したことになる。

信繁生存伝説の背景

大坂夏の陣で信繁が戦死したのは明白な史実だが、当時の人々の間には「信繁生存説」がまことしやかに広まったといわれている。

弱者や敗れた者に同情を寄せる意味で使われる、「判官びいき」という言葉がある。「判官」とは、平安末期に活躍した武将・源義経のことである。義経は兄・頼朝を支え各地を転戦し、平家滅亡の立役者となった。しかし、義経は頼朝に無断で後白河法皇から官職を拝領するなど、勝手な行動をするようになった。その際、義経が拝領したのが、「判官」を意味する検非違使《けびいし》である。

頼朝は日頃から配下の者に対して、朝廷から無断で官職を授けられることを禁じていた。弟だけに認めると統率が取れなくなるので、義経を討つことにしたのである。義経は身の潔白を訴えるため、腰越《こしごえ》（神奈川県鎌倉市）の満福寺《まんぷくじ》で頼朝に手紙を書いた。これが有名な「腰越状」である。結局、義経は頼朝との面会を認められず、奥州藤原氏を頼って平泉（岩手県西磐井《にしいわい》郡平泉町）へと落ち延びた。そして文治五年（一一八九）閏四月三十日、義経は鎌倉幕府の追討軍によって、衣川館《ころもがわのたち》で討たれたのである。

ところが、義経は衣川館で戦死しておらず、さらに北へと逃亡したという伝説があり、それは「義経北方（北行）伝説」といわれている。室町期に成立した「御曹司島渡《おんぞうししまわたり》」説話によると、若き義経は「渡島《おしま》（現在の北海道）」で多くの不思議な体験をしたという。そこで、義経は弁慶とともに衣川館を脱出すると、北海道に渡りアイヌの王になったという話が伝説となった。こうして、「義経は生き延びた」という話が、さまざまな形で誕生したのである。

江戸時代になると、沢田源内なる人物が『金史別本』という書物を著し、清の乾隆帝《けんりゅうてい》の先祖が義経であるという説を公表した。源内は数多く偽書や偽系図の編纂に関わったことで知られており、もちろんこの説も荒唐無稽な創作にすぎない。ところが、明治期になると、この説は「義経＝チンギスハン説」に発展した。この説は根拠がないフィクションとして否定されているが、当時の人々は「義経が生き延びた」と信じる気持ちがあったのか、広く受け入れられたようである。

悲劇のヒーローであるのは、義経も信繁も同じである。信繁は寡兵でありながらも、大軍勢を率いる徳川勢と互角に渡り合った。信繁が家康を最後の最後まで追い詰めたという話も、事欠かないところである。信繁の首実検は不調に終わったといわれているが、人々の間には「信繁に生きていてほしい」、あるいは「捲土重来を期してほしい」との大きな期待があったのだろう。事実、信繁の生存伝説はいくつも残っている。以下、それらを取り上げることにしよう。

伊勢の岩屋を毎年代参させた真田家ゆかりの人物

信繁がはっきりと「生存している」と明言していないが、生きていたことをうかがわせる書物がある。それは伊勢および紀伊に伝わったもので、信繁の代理人が寺社に参ったという内容である。最初に、伊勢に残る伝承を検討することにしよう。『古留書』という書物には、以下に示す信繁のエピソードが記されている。

歴戦の勇士と伝わる玉川意楽入道なる人物は、かつて織田信長・豊臣秀吉・徳川家康に仕えたことがあり、その娘は真田信之の側室だったという。娘が側室だったこともあり、意楽入道は信之に仕えていた。ただし、意楽入道がどのような人物だったかについては、詳しいことはわかっていない。

あるとき意楽入道は、同心を連れて伊勢参りを行った。その際、二人で熊野の裏山の不慣れな場所を歩き、二日間にわたって道も民家もないところを通り過ぎた。すると、裏山のある場所に岩屋を発見した。意楽入道は同心を岩屋の入口に残すと、一人で岩屋の奥深くに入り、そこで一夜を過ごしたという。

それ以来、意楽入道は毎年正月を迎えると、同心を伊勢に代参させるようになった。持参した箱には「上」という字を書き、箱は鳥目《ちょうもく》（銭）十疋程度の重さがあったという。その箱を持った同心は、一月十五日にその場所（岩屋）に到着するようにした。

同心が岩屋口で一両日も休んでいると、白髪で年齢が七十歳ばかりの老人が姿をあらわし、その箱を無言で受け取ったという。一晩が過ぎると、老人は返礼として箱を閉じ、その上に「参る」と書いた。同心はその箱を受け取ると、意楽入道のもとに再び帰るのであるが、実に不思議なことだったといえよう。

箱に「上」と書かれていることから判断すれば、この老人は少なくとも意楽入道より目上の人物だったと考えられる。この老人の正体は明確に書かれていないが、意楽入道と真田家の関係を考慮すれば、暗に信繁のことを示しているように思える。つまり、信繁が大坂城を脱出したあと、逃亡先の岩屋で潜伏生活を送っており、意楽入道は密かに支援していたということだろう。

信繁が人里離れた地でどうやって日常生活を送っていたのか疑問が残るが、一老人として岩屋で仙人のような生活を送りながら、真田家ゆかりの意楽入道から支援金を受け取っていた。岩屋に住んでいた老人は、信繁に擬せられていたが、信繁の生存していたのか否かをあえて明確にしないのは、何らかの理由があったのだろう。

岩屋の老人の正体

この話には、おもしろい続きがあった。同心は意楽入道の使者として、毎年岩屋を訪問していたが、大病を患ってついに亡くなった。同心の死により伊勢訪問は中止になったと考えられる。ところで、同心が亡くなる一日前、同心は妻と次のような会話を交わしていたという。

妻は夫に「五、六十年も結婚生活を送ってきたが、どうしても合点のいかないことがある」と述べた。続けて妻は夫に「明日をも知れぬ命なのだから、正直に伊勢に行っていた理由を話してほしい」と懇願した。妻にとっては、どうしても真実を知りたかったのだ。夫が「何事か」と言ってきたので、妻は続けて次のように述べた。

毎年、意楽入道の依頼により、夫は伊勢に代参していたが、代参の前日になると夫と意楽入道は夕暮れから夜が明けるまで、二人だけで語り合っていた。出発当日になると、夫だけが伊勢に向かったのである。普通の人は伊勢に参宮すると、すぐに戻って来るのだが、代参した夫は七日も十日も過ぎてから帰ることが八度もあった。妻は、この理由を「知りたい」と懇願したのである。

妻の言い分はもっともなことで、夫の秘密の行為が気になって仕方がなかったのだろう。いったい、理由は何だったのか。

夫はしばらく無言だったが、亡くなる二時間ほど前に妻を呼び出して真相を語った。そして、「他言無用」と言い残して息絶えたのである。大変残念なことに、真相の中身については一切書き記されていない。夫は、妻に「信繁が生きていて、金を持参している」とでも言ったのだろうか。真相はまったく記録が残っていないので、闇の中ということになろう。実に思わせぶりな話であるが、これでは信繁が生きていたという証明にはならず、岩屋の老人が誰だったのかは不明である。

紀伊に残る信繁生存伝説

信繁が生存していたというエピソードは、伊勢だけでなく紀伊にも残っていた。次に、『久土山比工《くどやまびく》の物語』の逸話を紹介することにしよう。

元和二年（一六一六）の正月から、どこからともなく一人の侍がやって来て、真田昌幸の墓所のある九度山（和歌山県九度山町）でお参りをしていた。侍は下山して信繁の旧縁の者の家で宿泊すると、翌日に帰ったという。その後、九年間にわたって、この侍によるお参りがあった。比丘《びく》（僧）の考えでは、「侍は信繁公の代参ではないか」ということだった。つまり、侍は信繁の依頼を受けて、昌幸の墓の代参を行ったというのだが、十年目からは誰も参らなくなったという。

ここで話は終わらず、次のとおり著者の感想が書き留められている。

それは、先の玉川意楽入道の逸話を考慮すれば、信繁は元和二年から九年間は生きていたのではないかという見解である。信繁は七十歳余の老人ではなかったが、数年の労煩《ろうはん》と岩屋での生活ゆえ、老人と思われたのではないかと記している。信繁が生きていたと仮定するならば、亡くなったと思われる寛永二年（一六二五）の時点で年齢は五十九歳だったことになる。

信繁が亡くなったのは四十九歳のことだが、歯が抜けていたり白髪頭だったりしたため、容貌は老人のようだったという。したがって、四十九歳であっても、かなり老けて見えたのかもしれない。『久土山比工の物語』の著者は、かなりの事情通だったようで、先の『古留書』と関連させて記述しているのだ。

似たような話で、信繁の生存をうかがわせるエピソードはほかにもある。次に、『高野雑話』の記事を見ることにしよう。

かつて、高野山の麓の橋本（和歌山県橋本市）に奈良屋角左衛門なる人物が住んでおり、ときどき九度山の信繁を訪問しては、囲碁の相手をしていた。信繁の父・昌幸は碁を好んでおり、九度山で逼塞した生活を送っているとき、「打倒家康」の作戦を碁の攻防になぞらえ考えていたという。信繁も父の影響を受けていたのだろうか。信繁が豊臣家の招きに応じて大坂城に向かう際、碁盤と碁石を角左衛門に与えた。

大坂落城後の春（元和二年・一六一六）、信繁の馬の口（馬の手綱を取る者）という者が訪ねて来て、「お変わりないでしょうか。私も無事です」という信繁の伝言を角左衛門に伝えた。信繁は大坂夏の陣で戦死したはずなので、実に不思議な話である。角左衛門は「信繁様はどこにいるのでしょうか」と馬の口に尋ねたが、「住んでいる場所は教えないように」という信繁の意向もあり、ついに知ることができなかった。

それから五年間、年に一度は信繁の馬の口が来て、角左衛門に信繁の伝言をしたというが、ついに六年目には来なくなった。信繁が亡くなったためか、信繁の馬の口が亡くなったためか、理由はわからないという。このエピソードでは、信繁がどこに暮らしているかを明らかにしないが、どこかで元気に過ごしており、来るべき日（徳川方との戦い）に備えているかのような印象を受けてしまう。やはり、多くの人々は、信繁に「生きていてほしい」と願っていたのだろうか。

伊勢、紀伊の「信繁生存説」では、あたかも信繁が生存しているかのように書いているが、明確に「信繁は生きている」とは記していない。代参者や馬の口が来なくなったのは、代参者（あるいは馬の口）が亡くなったか、信繁が亡くなったかのいずれかということにしてある。信繁がどこかで生きていることを明言することなく、どこかでひっそりと生活していることをうかがわせる記述になっている。また、伊勢や紀伊に伝わる「信繁生存説」は、脱出した信繁には支援者がいたことを匂わせているのが共通点である。

ところで、信繁が生き延びていたという説は、薩摩にも残っている。次に、詳しく紹介することにしよう。

薩摩に残る秀頼生存伝説

伊勢や紀州に残る信繁の伝説よりも、信繁が秀頼を連れて薩摩国へ逃れたという説のほうが有名であろう。

当時、日本に来ていたリチャード・コックスは、「秀頼の遺体が発見されないので、彼が密かに脱出したと信じる者が少なからずいる」と日記に記している。その行き先は、薩摩もしくは琉球であると噂されていた（『リチャード・コックス日記』）。大坂城を脱出した秀頼は、南の果てまで逃亡したと思われていた。

この噂が影響したのか、当時、長崎代官を務めていた村山等安《とうあん》の子は、秀頼を探し出すため、わざわざ高砂島《たかさご》（台湾）まで行ったといわれている。船を十三艘も率いる大船団で向かったそうだが、本当に幕府がそこまでの労力と費用をかけて、秀頼を探し出そうとしたのか確証はない。

秀頼の生存説は、西洋諸国にも広まっていた。十七世紀後半に成立したクラッセの著作『日本西教史』には、「秀頼が母と子を伴って辺境の諸侯（島津氏？）のもとに逃れ、兵を募って再挙兵する計画だ」との説を書き留めている。ただ、『日本西教史』は史料としての質がかなり劣るので、そうした噂を単に書き留めたということであろう。結論を端的にいえば、事実無根で荒唐無稽な話である。

秀頼が生きているという風聞が影響したのか、当時、京童部《きょうわらわべ》は信繁と秀頼の生存を信じて、「花のようなる秀頼様を　鬼のような真田が連れて　退《の》きも退いたよ加護島へ」と唄っていたという（『幸村君伝記』）。文中の「真田」は「信繁」、「加護島」は現在の「鹿児島」を示す。文意は、「鬼のような体つきの（あるいは強面の）信繁が花のように美しい秀頼を連れて、鹿児島に脱出した」ということになろう。

しかし、実際の秀頼は、かなり体格が立派であったといわれており、「花のように美しかった」のかいささか疑問が残る。また、信繁も歯が抜けており白髪頭だったので、風体は老人のようであったという。京童部の唄の内容と実態は、かなり乖離《かいり》しているようにしか思えない。

秀頼と信繁は死なず、脱出して生き延びたという説もある。江戸時代に広く流布した『真田三代記』という書物には、その状況が詳しく描かれている。大坂落城の寸前、秀頼を擁した信繁・大助父子が長宗我部盛親、後藤又兵衛を伴い、抜け穴を通って誉田（大阪府羽曳野市）へ脱出したというのである。それは、総勢百五十名という人数であった。

その後、秀頼ら一行は島津家の手の者に導かれ、兵庫津（神戸市兵庫区）から海路を経て薩摩国に脱出したというのである。百五十人も移動すれば、ただちに目につきそうだが、薩摩逃亡説は後述するように多くの逸話を生んだ。むろん、秀頼らが薩摩へ逃亡したという話は、根も葉もない単なる創作にすぎない。

もう少し現実味のある話も残っている。信尹が甥の信繁の首実検をしたとき、先述のとおり本人のものか否か判断できなかった。このことが広く世に知られると、新たなエピソードが誕生した。信繁の首実検ののち、世上の人々は「信繁は大坂城を脱出したのではないか？」あるいは「秀頼もどこかに落ち延びたのではないか?」と疑うようになったという。むろん、秀頼も信繁も生きているわけがない。

それゆえ、秀頼や信繁の生存を信じる噂が絶えず流れていたといわれている。それは、大坂城が落城した直後から、まことしやかに噂されたものであった。では、ほかにどのような話が残っているのか、もう少し詳しく確認してみることにしよう。

秀頼・信繁は薩摩にいたのか

信繁の生存説については、『採要録』という史料にも詳しく書かれている。次に、その内容を紹介することにしよう。

ある日、『採要録』の著者は、修行者の姿に身をやつして薩摩を旅していると、谷山村《たにやま》(鹿児島市)に秀頼の墓があることに気づいた。この村には、「本木下」と「脇木下」という二つの家があった。両家はそれぞれ家系図を所持しており、それぞれが秀頼の子孫であると主張していた。木下とは、かつて豊臣秀吉が名乗っていた姓であり、最初の秀吉の姓名は木下藤吉郎秀吉だった。

著者が系図の中身を確認すると、たしかに「豊臣右大臣(=秀頼)」と記されていたという。しかし、江戸幕府を用心したのか、決して他人には系図を見せなかったといわれている。もし、この話が事実ならば、面倒になるのはたしかなことだった。実は、この話には、おもしろい事情があった。

元和年間の初め頃、牢人がどこからともなく流れて来て、谷山村に住み着くようになったという。

ところが、この牢人はなぜか国主（島津氏だろう）から住む場所を与えられ、不自由しない程度の金銭が支給されていた。牢人はかなり酒好きだったようで、酔っ払ってはいつも意味不明なことを口にして叫び、あっちこっちに行っては遊び歩いていたというのである。

牢人は疲れると道で寝たり、その行動はまるで狂人のようだったと伝わる。牢人はあまりの奇行ぶりに、人々から「谷山ノヱイグライ（＝酔人の俗言）」と呼ばれていた。しかし、本当の名前を誰も知らず、まさしく謎の人物だったのである。また、国主の命により、この牢人が何か問題を起こしても、決して疎略な扱いをしないようにと取り決められていたらしい。

それゆえ、誰も牢人をまともに相手にすることはなかったが、別にその存在自体は邪魔にはならなかった。結局、中年になった牢人は、谷山で亡くなったのであるが、周囲では「秀頼だった」と内々に噂された。牢人は、面長で愚かな容姿であったと伝わる。愚かに見えたこと、国主から大事にされたことで、人々は秀頼と思ったのだろうか。これまで秀頼は、後世の編纂物で愚かな人物として描かれてきた。その話を受けて、仮に秀頼が生き長らえたとしても、悲惨な末路をたどったと考えたのだろうか。

似たような話は、ほかにもある。どこからともなくやって来た山伏は、浄門ヶ嶽（鹿児島県南九州市）の麓に住んでいた。山伏は往来が困難な道を通るほどの頑強な人だったので、人々から「頻娃《えい》山伏」と称され、恐れられていたと伝わっている。実は、この山伏こそが信繁であるというのだ。先に触れた牢人（秀頼？）が住んでいた谷山村と浄門ヶ嶽は、距離が離れていたので、両者が出会うのはかなり困難だったに違いない。

いずれにせよ、逼塞した生活を送っていた信繁と秀頼は、適度な距離を保ちながら、ひっそりと薩摩国で生き長らえていた。ただし、二人が豊臣家の再興を計画していたか否かの記述はなく、不明である。二人が人知れず薩摩国で生き長らえたというのが、大きなポイントだったのかもしれない。さしたる志はなかったようだ。

秀頼・信繁・木村重成の逃避行という逸話

『採要録』が記すところによると、大坂から薩摩へ逃亡していたのは、信繁と秀頼の二人だけではなく、豊臣家の木村重成もいたという。重成は戦死したのではなく生き長らえて、加治木浦《かじきうら》（鹿児島県姶良市《あいらし》）に住んでいた。素性を知られないように、重成は名前を有岡半右衛門と変えて、何度も秀頼が住んでいたとされる谷山村を訪問した話が残っている。谷山村には、秀頼と思しき人物が住んでいた。あるときは、夜中に三人（秀頼、信繁、重成）で鹿児島へ行って、夜中のうちに戻ったこともあったと伝わる。むろん、史実ではないだろうが、彼らは不審な行動をしたかのように描かれている。なお、一説によると、重成の子孫はのちに島津家に仕えたといわれている。

このように秀頼、信繁、重成の面々は、生き延びて薩摩にやって来たことになっている。彼らが大坂から薩摩に向かった目的は、単に徳川方の追及を逃れるためだけではなく、有力大名の島津氏を突き動かして、豊臣家の再興を実現すべく、「反徳川」の決起を計画しようとしたのだろうか。

関ヶ原合戦で西軍に与した島津氏は、内心では徳川家を快く思っていなかったかもしれない。大坂冬の陣が開戦したとき、島津氏は豊臣家から味方になるよう誘われたが、関ヶ原合戦の轍を踏みたくないので断った。したがって、秀頼らが島津氏を頼りにして、「打倒徳川」の兵を挙げようとしたことは考えられない。

『採要録』には右の話に続けて「この話は分明ではないが、地元の人が語る言葉を記して置くものである。信じるわけではないが、捨て置くものでもない。のちの人の考証に委ねるべきであろう」と書かれている。秀頼らの逸話には明確な根拠史料がなく、単なる口碑などをのちのために記したにすぎないということになろう。

　ここまで取り上げた話は人々の間で語り継がれた根拠不詳なものであり、一笑に付すべきような逸話にすぎない。しかし、当時の人々——特に薩摩藩・島津氏——にとっては、見過ごすことができない風聞だった。仮に秀頼、信繁、重成が生き延びていたならば、それは大変な問題であり、風聞の真偽を確かめる必要に迫られることになった。放置しておくわけにはいかなかったのだ。

　寛永六年（一六二九）五月、薩摩藩の家老・伊勢貞昌《さだまさ》が書いた書状（島津久元《ひさもと》宛）には、怪しい者が鶴丸城（鹿児島市）に忍び込み、意味不明なことを叫んだと記されている（『旧記雑録後編』）。貞昌は、秀頼、信繁が薩摩国に逃げ込んだのではないかと疑っており、いまだに二人が生きていたと考えていた様子がうかがえる。しかし、この程度の情報量ではあまりに不足しており、さほど信繁らを警戒する必要がないように思えなくもない。

　大坂夏の陣が終わってから、十四年もの歳月が流れていたが、いまだに人々は秀頼と信繁の「亡霊」に右往左往していたのである。

大坂城落城後の宣教師たちの苦渋

大坂の陣の際、大坂城には各地のキリシタン牢人たちが数多く入城していた。それに伴って、本来は禁教令により国外への退去を求められたにもかかわらず、相変わらず潜伏生活を行っていた宣教師らも大坂城に入城していた。宣教師らは、信仰心の厚いキリシタン牢人を見捨てることができなかったから入城したと考えられているが、後述するとおり異説もある。彼らは皮肉なことに、大坂落城後の悲惨な状況を目の当たりにすることになった。そのあたりを取り上げることにしよう。

『日本切支丹宗門史』によると、大坂城付近の戦場は多くの死体で満ち溢れており、その死体で川に堤防が築かれたほどだったという。戦場から離脱しようとした人々は、死体の山の上を歩いて、川を横切ったといわれている。その死臭はとても耐えがたく、逃げる人々を困らせたに違いない。一説によると、死者の数は十万前後といわれているが、今となってはとてもたしかめようがない。おびただしい死体の数で、大坂城の周辺が埋め尽くされたのは、事実とみなしてよいだろう。

同時に、戦場での略奪という恐ろしい出来事が人々に襲いかかってきた。たとえば、刀を突きつけられたある人は、兵士に持っていた財布や金品をことごとく強奪された。乱取りである。こうした乱取りは、徳川方の兵士によって行われ、特に弱い女・子供は格好のターゲットになった。

金品だけならまだよいが、兵士により修道服を引き剥がされて、丸裸にされた修道士もいた（『日本切支丹宗門史』）。修道士は仕方がなかったので、裸のままで死体の山を八キロメートルほど歩かざるを得なくなった。金品や衣服の強奪は、ほかにも類例が数多く確認できる（『ポルロ書翰』）。略奪という行為は日本人だけでなく、異国の修道士にも容赦なく襲いかかったのである。

さて、先述したところでは、宣教師が大坂城に入城した理由について、キリスト教の信者たちを見捨てがたかったと記した。ごく一般的に知られている通説であり、信仰のためなら命を投げ出す宣教師の覚悟や勇気を賞賛した人もいたに違いない。また、彼ら宣教師は、秀頼の勝利に大きな期待をかけていたともいわれている。というのも、秀頼が徳川方に勝利すれば、幕府が定めた禁教令は撤回され、再び布教が許されることになっていたという。やはり、条件があったのである。

しかし、そうした通説には疑義が示され、キリシタン史研究者のシュルツ氏が紹介したコーロス神父の残した記録によって、かなり通説が改められている。大坂の陣のとき、ポルトガルの宣教師だったコーロス神父は、日本管区長を務めていた。

コーロス神父によると、秀頼はキリスト教に好意的であったので、家康に勝利することが多くのキリスト教信者の願いであったという。しかし、冷静に判断できる宣教師らにとって、秀頼の敗北は神の摂理だったというのである。キリスト教信者と宣教師の見解は逆であるが、どのような理由があったのだろうか。

コーロス神父によると、秀頼が徳川方に勝利した場合、最初こそは宣教師に対して、自由な布教活動を許してくれるかもしれないという。ところが、宣教師は時間の経過とともに、おそらく秀頼は現在よりも厳しくキリシタンを弾圧するに違いないと考えたのである。肝心のキリスト教が弾圧されてしまっては、秀頼を応援する意味がまったくなくなってしまう。なぜ、宣教師たちは、秀頼がキリスト教を弾圧すると考えたのだろうか。

宣教師らはなぜ大坂の陣に際し大坂城に入城したか

秀吉の死後、秀頼は家康の強力な支配下のもとに事実上あったので、もはや自身の力だけで天下人になることは望めなかった。そこで、秀頼と淀殿は神と仏にすべてを委ね、秀吉が蓄えた金・銀を寺社に投じていたのである。同時に祈禱や念仏のために、寺社へさらに多額の金銭を寄附していた。家康との戦いでの勝利は、単に秀頼が望むだけでなく、神仏の名誉でもあり、神仏への崇敬はますます盛んになるといわれていた。これでは、キリスト教の興隆がまったく望めなくなってしまう。宣教師らは、こうした秀頼の行動に大きな疑問を抱くようになったのである。

秀吉は神として崇められており、新しい戦の神を新八幡という名称とし、神殿が建てられていた。慶長四年（一五九九）四月、朝廷は亡き秀吉に「豊国乃大明神」という神号を与えた（「押小路文書」）。これは、武の神を意味するものだった。そして、現在の京都市東山区に建てられたのが豊国神社であり、秀頼の希望を受け入れて、大坂城内にも分祀された。なお、豊国神社には、神宮寺（神社に付属して建てられた寺院）も創建された。

こうした一連の秀頼の行為は、一神教であるキリスト教の信仰とまったく相容れないものだった。それゆえ、秀頼は宣教師らに対して、秀吉のための礼拝を要求していたが、宣教師らが応じないことを知っていた。このような一連の出来事から、宣教師たちは秀頼が将来的にキリスト教の布教を認めず、禁止するに違いないと考えたのである。

　宣教師らの大坂城入城についても、ロドリゲス神父が興味深い報告を残している。実のところ、神父たちは大坂冬の陣の開戦とともに、難を避けて大坂を立ち去ろうとしていた。しかし、信者たちは、宣教師が逃げることを許さなかったという。信者たちは、宣教師が信徒のために命をかける勇気がなければ、今までの説教は何だったのかと強く迫ったのが理由である。この言葉は、宣教師には堪えたようだ。

　そのような事情もあり、宣教師たちは半ば強制的に大坂城に入城させられ、そのうち外へ出る道路が閉鎖されてしまったのである。こうなってしまったら、もう宣教師には城外に逃亡する手段はなかった。つまり、宣教師信者の要望を聞いて大坂城に入ったがゆえに、どうしようもない状況に追い詰められたのである。

　閉じ込められたのは二人の宣教師だったが、うち一人は秀頼に謁見し、秀頼から教会を建て、信者を募ることを許されたという。とはいえ、宣教師は秀頼を信用していなかったのだから、いちおう言質《げんち》だけは取っておこうと考えたのだろうか。

　このように見るならば、大坂城に入城した宣教師たちは、キリスト教の信者のことを思って入城したというよりも、信者から迫られて嫌々ながらも入城したことになろう。同時に、彼らは秀頼にまったく期待を寄せておらず、秀頼の敗北と江戸幕府の成立は神の摂理であると述べていた。こうした事実が戦後になって報告されたことは、実に興味深いところである。

　いずれにしても、大坂の陣で豊臣氏が滅亡し、キリスト教の弾圧に力を入れていた徳川方が勝利したので、禁教令を覆すことはできなかった。これ以前から、幕府によるキリシタンへの厳しい弾圧があったことはすでに記したが、以後、寛永十四年（一六三七）に島原の乱が勃発するまで、キリスト教信者への厳しい取り締まりが行われたのである。

家康は豊臣家滅亡を企図してはいなかった

関ヶ原合戦後の政治体制は、二重公儀体制が一つの説として有力視されてきた。家康が征夷大将軍に就任する慶長八年（一六〇三）頃までは、成り立つ説かもしれない。しかし、これまでも批判があったように、遅くとも家康の子・秀忠が征夷大将軍を世襲した慶長十年（一六〇五）を境にして、徳川公儀は優越的な地位を占めるようになった。その後、幕府は豊臣政権の権限を吸収したので、大坂冬の陣の直前まで二重公儀体制が続いたという説はあり得ないと考える。

関ヶ原合戦以降、家康は豊臣家の滅亡を目論んで、着々とさまざまな策を行ったとされてきた。家康は「狸親父」だったといわれる所以である。この考え方は、後世の編纂物や講談、小説、そしてテレビや映画などの効果も相まって、人々の間に広まっていた。しかし、そのように考えてよいのかといえば、極めて疑問である。

家康が老獪な手法で秀頼を翻弄したことは、本書でも随所で取り上げたとおりである。中でも方広寺鐘銘事件は、その代表的なものといえる。この事件をきっかけにして、家康は各地の大名に出陣を命じ、圧倒的な兵力でもって、牢人衆が主力である豊臣方を打ち負かした。しかし、徳川方は豊臣家を大坂冬の陣で滅亡に追い込むことなく、和睦によって解決を図ろうとした。家康が時間をかけて本気で攻撃をすれば、豊臣家を滅ぼすことができたはずである。なぜ、攻撃の手を緩めたのか。

改めて家康が提示した和睦条件を考えてみると、主たることは①淀殿を江戸へ人質として送ること、②秀頼が大坂からほかの場所に移ること、③大坂城に籠城した牢人衆を追い出すことに集約されよう。①は徳川への忠誠に示すことになり、②は徳川の配下に収まることを意味し、③は徳川のこれまでの牢人対策に従うことになる。戦争を継続しても、各大名の負担は増すばかりである。

家康からすれば、豊臣家が指示に従い、言うことさえ聞けば、むやみに争う気持ちはなかったと考えられる。②を重視するならば、家康の真の目的は、いかにして秀頼をほかの大名と同じにするかという点にあった。ほかの大名は鉢植え大名といわれ、命じられれば転封に応じなくてはならなかった。しかし、秀頼の場合は特別で、政治経済の中心地である大坂からは梃子《てこ》でも動かなかった。家康にとって厄介な存在だったのである。

結果的には①②は実現せず、③の徹底が豊臣家に求められた。②は大坂城を丸裸にすれば実現すると思ったに違いないが、ついに豊臣家は動くことがなかった。①②の履行をあえて求めないことは、徳川家の最大の譲歩だった。しかし、牢人衆は一向に大坂城を退去することなく、一部の豊臣家の重臣の不穏な動きが伝わることとなった。豊臣家は、ファイティングポーズを取り続けたままだったのだ。

ここまでくると、いかに秀頼が孫娘の婿とはいえ、さすがの家康もほかの大名に示しがつかなくなる。もはや豊臣家を滅亡に至らしめるより、ほかになかったのである。家康にしてみれば、当初の豊臣家を温存するという意図に反して、潰さざるを得なくなったというのが実情と推測される。

つまり、大坂の陣は家康の謀略により、豊臣家を滅ぼしたと考えるのは妥当ではない。徳川公儀確立の過程において、豊臣家が徳川家に臣従することを潔しとしなかったため、家康はやむを得ず滅ぼしたとすべきであろう。そこに至るまで、家康は最大限の努力あるいは譲歩を行っていたのである。

戦国時代の終焉

同時に大坂の陣が終結したことは、戦国時代の終焉を意味した。この点については、もう少し説明が必要だろう。

戦国時代のはじまりは諸説あるが、応仁元年(一四六七)に勃発した応仁・文明の乱、明応二年(一四九三)の明応の政変が有力視されている。ほかにも諸説が提示されているが、十五世紀半ば頃から十六世紀初頭頃が多い。一方で、戦国時代の終期については、さまざまな考え方がある。

一般的には、天正元年(一五七三)に織田信長が第十五代将軍・足利義昭を京都から追放したことが一つの画期とみなされている。しかし、広い観点から見るならば、天正元年以降も戦いは延々と続き、織田信長、豊臣秀吉、徳川家康が天下取りの戦いを繰り広げた。天正十八年(一五九〇)の小田原・北条氏の討伐は一つの節目で、以後、国内における恒常的かつ大規模な戦争はなくなった。

とはいえ、文禄・慶長年間の朝鮮出兵、そして慶長五年（一六〇〇）の関ヶ原合戦と戦争は断続的に続いたが、慶長八年（一六〇三）における家康の征夷大将軍就任をもって江戸幕府が成立し、江戸時代がはじまった。大坂冬の陣、夏の陣は、そうした戦争そして戦国の終わりを告げる最後の戦いと位置づけられよう。しかし、それは戦争の時代の終わりを告げるだけに止まらなかった。

一つは恒常的な戦時体制から、戦いのない平時へ移行したことだった。本書でも述べたように、戦争を求めて各地の大名に雇われる傭兵（牢人）は、おおむね小田原・北条氏の滅亡によって、その需要が少しずつ失われていった。牢人は主君を持つ正式な武士でなく、また百姓でも商工業者でもなく、村や町から排除される存在だった。特に、京都においては、町人と幕府が一体となって排除を行っていた。つまり、牢人たちは必要とされなくなり、戦争の時代が終結したので、仕官することがかなり困難になった。

それは、キリシタンたちも同様だった。禁教令が徹底する中で、彼らの行き場はすっかり失われていた。かつて、日本国内に多くの信者を抱えたキリスト教は、風前の灯であった。キリシタン大名として名を馳せた高山右近は、マニラに逃亡せざるを得なかった。そこまで追い詰められていたのである。それはキリシタン大名だけではなく、キリスト教を信仰する下級の武士や普通の人々も同じだった。

窮地に追い込まれていたのは、豊臣秀頼も同じである。関ヶ原合戦直後は、少なからず徳川家とほぼ対等な立場にあったが、徐々にその地位は失われつつあった。頼みとなる豊臣恩顧の大名といえども、もはや豊臣家を支えようとする者はいなかった。福島正則や加藤清正などは秀吉によって取り立てられたが、豊臣家を支えようとはしなかった。時代は徳川家の流れで動いており、豊臣家に与するメリットがなかったからだ。

以上のような意味で、大坂の陣は戦国時代の終焉を告げる最後の戦いとなった。それは豊臣家にとってだけではなく、また徳川方から排除された牢人衆、キリシタンにとっても同じことだったのである。彼らは図らずも結託して豊臣家に味方することにより、徳川家に対抗することになった。ところが、結果はすでに述べたとおり、豊臣方の無残な敗北であり、牢人衆、キリシタンも運命を共にしたのである。

かつて隆盛を誇った豊臣家の滅亡は、戦国の終焉にふさわしい画期といえよう。一方で、かつて戦場で活躍した牢人衆や多くの信者を獲得したキリシタンが終わりを迎えたのも、象徴的な出来事として記憶されるべきであろう。戦国の荒波を乗り越えた徳川の新しい時代は、彼らを必要としなかったのである。

「一国一城令」の制定

家康が大坂夏の陣で豊臣家を滅亡に追い込んだとき、もう年齢は七十四歳になっていた。当時にあってはかなりの高齢だったが、なお幕府内では強い存在感を示していた。

慶長十年（一六〇五）四月、家康は征夷大将軍の職を辞し、子の秀忠に譲ったものの、政治への意欲へ決して失わなかった。その二年後、家康は駿府城に移り、いわゆる大御所政治を行った。秀忠は幕府制度の整備、東国大名の統制を行い、家康は朝廷や寺社あるいは西国大名の統制に加えて、外交面を担当したという。

家康は大御所政治によって実権を握り続けることで、それまでの地位に固執していたわけではない。戦国大名の例にも見られるように、当主が早い段階で退き、子を後継者とすることがあった。そして、親は子の後見をしながら、親子で権限を分掌して支配を行い、緩やかに権限の委譲を行ったのである。大御所政治の場合も同じことで、権力移譲を円滑に進める一形態とみなしてよいだろう。

家康には、残された大仕事があった。「武家諸法度」「禁中並公家諸法度」「一国一城令」の制定である。次に、この三つの法令を取り上げることにしよう。

慶長二十年（一六一五）閏六月、家康は「武家諸法度」の前段階として、「一国一城令」を制定した。「一国一城令」が法令であったか否かについては、まだまだ議論がある。というのも、「一国一城令」は法令のような形式を有していないからである。いずれにせよ、その骨子はおおむね次のとおりである。

「一国一城令」では、大名当主の本城のほか、領内における家臣らの支城を破却し、大名領国における臨戦的な軍事体制を否定した。戦争の時代が終わり、平和な時代に即した対応だった。「一国一城令」が発布されると、わずか数日のうちに約四百もの城が破壊されたという。この政策は、来るべき「武家諸法度」制定の布石だったことは疑いないと考えられる。

大名の配下には家臣がおり、なかには一万石以上の大身の者が存在した。大名領国では当主の本城がある一方、領内における大身の家臣らも城を持ち、本拠として支配を行っていた。家臣は当主の指揮命令系統にあったので、いうなれば「ミニ大名」のようなものである。

しかし、城は支配の拠点としてだけではなく、軍事施設という性格も有していた。織豊期において、織田信長らが敗北した大名の城を破却したのは、軍事施設としての城を壊すことで、再び残党らに反乱を起こさせないための対処だった(破城令)。家康も、信長の例にならったのである。

「武家諸法度」「禁中並公家諸法度」の制定

「一国一城令」に続き、慶長二十年(一六一五)七月に制定されたのは、「武家諸法度」である。大坂夏の陣が終結して、わずか三ヵ月後に制定されたのだから、それより以前から準備されていたのは明らかだろう。「武家諸法度」は崇伝が起草し、徳川秀忠の名により発布された。家康の関与があったと考えられるが、実際の制定者は秀忠だった。次に、「武家諸法度」の内容を確認しておこう。

「武家諸法度」は、慶長十六年(一六一一)に諸大名が家康に差し出した三ヵ条の誓紙、そして崇伝が考案した十ヵ条の計十三ヵ条で構成された。主だった条文としては、謀反人・殺害人を召し抱えることの禁止、居城の修理の制限、築城の禁止、無届での婚姻の禁止、参勤作法に関する規定などから成っている。城郭関係は、「一国一城令」を踏襲したものである。

家康は「武家諸法度」を制定し、さらに整備・運用を進めることによって、大名統制を強化しようとしたのである。条文はことさら目新しいものはなく、抽象的な内容であるというイメージがある。とはいえ、幕府は独自に制定した法体系によって、違反した大名には厳しい処罰で臨んだことに制定した意義がある。「武家諸法度」は、江戸幕府の基本法典として大きな意義を有したのである。「武家諸法度」は将軍の代替わりごとに改定が重ねられ、その度に諸大名に読み聞かされた。寛永十二年（一六三五）、三代将軍の家光は、儒学者でブレーンの林羅山を起用して大改定を行った。これまでの「武家諸法度」は抽象的な内容に止まっていたが、さらに細かい規定が制定されたのである。寛文三年（一六六三）に制定された寛文令以後もたびたび改定が行われ、幕末まで基本法典として続いたのである。

同じく元和元年（一六一五）七月、「禁中並公家諸法度」が制定された。やはり起草者は崇伝で、家康、秀忠、元関白の二条昭実《あきざね》の三人が二条城で連署して発布された。三者で制定したのは、朝廷が関わっていたからである。

「禁中並公家諸法度」の全体は十七ヵ条から成り、第一条目の「天皇は諸芸能・学問を第一とすること」からはじまり、親王・公卿の席次、三公（太政大臣・左大臣・右大臣）・摂関の任免、養子に関することに加え、武家の官位を公家のそれの員数外とすること（公家と武家の官位体系を別にすること）、改元、天皇以下公家の礼服、諸公家の昇進の次第、廷臣の刑罰、僧侶の号や紫衣《しえ》勅許などについて規定した。

「禁中並公家諸法度」は、幕府が天皇・公家を統制するための法令である。加えていうならば、朝廷の権威に対して、武家の権威を確立した基本法でもある。当時、「禁中並公家諸法度」は、「公家法度」「公家掟」「公家中諸法度」などと称されていたが、十七世紀後半に「禁中（天皇）」という文言を加え、「禁中並公家諸法度」と称されることになった。「武家諸法度」が繰り返し改定されたのに対し、「禁中並公家諸法度」は幕末まで一度も改定されることがなかった。

家康は「武家諸法度」「禁中並公家諸法度」という基本法典を制定し、幕府の体制や権威・権力を確固たるものにしたのである。

家康の健康問題

家康は長命を保ち、常に健康に気を遣っていた「健康オタク」だったといわれている。家康の健康の秘訣は、絶えざる鍛錬にあった。剣術、鎗術、馬術のほか、水泳や鉄砲にも熱心に取り組んでいた。家康がもっとも力を入れていたのは、鷹狩りである。鷹狩りとは、鷹などの猛禽《もうきん》を使って、鳥を捕らえさせるものである。鷹狩りは単なる趣味ではなく、合戦のときにも大いに役立ったといわれている。

家康は、好んで粗食にしていた。夏場になると、家康は麦飯を食していたが、あるとき家臣があまりの質素さを見かねて、白米のうえにそっと麦を載せて提供した。すると家康は余計なことをしたと激怒し、その家臣に贅沢が不要であることを説いたという。また。本能寺の変後の「神君伊賀越え」に際しては、家康が逃げる途中に口にしたのは、粟、麦にわずかな米を加えた飯を椀に盛り、蜷（にな、みな）という貝を塩辛にしたという粗末な食事だったといわれている。

家康が粗食を好んだという話は、江戸時代になって大名が質素倹約を好んだという逸話の一つにすぎないと思われ、家康以外の大名でも例がある。しかし、決して根拠がないものではない。当時、麦飯は下痢を予防し、胃腸を整えるなどの効能があったという。夏場になって、家康が消化の良い麦飯を食したのは、夏バテによる体力の消耗を避けるためだった。また、家康は過度の飲酒も慎んだといわれている。

家康は摂酒・摂食を心がけ、偏食・美食を慎むことによって健康を維持したのである。ほかの戦国大名も健康に留意していたが、家康の場合は武芸の鍛錬とあわせて食事を重視しており、それが長寿の秘訣だった。

家康が医薬に詳しかったことも、よく知られた事実である。家康は和漢の生薬に精通し、内外の医薬書に目を通した。

家康は健康の維持に心を砕いていたので、病気に悩まされることはあっても、決して致命傷になることがなかった。天正十三年（一五八五）三月、家康は「癰《よう》」という悪性の腫物に悩まされた。家康の場合は、背中に腫物があったという。このときは、医師の糟屋長閑の治療により、病はすぐに治ったといわれている。慶長二年（一五九七）一月には眼病に罹ったが、こちらは間もなく回復した。その後も家康は病気になることがあったが、薬の服用や医師の治療によって、大事に至ることがなかったのである。

しかし、家康も七十代になると、体力の衰えもあり、病気に対する抵抗力が徐々になくなったようだ。慶長十七年（一六一二）七月には霍乱《かくらん》（急に倒れる熱中症、あるいは真夏に激しく吐き下しする病気）を患ったが、侍医の片山宗哲《そうてつ》の調薬により完治するに至った。翌年十月には咳気《がいき》（咳の出る病気）に罹り、一週間ほど寝込んだという。同じ年の十一月には、鷹狩りの際に寸白《すばく》（寄生虫によって起こる下腹部の痛む病気）を患い、治療に専念するためやむなく中止にした。

若い頃の家康は、粗食と武芸の鍛錬で節制し、あまり病気と縁がなかったものの、高齢に至ってしばしば治療を要することになったのである。

家康の最期

元和二年（一六一六）四月十七日、ついに家康は駿府城で長い生涯を閉じた。享年七十五。家康の死の直前の四月八日、家康の病を案じた秀忠は、天海に命じて浅間大明神の神事を催すこととし、社頭に僧侶を集めた。そして、大般若経を転読して、家康の病状回復を願って祈禱を行った。これにより、家康の病状は一時的に好転したが、再び病状は悪化し、四月十七日に亡くなったのである。

改めて、家康の死の直前の動きを確認することにしよう。同年一月二十一日、家康は駿河の田中《たなか》（静岡県藤枝市）というところまで鷹狩りに出掛けた。その際、茶屋四郎次郎の勧めもあったので、榊原清久が用意した甘鯛と大鯛を榧《かや》の油で天婦羅にして食べたが、これが運の尽きだったといわれている。不幸にも家康は、天婦羅を食べて食中毒になってしまったのである。

その日の夜、具合が悪くなった家康は、侍医の片山宗哲が用意した薬を服用して回復に向かった。一月二十五日になると体調が良くなったので、駿府城へ戻ることができたのである。こうして家康の病は徐々に癒えたものの、秀忠は大変心配し、わざわざ二月二日に駿府の家康を見舞いに行ったほどである。ところが、家康の病状は再び悪化し、一進一退の状況となり、病の平癒を祈願するための祈禱などが執り行われた。三月になると、その霊験があったのか、家康は歩けるほど回復したという。

同年三月二十日、朝廷は闘病生活を送る家康を太政大臣に任じた。生前に太政大臣になった武将は、平清盛、足利義満、豊臣秀吉の三人にすぎなかったので、家康はその一人に加わったのである。朝廷は家康の余命が短いことに配慮して、太政大臣にあえて任じたのかもしれない。その後、病が好転しなくなった家康は、いよいよ自らの死期を悟り、諸大名に形見分けを行った。

同年四月四日、家康は崇伝に次の遺言を託した。

①遺体は駿河国久能山《くのうざん》（静岡市駿河区）に葬ること。
②葬儀は江戸の増上寺《ぞうじょうじ》（東京都港区）で執り行うこと。
③位牌は三河国大樹寺《だいじゅじ》（愛知県岡崎市）に置くこと。
④一周忌後、下野国日光（栃木県日光市）に小堂を建て、勧請《かんじょう》すること。
⑤④により、関八州の鎮守とすべきこと。

日光への分霊を希望したことは、藤原鎌足の遺骸が摂津国阿威山《あいやま》（大阪府茨木市）から、大和国多武峰《とうのみね》（奈良県桜井市）へ一年後に移されたという例にならったものである。家康は駿河、三河、下野の三ヵ国に葬られることを願い、天上から江戸幕府の安泰を見守ろうと考えたのだろうか。

家康を診察した片山宗哲について、もう少し触れておこう。家康の病状が悪化したとき、薬師衆が薬を調合し服用させたが、あまり効果がなかったという。そこで、お灸を据えることを勧めたが、家康は嫌がった。すると、宗哲が家康の服用していた薬について意見をしたという（「亘理文書」）。意見の内容は詳しく書かれていないが、服用していた薬が良くないと言ったのだろう。

『寛政重修諸家譜』によると、家康は腹の中に「寸白の虫」（サナダムシ）がいると自分で診断し、「萬《まん》病圓《びょうえん》」を服用していた。これを諫めたのが片山宗哲で、大毒の薬でもって治癒しようとすれば、かえって病状が悪化すると忠言したのである。しかし、家康は宗哲の助言を無視し、萬病圓を服用し続けたが、効果はなかった。そこで、秀忠が薬師衆に対して、家康に萬病圓を服用しないよう言ってもらえないか相談したが、皆尻込みして注意する者はいなかったという。

そこで、命を受けた宗哲は、家康に萬病圓を服用しないよう再び忠言した。すると、家康は大いに機嫌を損ね、宗哲を元和二年（一六一六）三月に信濃国高島《たかしま》（長野県諏訪市）に流したというのである。ただし、宗哲の本領は安堵したままだった。宗哲が許されたのは、元和四年（一五一八）四月のことである。

神になった家康

家康死後の五月十七日、増上寺（東京都港区）で葬儀が執り行われ、家康は久能山（静岡市駿河区）に葬られた。そして、先述した遺言に基づき、日光（栃木県日光市）に分霊された。現在の日光東照宮である。翌年二月、家康には「東照大権現」の神号、その翌月に神階の正一位が贈られた。こうして家康は、神になったのである。とはいえ、ここに至るまでには、ちょっとした騒動があった。

家康の死後、天海は崇伝、本多正純らと神号の取り扱いについて、激しい論争を繰り広げることになった。崇伝らの主張は、家康の神号を「明神」とし、吉田神道で祀るべきという言い分だった。明神とは祭神の神徳を称えるとともに、崇敬の意を表して神名の下につけた尊称のことである。一方の天海は、神号を「権現」とし、山王一実神道《さんのういちじつしんとう》で祀るべきであると主張して、一歩も引かなかった。権現とは、仏・菩薩が衆生を救うため、仮の姿であらわれることである。

そもそも吉田神道は神本仏迹説《しんぽんぶつじゃくせつ》（仏と神の関係について、神が本地《ほんじ》〈本来の境地〉で、仏は神の垂迹《すいじゃく》〈仮の姿〉であるとする説）を説き、神道は仏教より優れているとしていた。そのような理由があったので、多くの仏教者は権現ではなく明神号を尊重し、地方の神社に対しては大明神の授与を行っていた。

豊臣秀吉の死後、祀られるに際しては、吉田神道の考えに従って「豊国大明神」の号が贈られたという経緯があった。家康のケースについては、どちらが正しいという問題ではなく、イデオロギーあるいは宗教上の信念が影響し、両者が論争になったと考えられる。二代将軍の秀忠は、明神とすべきか、権現とすべきか諮問を行った。

その際、天海が主張したのは、慶長三年（一五九八）八月に亡くなった豊臣秀吉が「豊国大明神」の神号を贈られた例が良くないということだった。秀吉の没後、あとを継いだ秀頼は大坂夏の陣で敗北を喫し、豊臣家は滅亡した。つまり、秀吉の例から明神は不吉であり、徳川家の滅亡を招きかねないと述べたのである。

また、家康が元気だった頃、天台の山王一実神道を授けられ、死後は山王一実神道の流儀で祀ってほしいと遺言したと述べた。山王一実神道とは、天台宗が説く神道説である。比叡山延暦寺の地主神たる日吉神を山王として崇め、法華経に基礎を置いていた。その結果、家康の神号は「東照大権現」に決定したのである。

なお、東照大権現の神号を授けたのは、後水尾天皇である。こうして家康は神となって、祀られることになったのである。

おわりに

大坂の陣といえば、すぐに数々の合戦が頭に思い浮かぶが、本書でむしろ描きたかったのは、政治過程、牢人衆の動向、大名と対峙した村落の状況といったトピックスである。それらは、戦いの後景に退いたテーマでもある。大坂の陣の史料は豊富にあるので、そうした合戦における舞台裏の話題は豊富といえよう。

当時、牢人問題は大きな社会問題でもあった。本書でも示したように、牢人衆は豊臣方だけではなく、徳川方の諸大名も雇用していた。牢人衆は先に恩賞代わりの前金を給付する豊臣方に殺到したが、その判断は裏目に出た。結果的にいえば、豊臣方の牢人は落人となり、戦後は長期にわたって仕官することが厳しくなった。その後、牢人が注目されたのは、島原の乱である。牢人の問題は注目されるテーマなので、次の機会があれば、島原の乱の動静も含めて取り上げたいと考えている。

また、合戦については、出陣した将兵が残した軍功書上、奉公書の類が多数残っている。それらは史料の分類でいえば、後世に成ったので二次史料になるが、比較的信憑性の高いものが多いと考えられる。それまで戦争の実態は、主として軍記物語などが活用されたが、軍功書上の記述は重要である。本書でもそうした史料を用い、戦いの方法などについて述べたが、もっと活用されてしかるべき史料でもある。

課題として残されたテーマといえば、本書では少ししか触れられなかったが、一揆や村落がいかに大坂の陣に関わったかだろう。戦争時における民衆の動静は、もっと語られてしかるべきテーマである。あるいは、武器や兵糧を準備した商人の動きも非常に気にかかる。残念ながら、大坂の陣の時点では史料が乏しく、商人の動きなどを詳細に明らかにするのは困難だった。また、大坂の陣を記述した海外の史料も少なからずあるが、今回はあまり触れることができなかった。機会があれば取り上げたいと考えている。

大坂の陣は合戦の前後を含めると、政治、経済、社会にわたって内容が実に豊富なので、まだまだ解決すべき課題は多いように思える。

なお、本書は一般書であることから、読みやすさを重視して、学術論文のように逐一、史料や研究文献を注記しているわけではない。執筆に際して多くの論文や著書に拠ったことについて、厚く感謝の意を表したい。また、大坂の陣の研究文献は関連したものを加えると膨大な数になるので、巻末に掲出したのは参照した主要なものに限っていることをお断りしておきたい。

最後に、本書の編集に関しては、前著『関ヶ原合戦全史 1582-1615』と同じく草思社編集部の貞島一秀氏のお世話になった。貞島氏には原稿を丁寧に読んでいただき、種々貴重なアドバイスをいただいた。ここに厚くお礼を申し上げる次第である。

二〇二四年一月

渡邊大門

【主要参考文献】

史料

大阪市立中央図書館編刊『大坂編年史　第三・四巻』一九六七・一九六八年
大阪市史編纂所・大阪市史料調査会編『新修大阪市史　史料編第五巻　大阪城編』二〇〇六年
東京大学史料編纂所編『大日本史料　十二編之十五～二十』東京大学出版会　一九一一～一九一八年
徳川義宣『新修　徳川家康文書の研究』徳川黎明会　一九八三年
徳川義宣『新修　徳川家康文書の研究　第二輯』徳川黎明会　二〇〇六年
中村孝也『新訂　徳川家康文書の研究　下巻一・二』日本学術振興会　一九八〇年

＊大坂の陣に関する史料は膨大なものがあるので、ここでは一部を挙げるに止めた。

著作

朝尾直弘『将軍権力の創出』岩波書店　一九九四年
海老沢有道『日本キリシタン史』塙書房　一九六六年
岡本良一『大坂冬の陣夏の陣』創元社　一九七二年
岡本良一『図説大坂の陣』創元社　一九七八年
岡本良一『大坂城』岩波書店　一九八三年
岡本良一編『大坂城の諸研究』名著出版　一九八三年
岡本良一史論集編集委員会編『岡本良一史論集・上巻』清文堂出版　一九九〇年

笠谷和比古『関ヶ原合戦と近世の国制』思文閣出版　二〇〇〇年
笠谷和比古『戦争の日本史17　関ヶ原合戦と大坂の陣』吉川弘文館　二〇〇七年
笠谷和比古・黒田慶一『豊臣大坂城』新潮選書　二〇一五年
笠谷和比古『徳川家康』ミネルヴァ書房　二〇一七年
柏木輝久『大坂の陣　豊臣方人物事典』宮帯出版社　二〇一六年
北島正元『江戸幕府の権力構造』岩波書店　一九六四年
旧参謀本部編『大坂の役　日本の戦史』徳間文庫　二〇一六年
黒田基樹『羽柴を名乗った人々』ＫＡＤＯＫＡＷＡ　二〇一六年
黒田基樹『羽柴家崩壊　―茶々と片桐且元の懊悩―』平凡社　二〇一七年
桑田忠親『淀君』吉川弘文館　一九五八年
五野井隆史『日本キリスト教史』吉川弘文館　一九九〇年
清水紘一『キリシタン禁制史』教育社　一九八一年
下重清『〈身売り〉の日本史　―人身売買から年季奉公へ―』吉川弘文館　二〇一二年
白峰旬『日本近世城郭史の研究』校倉書房　一九九八年
白峰旬『豊臣の城・徳川の城　戦争・政治と城郭』校倉書房　二〇〇三年
曽根勇二『片桐且元』吉川弘文館　二〇〇一年
高木昭作『日本近世国家史の研究』岩波書店　一九九〇年
田端泰子『北政所おね』ミネルヴァ書房　二〇〇七年
圭室文雄編『天海・崇伝　―政界の導者―』吉川弘文館　二〇〇四年
長屋隆幸『近世の軍事・軍団と郷士たち』清文堂出版　二〇一五年

長屋隆幸『山内一豊・忠義』ミネルヴァ書房　二〇二一年
速水融『近世初期の検地と農民』知泉書館　二〇〇九年
平井上総『長宗我部元親・盛親』ミネルヴァ書房　二〇一六年
平野明夫『徳川権力の形成と発展』岩田書院　二〇〇六年
藤井讓治『幕藩領主の権力構造』岩波書店　二〇〇二年
藤井讓治『徳川将軍家領知宛行制の研究』思文閣出版　二〇〇八年
藤井讓治『徳川家康』吉川弘文館　二〇二〇年
福田千鶴『淀殿』ミネルヴァ書房　二〇〇六年
福田千鶴『豊臣秀頼』吉川弘文館　二〇一四年
福田千鶴『後藤又兵衛　—大坂の陣で散った戦国武将—』中公新書　二〇一六年
藤田達生『日本近世国家成立史の研究』校倉書房　二〇〇一年
藤野保『新訂　幕藩体制史の研究』吉川弘文館　一九七五年
二木謙一『大坂の陣　—証言・史上最大の攻防戦—』中公新書　一九八三年
本多隆成『定本徳川家康』吉川弘文館　二〇一〇年
本多隆成『徳川家康の決断　—桶狭間から関ヶ原、大坂の陣まで10の選択—』吉川弘文館　二〇二二年
松岡利郎『大坂城の歴史と構造』名著出版　一九八八年
三鬼清一郎『大御所　徳川家康　—幕藩体制はいかに確立したか—』中公新書　二〇一九年
森田恭二『悲劇のヒーロー　豊臣秀頼』和泉書院　二〇〇五年
渡邊大門『大坂落城　戦国終焉の舞台』角川学芸出版　二〇一二年
渡邊大門『真田幸村と真田丸　大坂の陣の虚像と実像』河出ブックス　二〇一五年

渡邊大門『関ヶ原合戦全史　1582-1615』草思社　二〇二一年
渡邊大門編『江戸幕府の誕生　関ヶ原合戦後の国家戦略』文学通信　二〇二二年
渡辺武『戦国のゲルニカ　―「大坂夏の陣図屏風」読み解き―』新日本出版社　二〇一六年

図録

大阪城天守閣編刊『豊臣秀頼展』二〇〇三年
大阪城天守閣編刊『真田幸村と大坂の陣』二〇〇六年
大阪城天守閣編刊『浪人たちの大坂の陣』二〇一四年
葛城市歴史博物館編刊『新庄藩主桑山一族の興隆　―賤ヶ岳の合戦から大坂の陣―』二〇一一年
岸和田市立郷土資料館編刊『戦乱の中の岸和田城　―石山合戦から大坂の陣まで―』二〇〇四年
吹田市立博物館編刊『大坂の陣と吹田村』二〇二三年
高知県立歴史民俗資料館編刊『長宗我部元親・盛親の栄光と挫折』二〇〇一年
高知県立歴史民俗資料館編刊『長宗我部盛親　―土佐武士の名誉と意地―』二〇〇六年
高知県立歴史民俗資料館編刊『長宗我部遺臣それぞれの選択』二〇一五年
徳島市立徳島城博物館編刊『大坂の陣と徳島藩』一九九四年
長野市教育委員会・松代藩文化施設管理事務所編刊『真田三代関ヶ原の戦い・大坂の陣』二〇〇〇年
長浜市長浜城歴史博物館『片桐且元　―豊臣家の命運を背負った武将―』サンライズ出版　二〇一五年
福井市立郷土歴史博物館編刊『大坂の陣と越前勢』二〇一四年
松代文化施設等管理事務所編刊『平成十二年度企画展示図録　真田三代』二〇〇〇年
八尾市立歴史民俗資料館編刊『大坂の陣と八尾　―戦争とその復興―』二〇〇三年
歴史館いずみさの編刊『大坂夏の陣　樫井合戦』一九九七年

論文

跡部信「大阪冬・夏の陣」『歴史読本』四七巻七号　二〇〇二年
天野忠幸「大坂の陣と尼崎」『地域史研究』一一六号　二〇一七年
井上智勝「新収河村家文書の慶長期史料　―新出の本多富正納方通知状と大坂夏の陣軍功書―」『大阪歴史博物館研究紀要』五号　二〇〇六年
今村義孝「近世初期における切支丹牢人　―大阪陣に関連して―」『日本歴史』一一八号　一九五八年
大嶽王子「戦国乱世を生きた家族　―大坂夏の陣を中心に―」『女性歴史文化研究所紀要』一八号　二〇一〇年
岡嶋大峰「戦場における大名前田家の統制と加賀藩士の自律性　―大坂の陣を事例として―」『加賀藩研究』二号　二〇一二年
岡本良一「加賀藩の大坂夏の陣首取状について」『大阪の歴史』九号　一九八三年
小川雄「大坂の陣への道程」（黒田基樹編『戦国大名の新研究3　徳川家康とその時代』）戎光祥出版　二〇二三年
片山正彦「大坂冬の陣における堤防の役割」『交通史研究』九三号　二〇一八年
木越隆三「大坂冬陣における家中奉公人と給人夫役」『加能史料研究』七号　一九九五年
草刈貴裕「方広寺大仏鐘銘事件をめぐる片桐且元と大蔵卿局の動向について」『十六世紀史論叢』一五号　二〇二一年
シュッテ「1614-15年大坂の陣と日本の教会」『キリシタン研究』一七号　一九七七年
白峰旬「慶長十一年の江戸城普請について」『織豊期研究』二号　二〇〇〇年
菅沼加那「歴代松本城主と大坂の陣　―戸田家を中心とした合戦の様子について―」『松本市史研究』二六号　二〇一六年
谷徹也「関ヶ原の戦いから大坂の陣へ　実像編」（堀新ほか編『秀吉の虚像と実像』）笠間書院　二〇一六年
田端泰子「「大坂冬・夏の陣」に収斂する淀殿の役割」『京都橘女子大学女性歴史文化研究所紀要』一一号　二〇〇三年

長屋隆幸「大坂の陣における土佐藩山内家」『織豊期研究』二一号　二〇一九年
長屋隆幸「大坂夏の陣における乱妨取りについての一考察」『織豊期研究』二五号　二〇二三年
根津寿夫「大坂の陣と徳島藩　―武威の伝統と藩社会―」『史窓』四七号　二〇一七年
東谷智「近世前期の京都における武士―「奉公人」と「武家奉公人」をめぐって―」
（宇佐美英機・薮田貫編『〈江戸〉の人と身分1　都市の身分願望』）吉川弘文館　二〇一〇年
福田千鶴「豊臣秀頼発給文書の研究（1）（2）」『九州産業大学国際文化学部紀要』五六・五七号　二〇一三年
福田千鶴「大坂冬の陣開戦までの西国大名の動向　―黒田長政・島津家久を中心に―」
『九州文化史研究所紀要』五九巻　二〇一六年
藤木久志『雑兵たちの戦場　―中世の傭兵と奴隷狩り―』朝日新聞社　一九九五年
堀智博「毛利輝元と大坂の陣」（山本博文ほか編『偽りの秀吉像を打ち壊す』）柏書房　二〇一三年
堀智博「大坂の陣後における幕藩関係　―後藤又市関係史料を題材として―」
『共立女子大学文芸学部紀要』六三号　二〇一七年
堀智博「豊臣家中からみた大坂の陣　―大阪落人浅井一政の戦功覚書を題材として―」
『日本歴史』八四三号　二〇一八年
松本長一郎「慶長期の駿府城築城」『地方史静岡』一一号　一九八三年
光成準治『列島の戦国史9　天下人の誕生と戦国の終焉』吉川弘文館　二〇二〇年
宮本裕次「大坂の陣と周辺村落　―地域社会における対立と領主権力―」
『大阪城天守閣紀要』三二号　二〇〇四年
吉田洋子「豊臣秀頼と朝廷」『ヒストリア』一九六号　二〇〇五年
渡邊大門「牢人後藤又兵衛基次考」『十六世紀史論叢』五号　二〇一五年

渡邊大門「津山藩と大坂の陣　―『森家先代実録』の記載を中心に―」
『研究論集　歴史と文化』二号　二〇一七年
渡邊大門「大坂夏の陣後の落人探索について」『皇学館論叢』五一巻六号　二〇一八年
渡邊大門「京都所司代・板倉勝重について」
（同編『日本中近世の権力と社会』）歴史と文化の研究所　二〇二〇年
渡辺武「「大坂夏の陣越前兵首取状」について」『大阪城天守閣紀要』一号　一九六五年
渡辺武「史料　大坂夏の陣越前兵首取状」『大阪城天守閣紀要』一号　一九六五年

地図作成　島村圭之
鈴木知哉

渡邊大門　わたなべ・だいもん

1967年、神奈川県生まれ。歴史学者。関西学院大学文学部史学科日本史学専攻卒業。佛教大学大学院文学研究科博士後期課程修了。博士（文学）。現在、株式会社歴史と文化の研究所代表取締役。著書に『関ヶ原合戦全史 1582-1615』（草思社）、『光秀と信長 本能寺の変に黒幕はいたのか』『奪われた「三種の神器」皇位継承の中世史』（以上、草思社文庫）、『誤解だらけの徳川家康』（幻冬舎新書）、『豊臣五奉行と家康 関ヶ原合戦をめぐる権力闘争』『戦国大名は経歴詐称する』（以上、柏書房）など。

大坂の陣全史
1598-1616

2024年2月7日　第1刷発行

著者　渡邊大門
装幀　あざみ野図案室
発行者　碇 高明
発行所　株式会社草思社
〒160-0022
東京都新宿区新宿1-10-1
電話　営業03（4580）7676
編集03（4580）7680
本文組版　浅妻健司
印刷所　中央精版印刷株式会社
製本所　大口製本印刷株式会社

ISBN978-4-7942-2678-5　Printed in Japan　検印省略